Geographie

9. und 10. Schuljahr

Die Umwelt gestalten

Ernst Klett Stuttgart

Geographie, 9. und 10. Schuljahr · Die Umwelt gestalten

herausgegeben und bearbeitet von
Prof. Lothar Buck, Ludwigsburg
Dr. Max König, Stuttgart
Prof. Karl Mayer †, Korntal
Prof. Dr. Arnold Schultze, Lüneburg
Prof. Dr. Alfred Vogel, Freiburg i. Br.
unter Mitwirkung der Verlagsredaktion „Geographie", Leiter Karl G. Schröder
Mitarbeit an diesem Werk: Frithjof Altemüller, Verlagsredakteur

Die Autoren dieses Bandes sind
Dr. Volker Albrecht, Freiburg i. Br.
Prof. Lothar Buck, Ludwigsburg
Rektor Gerhart Frey, Weingarten
Dr. Manfred Geuting, Aachen
Dr. Max König, Stuttgart
Prof. Dr. Karl-Günther Krauter, Esslingen
Prof. Dr. Eberhard Kroß, Bochum
Prof. Karl Mayer †, Korntal
Realschullehrer Ulrich Schröder, Clenze
Prof. Dr. Arnold Schultze, Lüneburg
Prof. Dr. Alfred Vogel, Freiburg i. Br.

Zeichenerklärung

□ Hier beginnt ein neuer Gedankengang.
⅄ Diese Aufgabe läßt sich ohne Hilfe des Lehrers, auch zu Hause, bearbeiten.
∞ Über diese Aufgabe sollte in der Klasse diskutiert werden.
(14) Diese Zahl in Klammern hinter einem Zitat weist auf den Quellennachweis im Anhang hin.

1. Auflage 1 11 10 9 8 | 1983 82 81 80

Alle Drucke dieser Auflage können im Unterricht nebeneinander benutzt werden. Die letzte Zahl bezeichnet das Jahr dieses Druckes.

Mit 182 Fotos und Zeichnungen, 119 Karten und Plänen, 73 Diagrammen und 48 Tabellen.
Zeichnungen: Gudrun Fessler, Karten: Gottfried Wustmann, Umschlag: Hans Lämmle.
Druck: Sellier GmbH, Freising.
ISBN 3-12-285300-0 (Linson) ISBN 3-12-285380-9 (kartoniert)

Inhaltsübersicht

Zentrale Orte versorgen die Bevölkerung

Chancengleichheit für alle Bürger

□ Im Artikel 3 Absatz 3 des Grundgesetzes heißt es: „Niemand darf wegen seines Geschlechtes, seiner Abstammung, seiner Rasse, seiner Sprache, seiner Heimat und Herkunft, seines Glaubens, seiner religiösen oder politischen Anschauungen benachteiligt oder bevorzugt werden.“ Das Grundgesetz garantiert dem Bürger noch mehr, etwa im Artikel 12, Absatz 1 Satz 1: „Alle Deutschen haben das Recht, Beruf, Arbeitsplatz und Ausbildungsstätte frei zu wählen.“ Und der Artikel 2 Absatz 1 sagt: „Jeder hat das Recht auf die freie Entfaltung seiner Persönlichkeit, soweit er nicht die Rechte anderer verletzt und nicht gegen die verfassungsmäßige Ordnung oder das Sittengesetz verstößt.“

Für viele Menschen in der Bundesrepublik stehen diese Grundrechte noch auf dem Papier. Äußere Umstände – etwa fehlende Arbeits- und Ausbildungsmöglichkeiten in einem abgelegenen Gebiet – erschweren ihnen die Ausübung ihrer Grundrechte. Die Lebensbedingungen sind keineswegs so einheitlich, daß jeder die gleichen Entfaltungsmöglichkeiten vorfindet. Ein Beispiel dafür ist Bleckede, eine kleine Stadt an der Grenze zur DDR, 25 km östlich von Lüneburg. Der Zeitungsartikel unten berichtet von ihren Problemen.

1 Haben die Schülerinnen ein Recht, sich so zu beklagen? Überprüfe ihre Aussagen. Vergleiche dazu die Einrichtungen von Bleckede und von Lüneburg (Liste S. 6).

2 In welchen Punkten entsprechen die Verhältnisse in Bleckede nicht dem Anspruch des Grundgesetzes?

3 Kreuze an, welche der Einrichtungen in der Liste für dich wichtig sind. Voraussetzung ist, daß du weißt, wozu die Einrichtungen da sind.

∞ **4** Vergleicht und diskutiert eure Ergebnisse.

5 Bleckede unterscheidet sich von Lüneburg nicht nur durch die geringe Zahl der Einrichtungen. Man kann an die vorhandenen Einrichtungen auch nicht so hohe Anforderungen stellen. Vergleiche die beiden Fotos auf Seite 7.

Eine Stadt wehrt sich gegen das Aussterben

Bleckede. Fünf Realschülerinnen in Bleckede sprechen es offen aus: „In dieser Gegend ist einfach nichts los. Keine Möglichkeiten zur Berufsausbildung, keine Freizeitstätten, keine vernünftigen Geschäfte, schlechte Verkehrsverbindungen.“ Diese fünf jungen Mädchen, die zwar noch ihre ersten Tanzversuche im Saal einer Gastwirtschaft in der Elbestadt machten und heute an jedem Wochenende der Kleinstadt den Rücken kehren, werden Bleckede verlassen, um in einer Großstadt weiterzukommen. Viele andere tun dasselbe.

Droht Bleckede, der romantischen Kleinstadt an der Elbe, die Gefahr der Überalterung? Verliert die 1209 von Herzog Wilhelm von Lüneburg gegründete „Löwenstadt“ ihre jahrhundertelang bewahrte Zentralität? Wird das heute noch so lebendige Städtchen irgendwann einmal ein Museum für den Fremdenverkehr werden?

Statistiken sagen Negatives über die Altersstruktur Bleckedes. Denn: Seit mehr als zehn Jahren sinkt der Anteil der Erwerbstätigen unter 65 Jahren ständig. Auch wandern jährlich mehr Bleckeder ab, als neue Bürger zuziehen. Allein im Jahre 1971 verließen 222 Bleckeder die Hafenstadt, und nur 187 zogen zu.

Nach einem jahrzehntelangen Dornröschenschlaf machen sich Politiker und Stadtväter gleichermaßen schlaflose Nächte, denn die Zentralität der Löwenstadt ist bedroht.

Das Amtsgericht wird aufgelöst, die Kreisfreiheit ist schon lange verloren, die Ansiedlung neuer Industriebetriebe bereitet unter den ungünstigen Verkehrsanbindungen Schwierigkeiten. (1)

6 Bei einem Vergleich Bleckede – Lüneburg schneidet Lüneburg gut ab. Ein Vergleich Lüneburg – Hamburg aber würde zeigen, daß selbst in Lüneburg Einrichtungen fehlen, auf die manche Menschen Wert legen. Was bietet eine Großstadt wie Hamburg mehr?

7 Nenne fünf Orte in der Umgebung deines Schulortes, wo den Einwohnern noch weniger Einrichtungen zur Verfügung stehen als in Bleckede.

Nicht nur einzelne Orte, sondern ganze Gebiete der Bundesrepublik sind benachteiligt, sogar noch stärker als im Raum um Bleckede. Es sind die ländlichen Gebiete in der Eifel, im Bayerischen Wald, in Ostfriesland … Die Dörfer und kleinen Städte dort bieten der Bevölkerung wenig Entfaltungsmöglichkeiten. Deshalb wandern immer mehr Menschen in die größeren Städte ab. Die Raumplaner versuchen nun, auch für die Bevölkerung der abgelegenen Gebiete Chancengleichheit herzustellen. An leicht erreichbaren Punkten – zentralen Orten – fördern sie den Ausbau von Einrichtungen, die die Lebensverhältnisse in diesen Gebieten verbessern.

Bleckede und Lüneburg auf der Karte 1 : 500 000 (Ortsgrößen siehe Kartenerklärung S. 19) **5**

Einrichtungen für die Bevölkerung in Bleckede (Einwohner: 3859, Arbeitsplätze 1542)		in Lüneburg (Einwohner: 60211, Arbeitsplätze 29286)	
Verwaltung			
Stadtverwaltung Arbeitsamt (Zweigstelle) Polizei-Station Zollgrenzkommissariat Wasser- u. Schiffahrtsamt (Zweigstelle) Straßenmeisterei		Stadtverwaltung Kreisverwaltung Bezirksverwaltung Arbeitsamt Polizeiabschnitt Hauptzollamt Zollkommissariat Finanzamt Amtsgericht	Landgericht Arbeitsgericht Sozialgericht Verwaltungsgericht Oberverwaltungsgericht Staatshochbauamt Straßenbauamt Straßenmeisterei Gewerbeaufsichtsamt
Kirche			
Ev.-luth. Kirche Röm.-kath. Kirche		8 Ev.-luth. Kirchen 2 Röm.-kath. Kirchen 4 Kirchen anderer Religionsgemeinschaften	
Schulen und andere Bildungseinrichtungen			
Mittelpunktschule Sonderschule Realschule Öffentl. Bücherei mit 3250 Bänden		10 Volksschulen 2 Sonderschulen 2 Realschulen 4 Oberschulen Abendschulen des zweiten Bildungsweges	12 Berufs- u. Berufsfach schulen Pädagog. Hochschule Volkshochschule Öffentliche Bücherei mit 94000 Bänden Theater
Geschäfte, Büros und ähnliche Einrichtungen			
Einzelne Fachgeschäfte u. a. 5 Textil-, 2 Schuh-, 3 Blumen-, 2 Uhrengeschäfte	3 Sparkassen Notar u. Rechtsanwalt Steuerberater	Ausgeprägtes Geschäftszentrum mit mehreren Geschäftsstraßen: 3 Warenhäuser, Textil- und Möbelkaufhäuser	5 Bankfilialen 3 Sparkassen 46 Rechtsanwälte u. Notare 37 Steuerberater
Gesundheitswesen			
2 Prakt. Ärzte 2 Zahnärzte 2 Apotheken		27 Prakt. Ärzte 44 Fachärzte 45 Zahnärzte Krankenhaus m. 4 Fachabteilungen	6 Spezialkliniken 14 Apotheken 11 Krankenkassen Gesundheitsamt
Sport			
Sportplatz Tennisplatz Turnhalle		Sportplätze 8 Tennisplätze 19 Turn- u. Sporthallen	beheiztes Freibad Hallenbad
Unterhaltung			
Gasthäuser Tanzlokal		Gasthäuser Restaurants Cafés Tanzlokale Nachtklubs	Kinos Bowlingbahn Minigolf Mehrzweckhalle
Verkehr			
Postamt Bahnhof m. Verbindung nach Lüneburg, 10mal werktägl. (25 km, 30 Min.)	13 km zur nächsten Bundesstraße 49 km zum nächsten Autobahnanschluß	Postamt Bahnhof m. D-Zugstation, allein 47mal werktägl. n. Hamburg (50 km, 30 Min.)	3 Bundesstraßen 24 km zum nächsten Aut bahnanschluß Stadtomnibuslinien

Die Hauptgeschäftsstraße in Bleckede ▲ und Lüneburg ▼ am Sonnabend, 15. 9. 1973, jeweils um 12.00 Uhr

Ein Warenhaus und sein Einzugsbereich

□ Zeigt das Bild nicht einen auffallenden Gegensatz? Bauernhöfe, Wiesen und Weiden, eingestreute Äcker – und mitten dazwischen die großen Gebäude und Parkplätze eines Warenhauses. Es ist das Warenhaus Dodenhof in Posthausen, einem Ort mit 1500 Einwohnern. Normalerweise findet man ein Warenhaus im Kern einer großen Stadt. Was hat also ein Warenhaus mit über 600 Angestellten, über 100000 Artikeln und vielen Millionen Mark Umsatz jährlich in einem Dorf zu suchen? Gibt es dort überhaupt genügend Käufer? Anzeige und Karte ermöglichen bereits eine Antwort.

⅄ **1** Wieviele Kilometer kann ein Kunde für die Preisersparnis bei den angepriesenen Waren fahren, wenn er den Kilometerpreis für sein Auto mit 0,20 DM ansetzt?

⅄ **2** Wieviel DM müssen die Kunden aus den entferntesten Gebieten beim Einkauf mindestens sparen, damit sie ihre Fahrkosten herausbekommen?

3 Das Gebiet, aus dem die Kunden kommen, bezeichnet man als „Einzugsbereich". Beschreibe die Größe und Form. Versuche zu begründen, a) warum die Käuferzahl nach außen hin abnimmt, b) warum der Einzugsbereich nach Osten weiter reicht als nach Westen.

∞ **4** In welcher Weise wird sich der Einzugsbereich des Warenhauses verändern, a) wenn es in der Lage ist, durch Einsparungen die Preise um 3% zu senken, b) wenn es wegen gestiegener Lohnkosten gezwungen ist, die Preise um 5% mehr als die Konkurrenz anzuheben, c) wenn im Kreis Harburg ein Warenhaus mit ähnlich günstigem Angebot eröffnet wird?

∞ **5** Natürlich kaufen sehr viele Einwohner aus dem Einzugsbereich in anderen Warenhäusern oder Fachgeschäften ein. So war am 3. 3. 1973 nur jeder fünfhundertste Haushalt aus dem Kreis Soltau zum Einkauf bei Dodenhof. Was müßte das Warenhaus tun, um den bisherigen Umsatz zu halten, wenn die Kunden aus den entfernten Gebieten wegen gestiegener Benzinkosten ausbleiben sollten?

□ **6** Untersucht geeignete Warenhäuser oder Fachgeschäfte in eurem Gebiet auf Größe und Kundeneinzugsbereich. Als Untersuchungsmethoden bieten sich an: a) eine Zählung der Pkw auf einem Kundenparkplatz nach dem vorgestellten Beispiel, b) eine Kundenbefragung; dabei wird etwa jeder zehnte, der aus dem Geschäft kommt, gefragt: „Woher kommen Sie? Wie sind Sie hergekommen? Wie häufig kaufen Sie hier ein? Für welchen Betrag haben Sie heute eingekauft?" – Legt eine Karte an wie S. 9; rechnet entsprechend Aufg. 1 u. 2.

TREFF PUNKT

dodenhof

Stade
Hamburg
Bremervörde
Bremerhaven
Buxtehude
Zeven
Osterholz
Buchholz
Bremen
Oldenburg
Posthausen
Rotenburg/W
Delmenhorst
Soltau
Achim
Fallingbostel
Syke
Verden
Hoya
Walsrode
Nienburg
Hannover

0 50 100 km

er Einzugsbereich des Warenhauses
odenhof am 3.3.1973 (Sonnabend)

über 100 Pkw	2 – 5
25 – 100	1
5 – 25	insgesamt 1210 Pkw

Jugendlicher Damen-Mantel
IWS-Jersey-Flanell, mit weitschwingender Rückenpartie, in den aktuellen Frühjahrsfarben
79,-

Eleganter Nerz-Mantel
ausgelassen verarbeitet, aus kostbarstem Pelzwerk
Der Dodenhof-Tip für höchste Ansprüche
Einmalig in Qualität und Preis ~~3650,-~~ **2290,-**

Herren-Hose
Diolen-Schurwolle, mit einem Jahr Tragegarantie, in modischen Farben
35,-

Kinder-Trainingsanzug
Helanca/Baumwolle, mit verschiedenen Kontraststreifen ~~49,50~~
25,-

Altdeutsche Wohnwand
Nußbaum antik, 300 cm breit, mit Fernsehfach
Dodenhof-Sensationspreis
795,-

„Bosch" Waschvollautomat
Trommel u. Laugenbehälter Edelstahl, 4,5 kg, 11 Programme ~~619,-~~
539,-

„Braun" Rasierer 6006 Sixtant
in Spiegelkassette, 3 Jahre Garantie
Ein Super-Dodenhof-Preis ~~100,-~~
65,-

Luxus-Rennrad
10gang, komplett mit Beleuchtung und Parkstütze, 10 Jahre Garantie auf Rahmen und Gabel
179,-

2801 Posthausen, Tel. 04 20 17 / 31, Sonnabend, den 3. März 1973,
FAMILIENEINKAUFSTAG, von 9–18 Uhr geöffnet!

dodenhof Das schönste Einkaufserlebnis für die ganze Familie.

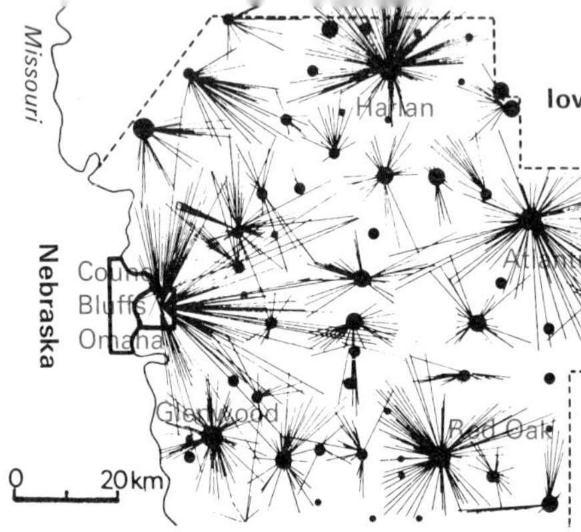

Missouri
Iowa
Harlan
Nebraska
Council Bluffs
Omaha
Atlantic
Glenwood
Red Oak
0 20 km

◀ Besuch von praktischen Ärzten

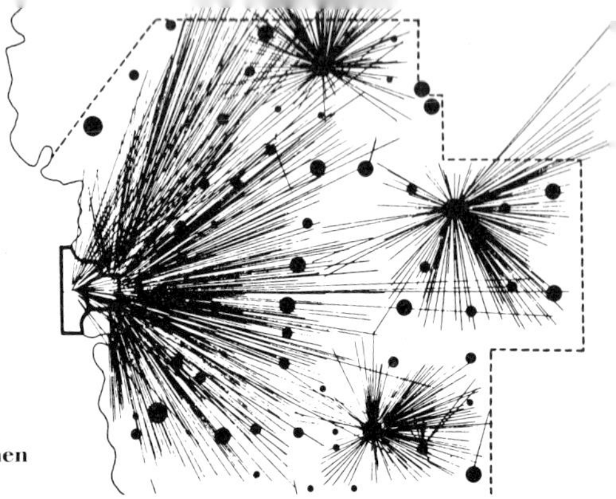

Besuch von Krankenhäusern

Zentrale Orte und ihre Einrichtungen

☐ In einem recht gleichmäßig besiedelten Gebiet im Mittelwesten der USA hat man Farmer befragt, in welche Orte sie fahren, wenn sie einkaufen wollen, wenn sie einen praktischen Arzt, ein Krankenhaus usw. aufsuchen müssen. Nach ihren Antworten wurden Karten gezeichnet (Beispiele oben).

1 Was bedeuten die Striche (Richtung, Anzahl und Länge)?

2 Manchmal überschneiden sich die Striche. Wie ist das zu erklären?

3 Grenze auf beiden Karten die vier bedeutendsten Einzugsbereiche mit Linien ab.

4 Warum gibt es bei den Krankenhäusern weniger, aber dafür größere Einzugsbereiche als bei den praktischen Ärzten?

5 Der Einzugsbereich der Doppelstadt Council Bluffs/Omaha ist in beiden Fällen größer als der von Harlan, Atlantic oder Red Oak. Woran kann das liegen?

☐ Versorgungseinrichtungen wie das Krankenhaus oder die Arztpraxis nennt man „zentrale Einrichtungen“: Sie liegen ungefähr im Mittelpunkt (Zentrum) ihrer Einzugsbereiche. Die wichtigsten zentralen Einrichtungen hast du auf Seite 6 kennengelernt.
Bei einer Besorgungsfahrt will man möglichst viele Einrichtungen auf einmal aufsuchen können. Die zentralen Einrichtungen liegen deshalb gewöhnlich gut erreichbar an einem Ort beieinander. Man nennt ihn den „zentralen Ort“. Die zentralen Orte lassen sich ebenso wie die zentralen Einrichtungen ihrer Bedeutung nach stufen. Man kann zentrale Orte unterer Stufe, zentrale Orte mittlerer Stufe und zentrale Orte oberer Stufe voneinander unterscheiden. Zu jedem gehören einige kennzeichnende Einrichtungen, nach denen man sie einordnen kann.

Kennzeichnende Einrichtungen

für ein Unterzentrum
Gemeindeverwaltung
Kirche
Mittelpunktschule
SB-Laden
Fachgeschäft für Textilien
Reinigung
Friseur
landwirtschaftliche Bezugs- und Absatzgenossenschaft
praktischer Arzt, Zahnarzt
Apotheke
Kino
Postamt

für ein Mittelzentrum
Kreisverwaltung
Amtsgericht
Oberschule, Berufsschule
Theatersaal
Einkaufsstraße mit Fachgeschäften
Textil- und Möbelkaufhäuser
Rechtsanwalt
Steuerberater
Fachärzte
Krankenhaus mit Spezialabteilungen
Mehrzweckhalle

für ein Oberzentrum
Bezirksverwaltung, evtl. Landesverwaltung
Hoch- und Fachschulen
Theater
Spezialgeschäfte für Brautmoden, Juwelen u. ä.
Warenhäuser
Verwaltungen von Versicherungsgesellschaften
Spezialkliniken
Sporthalle
Stadion

Natürlich kann man in einem Mittelzentrum auch die Einrichtungen finden, die ein Unterzentrum kennzeichnen. Sie sind im Mittelzentrum nur zahlreicher und besser. In einem Oberzentrum wiederum findet man zusätzlich alle Einrichtungen, die ein Mittelzentrum und ein Unterzentrum haben. Das zeigt auch das Modell der zentralen Orte und ihrer Einzugsbereiche unten auf dieser Seite.

6 Welche Einrichtungen stehen in C insgesamt zur Verfügung?

7 Welche Einrichtungen werden der Einwohner 1, der Einwohner 2 und der Einwohner 3 in A vor allem aufsuchen? Stelle zusammen.

8 Warum kauft Einwohner 4 die Kleider für seine Tochter in D, das Hochzeitskleid aber in A?

9 Beschreibe die Versorgungsmöglichkeiten für Einwohner 5.

10 Vergleiche die Versorgungsmöglichkeiten von Einwohner 6 und 7.

11 Zu welcher Zentralitätsstufe würdest du Bleckede zählen, zu welcher Lüneburg?

12 Welche Vorteile bietet die recht gleichmäßige Verteilung der Unterzentren für die Bevölkerung?

13 „Wenn die zentralen Orte einer Stufe gleich viele und gleich gute Einrichtungen haben sollen, müssen ihre Einzugsbereiche auch gleich viele Einwohner haben.“ Begründe diese Aussage.

14 Stellt euch gegenseitig weitere Fragen nach dem Muster: a) „Was kauft Einwohner ... in ...?“, b) „Wohin wird Einwohner ... gehen, wenn er ... braucht?“

Zentrale Orte und ihre Einzugsbereiche

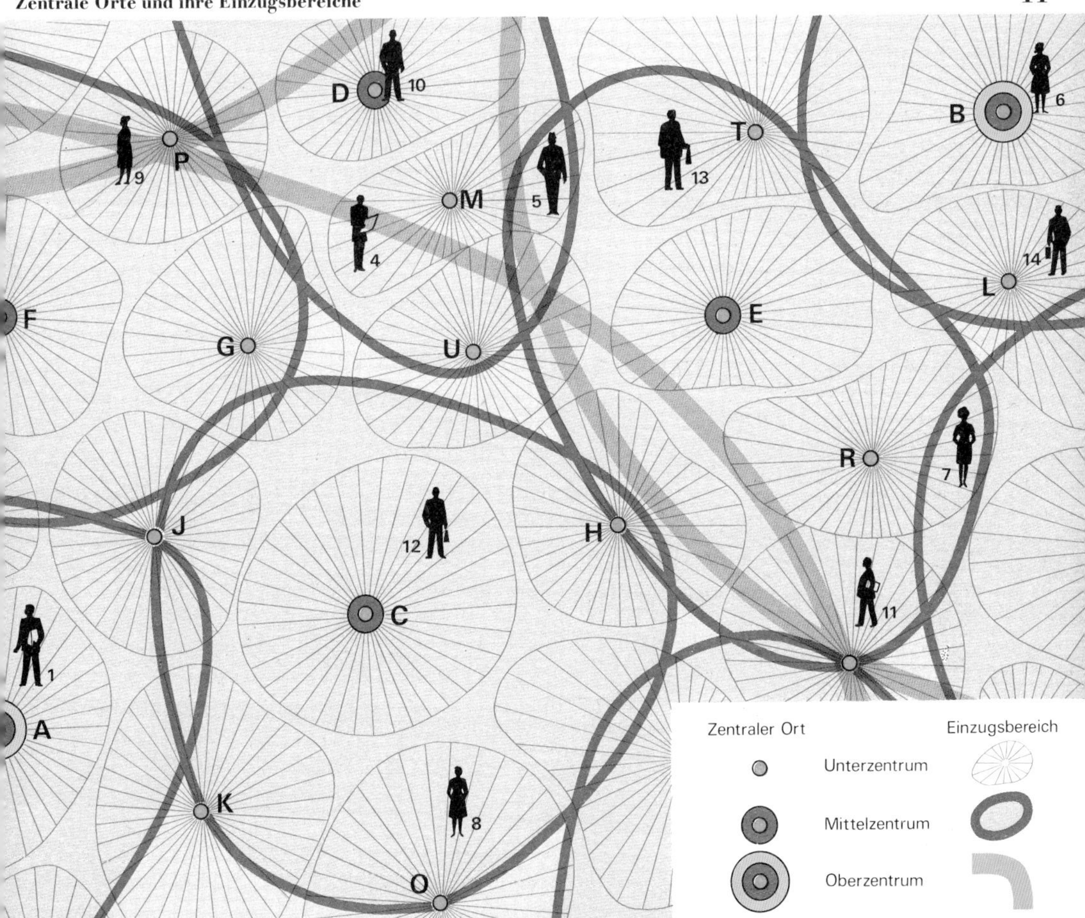

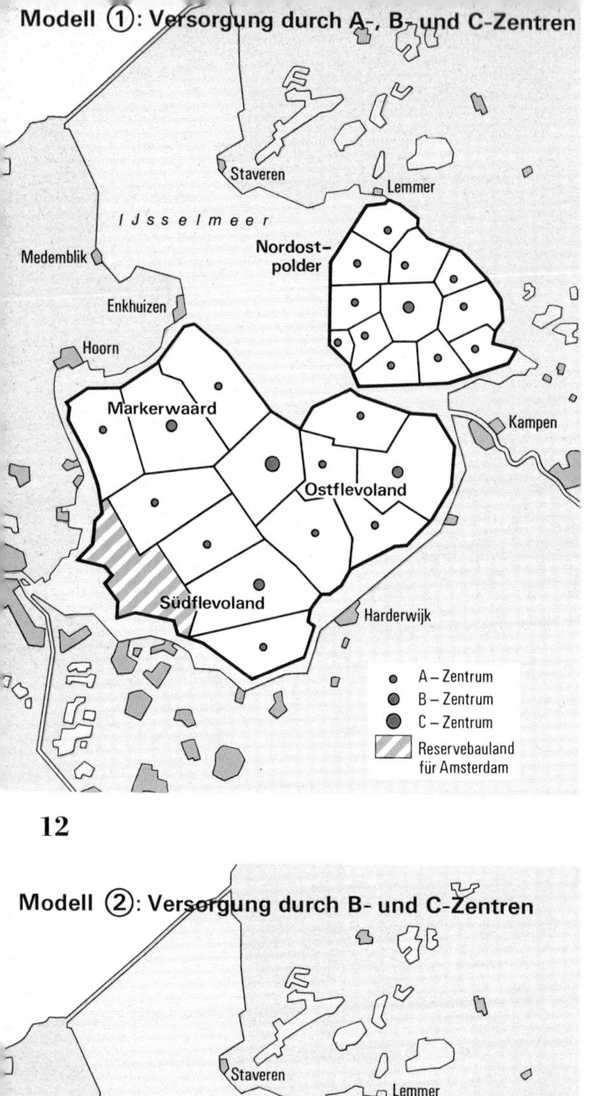

Modell ②: Versorgung durch B- und C-Zentren

Planung der zentralen Orte in den IJsselmeer-Poldern

□ Zentrale Orte sind für die angemessene Versorgung der Bewohner ländlicher Gebiete dringend notwendig. In den Niederlanden entstehen durch die Trockenlegung großer Teile der Zuiderzee 225 000 ha Neuland – ein Gebiet von der Größe des Saarlandes. Der Boden eignet sich hervorragend für Ackerbau. Die Gehöfte liegen – wie das Foto zeigt – recht gleichmäßig über das Gebiet verteilt. Das Straßennetz ist engmaschig. Es ergibt sich die Möglichkeit, in idealer Weise die Standorte der Versorgung für die Bevölkerung zu planen – aber: Wie viele zentrale Orte soll man bauen? Wie groß sollen ihre Einzugsbereiche sein? Wo sollen sie liegen?

Drei Fragen helfen bei der Lösung des Problems: 1. Welche Anforderungen stellt die Bevölkerung an ihre Versorgungseinrichtungen? 2. Wie häufig fährt man in den zentralen Ort? 3. Welche Entfernungen will man höchstens zurücklegen?

Die Planer haben zur Lösung zwei verschiedene Modelle für die Anordnung zentraler Orte entworfen: Modell ① und Modell ②. Die A-Zentren mit ungefähr 3 000 Einwohnern im Einzugsbereich sollen Geschäfte für Lebensmittel, Tabakwaren und Zeitschriften sowie Café, Tankstelle, Postamt, Volksschule und Kirche erhalten, die B-Zentren mit etwa 35 000 Einwohnern im Einzugsbereich dagegen Fachgeschäfte für Textilien, Möbel, Bücher, Uhren usw., außerdem Fachärzte, Krankenhaus, Gymnasium, Berufsschulen, Theatersaal und Schwimmbad. Das C-Zentrum soll darüberhinaus weitere höhere Einrichtungen erhalten.

1 Stelle die größte Entfernung zum nächsten A- oder nächsten B- und C-Zentrum fest.

2 Welche Zentren erreicht man bequem mit dem Fahrrad? Wo braucht man das Auto?

∞ **3** Stelle die Vor- und Nachteile von Modell ① und ② zusammen. Welches Modell er-

Blick über das A-Zentrum Luttelgeest nach Osten

scheint danach am zweckmäßigsten? Berücksichtige folgende Punkte:

a) Die Einrichtungen müssen von einer hinreichend großen Kundenzahl tatsächlich aufgesucht werden. b) Die landwirtschaftliche Bevölkerung nimmt ab, die Höfe werden größer. c) Die Ansprüche an die Versorgungseinrichtungen nehmen zu.

Ideale Pläne kann man selten vollständig verwirklichen. Das tatsächlich gebaute Netz von zentralen Orten im Nordostpolder (besiedelt 1942–1962) und in Ostflevoland (besiedelt seit 1957) zeigt die Karte ③. Was sie nicht zeigt: Manche A-Zentren im Nordostpolder haben nicht mehr als 1 500 E. im Einzugsbereich. Dagegen ist das B-Zentrum Emmeloord auf Kosten der A-Zentren schneller gewachsen als erwartet.

4 Welchem Modell entspricht das Netz der zentralen Orte im Nordostpolder und welchem das in Ostflevoland?

5 Welche Gefahr droht den zentralen Einrichtungen in den A-Zentren?

6 Versucht, Abweichungen von den Planungsvorstellungen zu erklären.

Bestehende zentrale Orte im Nordostpolder und in Ostflevoland

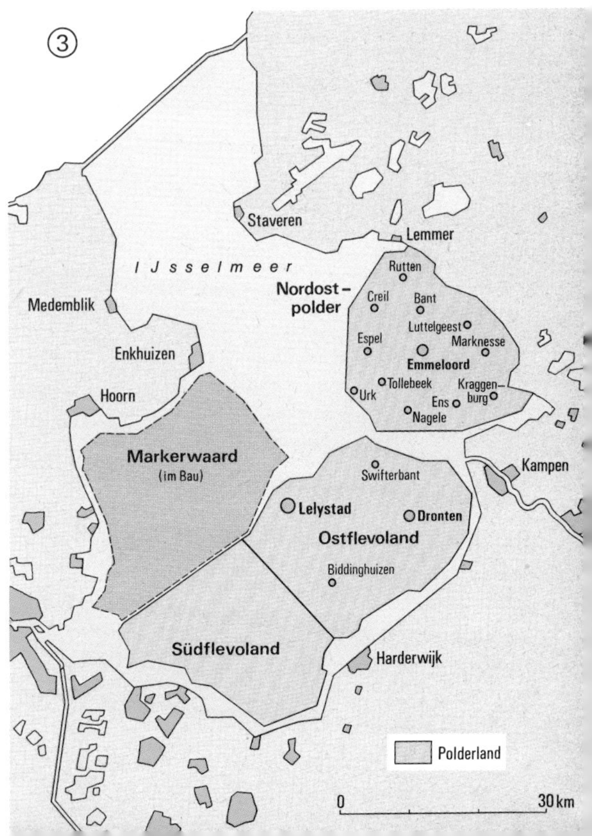

Fragebogen zur Erfassung zentraler Orte und ihrer Einzugsbereiche

(Fragebogen des Zentralausschusses für deutsche Landeskunde und des Instituts für Landeskunde, 1967/68)

1. In welchen Ort bzw. Stadtteil geht man vorwiegend
   a) zur Apotheke ....
   b) zum praktischen Arzt ....
   c) zum Zahnarzt ....
   d) zum Kinobesuch ....

2. In welchem Ort ist die bevorzugt aufgesuchte landwirtschaftliche Bezugs- und Absatzgenossenschaft? ....

3. In welchem Ort läßt man größere Reparaturen an landwirtschaftlichen Maschinen ausführen? ....

4. Welcher Ort bzw. Stadtteil ist generell für Ihren Ort der Ort zur Erfüllung des alltäglichen Bedarfs (es kann dies auch der eigene Ort sein)? ....

5. Welchen Ort sucht man auf zum Einkauf von
   a) Kleidung (Anzüge, Mäntel, Kostüme) ....
   b) Eisenwaren und größeren Haushaltsgeräten (z. B. Öfen, Waschmaschinen, Kühlschränke) ....
   c) Möbeln ....

6. Welchen Ort sucht man auf
   a) für fachärztliche Behandlung ....
   b) für Krankenhausbehandlung ....

14

7. Welchen Ort sucht man auf
   a) für den Einkauf von optischen und photographischen Artikeln ....
   b) für gelegentliche kulturelle Veranstaltungen (Theateraufführungen, Konzerte, Vorträge) ....

8. Welchen Ort sucht man auf für den Besuch von
   a) höheren Schulen ....
   b) Mittel- bzw. Realschulen ....
   c) Berufsfachschulen ....
   d) Berufsschulen ....

9. In welchem Ort erledigt man bevorzugt seine Spar- und Bankgeschäfte? ....

10. Welcher Ort ist für Ihren Ort generell der Ort zur Erfüllung des über das Alltägliche hinausgehenden Bedarfs? ....

11. Welche Gründe spielen die Hauptrolle für die Wahl des unter 10 genannten Ortes?
    a) die gute Erreichbarkeit mit öffentlichen Verkehrsmitteln ....
    b) andere Gründe ....

12. Welcher Ort wird vorwiegend aufgesucht
    a) für seltenere, größere Einkäufe ....
    b) für Spezialklinikbehandlung ....
    c) zu regelmäßigen kulturellen Veranstaltungen ....
    d) zu Großstadtvergnügungen (z. B. Tanzcafé, Kabarett, Sportgroßveranstaltungen) ....

13. Welches ist für Ihren Ort im Hinblick auf die gestellten Fragen die bedeutendste große Stadt? ....

Unter-, Mittel- und Oberzentren

1 Angenommen, ein Interviewer würde dir diesen Fragebogen vorlegen. Wie sähen deine Antworten aus? Frage in Zweifelsfällen deine Eltern.

2 Mit Hilfe des Fragebogens wollte man Unter-, Mittel- und Oberzentren und ihre Einzugsbereiche feststellen. Aus welchen Fragen kann man auf einen zentralen Ort unterer Stufe, einen zentralen Ort mittlerer Stufe und einen zentralen Ort oberer Stufe schließen?

Man hat diesen Fragebogen von Lehrern in der ganzen Bundesrepublik ausfüllen lassen. Nach den Befragungsergebnissen konnte man eine Karte der zentralen Orte und ihrer Einzugsbereiche zeichnen. Einen Ausschnitt daraus findest du auf der nächsten Doppelseite. Aus der Karte kannst du entnehmen, was man im Gebiet zwischen Münster und Bielefeld auf die Fragen des Fragebogens geantwortet hat.

3 Stelle fest, wo sich die Einwohner einzelner Orte versorgt haben.

a) Was haben die Einwohner von Nienberge, Roxel und Albachten westlich von Münster auf die Fragen des Fragebogens geantwortet?

b) Was haben die Einwohner im Kirchspiel Telgte (östlich von Münster) auf die Fragen 1–4 geantwortet und was die von Wolbeck (ebenfalls östlich von Münster)?

c) Die Flächenfarben kennzeichnen den Einzugsbereich eines Mittelzentrums. Was haben die Einwohner von Ostbevern (nordöstlich Münster) auf die Fragen 5–10 geantwortet?

d) Suche Gemeinden in ähnlicher Situation wie Ostbevern und erkläre die Versorgungsbeziehungen dort.

e) Was haben die Einwohner von Sennestadt und Brackwede bei Bielefeld auf die Fragen 5–10 geantwortet?

f) Wohin gehen die Einwohner von Oelde, wenn sie etwa einen selteneren, größeren Einkauf machen wollen?

4 Worin besteht der Unterschied zwischen den Orten mit einem Dreieck und denen mit einem offenen Kreis?

5 Wodurch unterscheiden sich die zentralen Einrichtungen in Hamm von denen in Bielefeld oder Münster?

Die wenigsten zentralen Orte sind so geplant worden wie die in den Poldergebieten des IJsselmeers. Sie haben sich vielmehr im Laufe der Zeit entwickelt. Dabei sind Unregelmäßigkeiten bei der Ausstattung der Orte mit zentralen Einrichtungen, bei der Verteilung der zentralen Orte und bei der Größe und Form ihrer Einzugsbereiche entstanden.

6 Der Einzugsbereich von Münster als einem Mittelzentrum ist wesentlich größer als der von Ahlen. Warum?

7 Die Grenze für die Einzugsbereiche der Oberzentren Münster und Bielefeld liegt nicht genau in der Mitte zwischen den beiden Orten. Begründe.

8 Der Einzugsbereich von Münster als einem Oberzentrum reicht weit nach Südosten. Nenne mögliche Gründe.

9 Gütersloh liegt nicht im Mittelpunkt seines Einzugsbereichs. Warum nicht?

10 Welchen Vorteil hat die Lage von Versmold westlich von Bielefeld für die Entwicklung zu einem Mittelzentrum?

11 Führt selber mit Hilfe des Fragebogens eine Befragung im Umland der Schule durch. Tragt in einer Karte ein, wo die Bevölkerung der einzelnen Gemeinden Versorgungseinrichtungen aufsucht.

Greven
Gimbte
Westbevern
Ostbevern
LANDKREIS
Sankt Mauritz
Sitz: Münster (Westf.)
Nienberge
Handorf
Telgte
Telgte, Kspl.
Milte
Einen
Velsen
Warendorf
MÜNSTER
(Westf.)
Roxel
Albachten
Angelmodde
Wolbeck
Everswinkel
Alverskirchen
Freckenhorst
Freckenhorst, Kspl.
Hiltrup
Amelsbüren
MÜNSTER
Albersloh
Hoetmar
WAREND
Venne
Rinkerode
Sendenhorst
Enniger
Ottmarsbocholt
Vorhelm
Ascheberg
Drensteinfurt
Drensteinfurt, Kspl.
KREIS
Altahlen
Ahlen
Neuahlen
LÜDINGHAUSEN
Walstedde
Beckum, Kspl.
Nordkirchen
Herbern
Capelle
Amt Ahlen
Sitz: Ahlen, St.
Dolberg
Südkirchen
Selm
Heessen
Bockum-Hövel
Stockum
Uentrop
HAMM
Werne
a. d. Lippe
Bork
Eilmsen
Dinker
Pelkum
KREIS
Rhynern
Dorfwelver
Altlünen
Bergkamen
LÜNEN
Welver
Klotingen

16

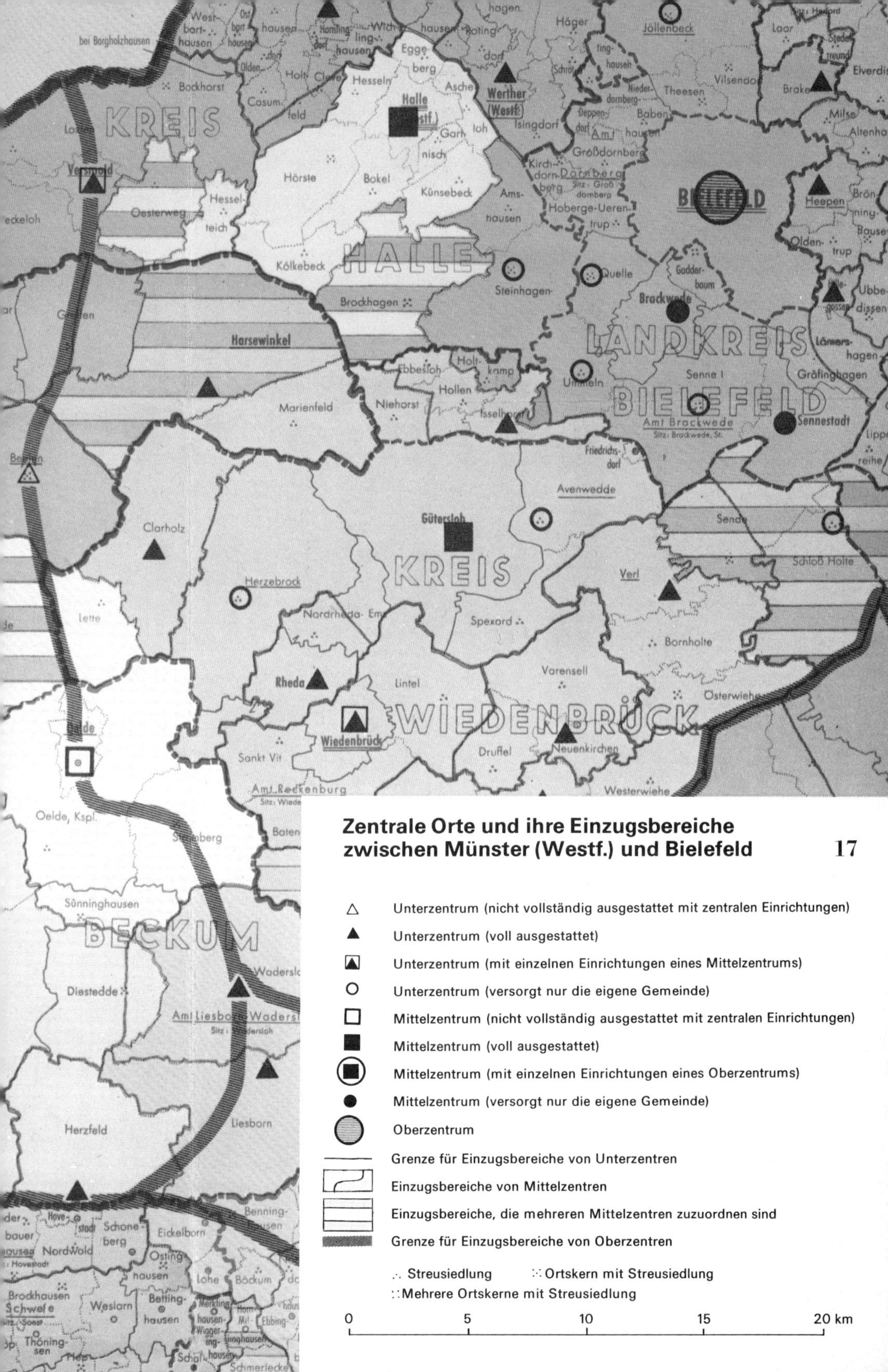
Zentrale Orte und ihre Einzugsbereiche zwischen Münster (Westf.) und Bielefeld
17
Unterzentrum (nicht vollständig ausgestattet mit zentralen Einrichtungen)
Unterzentrum (voll ausgestattet)
Unterzentrum (mit einzelnen Einrichtungen eines Mittelzentrums)
Unterzentrum (versorgt nur die eigene Gemeinde)
Mittelzentrum (nicht vollständig ausgestattet mit zentralen Einrichtungen)
Mittelzentrum (voll ausgestattet)
Mittelzentrum (mit einzelnen Einrichtungen eines Oberzentrums)
Mittelzentrum (versorgt nur die eigene Gemeinde)
Oberzentrum
Grenze für Einzugsbereiche von Unterzentren
Einzugsbereiche von Mittelzentren
Einzugsbereiche, die mehreren Mittelzentren zuzuordnen sind
Grenze für Einzugsbereiche von Oberzentren
Streusiedlung
Ortskern mit Streusiedlung
Mehrere Ortskerne mit Streusiedlung
0
5
10
15
20 km
KREIS HALLE
LANDKREIS BIELEFELD
KREIS WIEDENBRÜCK
BECKUM
Bielefeld
Halle (Westf.)
Werther (Westf.)
Jöllenbeck
Heepen
Brackwede
Sennestadt
Amt Brackwede
Sitz: Brackwede, St.
Versmold
Harsewinkel
Gütersloh
Rheda
Wiedenbrück
Oelde
Herzebrock
Verl
Clarholz
Marienfeld
Steinhagen
Quelle
Ummeln
Isselhorst
Avenwedde
Neuenkirchen
Amt Reckenburg
Amt Liesborn-Wadersloh
Lintel
Spexard
Varensell
Bornholte
Österwiehe
Westerwiehe
Druffel
Sankt Vit
Lette
Oelde, Kspl.
Stromberg
Sünninghausen
Diestedde
Herzfeld
Liesborn
Wadersloh
Bockhorst
Hörste
Bokel
Künsebeck
Kölkebeck
Brockhagen
Amshausen
Hesseltelch
Oesterweg
Senne I
Gadderbaum
Schloß Holte
Sende
Niehorst
Hollen
Ebbesloh
Friedrichsdorf
Eickelborn
Benninghausen
Lohe
Bökum
Schwefe
Weslarn
Thöningsen
Schmerlecke
bei Borgholzhausen

Zwei Städte streiten um ein Hallenbad

☐ In Deutschland kann man nicht das ganze Jahr im Freien baden; das Klima ist zu ungünstig. Um trotzdem nicht auf das Baden verzichten zu müssen, baut man Hallenbäder. Die Öffentlichkeit, die Schulen und die Sportvereine als die wichtigsten Benutzergruppen erwarten, daß Hallenbäder für die Erholung und für den Sport zur Verfügung gestellt werden.
Nur – Hallenbäder sind überaus kostspielige Anlagen. Eine Kleinschwimmhalle mit einem Schwimmerbecken von 10 m × 25 m kostete 1970 bereits 3 Millionen DM. Außer den Baukosten belastet die Unterhaltung den Gemeindehaushalt Jahr für Jahr mit Ausgaben, die sonst für Schulen oder Kindergärten verwendet werden könnten. Nur ein Hallenbad, das viel benutzt wird, kann sich mit den Eintrittsgeldern weitgehend selber tragen. Eine gute Benutzung ist gewährleistet, wenn genügend Einwohner im Einzugsbereich wohnen. Bei einer Normalschwimmhalle mit einem Schwimmerbecken von 12,5 m × 25 m rechnet man mit 40000 Einwohnern, bei einer Kleinschwimmhalle mit 30000 Einwohnern. Während eine Normalschwimmhalle für große Schwimmwettkämpfe geeignet ist, dienen Kleinschwimmhallen vor allem der Erholung und dem Training.

☐ Walsrode am Südrand der Lüneburger Heide wünschte sich ein Hallenbad. Der Bedarf war da. Walsrode hatte als Schulzentrum 4500 Schüler zu versorgen und als Einkaufsstadt einen Einzugsbereich mit über 35000 Einwohnern zu betreuen. Das Hallenbad sollte die vielseitigen Einrichtungen des vorhandenen Sportzentrums ergänzen. Man wollte der Bevölkerung des Gebietes etwas Besonderes bieten. Bis dahin hatten, abgesehen von einigen Fremdenverkehrsorten, nur größere zentrale Orte Hallenbäder aufzuweisen. Die Planungen der Stadt Walsrode waren gut, sie hatten nur einen Nachteil: Man hatte nicht genügend Geld zum Bau.
Da kam plötzlich aus der 7 km entfernten Nachbarstadt Fallingbostel die Nachricht, daß man dort ebenfalls ein Hallenbad plane. Baupläne und Gelände seien vorhanden. Man hätte auch genügend Geld, um den Bau sofort zu beginnen.
Damit war ein neuer Anlaß gegeben, den schon über 100 Jahre alten Streit zwischen Walsrode und Fallingbostel um die Führung in diesem Raum wieder zu beleben.

Walsrode ist eine alte Handwerks- und Handelsstadt. Sie besitzt ein ausgeprägtes Geschäftszentrum mit Kaufhäusern, Supermärkten und Fachgeschäften. Sie besitzt Banken, weiterführende Schulen, Fachärzte, Krankenhaus und Amtsgericht – aber kaum Industrie. Mit 14300 Einwohnern ist Walsrode das Mittelzentrum des Kreises Fallingbostel.

Fallingbostel ist Unterzentrum mit einzelnen Aufgaben eines Mittelzentrums. Es ist Sitz der Kreisverwaltung. Seit der Jahrhundertwende herrscht am Ort reger Fremdenverkehr. Fallingbostel ist eine junge Stadt mit heute 6000 Einwohnern. Durch die Ansiedlung bedeutender Industriebetriebe ist sie zu einer reichen, rasch wachsenden Gemeinde geworden, die viele kostspielige Einrichtungen anbieten kann.

Für den Bau des Hallenbades war man allerdings noch auf Zuschüsse des Landes angewiesen, und an diesen Zuschüssen war auch Walsrode interessiert. Welches Projekt sollte die Landesregierung unterstützen? Das sind die Argumente der streitenden Parteien:

Walsrode: Wir sind die größte Stadt im Kreis. Wir haben unseren Sportvereinen und unseren Schülern Übungsmöglichkeiten zu bieten. Als wichtigste Einkaufsstadt des Kreises werden wir täglich von vielen Auswärtigen aufgesucht, die auch als Benutzer des Hallenbades in Frage kommen. Innerhalb unseres Sportzentrums wird das Hallenbad am besten genutzt.

Fallingbostel: Wir sind die Kreisstadt. Eine solch zentrale Einrichtung wie ein Hallenbad kann nur in der Kreisstadt gebaut werden. Wir haben einen regen Fremdenverkehr, der unbedingt auf ein Hallenbad angewiesen ist. Unser Ort liegt äußerst verkehrsgünstig. Vor allem bereiten uns die Finanzierung und die Unterhaltung des Hallenbades keine Schwierigkeiten.

1 Bildet drei Gruppen. Gruppe 1 streitet für Walsrode, Gruppe 2 für Fallingbostel. Beide Gruppen entwerfen Zeitungsartikel, um die öffentliche Meinung für sich zu gewinnen, und stellen Anträge an die Regierung und bitten sie um Unterstützung. Gruppe 3 bemüht sich im Namen der Regierung um eine gerechte Entscheidung und setzt schließlich eine entsprechende Begründung auf.

Im Endergebnis wurden in Walsrode und in Fallingbostel Hallenbäder gebaut, allerdings nur Kleinschwimmhallen mit den Beckengrößen 10 m × 25 m. Die Zeitung schrieb über das Walsroder Bad: „Kein Hallenbad der Superlative.“ Auch Fallingbostel hat seine Schwierigkeiten. Ein sehr großer Teil der Benutzer kommt aus der Umgebung. Man braucht einen weiten Einzugsbereich, denn Walsrode zieht viele Gäste ab. Die Einwohner im Nordteil des Kreises Fallingbostel allerdings sind weit und breit am besten mit Hallenbädern versorgt.

In dieser Auseinandersetzung gab keiner nach. Und so wird der Konkurrenzkampf zwischen Walsrode und Fallingbostel um die höhere Zentralität weitergehen.

2 Ein Streit um eine zentrale Einrichtung kommt häufig vor, besonders dort, wo zwei zentrale Orte nahe beieinander liegen und ähnliche Bedeutung haben. Es muß nicht immer um ein Hallenbad gehen. Hier ist es eine Stadthalle, dort ein Krankenhaus, eine Schule oder ein Warenhaus. Sammelt Zeitungsberichte über solche Vorfälle. Welche Bedeutung haben sie für die weitere Entwicklung der betroffenen Orte?

Walsrode und Fallingbostel auf der Karte 1 : 500 000

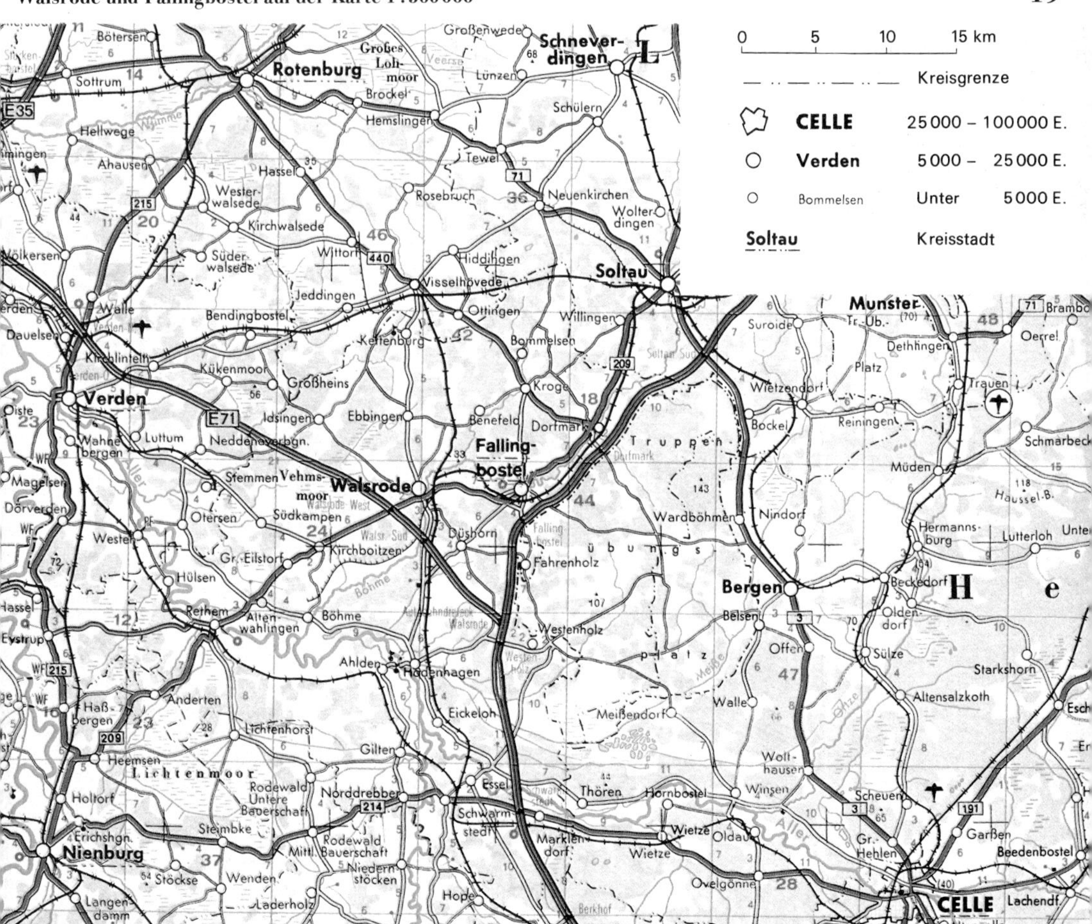

Versorgungszentren in großen Städten: Beispiel Hamburg

☐ Wer Hamburg als einen zentralen Ort bezeichnet, meint im Grunde nur die Innenstadt. Daneben gibt es innerhalb der Stadt zahlreiche große und kleine Versorgungszentren. Die Karte unten zeigt diese Versorgungszentren. Nicht alle von ihnen sind schon so weit entwickelt, wie die Planer sie auf dieser Karte gezeichnet haben.

1 Entwirf eine Zeichenerklärung für die Karte der Hamburger Versorgungszentren. Unterscheide dabei Ober-, Mittel- und Unterzentren. Für die Lösung der Aufgaben

Die Nutzung der Erdgeschosse im Kern von Hamburg-Wandsbek

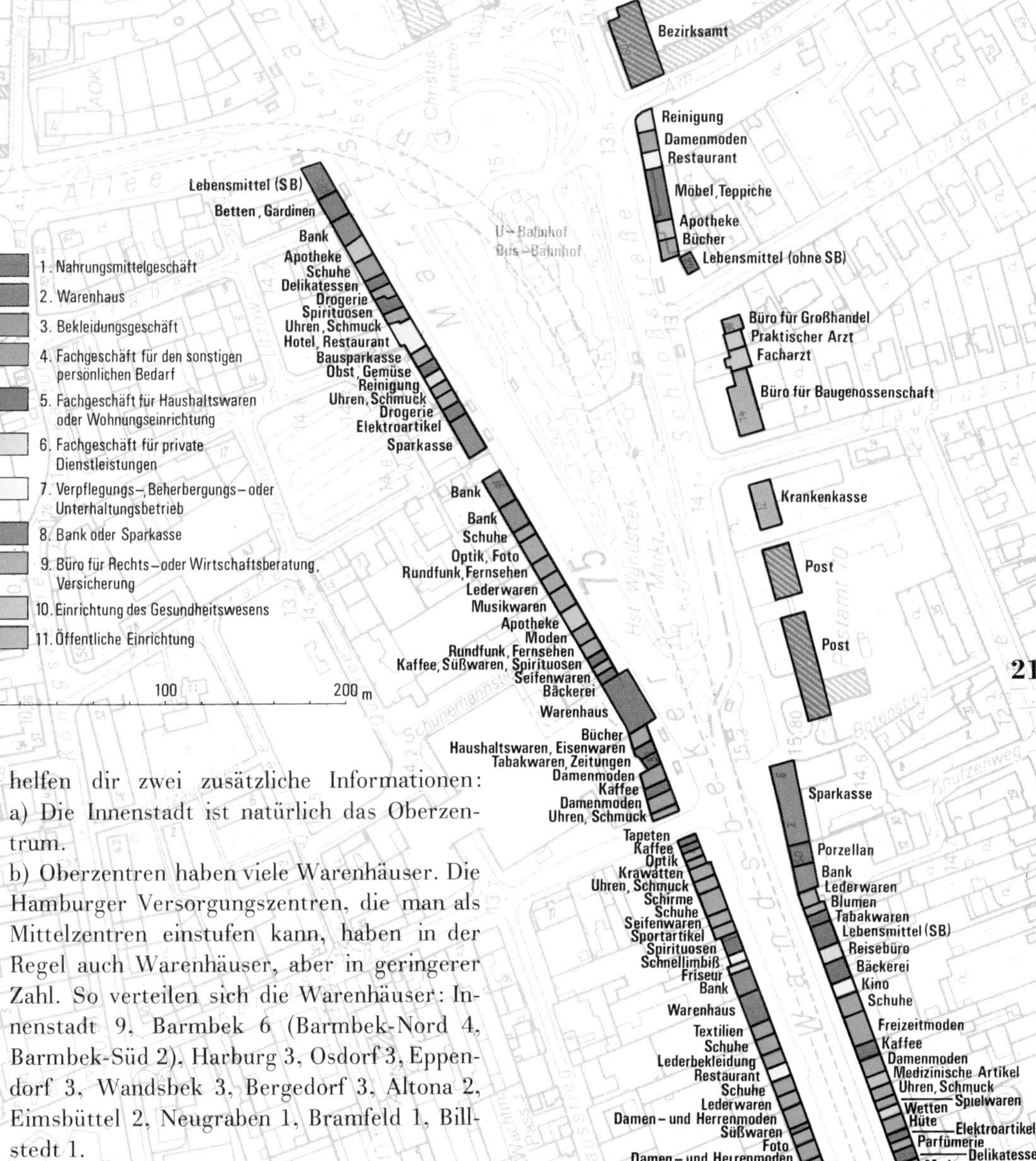

helfen dir zwei zusätzliche Informationen:
a) Die Innenstadt ist natürlich das Oberzentrum.
b) Oberzentren haben viele Warenhäuser. Die Hamburger Versorgungszentren, die man als Mittelzentren einstufen kann, haben in der Regel auch Warenhäuser, aber in geringerer Zahl. So verteilen sich die Warenhäuser: Innenstadt 9, Barmbek 6 (Barmbek-Nord 4, Barmbek-Süd 2), Harburg 3, Osdorf 3, Eppendorf 3, Wandsbek 3, Bergedorf 3, Altona 2, Eimsbüttel 2, Neugraben 1, Bramfeld 1, Billstedt 1.

2 Überprüfe dein Ergebnis am Beispiel des Versorgungszentrums Wandsbek, das auf dieser Seite abgebildet ist: Decken die Häuser eher den häufiger oder den seltener auftretenden Bedarf?

3 Untersucht nun nach dem Vorbild Wandsbek Versorgungszentren in eurer Stadt.

Industriestandorte

Länder und Gemeinden werben um Industrie

□ Immer wieder liest man, daß Industrien unsere Umwelt gefährden. Und doch bemühen sich viele Gemeinden, Kreise und sogar Länder um die Ansiedlung von Industriebetrieben. Sie werben mit erheblichem Aufwand und versprechen viele Vorteile.

1 Hat das Land Schleswig-Holstein so wenig Industrie, daß geworben werden muß? Die Karte der Beschäftigten in der Industrie (unten) gibt eine Antwort.

2 Die Karte „Lohn- und Gehaltsunterschiede“ zeigt, daß es in der Bundesrepublik Deutschland erhebliche Unterschiede in den Verdienstmöglichkeiten gibt. Suche die Gebiete mit den höchsten und mit den niedrigsten Einkommen; errechne den Unterschied.

3 Allgemein sagt man, daß die Gebiete mit geringen Verdienstmöglichkeiten auch die Gebiete mit wenig Industrie sind. Wo stimmt das und wo nicht? Vergleiche die beiden Karten miteinander.

4 Die Planer wollen in den zurückgebliebenen Gebieten die Verdienstmöglichkeiten verbessern, indem sie neue Fabriken herbeiholen. a) Welche Gebiete in Schleswig-Holstein haben eine Industrieansiedlung besonders nötig? b) Gibt es in der Bundesrepublik Deutsch-

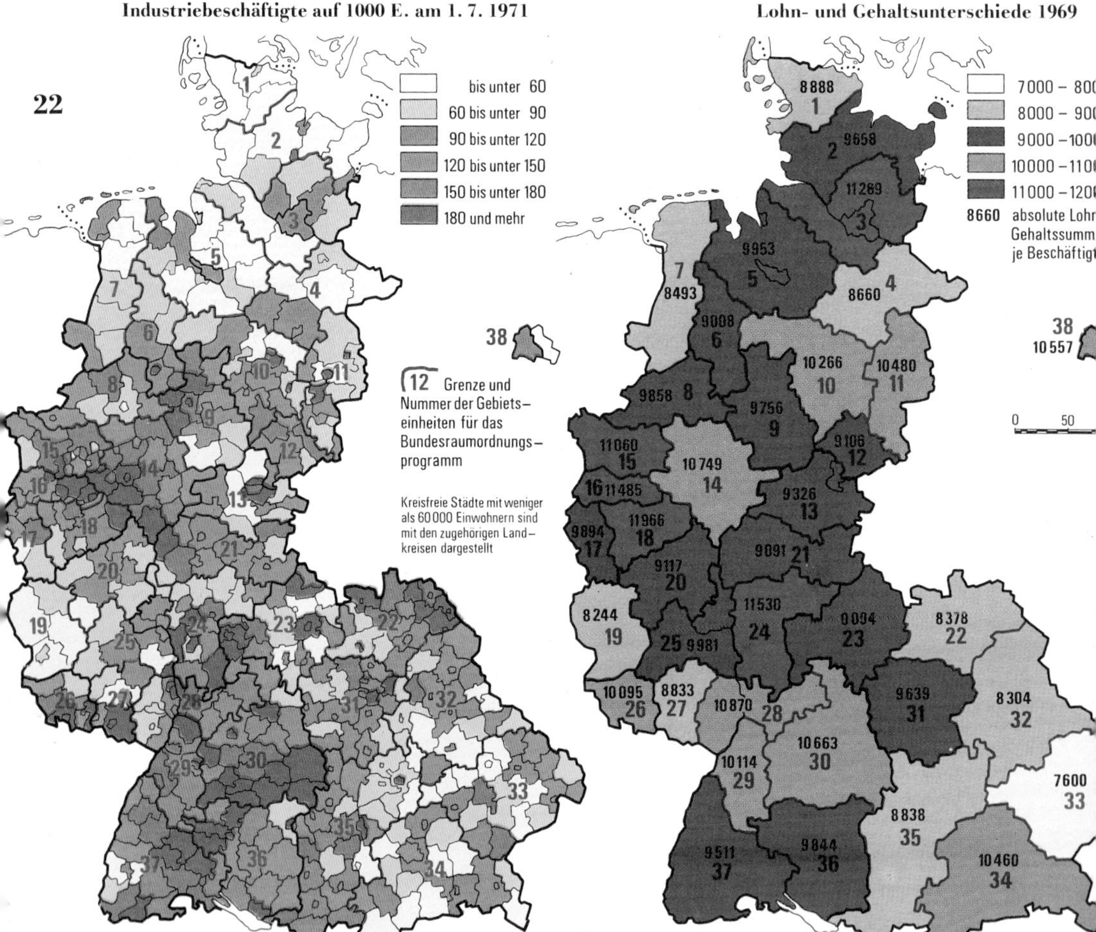

Werbung für Schleswig-Holstein

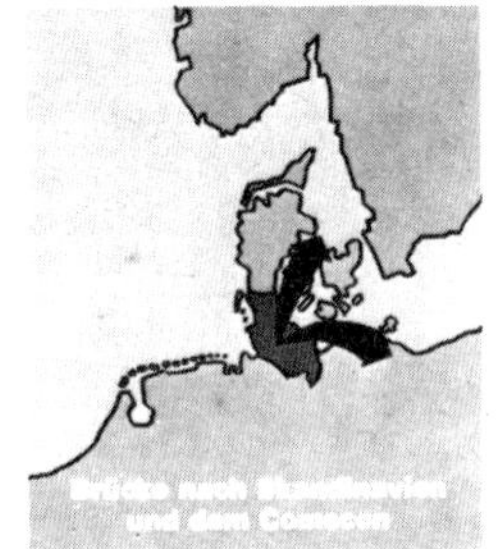

EINE NEUE FABRIK IN SCHLESWIG-HOLSTEIN

ES GIBT SO VIELE GRÜNDE, DIE DAFÜR SPRECHEN.

Wenden Sie sich wegen genauer Auskünfte bitte an den Minister für Wirtschaft und Verkehr des Landes Schleswig-Holstein, Referat 36, 23 Kiel, Düsternbrooker Weg 94—100, Telefon (0431) 5963036

oder die Wirtschaftsförderungsgesellschaft mbH Schleswig-Holstein, 23 Kiel, Prüner Gang 16—20, Telefon (0431) 505771.

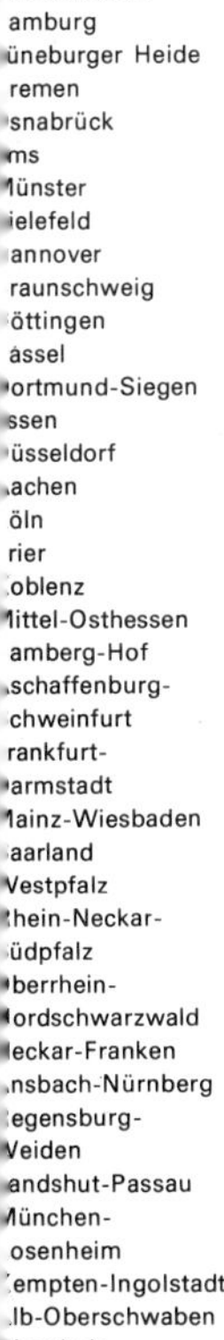

land Gebiete, für die eine Industrieansiedlung noch dringender ist?

□ Bei der Ansiedlung von Fabriken gibt es allerdings eine besondere Forderung: Der Standort muß stimmen. Man kann z. B. eine Schiffswerft nicht fern vom Wasser bauen. Man nennt die Ansprüche der Fabriken an ihren Standort „Standortfaktoren". Wichtige Standortfaktoren sind: Lage zu Rohstoffen, Lage zu Absatzmärkten, Vorhandensein von Arbeitskräften, Verkehrslage, staatliche Hilfen, Betriebsgelände.

5 Mit welchen Worten wird in der Anzeige auf einzelne Standortfaktoren hingewiesen?

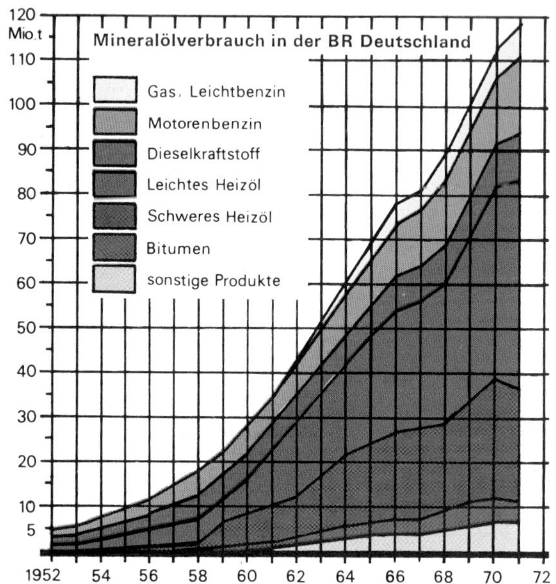

Zum Bild unten: ① Fraktionierturm, Hydrotreater und Hydrofiner, ② Vakuumdestillationsanlage, ③ Platformer, ④ Katalytischer Cracker, ⑤ Bitumenanlage, ⑥ automatische Misch- und Verladepumpen, ⑦ para-Xylol-Anlage, ⑧ Rohölempfangsstation, ⑨ Rohöltanklager, ⑩ Zwischen- und Fertigproduktenlager, ⑪ Flüssiggaskugelbehälter, ⑫ Versorgungsanlagen, ⑬ Kühltürme, ⑭ Abwasserreinigungsanlage, ⑮ Fackeln, ⑯ Transformatorenstation, ⑰ Kesselwagenfüllstation, ⑱ Straßenwagenfüllstation, ⑲ Werkstatt und Magazin, ⑳ Kontrollgebäude, ㉑ Erste-Hilfe-Station und Werksfeuerwehr, ㉒ Verwaltungsgebäude

Ingolstadt – ein neuer Raffineriestandort

□ Wohl kaum ein anderer Wirtschaftszweig hat in der Bundesrepublik Deutschland nach dem Zweiten Weltkrieg einen so starken Aufschwung genommen wie die Mineralölindustrie. Das Diagramm links nennt die Zahlen.

⅄ **1** Beschreibe die Zunahme beim Verbrauch einzelner Mineralölprodukte.

2 Wo in deiner Umgebung werden solche Produkte verbraucht?

Das Mineralöl ist in wenigen Jahren zum wichtigsten Energielieferanten in der Bundesrepublik geworden. Weil die Nachfrage nach Mineralöl weiter steigen wird, müssen die vorhandenen Raffinerien erweitert und neue erbaut werden.

Allein um Ingolstadt sind seit 1962 fünf Raffinerien entstanden. Eine von ihnen ist die

Die BP-Raffinerie Bayern

„BP-Raffinerie Bayern". Sie wurde 1967 eröffnet und verarbeitet jährlich 4,8 Mio. t Rohöl.

3 Verfolge mit Hilfe von Luftaufnahme und Fließschema den Weg des Rohöls von der Anlieferung bis zum Abtransport. Kläre dabei die Aufgaben der einzelnen Anlagen.

4 Einen Betrieb von der Größe und Bedeutung dieser Raffinerie kann man nicht überall errichten. Sein Standort muß genau überlegt werden. Man braucht vor allem ein großes, ebenes, billiges Gelände mit guten Verkehrsanschlüssen auf Schiene, Straße und Wasserweg, darüber hinaus einen ölundurchlässigen Untergrund sowie eine leichte und zuverlässige Versorgungsmöglichkeit mit Wasser und preiswerter elektrischer Energie. Prüfe soweit möglich anhand der Luftaufnahme, ob und in welcher Weise diese Standortfaktoren erfüllt sind. Ziehe für die Beurteilung der Verkehrsverbindungen auch den Atlas heran.

5 Tragt aus Zeitungen Berichte über Umweltgefahren zusammen, die von Raffinerien ausgehen sollen, und wertet die Angaben aus.

6 Nenne Schutzmaßnahmen, die man auf der Luftaufnahme erkennen kann.

7 In der Regel sind große Werke auch auf eine große Zahl von Arbeitskräften angewiesen. Die BP-Raffinerie dagegen hatte 1973 nur 340 Beschäftigte. Überlege, warum insgesamt so wenig Menschen benötigt werden.

Übrigens: Über Erdölgewinnung und Erdölverarbeitung kann man sich leicht informieren. Die großen Mineralölgesellschaften verschicken auf Anfrage meistens gutes Anschauungsmaterial.

Vereinfachtes Fließschema einer Raffinerie

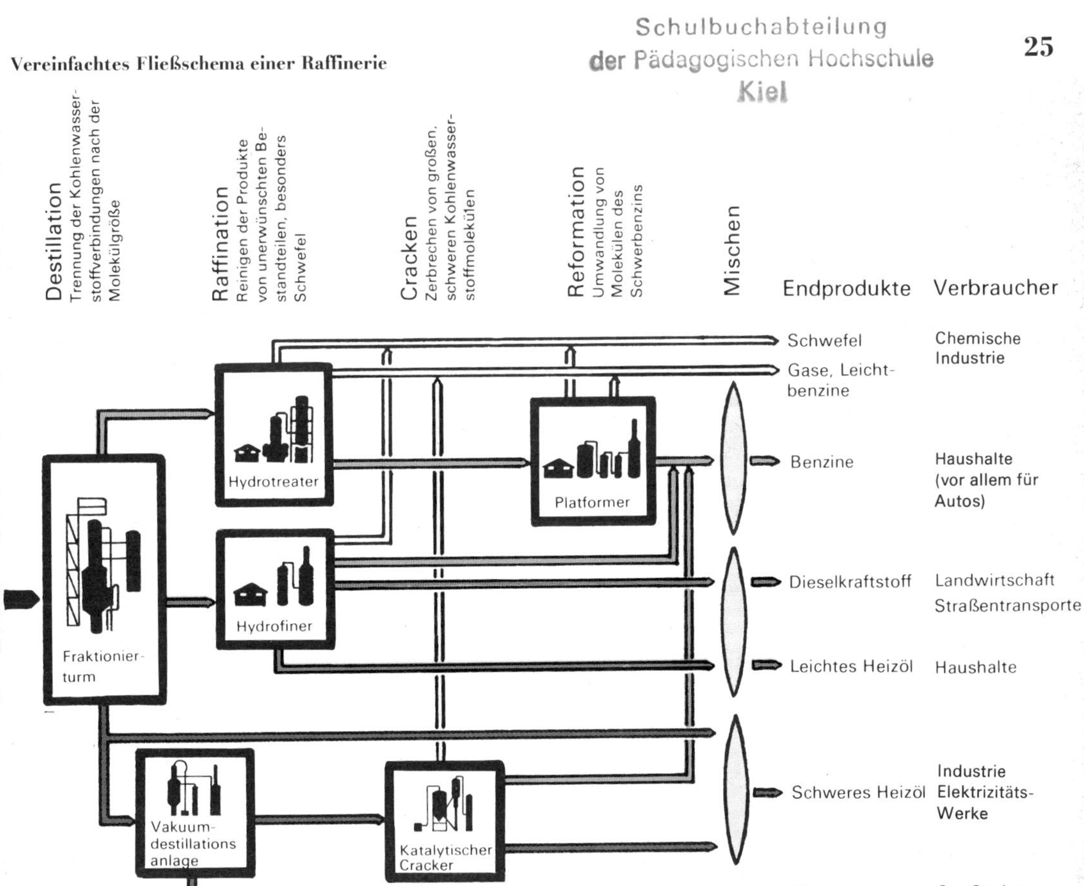

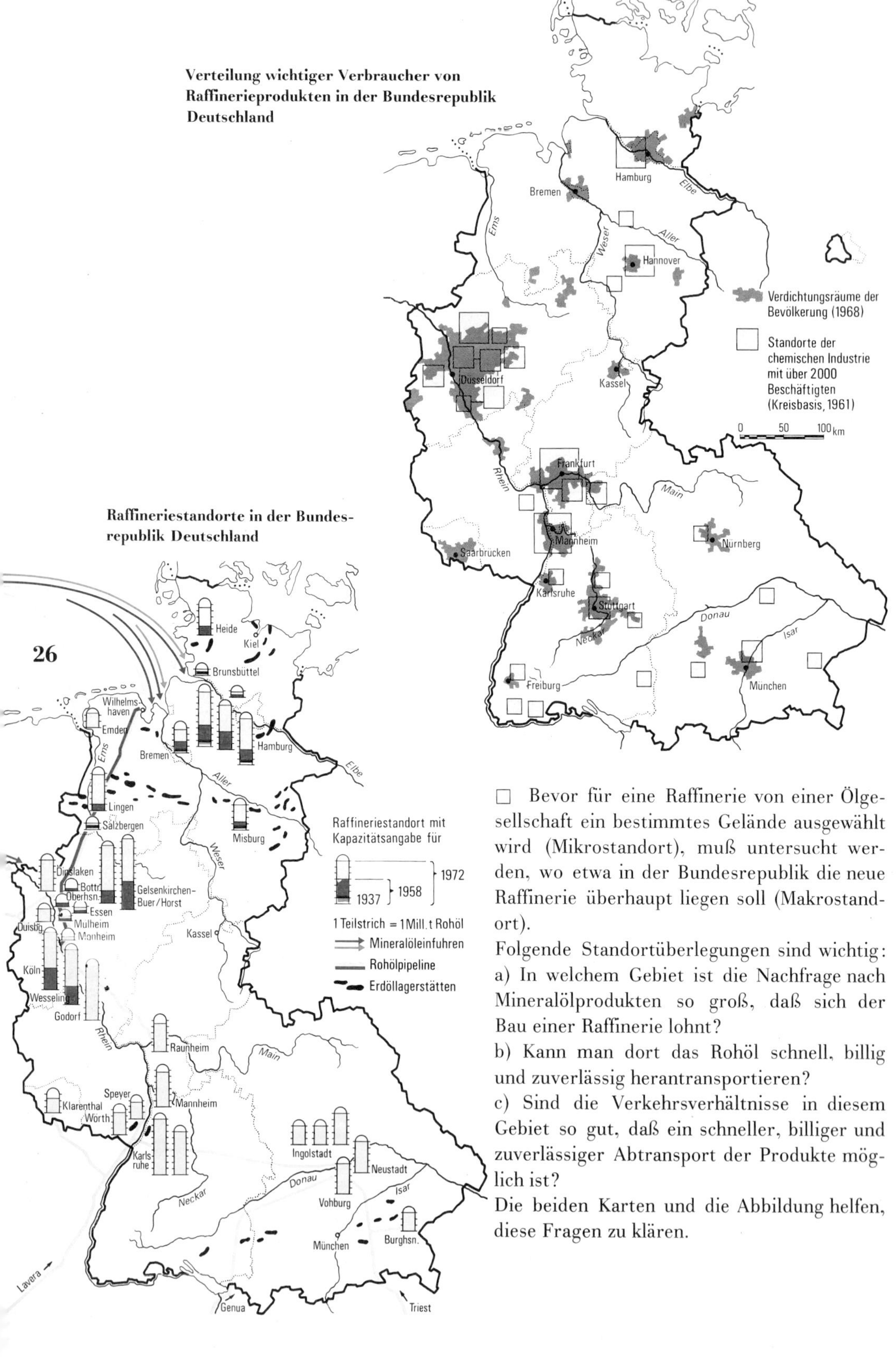

Verteilung wichtiger Verbraucher von Raffinerieprodukten in der Bundesrepublik Deutschland

Raffineriestandorte in der Bundesrepublik Deutschland

□ Bevor für eine Raffinerie von einer Ölgesellschaft ein bestimmtes Gelände ausgewählt wird (Mikrostandort), muß untersucht werden, wo etwa in der Bundesrepublik die neue Raffinerie überhaupt liegen soll (Makrostandort).

Folgende Standortüberlegungen sind wichtig:

a) In welchem Gebiet ist die Nachfrage nach Mineralölprodukten so groß, daß sich der Bau einer Raffinerie lohnt?

b) Kann man dort das Rohöl schnell, billig und zuverlässig herantransportieren?

c) Sind die Verkehrsverhältnisse in diesem Gebiet so gut, daß ein schneller, billiger und zuverlässiger Abtransport der Produkte möglich ist?

Die beiden Karten und die Abbildung helfen, diese Fragen zu klären.

8 Nenne für 1937, 1958 und 1972 die Gebiete, in denen bevorzugt Raffinerien ausgebaut oder neu gebaut wurden.
9 Wie wurden diese Raffinerieschwerpunkte 1937, 1958 und 1972 mit Rohöl versorgt?
10 Großverbraucher von Raffinerieprodukten findest du auf der Karte links oben. Welche Raffinerien waren 1972 durch ihre Lage zu diesen Abnehmern besonders begünstigt?
11 Noch 1962 kostete in Bayern 1 t Heizöl 48 DM mehr als in Hamburg. Warum gab es trotzdem bis 1963 keine Raffinerien in Bayern? Bei der Erklärung hilft dir das Diagramm über den Anstieg des Mineralölverbrauchs auf S. 24.
12 Beschreibe die Abbildung der schematischen Darstellung des Mineralöl-Flusses unten.
13 Die Abbildung geht davon aus, daß es viele verstreut liegende Abnehmer für die Produkte einer Raffinerie gibt – nicht nur einen. Gilt das auch für den neuen Raffineriestandort Ingolstadt?

Schematische Darstellung des Mineralöl-Flusses

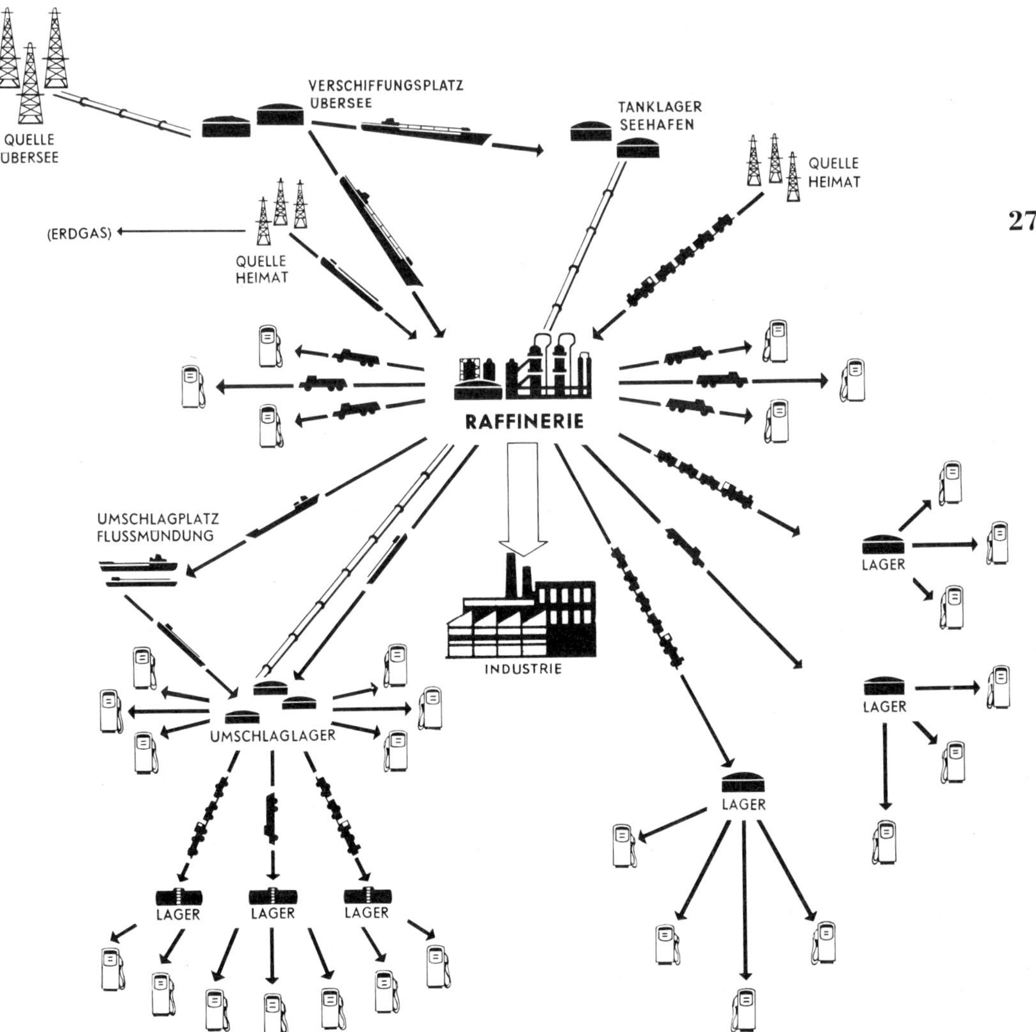

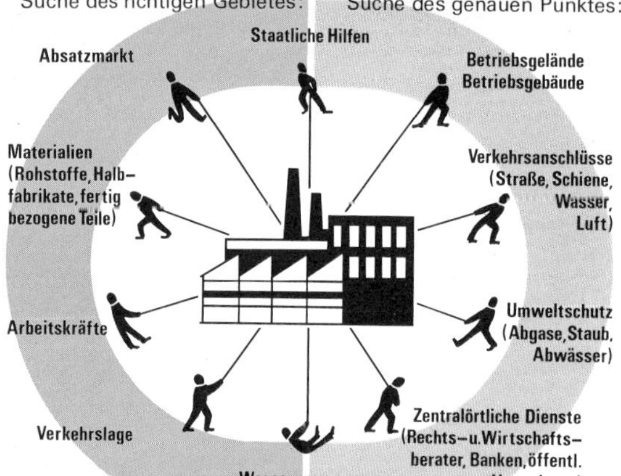

Standortschema (Nach welchen Standortfaktoren soll sich eine Fabrik richten?)

Die Industriezweige in fünf großen Gruppen

Bergbau
- Kohlenbergbau
- Erzbergbau
- Kali- und Steinsalzbergbau
- Erdöl- und Erdgasgewinnung
- sonstiger Bergbau

Grundstoff- und Produktionsgüterindustrien
- Industrie der Steine und Erden
- Eisenschaffende Industrie
- Ziehereien und Kaltwalzwerke
- Nichteisen-Metallindustrie
- Chemische Industrie
- Mineralölverarbeitung
- Gummi- und asbestverarbeitende Industrie
- Zellstoff-, papier- und pappeerzeugende Industrie

Investitionsgüterindustrien
- Stahl- und Leichtmetallbau
- Maschinenbau
- Straßenfahrzeugbau
- Schiffbau
- Luftfahrzeugbau
- Elektrotechnische Industrie
- Feinmechanische, optische und Uhrenindustrie
- Eisen-, Blech- und Metallwarenindustrie
- Büromaschinenindustrie

Verbrauchsgüterindustrien
- Feinkeramische Industrie
- Glasindustrie
- Holzverarbeitende Industrie
- Musikinstrumente-, Spiel- und Schmuckwarenindustrie
- Sportgeräteindustrie
- Papier- und pappeverarbeitende Industrie
- Druckerei- und Vervielfältigungsindustrie
- Kunststoffverarbeitende Industrie
- Ledererzeugende Industrie
- Lederverarbeitende Industrie
- Schuhindustrie
- Textilindustrie
- Bekleidungsindustrie

Nahrungs- und Genußmittelindustrien
- Mühlenindustrie
- Margarineindustrie
- Zuckerindustrie
- Brauereiindustrie
- Getränke- und Spirituosenindustrie
- Milchverwertende Industrie
- Süßwarenindustrie
- Tabakverarbeitende Industrie
- Fischverarbeitende Industrie
- sonstige Nahrungs- und Genußmittelindustrie

Paßt jede Fabrik an jeden Ort?

□ **1** a) In diesem Kapitel werden vier Fabriken beschrieben. Studiere die Beispiele. Prüfe dann mit Hilfe des Standortschemas die Bedeutung der einzelnen Standortfaktoren für jede Fabrik. Am besten geschieht dies in Form einer Tabelle:

Standort-faktor	sehr wichtig	weniger wichtig	unwichtig	nicht zu entscheiden
Absatzmarkt				
Materialien				
...				

b) Die Opelwerke in Rüsselsheim z. B. haben im Laufe ihrer Entwicklung drei verschiedene Produkte hergestellt. Warum hat die Fabrik trotz der Produktionsänderung den Standort nicht verändert? Überlege.

□ **2** Für statistische Angaben faßt man einzelne Fabriken zu Industriezweigen zusammen. In der Liste links sind solche Industriezweige aufgezählt.

⅄ a) Zu welchen Industriezweigen gehören die vier beschriebenen Fabriken?

⅄ b) Ordne folgende Fabriken ebenfalls einzelnen Industriezweigen zu: Walzwerk, Süßmosterei, Fabrik für elektrische Meßgeräte, Schraubenfabrik, Brikettfabrik, Zigarettenfabrik, Waschmaschinenfabrik, Teppichweberei, Reifenfabrik, Wellpappefabrik, Düngemittelfabrik.

c) Bildet fünf Schülergruppen. Jede Schülergruppe bearbeitet eine große Gruppe der Industriezweige. Für jeden Industriezweig sind zwei verschiedene Fabriken zu nennen. Beispiel Straßenfahrzeugbau: Automobilfabrik, Motorradfabrik. (Für diese Arbeit solltet ihr ein Lexikon benützen.)

∞ **3** Die einzelnen Industriezweige haben sehr verschiedene Standortansprüche. Nicht jeder Ort erfüllt sie. Was für Fabriken könnte dein Heimatort anziehen?

Beispiel 1: Das Werk Geisingen der „Breisgauer Portland-Cementfabrik" (Produktionsbeginn 1971) ▲

Zur Herstellung von Zement benötigt man vor allem zwei Rohstoffe: Kalk (zu 70%) und Ton (zu 22%). Beide Bestandteile werden vermahlen, gemischt und bei Temperaturen zwischen 1400 und 1450 °C zu „Klinker" gebrannt. Dabei verliert das Brenngut rund ein Drittel seines Trockengewichts. Der „Klinker" wird anschließend zu verschiedenen Zementsorten feingemahlen.
Der Energieverbrauch ist erheblich. Für eine Tonne Zement werden rund 100 kWh Strom und rund 100 kg Heizöl verbraucht. Die Produktion im Werk Geisingen liegt bei 400000 t Zement im Jahr. Der Betrieb arbeitet weitgehend automatisch. Es werden 100 Personen beschäftigt. Zementwerke belästigen die Umwelt durch Staub und Lärm. In Geisingen beträgt der Staubauswurf 0,1% der Produktion.
Zement ist ein Massengut, das man nicht mit hohen Transportkosten belasten darf. 80% der Zementproduktion werden deshalb im Nahverkehr abgesetzt. Der Zementverbrauch liegt in der Bundesrepublik bei 680 kg pro Einwohner.

Standorte der Zementwerke in der Bundesrepublik ▶

▲ **Beispiel 2: Kameramontage bei Rollei-Singapur, Werk Chai Chee Road**

Kameras bestehen aus unzähligen Einzelteilen. 90% dieser Teile werden von Rollei selbst hergestellt. Die Einzelteile müssen von Hand zusammengebaut werden, daher sind die Lohnkosten entsprechend hoch. Sie betragen im Durchschnitt 35% des Endpreises einer Kamera. Bei teuren Apparaten liegen sie höher, bei billigen niedriger. Bei Objektiven, Verschlüssen und elektronischen Bauelementen steigen die Lohnkosten sogar auf 85%.

Die Firma Rollei hat sich 1971 auch in Singapur angesiedelt. Sie hat fünf Produktionsstätten aufgebaut. Im Werk Chai Chee Road sind gegenwärtig 1870 Personen beschäftigt, nur 70 davon sind Ausländer. Im Vergleich zu Deutschland betragen die Lohnkosten in Singapur nur ein Sechstel, im Vergleich zu Japan nur ein Drittel. Singapur ist ein Entwicklungsland. Seine Regierung war sehr an dieser Fabrikansiedlung interessiert und hat sie gefördert. In Singapur haben bereits zahlreiche andere europäische und amerikanische Firmen Zweigwerke. Die Stadt hat den viertgrößten Hafen der Welt und einen internationalen Flughafen. Über beide Häfen exportiert Rollei-Singapur 99% der Waren in alle Teile der Welt, zumeist nach den USA und nach Westeuropa.

Beispiel 3: Fischindustrie Bremerhaven der Nordsee GmbH ▶

Frischer Fisch verdirbt leicht. Er muß sofort nach der Anlandung verarbeitet werden. Hauptprodukte sind: Frischfisch (geköpfter, enthäuteter oder filetierter Fisch), Räucherfisch, Tiefkühlfisch und Fischkonserven. Ein Drittel bis zur Hälfte der Rohware ist Abfall. Er wird in Fischmehlfabriken zu Futtermitteln verarbeitet. Die Kosten für die Rohware wirken sich im Durchschnitt zu 50% auf den Endpreis aus (bei Frischfisch zu 70%), die Kosten für Löhne zu 15% (bei Fischkonserven zu 20%). Die aus Fisch hergestellten Nahrungsmittel werden überwiegend in Deutschland verbraucht. Der Export ist gering. Neuerdings werden Fabrikschiffe eingesetzt, die den Fisch bereits auf hoher See zu Filet verarbeiten und tiefgefrieren.

Beispiel 4: Standorte der Coca-Cola-Abfüllbetriebe in Westfalen ▶

Coca-Cola ist ein Markenartikel, der überall in der Welt in gleicher Qualität ausgeliefert wird. Dennoch wird Coca-Cola nicht in **einer** Fabrik hergestellt. Im Gebiet der Bundesrepublik sind die Abfüllbetriebe recht gleichmäßig verteilt. Dem Coca-Cola-Konzentrat werden Zucker, Kohlensäure und Wasser zugesetzt. Coca-Cola besteht zu fast 90% aus Wasser. Wasser erhält man überall, es muß nur nach bestimmten Vorschriften aufbereitet werden. Den Zucker liefert die nächste Zuckerfabrik. Der Extrakt – mengenmäßig der kleinste Teil – kommt aus Essen. Glasflaschen und Transportkisten, die viel Lager- und Transportraum beanspruchen, brauchen nur einmal angeschafft und dann ergänzt zu werden. In dünner besiedelten Gebieten können die Vertriebskosten bis zu 50% des Endverkaufspreises ausmachen. Verbraucher von Coca-Cola sind vor allem Jugendliche.

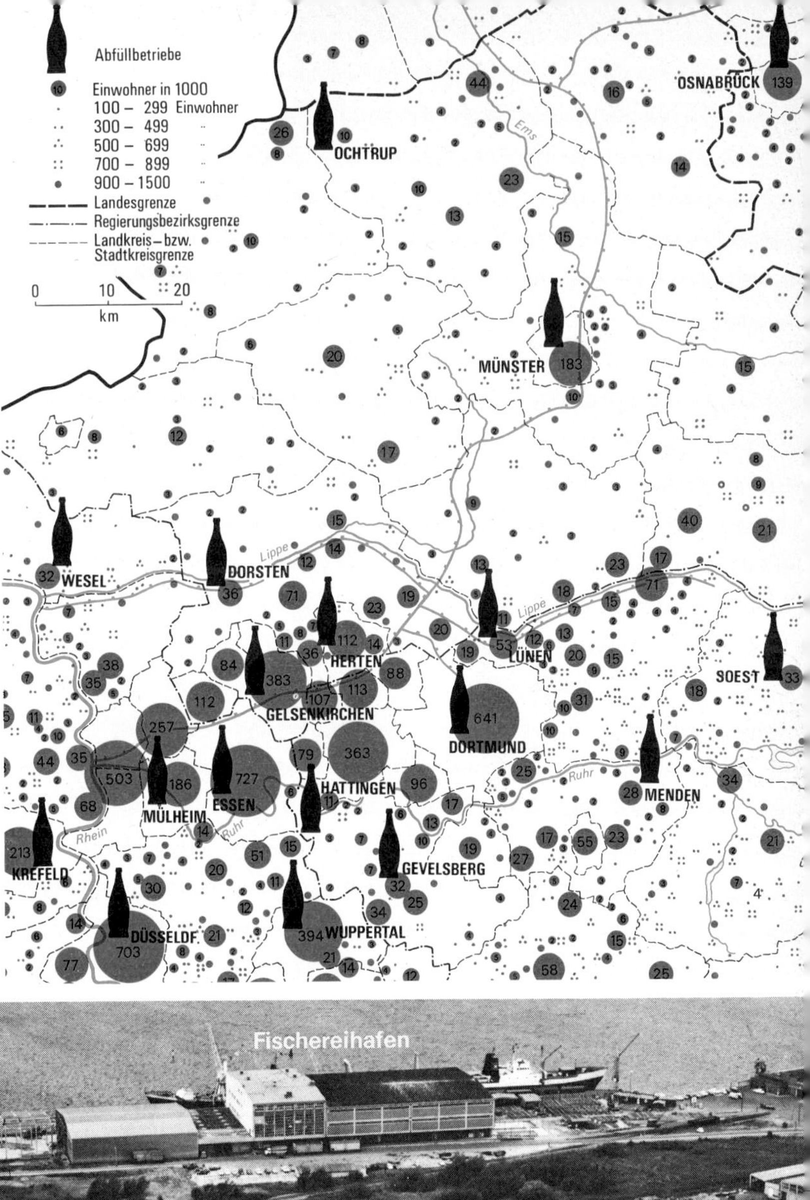

Wohin mit der neuen Großmühle?

☐ An vielen Orten gab es früher Wassermühlen oder Windmühlen. Es waren kleine Betriebe. Viele vermahlten nicht mehr als 5 Zentner Getreide pro Tag. Dann kam der Motor auf, und größere Mühlen wurden rentabler. Heute können einzelne Betriebe 15000 Zentner Getreide pro Tag verarbeiten. Doch die Nachfrage nach Mehl ist erheblich gesunken. 1935 verbrauchte jeder Einwohner des Bundesgebietes 108 kg, gegenwärtig sind es noch 62 kg. Um den schrumpfenden Absatzmarkt entbrannte der Konkurrenzkampf. Der Staat mußte ausgleichend eingreifen. Durch Prämien erleichterte er die Stillegung von Mühlen. Für jede Mühlenerweiterung und jeden Neubau müssen Genehmigungen erteilt werden.
Unser Planspiel: Die Weizenmühlen AG hat mehrere ältere Mühlen aufgekauft. Sie will die wenig gewinnbringenden Mühlen durch einen Neubau ersetzen. Doch an welchem Standort läßt sich der größte Gewinn erzielen? Der Betriebsleiter beauftragt die drei Abteilungsleiter für Produktion, für Einkauf und für Verkauf, Standortvorschläge auszuarbeiten, jeder aus seiner Sicht. Sie müssen von folgenden Voraussetzungen ausgehen:

Allgemeine Angaben. Die neue Mühle soll eine reine Weizenmühle werden. Man plant eine Verarbeitungskapazität von 500 t Weizen täglich. Zu 50% soll loses Mehl hergestellt werden, zu 20% abgepacktes Mehl in Pfund- und Kilopaketen für die Haushalte und zu 10% Spezialmehle für Brötchen- und Kuchenbäckereien. Die restlichen 20% der Erzeugung werden Futtermehle sein.

Produktion: 1. Man benötigt ein ungefähr 15000 m² großes, preiswertes Grundstück.
2. Man benötigt möglichst vielseitige Verkehrsanschlüsse: a) Hafenanschlüsse, denn das Schiff ist das billigste Transportmittel, b) Bahnanschlüsse, denn die Bahn eignet sich gut für den Transport über weite Landstrecken, c) Straßen- und Autobahnanschlüsse, denn mit dem Lkw können verstreut liegende Abnehmer gut beliefert werden. Umladen der Waren sollte vermieden werden, weil sich dadurch die Transportkosten erhöhen.
3. Man rechnet mit 150 Beschäftigten in der neuen Mühle. Sie sollen weitgehend aus den alten Mühlen übernommen werden. Die Unterbringung der Familien ist in einer Großstadt am leichtesten möglich.
4. Gesichtspunkte des Umweltschutzes brauchen nicht berücksichtigt zu werden, weil man moderne Produktionstechniken einsetzt. Das Getreide wird mit Druckluft gereinigt. Nachts findet kein Lkw-Verkehr statt.
5. Staatliche Fördermaßnahmen sind sehr erwünscht, damit eigenes Kapital gespart wird.

Einkauf: 1. Weizen läßt sich bei sachgemäßer Handhabung leichter lagern und transportieren als Mehl.
2. Weizen, auch importierter Weizen, hat in der Europäischen Gemeinschaft einen garantierten Mindestpreis. Nur bei den Transportkosten gibt es Unterschiede, die man nutzen muß.
3. Die Transportkosten sind bei kurzen Entfernungen und bei Benutzung von Schiffen niedrig. Jedes Umladen kostet zusätzliches Geld, selbst wenn es mit Hilfe von Saugern leicht und schnell geht.
4. Die Produktionsanlagen sollen das ganze Jahr über gleichmäßig ausgenutzt werden. Die zuverlässige Belieferung mit Weizen ist wichtig. Sie ist in der Nähe der Produktionsgebiete oder der Einfuhrhäfen mit ihren Getreidesilos am ehesten gewährleistet.
5. 20% des Weizens sollen in Frankreich gekauft werden. Ferner will man, um Qualitätsvorteile gegenüber der Konkurrenz zu haben, 10% kanadischen Weizen hinzukaufen. Diese Lieferungen kommen per Schiff.

Verkauf: 1. Für die einzelnen Produkte der Mühle ergeben sich unterschiedliche Absatzgebiete mit unterschiedlichen Marktbedingungen. Die ergiebigsten Absatzmärkte liegen aber in jedem Fall in den großstädtischen Verdichtungsgebieten.
2. Die Spezialmehle und das unter dem Namen „Weizengold“ vertriebene Haushaltsmehl sind Qualitätsartikel. Sie vertragen größere Lieferentfernungen. Die Spezialmehle gehen an kleinere Abnehmer, das Haushaltsmehl wird nur an Großhändler geliefert.
3. Bei losem Mehl ist der Konkurrenzkampf besonders hart. Die Verdienstmöglichkeiten sind gering. Man muß vor allem an Verpackungs- und Transportkosten sparen. Loses Mehl sollte möglichst in Kesselwagen an nahe Großabnehmer geliefert werden.
4. Futtermehle sind Nebenprodukte, die man nicht über große Entfernungen transportieren will.
5. Wegen der schwierigen Marktlage in Deutschland soll loses Mehl nach Übersee verkauft werden. Der Transport erfolgt per Schiff.

1 Die Aufgabe: Die Klasse bildet drei Gruppen. Jede Gruppe übernimmt die Rolle eines Abteilungsleiters. Sie hat ein oder zwei Standorte vorzuschlagen und ihre Wahl schriftlich zu begründen. Anschließend übernehmen drei Schüler die Aufgabe des Betriebsleiters. In einer gemeinsamen Sitzung des Betriebsleiters und der Abteilungsleiter sind die Standortvorschläge zu diskutieren. Der Betriebsleiter trifft abschließend auf der Grundlage der Vorschläge und der Diskussionsergebnisse seine Entscheidung.

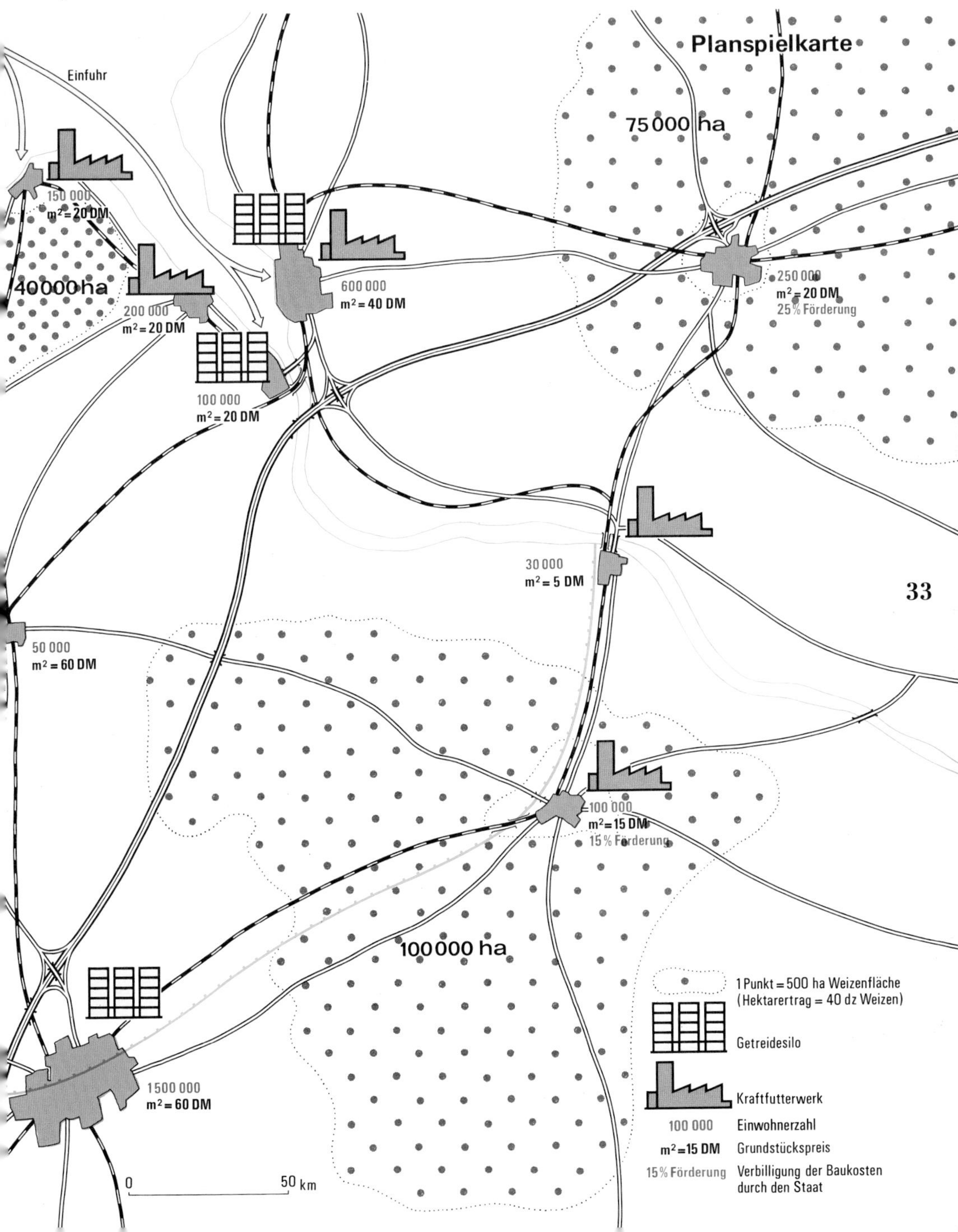

„Massenflucht" aus dem Ruhrgebiet

1972 sind 22 000 Menschen abgewandert

be. **Dortmund** (Eigener Bericht) — Die jüngsten Ergebnisse der Bevölkerungsstatistik für das Ruhrgebiet weisen für 1972 einen Wanderungsverlust von 22 027 Personen aus. Die auf Grund der Wanderungsgewinne für 1970 und 1971 (8891 bzw. 182 Menschen) ausgesprochene Vermutung, daß im Ruhrgebiet die langjährige Phase der Wanderungsverluste überwunden sei, hat sich damit nicht bestätigt. Vielmehr ist der Wanderungsverlust 1972 größer als in den Jahren 1962—1965, in denen er durchschnittlich bei 19 606 gelegen hatte. Zusammen mit dem gegenüber dem Vorjahr auf das 3fache angestiegenen „Sterbeüberschuß" von 10 310 Menschen schrumpfte die Bevölkerungszahl des Ruhrgebietes 1972 um 32 337 auf 4 898 964. Das Land Nordrhein-Westfalen verzeichnete im Gegensatz zum Ruhrgebiet auch 1972 wieder einen Wanderungsgewinn, der allerdings mit 58 095 bedeutend niedriger ausfiel als ein Jahr zuvor (100 494). (2)

Entwicklung der Produktion im Bundesgebiet (1960 = 100)

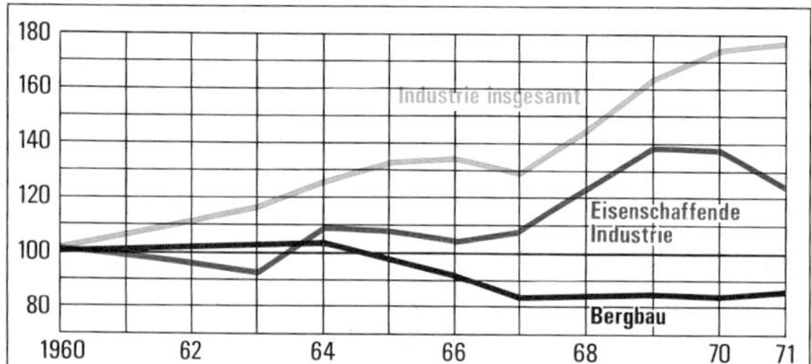

Entwicklung der Beschäftigtenzahlen im Bundesgebiet (1966 = 100)

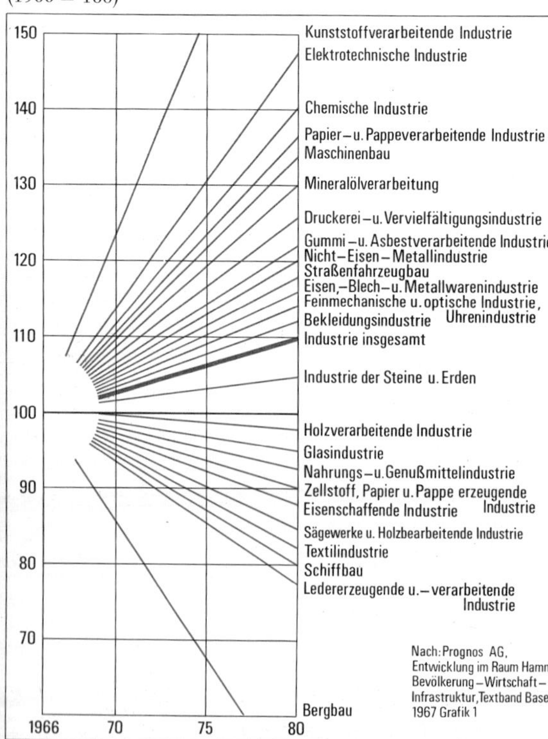

Arbeitsplätze gefährdet: Strukturwandel im Ruhrgebiet

☐ Die Anzeige rechts erschien Mitte 1973 in den Tageszeitungen des Ruhrgebietes. Nach Angaben von BMW war sie erfolgreich. Im Ruhrgebiet selbst hat sie die Verantwortlichen in Politik, Wirtschaft und Verwaltung schockiert. Bietet das Ruhrgebiet wirklich so wenig, daß man dort Arbeitskräfte über 500 km weit abwerben kann? Gibt es im größten Industriegebiet der Bundesrepublik etwa keine sicheren Arbeitsplätze mehr?

1 Was sagt der Zeitungsartikel dazu?

2 Allein von Ende 1970 bis Mitte 1973 ging die Belegschaftszahl der Ruhrkohle AG um 34 000 Mitarbeiter zurück. Auch in der eisenschaffenden Industrie „kriselt" es; die Hüttenwerke suchen bessere Standorte im Ausland. Erläutere das Diagramm Mitte links.

3 Die Industriezweige wachsen unterschiedlich. Neue Erfindungen, andere Verbrauchsgewohnheiten, Konkurrenz des Auslands – das sind nur einige der Ursachen, die das Wachstum beeinflussen. Neben wachstumsstarken gibt es wachstumsschwache und sogar schrumpfende Industriezweige. Die Sicherheit der Arbeitsplätze hängt davon ab. Beurteile mit Hilfe des Diagramms unten links die mögliche Entwicklung der Beschäftigtenzahlen im Ruhrgebiet, im Raum Dingolfing und im Raum Ingolstadt.

☐ Um 1960 hatten fast alle Städte und Kreise des Ruhrgebietes eine einseitige Wirtschaftsstruktur. Mehr als 40% ihrer Industriebeschäftigten waren in einem einzigen Industriezweig tätig: entweder im Kohlenbergbau oder in der eisenschaffenden Industrie. Gebiete mit einseitiger Wirtschaftsstruktur sind bei Wachstumskrisen besonders betroffen.

Wachstumskrisen kann man kaum verhindern, man kann sich aber vor den Folgen schützen: Man muß einen Strukturwandel herbeiführen; man muß möglichst vielseitige Industrien ansiedeln.

BMW-Facharbeiter
Auswanderungsprogramm

upp, komm nach Bayern!

Nach Dingolfing. Zu BMW.

Noch nie was von Dingolfing gehört? Macht nichts – werden wir gleich haben. Dingolfing (der Standort unseres neuen Automobil-Werkes) ist eine kleine Stadt mitten in Niederbayern. Mit hübschen Häusern, Geschäften, Kirchen, Wirtshäusern natürlich, einem Stadtplatz und immerhin 14000 Einwohnern. Liegt an der grünen Isar, nah der schönen blauen Donau, umgeben von Wiesen und Wäldern. Ehrlich – is' richtig wie im Touropa-Prospekt.

Jupp hier kann man's aushalten.

Mit den Kohlen geht's schon mal los. Die stimmen hier noch. Da gibt's mehr Bier für's Geld – und das Schweinefleisch kostet 8 Mark per Kilo (beim Metzger Huber) und nicht 13 wie in Gelsenkirchen. Die Luft kann man richtig atmen und in der Donau sogar schwimmen, ohne gleich Blasen auf der Haut zu kriegen.

Jupp, Frau und Kinder haben's hier schöner.

Hat Dein Sohn schon mal 'ne Kuh gesehen, außer im Zoo? Und wie isses mit der Wäsche? Hier bleibt sie nicht nur 3 Stunden persilweiß. Na – und eines Tages kannst Du sogar feststellen, daß Dein Erpel nicht graue, sondern weiße Federn hat.

Und noch was, die Bayern fressen längst schon keine Preußen mehr.

Ganz im Gegenteil, die Verständigung klappt ausgezeichnet. Und wenn der Alfons erst mal „Saupreiß, damischer", sagt, dann heißt das, er hält Dich für einen ganz duften Typ.
Uuuund schließlich bist Du ja auch nicht gerade auf den Mund gefallen, oder?

Jupp, bis Italien sind's nur 250 Kilometer – und bis zum eigenen Häuschen nur 4 Jahre.

Ganz richtig gelesen: eigenes Häuschen. Unsere Firmensoziologen haben nämlich speziell für Dich einen Weg ausgeknobelt, wie Du mit Bausparvertrag, Steuervorteilen und BMW Unterstützung schnell zum eigenen Häuschen kommst. Ist das ein Wort?

35

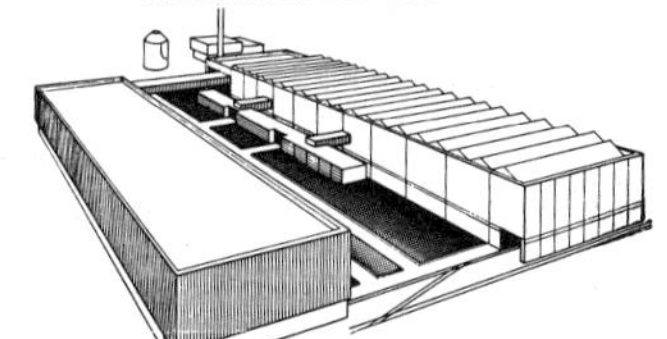

BMW-Dingolfing. Ein Platz für's Leben.

Facharbeiter aller Berufe finden im neuen BMW-Werk Dingolfing einen Arbeitsplatz, der Sicherheit und Zukunft bietet. Weil wir auf das richtige Auto-Konzept gesetzt haben: aktive Sicherheit. Darum ist ein Arbeitsplatz bei uns ein Stammplatz. Und wenn Du Ehrgeiz hast, Jupp, ein Startplatz. Zum Meister – und so weiter.

Jupp, Du lebst nur einmal!

Diese Chance wird es nie wieder geben. Jupp, schick den Coupon. Dir zuliebe. Deiner Frau zuliebe. Deinen Kindern zuliebe.

„Nein" sagen kannst Du immer noch, „Ja" nur jetzt.

JA-Coupon Ich möchte die BMW-Informationsbroschüre. Über Dingolfing, BMW und meine Zukunft.

Name:

Jetziger Beruf:

Postleitzahl/Ort:

Straße:

Bitte einsenden an: Bayerische Motoren Werke AG, Personalabteilung, 8312 Dingolfing, Bahnhofstraße, Telefon 08731/86217

Laß knacken, Jupp: ausschneiden, in einen Umschlag stecken und nach Bayern schicken!

Bayerische Motoren Werke AG
8312 Dingolfing, Bahnhofstraße

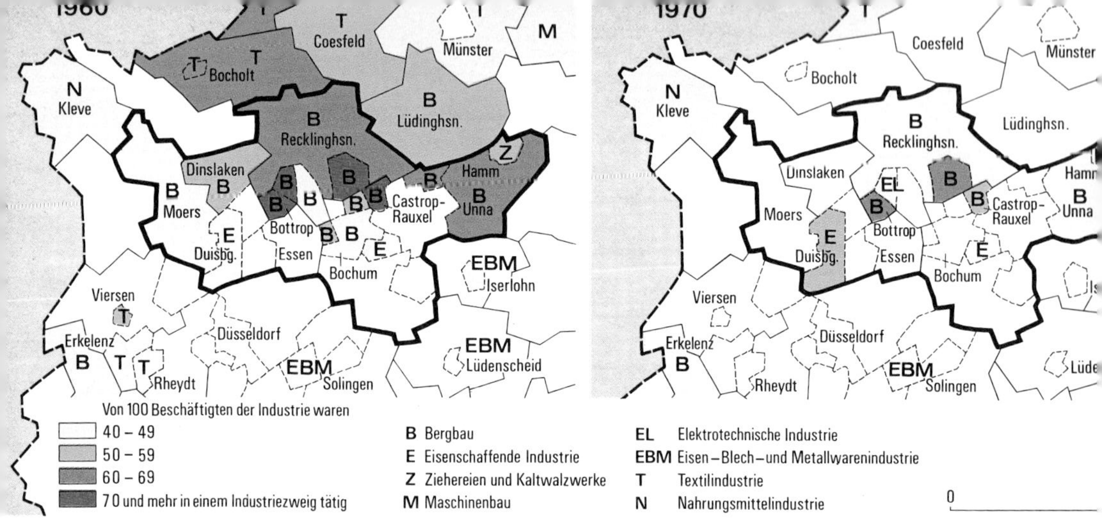

Von 100 Beschäftigten der Industrie waren
- 40 – 49
- 50 – 59
- 60 – 69
- 70 und mehr in einem Industriezweig tätig

B Bergbau
E Eisenschaffende Industrie
Z Ziehereien und Kaltwalzwerke
M Maschinenbau
EL Elektrotechnische Industrie
EBM Eisen – Blech – und Metallwarenindustrie
T Textilindustrie
N Nahrungsmittelindustrie

4 Vergleiche die beiden Karten oben, und kommentiere das Ausmaß des Strukturwandels.

5 In einem alten Industriegebiet gibt es nur wenig freie Flächen für die Ansiedlung neuer Fabriken. Wie hilft man sich? Vergleiche auf der rechten Seite Luftbild und Karte und beschreibe die Veränderungen.

6 Herr B. (40 J.) war Bergmann. Er ist durch die Wachstumskrise, in der der Bergbau steckt, arbeitslos geworden. Er ist verheiratet, hat zwei Kinder (13 u. 15) und bewohnt ein zecheneigenes Haus. Er steht vor der Wahl, sich umschulen zu lassen, wenn er im Ruhrgebiet bleiben will, oder abzuwandern. Wie würdet ihr entscheiden? Begründung?

Ausbildungszeiten für Angelernte

Werkzeugschleifer	2–3	Jahre
Revolverdreher	1–2	Jahre
Lochkartenbüroangestellte	1	Jahr
Hobler	6	Monate
Zeichnungskopist	4–8	Monate
Verputzer	3–6	Monate
Kernmacher	2–6	Monate
Ausbildungszeit für Lehrberufe in der Regel	3–3½	Jahre

☐ Im Ruhrgebiet reicht es nicht aus, daß durch Ansiedlung neuer Fabriken sichere Arbeitsplätze geschaffen werden. Viele Menschen wandern trotzdem ab. Man muß auch ihre Lebensbedingungen verbessern. Die Abbildungen unten zeigen zwei Beispiele.

Projekte gegen die Abwanderung: Luftverbesserung ▼, Spielplatz in einem Revierpark bei Gelsenkirchen ▼

Strukturwandel im Gebiet Bottrop-Essen
Luftbild: 8. 9. 1971, Maßstab etwa 1:16000
Karte: 1. 10. 1969, Maßstab 1:25000

Eigentümer der freien Industrieflächen:

- G L B — Gemeinde, Land, Bund
- Bergbau
- Eisen- und Metallindustrie
- Sonstiges Eigentum
- Genutzte Industrieflächen
- Für betriebliche Zwecke gebunden
- Nur mit erheblichen Aufwendungen zu nutzen (Bergschäden, Halden)

Uelzen Nord 3 – ein Industriegebiet

□ Uelzen ist Bundesausbauort. In Bundesausbauorten trägt der Staat bis zu 25% der Kosten für die Errichtung oder Erweiterung von Gewerbebetrieben. Dadurch sollen die Lebens- und Arbeitsbedingungen in den zurückgebliebenen Gebieten der Bundesrepublik verbessert werden. Das jüngste Uelzener Industriegebiet ist durch solche gezielten Fördermaßnahmen entstanden.

Beinahe jeder größere Ort hat ein Industriegebiet, wenn nicht sogar mehrere. Hier nimmt die Gemeinde über die Gewerbesteuer, die die Betriebe zu zahlen haben, einen großen Teil des Geldes ein, das für Badeanstalten, Schulen und Straßen ausgegeben wird. Im Industriegebiet liegt ein Großteil der Arbeitsplätze – vielleicht auch dein zukünftiger.

1 Lokalisiere Bild und Plan auf dem Kartenausschnitt S. 100.

2 Für die Untersuchung des Industriegebietes sind die folgenden Aufgaben gedacht. Ihr könnt sie aufteilen: a) Stellt die gemeinsamen Standortfaktoren der Betriebe fest. b) Stellt die Betriebe fest, zwischen denen sich eine engere Zusammenarbeit ergeben könnte. c) Kennzeichnet die im Industriegebiet vorhandenen Industriezweige durch unterschiedliche Farben. d) Kennzeichnet die Betriebe, die zu wachsenden oder schrumpfenden Industriezweigen gehören. e) Stellt den Flächenbedarf einzelner Betriebe pro Arbeitskraft fest und begründet ihn. f) Nennt Belästigungen, die von den angesiedelten Betrieben ausgehen könnten. g) Stellt den Anteil der Beschäftigten der einzelnen Industriezweige an der Gesamtzahl der Beschäftigten mit Hilfe eines Kreisdiagramms dar.

3 Welche Vorteile hat die Ansiedlung von Betrieben in einem Industriegebiet für die Betriebe selbst, für die Gemeinde und für die arbeitsuchende Bevölkerung?

4 Und nun die eigentliche Aufgabe: Untersucht ein Industriegebiet in der Nähe eurer Schule. a) Informiert euch (möglichst mit Hilfe eines Fragebogens) über Produktionsrichtung, Standortbedingungen und Entstehung der einzelnen Betriebe. b) Befragt Angehörige der Gemeindeverwaltung (Bürgermeister, Gemeindedirektor, Stadtplaner) über Kosten und Nutzen von Industrieansiedlungen. c) Stellt Vor- und Nachteile der Industrieansiedlung zusammen.

Industriegebiet Uelzen-Nord 3

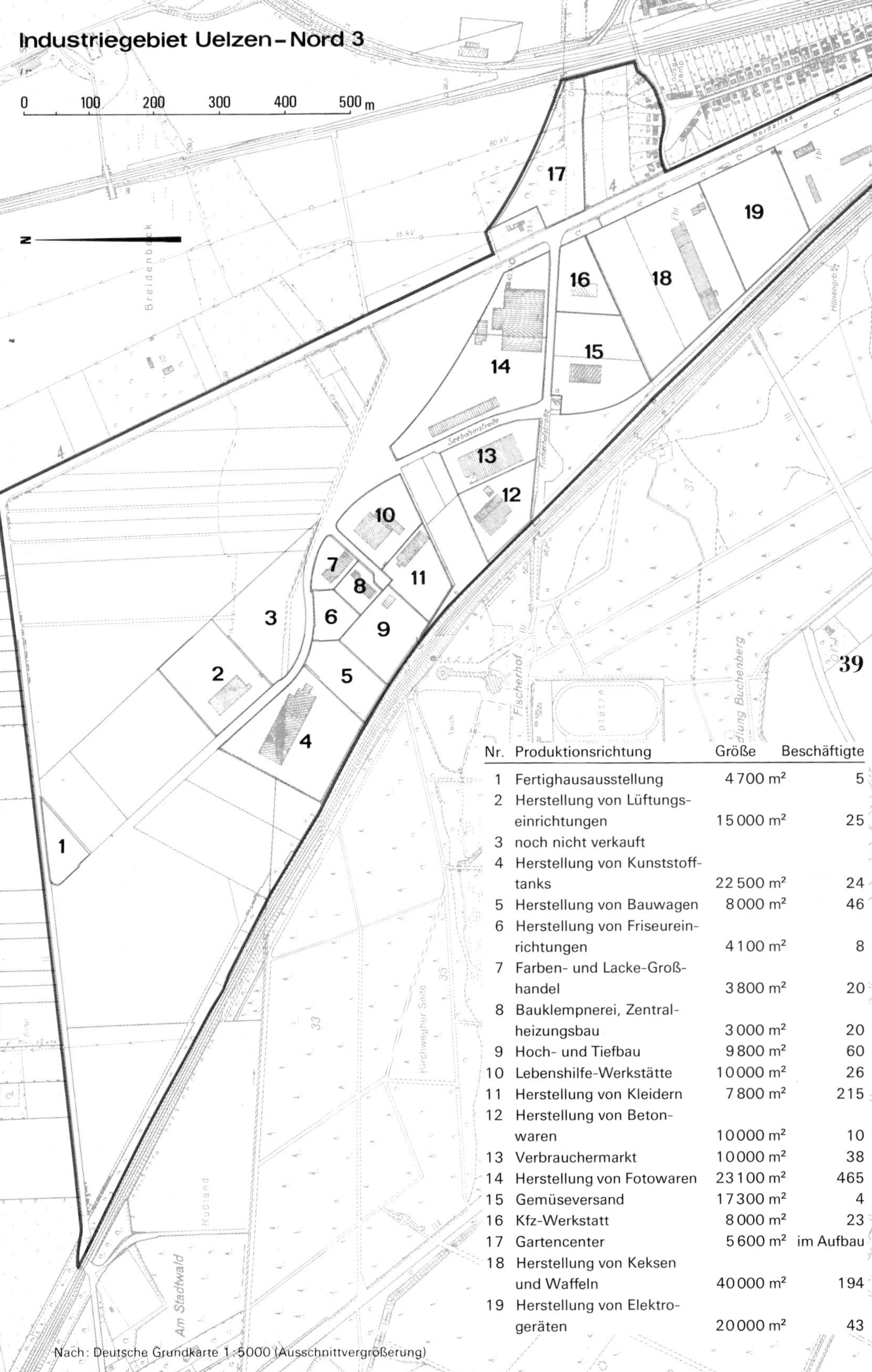

Nr.	Produktionsrichtung	Größe	Beschäftigte
1	Fertighausausstellung	4700 m²	5
2	Herstellung von Lüftungseinrichtungen	15000 m²	25
3	noch nicht verkauft		
4	Herstellung von Kunststofftanks	22500 m²	24
5	Herstellung von Bauwagen	8000 m²	46
6	Herstellung von Friseureinrichtungen	4100 m²	8
7	Farben- und Lacke-Großhandel	3800 m²	20
8	Bauklempnerei, Zentralheizungsbau	3000 m²	20
9	Hoch- und Tiefbau	9800 m²	60
10	Lebenshilfe-Werkstätte	10000 m²	26
11	Herstellung von Kleidern	7800 m²	215
12	Herstellung von Betonwaren	10000 m²	10
13	Verbrauchermarkt	10000 m²	38
14	Herstellung von Fotowaren	23100 m²	465
15	Gemüseversand	17300 m²	4
16	Kfz-Werkstatt	8000 m²	23
17	Gartencenter	5600 m²	im Aufbau
18	Herstellung von Keksen und Waffeln	40000 m²	194
19	Herstellung von Elektrogeräten	20000 m²	43

Nach: Deutsche Grundkarte 1:5000 (Ausschnittvergrößerung)

40

Rationalisierung in der Landwirtschaft

Wir entwerfen die zweckmäßigste Siedlungsform

Das Luftbild zeigt den Ort Nellingen auf der Schwäbischen Alb mit den dazugehörigen Feldern. Der Hof und die Flurstücke (Parzellen) des Bauern L. sind darauf gekennzeichnet. Sein Besitz von 21 ha verteilt sich auf 33 Parzellen, die weit verstreut innerhalb der Gemarkungsfläche liegen. Mehrere der Äcker und Wiesen sind kleiner als ein halbes Hektar. Mit Maschinen kann er sie schlecht bearbeiten, denn viele sind zu schmal oder nicht rechteckig. Bei Regenwetter sind die Feldwege schlecht zu befahren. Hinzu kommen die weiten Anfahrten. Einige Felder sind 3 km vom Hof entfernt.

Bauer L. würde sich gerne stärker auf Schweinezucht spezialisieren. Seine Hofstelle ist jedoch so beengt, daß er für die erforderlichen Erweiterungsbauten keinen Platz hat. Bei der Ein- und Ausfahrt behindert er den Verkehr auf der Dorfstraße.

Unter solch ungünstigen Umständen ergibt sich für Bauer L. wenig Verdienst trotz einer durchschnittlichen Arbeitszeit von 65 Stunden in der Woche. Es ist verständlich, daß er mit seiner Hofstelle und der Verteilung seines Grundbesitzes unzufrieden ist. Vielen anderen Bauern geht es wie ihm.

1 Versucht, bessere Arbeitsverhältnisse zu schaffen: Zeichnet die euch am zweckmäßigsten erscheinende ländliche Siedlung (Hofstellen und Wirtschaftsflächen). Nehmt als Grundlage eine Gemarkung (DIN A 4-Seite), die unter 5–10 Bauern aufzuteilen ist. Gebt jeder Hofstelle einen Namen und verwendet verschiedene Farben.

Nellingen auf der Schwäbischen Alb mit den Parzellen von Bauer L.

▼ Beengte Hoflage im Dorf

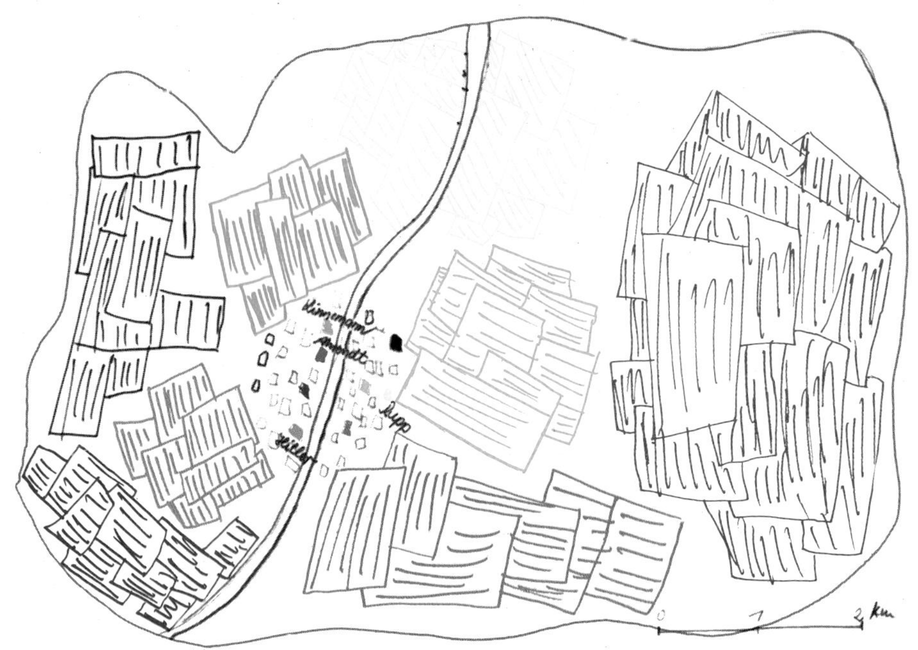
0
1
2 km

②

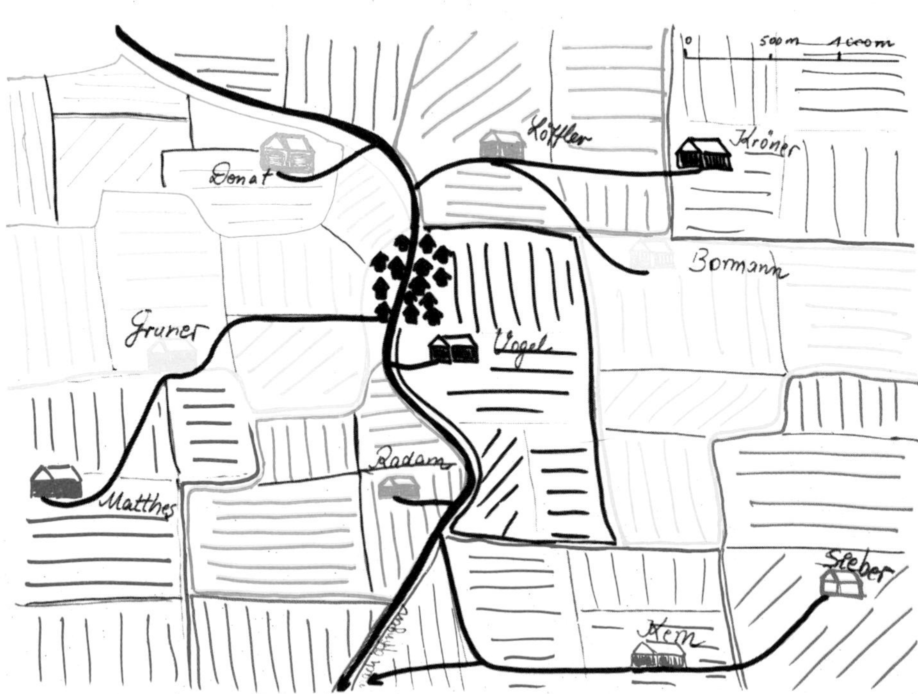
0
500m
1000m
Donat
Löffler
Kröner
Bormann
Gruner
Vogel
Radam
Matthes
Sieber
Kern

③

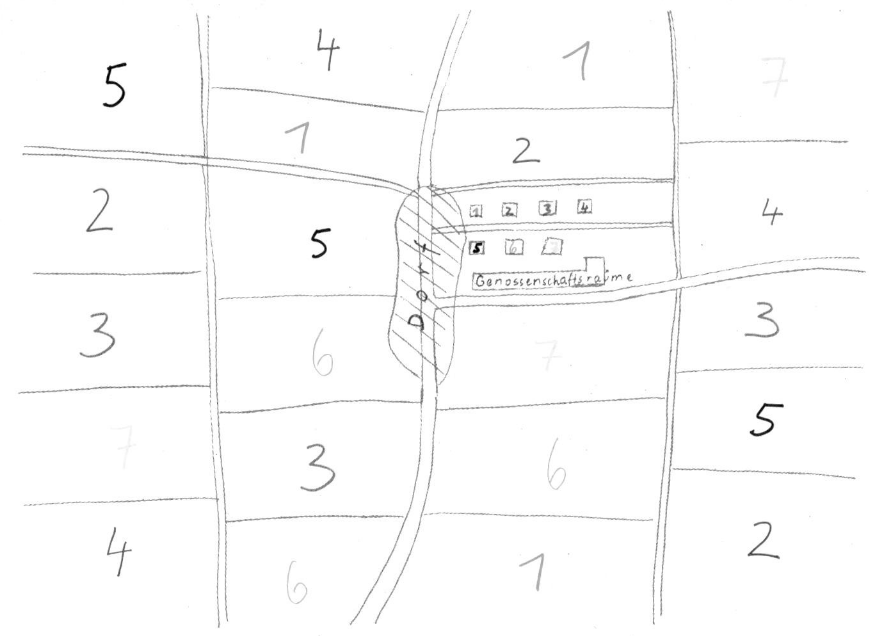

2 Die Schüler Herbert, Karin und Horst in E. zeichneten die auf dieser Doppelseite abgebildeten Vorschläge. Wir wollen untersuchen, ob sie Verbesserungen bringen.

a) Nimm folgende Situation an: Bauer Ahrendt auf Karte ① betreibt Milchviehhaltung. Vor zwei Jahren ließ er in seinem Stall eine Melkanlage für zwanzig Kühe einbauen. Etwa die Hälfte seiner Wirtschaftsfläche nutzt er als Weide, die in einzelne Schläge (Koppeln) unterteilt ist, ein Drittel als Wiese (Heugewinnung für den Winter) und den Rest als Ackerland. Beurteile, ob die Wirtschaftsfläche von Herrn Ahrendt, die keinen Hofanschluß hat, für Weidewirtschaft zweckmäßig ist.

b) In Karte ③ ist die Flur des Bauernhofes Nr. 2 nicht zusammenhängend, sondern in mehrere Blöcke aufgegliedert. Sie liegen zwischen den Flurstücken anderer Bauern (Gemengelage). Sicher kannst du einen oder zwei Gründe nennen, warum Horst gerade zu dieser Lösung kam.

c) Angenommen, Bauer Sieber auf Karte ② hat drei Kinder. Robert, der älteste Sohn, macht seine Lehrzeit bei einem Mechaniker im 3 km entfernten Nachbarort. Die 10jährige Karin und der 8jährige Hans fahren mit dem Fahrrad in die Grundschule am Ort. Frau Sieber erledigt ihre kleineren Einkäufe ebenfalls im Ort. Vergleiche in dieser Hinsicht die Lage der Familie Sieber mit der von Familie Linnemann auf Karte ①. Beachte vor allem den Standort des Hofes.

Bei der Anlage von ländlichen Siedlungen sind also einige wichtige Punkte zu berücksichtigen, zum Beispiel:

- Bodenqualitäten der Gemarkung,
- möglichst zusammenhängender Besitz,
- genügend große Felder mit parallelen Seiten
- Entfernung der Parzellen vom Hof,
- Entfernung des Hofes zu zentralen Einrichtungen (Geschäfte, Gemeindeverwaltung),
- Entfernung zu den Nachbarn (Möglichkeiten der Nachbarschaftshilfe).

3 Versucht nun noch einmal, die zweckmäßigste Siedlungsform zu entwerfen.

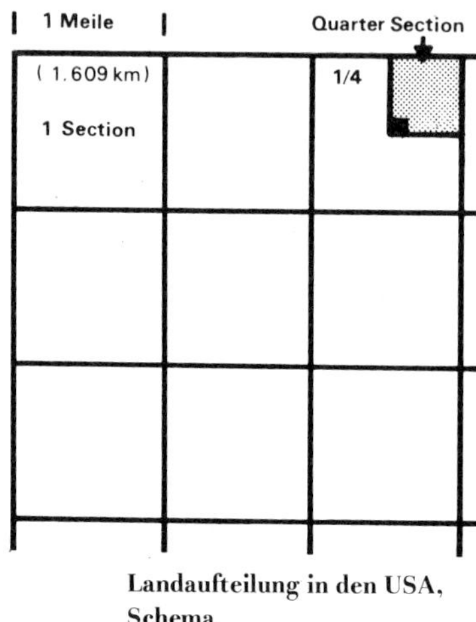

Landaufteilung in den USA, Schema

Wir vergleichen verschiedene Siedlungsmuster

□ ⅄ **1** Das graue Quadrat in der Skizze zeigt eine Farm im Staat Wisconsin in den USA. Lege Transparentpapier auf die Skizze und zeichne weitere Farmen gleicher Größe ein. Trage auch Wege ein (Farbstift). Es gibt für die Lage der Farmen und für das Wegenetz verschiedene Möglichkeiten. Das Bild unten kann helfen.

2 Nenne Vor- und Nachteile dieses Siedlungsmusters.

3 Jede Gemeinde (Township) besteht aus 6 × 6 Sektionen. Zeichne eine Gemeinde nach diesem Muster zu Ende. Wo würdest du innerhalb dieser Gemeinde die zentralen Einrichtungen anlegen? Trage sie ein.

⅄ **4** Die Skizze auf dieser Seite zeigt, wie die Landaufteilung in weiten Teilen der USA vorgenommen wurde. Bestimme a) die Wirtschaftsfläche einer Farm (Quarter Section) in ha, b) die Größe einer Gemeinde in km².

Als im letzten Jahrhundert der Mittlere Westen der USA besiedelt wurde, sollten alle Einwanderer die gleichen Startbedingungen haben. Jeder bekam eine Viertel-Quadratmeile (Quarter Section: 64,75 ha) Land zugewiesen. Schon seit 1785 hatte man begonnen, die Gebiete westlich der Appalachen systematisch zu vermessen. Im Gegensatz zur unregelmäßigen Landaufteilung und zersplitterten Flur, die in den Staaten entlang der Ostküste während der Kolonialzeit entstanden waren, plante man hier das Schachbrettmuster mit geschlossenem Besitz. Bei der Planung gaben nicht nur wirtschaftliche Überlegungen den Ausschlag. Mit der Anlage von Einzelhöfen wollte man auch Spannungen zwischen den Einwanderern verschiedener Herkunft und Sprache vermeiden. Nationale Gruppen konnten kaum entstehen. Jeder Siedler war gezwungen, mit seinen Nachbarn gut auszukommen.

Im östlichen Mississippi-Tiefland gibt es noch heute Farmen von der Größe einer Quarter Section (Foto). Viele Farmer haben jedoch ihre Betriebsfläche verdoppelt oder vervier-

Farmen in Wisconsin, USA

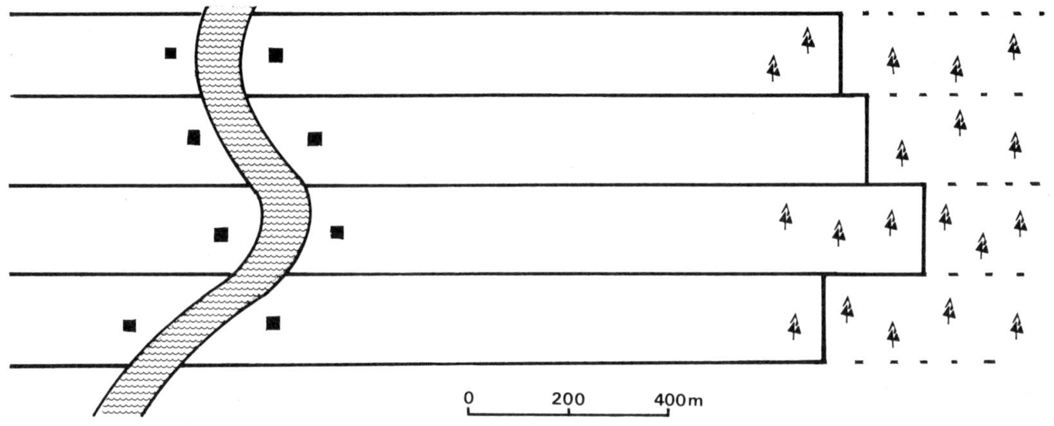

Schema einer ländlichen Siedlung in Südost-Kanada

facht, weil mit modernen Maschinen heute wesentlich größere Flächen von einer Familie bewirtschaftet werden können als vor dem Zweiten Weltkrieg.

In Teilen des kanadischen Waldlandes schufen französische Siedler ein anderes Siedlungsmuster.

5 Beschreibe die Lage der Höfe und die Form der Besitzstücke.

6 Solche aufgereihten Besitzparzellen nennt man „Hufen". Eine Hufe umfaßt die gesamte Nutzfläche mitsamt den Wohn- und Wirtschaftsgebäuden eines Hofes. Bestimme anhand der Skizze die ungefähre Größe einer Hufe in Französisch-Kanada.

7 Gib Vor- und Nachteile dieses Siedlungsmusters an. Zur Zeit der Erschließung der kanadischen Waldgebiete im 17. und 18. Jahrhundert gab es weder wetterfeste Straßen noch Eisenbahnen. Welche Bedeutung hatte somit der Fluß für die Siedler?

8 Hufen können auch anderen Verkehrslinien folgen. Auf den Bildern unten findest du zwei Möglichkeiten.

9 Würdest du für eine Landerschließung im tropischen Regenwald dieses Siedlungsmuster oder das Schachbrettsystem vorziehen? Begründe.

Beinberg im Nordschwarzwald

Börgermoor bei Papenburg, Emsland

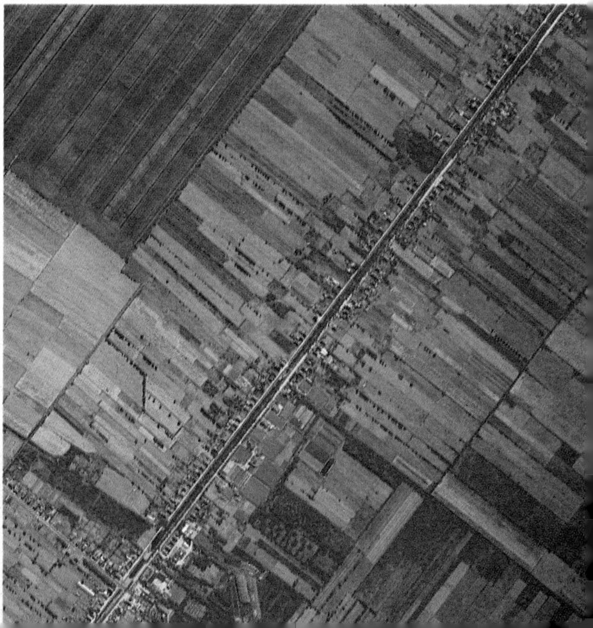

☐ Finnland mußte als Folge der verlorenen Kriege gegen die Sowjetunion 1940 und 1944 insgesamt 46000 km² seiner südöstlichen Gebiete abtreten. Nahezu eine halbe Million Menschen verloren ihre Heimat. Die Wiederansiedlung der Bauern war für Finnland nach dem Krieg das schwierigste Problem. Der größte Teil der Flüchtlinge konnte zwar in die südlichen Provinzen eingegliedert werden, doch sah sich der Staat außerdem gezwungen, Waldgebiete in Finnisch-Lappland zu erschließen. 1910 lebten in diesem nördlichsten Teil Finnlands (von der Größe der Bundesländer Niedersachsen, Nordrhein-Westfalen und Schleswig-Holstein zusammen) nur wenig über 60000 Menschen. Bis heute hat sich die Bevölkerungszahl dort nahezu vervierfacht; das Kulturland wurde im gleichen Zeitraum von 13000 ha auf 80000 ha erweitert.

Die Voraussetzungen für die Landwirtschaft sind wegen der nördlichen Lage wenig günstig. Die Urbarmachung der ausgedehnten Waldsümpfe und Moore gelingt nur mit hohem Arbeitsaufwand. Vieles bleibt Ödland. Wegen der langen, kalten Winter beträgt die Wachstumsperiode (Zahl der Tage mit einem Temperaturmittel von wenigsten + 5 °C) in Rovaniemi am Polarkreis 136, in Utsjoki gar nur 114 Tage. Selbst im Sommer können Nachtfröste auftreten, und nicht einmal die Gerste, die anspruchsloseste aller Getreidearten, reift in allen Jahren aus.

Die Grundlage der nordfinnischen Betriebe sind deshalb die Grünlandwirtschaft und die Milchviehhaltung. Täglich wird die Milch mit Lastwagen von den einzelnen Höfen abgeholt und in den großen Molkereien zu Butter und Milchpulver, das wiederum Futterzwecken dient, verarbeitet. Zum anderen bildet der Wald eine wichtige Einnahmequelle. Zwar ist der Eigenverbrauch an Holz für den Hausbau, für Zäune und Brennmaterial hoch, doch kann daneben noch Holz an die Sägewerke, Papier- und Zellulosefabriken verkauft werden. Im Winter finden viele Bauern in den großen Staatswäldern als Holzfäller Beschäftigung. Erst dieser Zusatzverdienst garantiert einem großen Teil der Betriebe ein einigermaßen sicheres Einkommen.

10 Die Karte auf der nächsten Seite zeigt am Beispiel Teerivaara, wie im Waldgebiet Nordfinnlands zwischen 1945 und 1968 neue Siedlerstellen angelegt wurden. Beschreibe die Lage und Anordnung der Gehöfte und der dazugehörigen Flurstücke.

11 Bis zum Zweiten Weltkrieg kannte man in Nordfinnland als vorherrschende Siedlungsform nur die Streusiedlung. Die einzelnen Gehöfte liegen zum Teil weit voneinander entfernt und haben oft keinen Straßenanschluß. Versuche, vier Vorteile des neuen Siedlungs-

Ein neues Gehöft in Nordfinnland

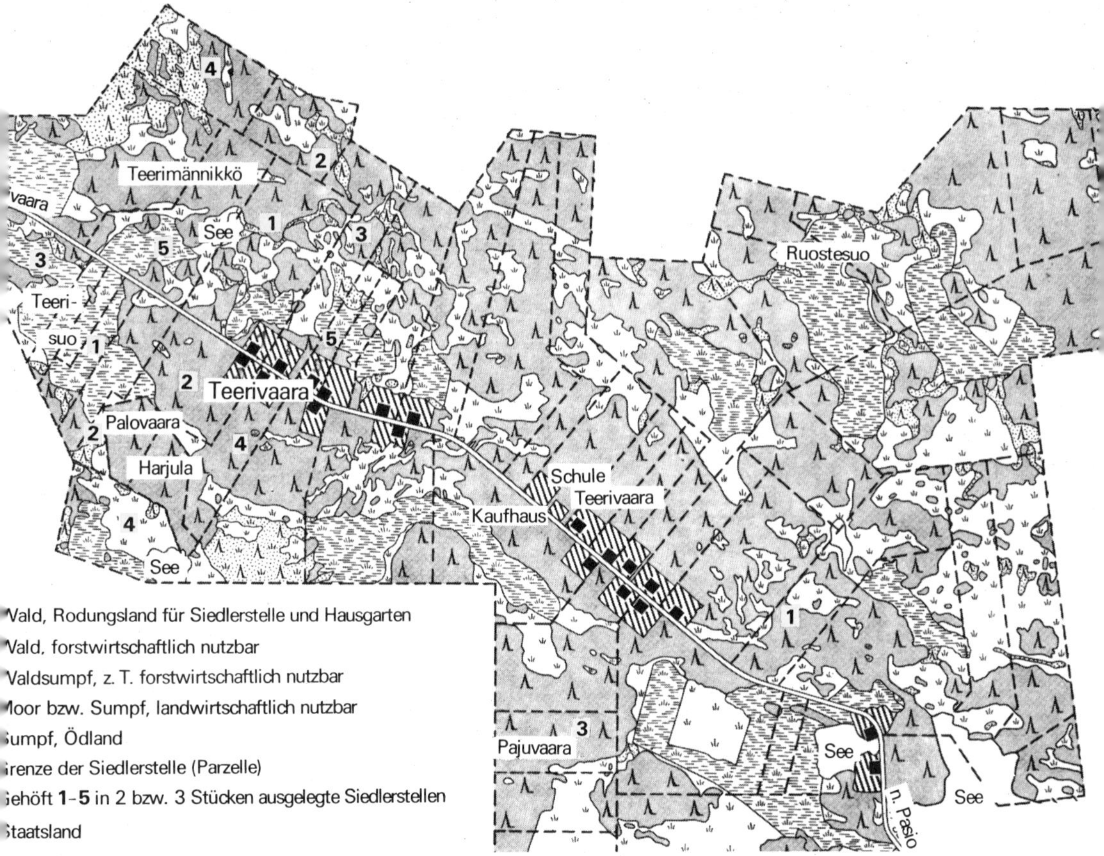

Teerimännikkö
vaara
See
Teeri-
suo
Teerivaara
Palovaara
Harjula
See
Ruostesuo
Schule
Teerivaara
Kaufhaus
Pajuvaara
See
n. Pasio
See

Vald, Rodungsland für Siedlerstelle und Hausgarten
Vald, forstwirtschaftlich nutzbar
Valdsumpf, z. T. forstwirtschaftlich nutzbar
Moor bzw. Sumpf, landwirtschaftlich nutzbar
Sumpf, Ödland
Grenze der Siedlerstelle (Parzelle)
Gehöft **1-5** in 2 bzw. 3 Stücken ausgelegte Siedlerstellen
Staatsland

Das Kolonisationsgebiet Teerivaara, 1966 zur Besiedlung freigegeben

musters in Teerivaara gegenüber einer Streusiedlung zu finden. Karte und Bild dieser Seite geben dir Hinweise.

12 Studiere an Karte und Bild, wie sich die Nutzfläche in Teerivaara zusammensetzt.

13 Sieh dir die Besitzflächen der Höfe 1–5 auf der Karte an. Warum sind für jeden Hof mehrere Besitzstücke ausgewiesen?

Im nordfinnischen Kolonisationsgebiet, Kalliosuo

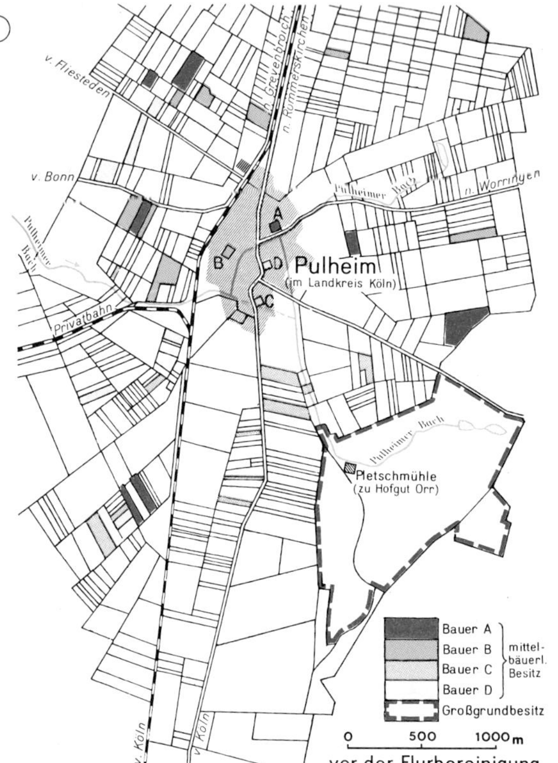

Flurbereinigung in der Bundesrepublik Deutschland

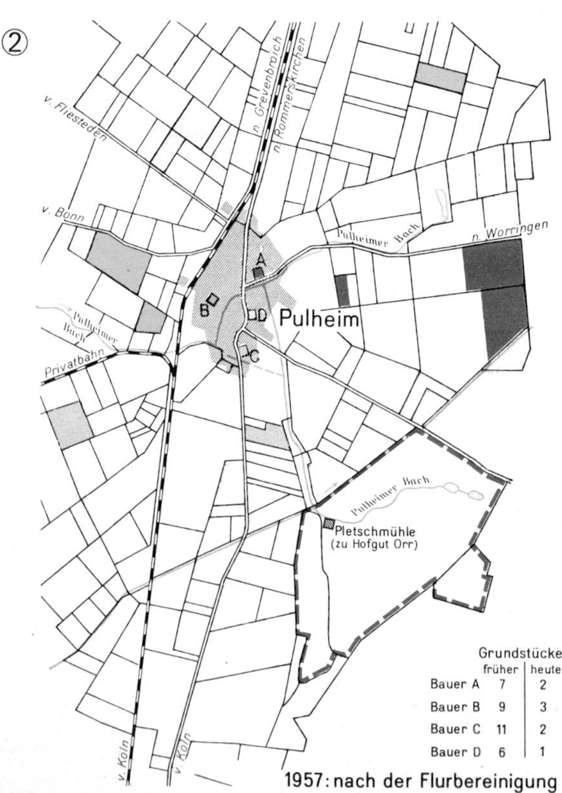

	Grundstücke früher	Grundstücke heute
Bauer A	7	2
Bauer B	9	3
Bauer C	11	2
Bauer D	6	1

Agrarreform in der DDR

□ Eines der wichtigsten Ziele der Agrarpolitik in der **Bundesrepublik Deutschland** seit 1945 ist es, für die einzelnen landwirtschaftlichen Betriebe bessere Wirtschafts- und Arbeitsbedingungen zu schaffen. Im Rahmen der „Grünen Pläne" hat die Bundesrepublik Deutschland der Landwirtschaft seit 1956 über 30 Mrd. DM zur Verfügung gestellt. Damit führte man Flurbereinigung auf freiwilliger Grundlage durch, baute Aussiedlerhöfe, verbesserte das Wegenetz und sanierte alte Ortskerne. Ziel dieser Politik war die Schaffung von wirtschaftlich gesunden Familienbetrieben von etwa 15–30 ha Größe mit arrondiertem (zusammengelegtem) Besitz. Ein Teil der Kleinbetriebe konnte durch Pacht und Zukauf vergrößert (aufgestockt) werden. Trotzdem mußten seit 1949 in der Bundesrepublik Deutschland mehr als 540000 Bauern ihre Höfe aufgeben und sich eine andere Arbeit suchen (vgl. Tabelle „Landwirtschaftliche Betriebe", S. 53). Durch fachliche Beratung, verstärkten Gebrauch von Mineraldünger, günstige Fruchtfolgen und durch Verbesserung der Verkaufsmöglichkeiten der landwirtschaftlichen Erzeugnisse sollen die Hektarerträge gesteigert und das Einkommen der Landwirte dem der Industriearbeiter angeglichen werden (s. S. 61).

1 Vergleiche die Karten ① und ②. Das Beispiel Pulheim zeigt die noch einmal das wichtigste Prinzip der Flurbereinigung.

2 Einige Idealvorstellungen konnten nicht verwirklicht werden. Untersuche die Höfe A und B.

□ Das wichtigste Ziel der Agrarpolitik in der **Deutschen Demokratischen Republik** nach dem Zweiten Weltkrieg war die Bildung von Landwirtschaftlichen Produktionsgenossenschaften (LPG). Nach Kriegsende wurde privater Grundbesitz von mehr als 100 ha Fläche enteignet (28 % der landwirtschaftlichen Nutzfläche). Dieses Land verteilte man an Kleinbauern und Flüchtlinge. So entstanden 5–10 ha große Betriebe mit kleinen Flurstücken in Gemengelage (Karte ③). 1952 beschloß die Sozialistische Einheitspartei Deutschlands: „Die Landwirtschaftlichen Produktionsgenossenschaften sind der neue Weg der Entwicklung der Landwirtschaft in der DDR, der die werktätigen Bauern und Landarbeiter zum Sozialismus führt.“ Daraufhin setzte Anfang der fünfziger Jahre die Kollektivierung ein, zunächst auf freiwilliger Grundlage: Die Besitzgrenzen wurden beseitigt, die Grundbucheintragungen gelöscht und gemeinsam bewirtschaftete Großbetriebe von mehreren hundert Hektar Fläche geschaffen. Die neuen LPGs wurden bevorzugt mit Düngemitteln, Maschinen, Saatgut und Zuchtvieh versorgt. Ihre Mitglieder brauchten keine Steuern zu zahlen und erhielten günstige Kredite für den Bau von Wohnhäusern und Wirtschaftsgebäuden. 1960 wurden die bis dahin noch selbständigen Bauern (45 %!) gezwungen, einer LPG beizutreten.

3 Vergleiche Karte ③ und ④. Nenne drei Kennzeichen der Planung.

4 Bestimme die Größe des Roggen- und des Kartoffelfeldes auf Karte ④. Vergleiche sie mit den Betriebsflächen des Bauern C in Karte ②.

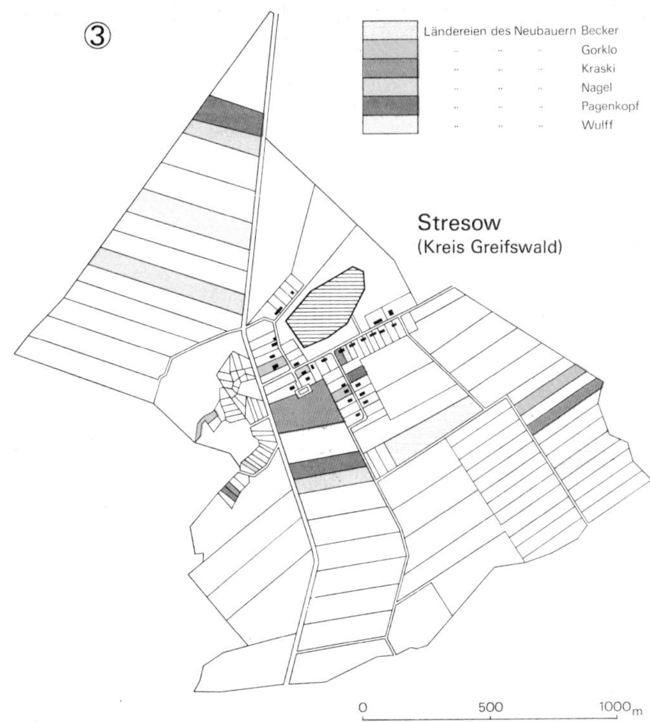

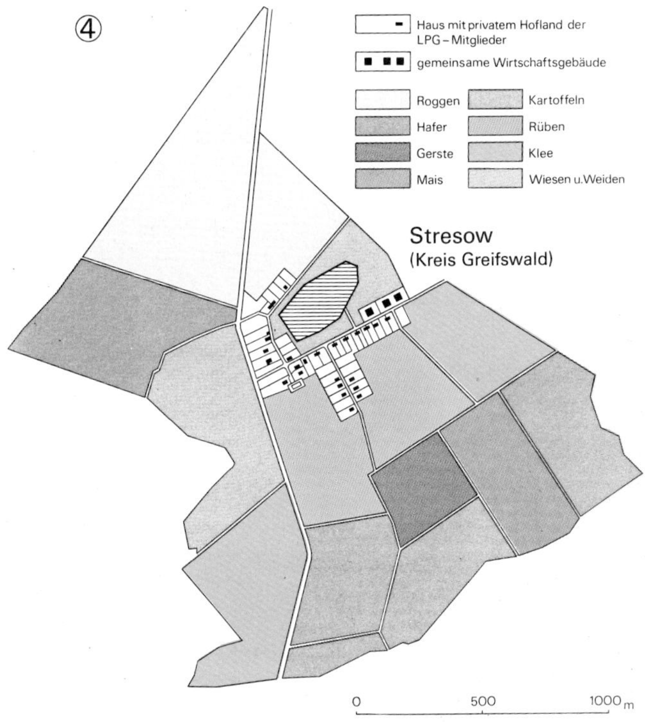

□ Alltag auf einer LPG: Herr Lüth ist eines der 400 Mitglieder der LPG „Neues Leben" in Mestlin im Kreis Schwerin. Um sieben Uhr morgens versammeln sich die Mitglieder vor den Wirtschaftsgebäuden. Die Brigadeleiter teilen die Arbeit für den Tag ein. Herr Lüth gehört mit 24 anderen Arbeitskräften zur Abteilung Kartoffelbau, die über 4 Rodemaschinen und 4 Sortierer verfügt. Heute wird Herr Lüth mit einer Kartoffelrodemaschine zur Ernte eingeteilt. Studentinnen helfen ihm beim Einsammeln der Kartoffeln.

Frau Lüth arbeitet in der Milchabteilung der Viehwirtschaftsbrigade. Die 1500 Rinder sowie die 2300 Schweine und 60 Pferde der LPG sind in großen Gemeinschaftsställen am Rande des Dorfes untergebracht. Beim Mittagessen trifft Frau Lüth ihren Mann in der Dorfkantine. Ihre Kinder Astrid und Gunther Lüth besuchen die zehnklassige Polytechnische Oberschule in Mestlin. Einen Tag in der Woche verbringen die Schüler in den verschiedenen Abteilungen der LPG. In den letzten beiden Jahren werden sie neben dem Schulunterricht gleichzeitig zu landwirtschaftlichen Facharbeitern ausgebildet, damit sie sofort nach Schulabschluß auf der LPG arbeiten können.

Gegen 18 Uhr treffen sich alle Angehörigen der Familie Lüth zu Hause. Viele LPG-Mitglieder wohnen inzwischen in städtisch wirkenden Wohnblocks im neuen Teil von Mestlin. Dort gibt es auch moderne Geschäfte, die neue Krankenstation, die Post, ein Tagesheim für Säuglinge und einen Kindergarten. Herr und Frau Lüth freuen sich über den Feierabend. Fast jede Woche einmal gehen sie zu einer Theateraufführung, zu einer Vollversammlung, einem Vortrag oder einem politischen Fortbildungskurs ins Kulturhaus. Astrid und Gunther besuchen am Dienstag und Sonnabend die Veranstaltungen der FDJ.

Die Großeltern bestellen noch das kleine Stück Privatland von 0,5 ha, auf das jedes LPG-Mitglied Anspruch hat.

Aufbau einer LPG

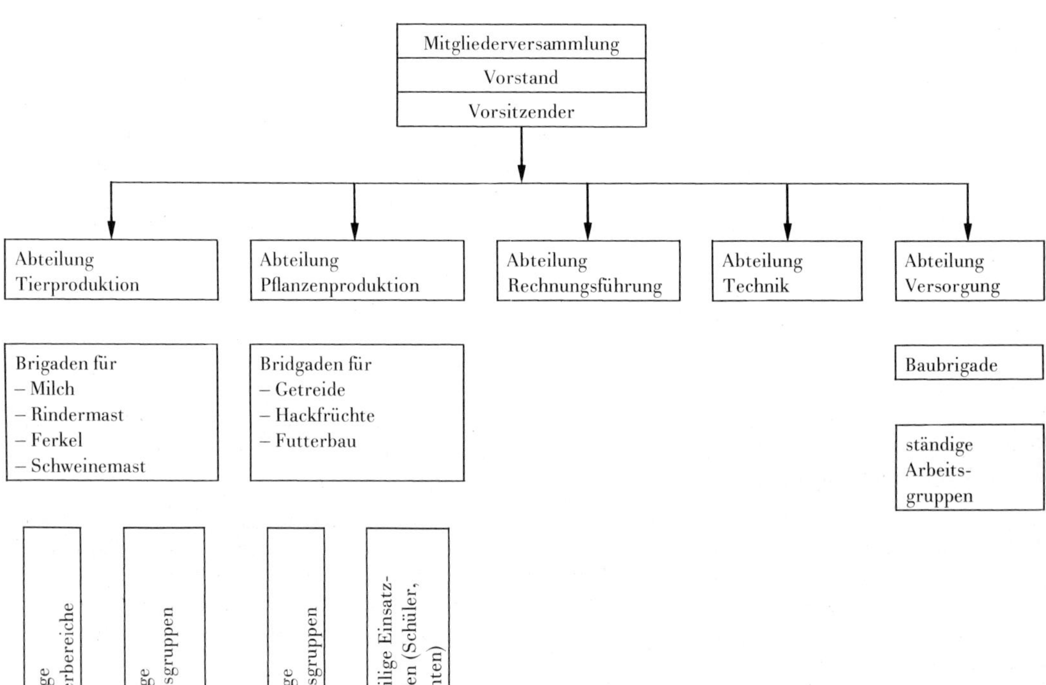

Einen Teil der auf einer LPG erwirtschafteten Einnahmen erhält der Staat. Etwa ein Viertel wird für den Kauf neuer Maschinen, für Zuchtvieh, für den Bau von Wirtschaftsgebäuden, Gemeinschaftshäusern, Kindergärten und Sportstätten verwendet. Ungefähr die Hälfte wird verwandt für Lohngelder sowie für Prämien und Versicherungsbeiträge für die Mitglieder. Alle auf einer LPG Beschäftigten sollen einander gleichgestellt sein, doch wirken sich besondere Kenntnisse oder die höhere Leistung und Verantwortung eines Mitglieds bei der Lohnzahlung schon aus. Eine der wichtigsten Aufgaben der Mitgliedervollversammlung ist die Bewertung der Arbeit des einzelnen nach Arbeitseinheiten. Wer acht Stunden leichte Feldarbeit verrichtet, erhält eine Arbeitseinheit gutgeschrieben. Ein Traktorfahrer kann während der Erntezeit dagegen auf vier bis sechs Einheiten täglich kommen. Herr Lüth bringt es monatlich im Durchschnitt auf 40 Arbeitseinheiten. Der Mittelwert einer Einheit liegt zur Zeit bei 13 DM Ost, umgerechnet 3–6 DM West. Hierbei ist zu berücksichtigen, daß auch Frau Lüth mitverdient, wie fast alle Frauen in der DDR. Die 40-Stundenwoche wird einigermaßen eingehalten. LPG-Mitglieder müssen keine Steuern, Renten- und Sozialversicherungsbeiträge abgeben (die Altenversorgung geschieht durch den Staat), und sie erhalten einen bezahlten Jahresurlaub. Auch die Betreuung und Ausbildung der Kinder ist kostenlos.

5 Vergleiche die Arbeit eines Bauern in der Bundesrepublik Deutschland, der einen gemischtwirtschaftlichen Betrieb hat, mit der eines LPG-Mitglieds (siehe dazu auch das Schema „Aufbau einer LPG“ auf Seite 50).

6 Nenne Vorteile, die ein Mitglied auf einer LPG gegenüber einem selbständig wirtschaftenden Bauern auf einem Aussiedlerhof in der Bundesrepublik Deutschland hat.

7 Wie hat sich das Ortsbild von Mestlin seit der Kollektivierung verändert?

8 Die Schulausbildung in der DDR ist stark auf das spätere Berufsleben hin ausgerichtet. Wie denkt ihr darüber? Versetzt euch in die Lage von Astrid und Gunther.

Nach dem Grad der Kollektivierung unterscheidet man bei den LPGs drei Typen: Bei Typ I wird nur das Ackerland kollektiv genutzt, bei Typ II auch das Grünland sowie Maschinen und ein Teil des Viehs. Im LPG-Typ III werden die gesamte land- und forstwirtschaftliche Nutzfläche, der Viehbestand, Maschinen und Wirtschaftsgebäude gemeinschaftlich genutzt. In jedem Fall darf jedes Genossenschaftsmitglied 0,5 ha Hofland, 1 Kuh, 1 Schwein, 5 Schafe und Geflügel zur privaten Bewirtschaftung behalten. Heute gehören über zwei Drittel aller LPGs dem Typ III an.

Die folgenden Aussagen sind offizielle und private Äußerungen zu der Einrichtung der LPGs in der DDR aus den Jahren 1958 bis 1969.

1958, „Neues Deutschland“ (offizielles Presseorgan der DDR-Regierung):
„Der Eintritt in die Produktionsgenossenschaft geschieht auf freiwilliger Grundlage. Die Bauern sind in geduldiger Überzeugungsarbeit zu gewinnen. Doch der Sieg des Sozialismus auf dem Lande ist unaufhaltsam.“ (3)

1959, Bauer E.
„Im Nachbardorf war eine LPG, ‚Neue Zeit‘ hieß sie. Gegründet wurde sie von drei Neubauern und von Otto P. Dieser ließ den Hof seines Vaters verkommen ... Wenn wir als Einzelbauern so gewirtschaftet hätten wie die LPG, wir wären schon 1950 pleite gegangen.

Da hat doch kein Mensch Interesse an der Arbeit. Und selbst, wenn der eine oder andere etwas davon versteht – was hilft's, wenn zwanzig andere die Zeit totschlagen." (4)

1960, ein Flüchtling aus dem Landkreis Frankfurt/Oder:
„Vor Weihnachten kam ein Funktionär auf den Hof. Er werde so lange bleiben, hat er gesagt, bis ich der neuen LPG beigetreten sei. Einen anderen Bauern haben fünf Kriminalbeamte nach Frankfurt gebracht, zwölf Stunden verhört und dann gesagt, er werde aus der Haft entlassen, wenn er unterschreibe." (5)

1969, ein LPG-Mitglied aus Königswusterhausen, 42 Jahre alt:
„Wenn ich ehrlich bin, muß ich zugeben, daß ich Vaters Hof allein gar nicht mehr bewirtschaften könnte. Die großen Maschinen, die nötig sind, kann ein einzelner nicht bezahlen. Der Achtstundentag ist bei uns garantiert. Außerdem ist für meine Frau selbstverständlich, was meine Mutter nie erfuhr, nämlich wie schön Urlaub und ein freies Wochenende sind. Aus unserer Generation will kaum noch jemand wirklich zurück in die Schufterei des privaten Bauerntums." (6)

1969, LPG-Mitglied Siegmann, 36 Jahre alt:
„Immerhin hat unser Staat zehn bis fünfzehn Milliarden in die Landwirtschaft gesteckt. Auch in der Bundesrepublik Deutschland tut der Staat viel für die Bauern. Aber wenn ich die westdeutschen Politiker höre, die dauernd von der Gesundschrumpfung der Landwirtschaft reden, und befürchten müßte, tagsüber in die Fabrik zu gehen und abends auf meinen Acker, dann bleibe ich lieber auf der LPG." (7)

52 ∞ **9** Nenne drei Gründe, warum viele Bauern sich weigerten, einer LPG beizutreten. Diskutiert diese Gründe.

10 Der LPG-Typ III war von vornherein das Ziel der DDR-Regierung. Überlege, warum auch die Typen I und II geschaffen wurden.

∞ **11** Was ist zu den Methoden zu sagen, mit denen die Kollektivierung in der DDR durchgeführt wurde?

∞ **12** Was versteht Herr Siegmann unter „Gesundschrumpfung der westdeutschen Landwirtschaft"? (Vgl. hierzu die Tabelle auf der nächsten Seite links.)

□ Obwohl selbst die kleineren Betriebe in der DDR weit über 100 ha groß sind, werden die landwirtschaftlichen Produktionsgenossenschaften ständig weiter vergrößert (vgl. Tabelle nächste Seite rechts). Die Parole auf dem Lande heißt gegenwärtig „Kooperation". Die Zusammenarbeit großer LPGs wird ebenfalls verstärkt. Man baut gemeinsame Wirtschaftsgebäude und Silos. Auch die Beschaffung neuer Maschinen wird gegenseitig abgestimmt, um Kosten zu sparen.
Obwohl die LPG-Mitglieder ein sicheres Einkommen haben, wandern viele junge Leute in die Städte ab. Die Regierung der DDR versucht das zu verhindern, indem sie auch auf dem Lande moderne Wohnsiedlungen für viele tausend Einwohner plant, die zugleich Zentren der Verwaltung, der Ausbildung und der Unterhaltung sein sollen. Solche „Agrostädte" gibt es in der Sowjetunion bereits.

13 Die linke Tabelle zeigt die Entwicklung der Betriebsgrößen in der Bundesrepublik Deutschland zwischen 1960 und 1980. Zeichne ein Diagramm (auf der waagerechten Achse für jedes Jahr 0,5 cm; auf der senkrechten Achse für je 20000 Betriebe 1 cm Höhe).

Weizenernte auf einer LPG

14 Warum nehmen die einzelnen Betriebsgrößenklassen zwischen 0,5 und 10 ha am stärksten ab? Gib den Rückgang in Prozent an.

15 Die Zahl der landwirtschaftlichen Betriebe geht in der Bundesrepublik Deutschland stark zurück, die landwirtschaftliche Nutzfläche bleibt nahezu gleich. Wie ist dies zu erklären?

16 Erkläre die auffallenden Veränderungen der Gesamtzahl der LPGs seit 1952 (siehe Tabelle unten rechts).

17 Vergleiche die durchschnittlichen Betriebsgrößen in der Bundesrepublik Deutschland und der DDR.

18 Nenne vier Vorteile agrarischer Großbetriebe. Beachte auch das Bild oben.

Landwirtschaftliche Betriebe in der BR Deutschland
nach Größenklassen (ab- bzw. aufgerundet)

Größen-klasse	Zahl der Betriebe 1960	1975	1980 (Schätzung 1970)
0,5– 2 ha	460 000	260 000	150 000
2– 5 ha	385 000	190 000	100 000
5–10 ha	345 000	180 000	100 000
10–20 ha	285 000	216 000	215 000
20–50 ha	120 000	176 000	205 000
über 50 ha	15 000	26 000	25 000
durchschnittl. Betriebsgröße	8 ha	18 ha	etwa 16 ha

Die Entwicklung der Landwirtschaftlichen Produktionsgenossenschaften in der DDR

Jahr	Zahl der LPGs	durchschnittl. Betriebsgröße	Anteil an der landwirtschaftlichen Nutzfläche
1952	1 906	113 ha	3,4 %
1955	6 047	212 ha	19,7 %
1960	19 261	280 ha	85,0 %
1964	15 861	341 ha	85,6 %
1967	14 216	417 ha	85,8 %
1971	8 327	650 ha	85,8 %
1975	4 621	1 170 ha	85,8 %

Agrarische Großbetriebe: Estancia, Plantage, Sowchose

Die folgenden Arbeitsvorschläge beziehen sich auf drei landwirtschaftliche Großbetriebe: Estancia, Plantage und Sowchose, die auf den nächsten sieben Seiten beschrieben werden. Ihr könnt die Arbeitsvorschläge jedoch erst ausführen, wenn ihr die Zeichnungen und Texte gründlich studiert habt.

1 Stelle die Flächen der Estancia „San Miguel", der Plantage „Good Will" und die Fläche eines mittelgroßen Betriebes von 20 ha in der Bundesrepublik Deutschland zum Vergleich in gleichem Maßstab dar.

2 Studiere die folgenden drei Zeichnungen. Wie werden die einzelnen Gebäude und die ortsnahen Wirtschaftsflächen genutzt? (Bei der Sowchose sind die Funktionen der Zentralsiedlung in der Legende angegeben.)

3 Man kann die auf einer Plantage lebenden und arbeitenden Menschen nach ihren Aufgaben und ihrer Stellung in mehrere Gruppen gliedern. Versuche diese soziale Gliederung aufzuzeichnen. Versuche dasselbe für die Estancia und für die Sowchose.

4 Beurteile die drei geschilderten Großbetriebe a) aus der Sicht des Grundherrn beziehungsweise des Leiters und b) aus der Sicht der Arbeiter.

5 Vergleiche die Aufgaben und die soziale Stellung der Arbeiter auf den geschilderten Großbetrieben mit denen eines Bauern in der Bundesrepublik Deutschland.

∞ **6** Diskutiert über die Stellung der Frau auf einer Sowchose im Unterschied zu der auf einer Estancia und einer Plantage.

□ **Estancia.** „An einem Julitag, also im argentinischen Winter, fliegen wir von Buenos Aires nach Gualeguay. Wir wollen eine Estancia besichtigen, die Estancia San Miguel von Ralf Walter. Sie liegt im Süden der Provinz Entre Rios im argentinischen Zwischenstromland, nur 180 km Luftlinie von Buenos Aires entfernt ... Insgesamt umfaßt sie eine Fläche von 6950 ha, die sich auf drei Komplexe verteilt. Wie auf den meisten Estancien sind auch auf dem Casco von San Miguel (Zeichnung rechts) der eigentliche Wirtschaftsteil und der repräsentative, dem Besitzer und seinen Gästen dienende Teil räumlich getrennt. Eine breite Allee führt von der äußeren Zufahrt zum Herrenhaus, welches in einem Park von Fichten, Palmen und Eukalyptusbäumen gelegen ist. Es ist ein weißgestrichener, einstöckiger Bau mit quadratischem Grundriß aus der Mitte des vorigen Jahrhunderts. Im Innern umfaßt er sechs komfortabel eingerichtete Räume ... Hier wohnt die Familie des Mitbesitzers und Leiters der Estancia, Señor Walter, eines früheren Gutsverwalters und Abkömmlings deutscher und Schweizer Einwanderer des vorigen Jahrhunderts. Er ist einer der wenigen, denen der Aufstieg aus der Angestelltenschicht in die der Estancieros gelang. Ein solcher gesellschaftlicher Sprung ist noch selten wegen des hohen Kapitals, das der Kauf einer Estancia erfordert; und auch in diesem Fall war er nur möglich, weil Señor Walter mit den nicht an der Landwirtschaft interessierten Eigentümern eine Gesellschaft gründete. Da der Estanciero und einer seiner Söhne selbst in dem Betrieb tätig sind, verbringt die Familie im Gegensatz zu den meisten argentinischen Estancierofamilien den größten Teil der Zeit auf dem Land. Der Familie Walter gehört außer der Estancia ein mit modernem Komfort ausgestattetes Haus in der Distriktstadt Gualeguay. Der Zweitwohnsitz dient der Geselligkeit und ist daneben notwendig, um den Kindern eine gute Schulbildung zu ermöglichen und um die mit der Viehhaltung verbundenen Geschäfte durchzuführen." (8)

Hütte eines Peon auf einer Estancia

Da es auf San Miguel keinen Verwalter gibt, ist der Capataz (Inspektor) der unmittelbare Untergebene des Estanciero. Er übt eine Mittlerrolle aus zwischen dem Großgrundbesitzer und den Arbeitern. Zu seinen wichtigsten Aufgaben gehört die tägliche Arbeitseinteilung sowie die Aufsicht über das Personal.

Der Arbeitstag der Peone (Arbeiter) beginnt mit Sonnenaufgang und endet bei Sonnenuntergang, wobei die Mittagspause im Winter eineinhalb und während des heißen Sommers vier Stunden dauert. Diese einfachen Arbeiter beaufsichtigen das Vieh der Estancia: im Durchschnitt 1500 Kühe, 900 Kälber, 1000 Mastochsen, 100 Zuchtbullen und 200 Pferde. Die Peone sind auch für das Brennen und Markieren der Tiere mit Ohrringen zuständig. Einige von ihnen haben sich spezialisiert, z. B. auf die Betreuung von Pferden oder das Impfen von Rindern. Jede Woche werden für das gesamte Personal eine Kuh und mehrere Schafe geschlachtet; mit Ausnahme von Mais und Reis werden auch die übrigen Hauptnahrungsmittel selbst erzeugt.

Die Peone bewohnen zu zweit oder zu viert ein einfach eingerichtetes Zimmer. Ihre Freizeit verbringen sie zum großen Teil in einem kleinen, rußgeschwärzten Raum, der ihnen als Küche und Aufenthaltsraum dient. Hier wird das Gefäß mit dem grünlichen Yerbatee von Mund zu Mund gereicht. Außer dem Capataz gewährt der Estanciero nur einigen Facharbeitern wie dem Traktorfahrer und dem Schmied das Recht, mit ihren Familien auf der Estancia zu wohnen.

Die Frauen und Kinder der Peone leben in armseligen Behausungen am Rand der Landstädte. Häufig bilden diese Elendshütten ganze Viertel. Neben einem Lohn von umgerechnet etwa 170 DM im Monat erhält der Peon vom Estanciero für seine Frau und jedes Kind 20–25 DM.

Estancia San Miguel, Casco-Anlage

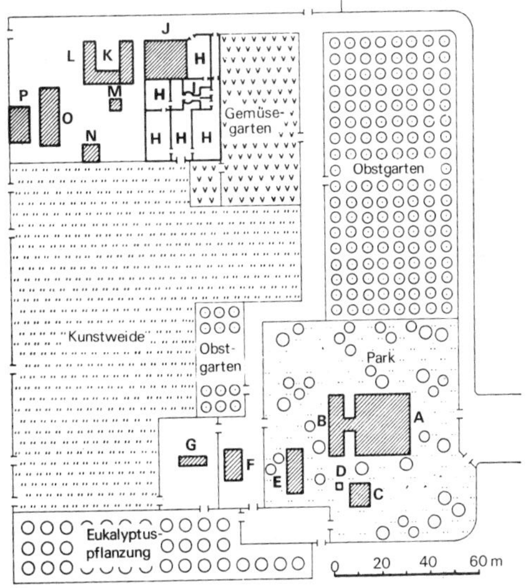

A Herrenhaus
B Koch- und Backhaus
C Garage
D Windmotor mit Wassertank
E Haus für Dienstpersonal
F Schuppen
G Hühnerstall
H Schafspferche
I Schafbad
J Schuppen für Schafschur
K Haus des Capataz
L Haus der Peone
M Schlachthaus
N Feuerstelle
O Pferdestall
P Werkstatt und Schmiede

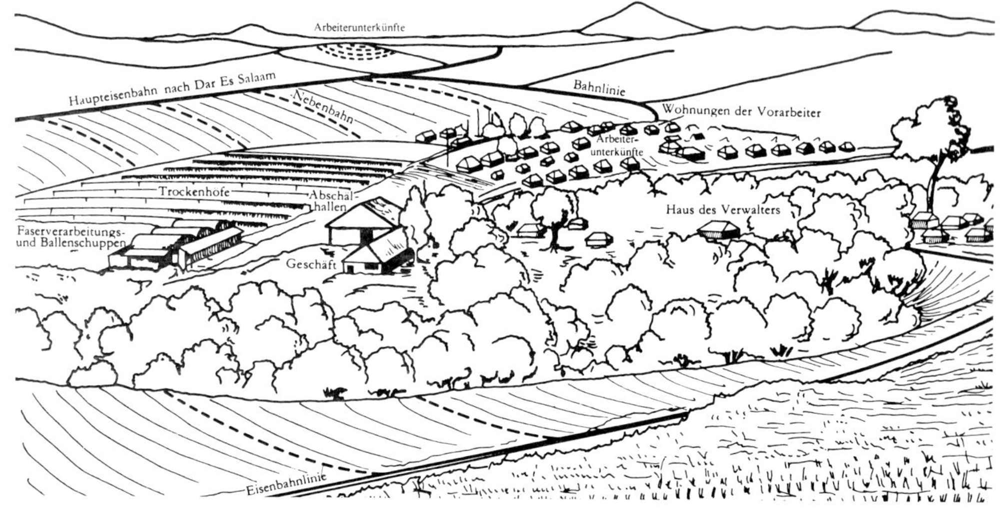

Sisalplantage in Tansania

☐ **Plantage.** Ein Reisender schreibt über die Sisalplantage „Good Will", 50 km nordwestlich von Daressalam (Tansania):

„Überall sind Neger an der Arbeit. Sie kommen von weit her, vor allem aus den zentralen und westlichen Teilen des Landes, einige sogar aus dem Kongo. Mit scharfen Messern hacken sie die fleischigen, mit spitzen harten Dornen versehenen Sisalblätter nahe am Boden ab. Da die Blätter in der tropischen Sonne innerhalb von vierundzwanzig Stunden zu gären und zu faulen anfangen, werden sie sofort gebündelt und in Loren oder Kraftwagen zur Plantagenfabrik befördert. Hier schneiden Maschinen die Blätter in Streifen und befreien die harten Fasern von ihrer fleischigen Umhüllung. Die noch triefenden Fasern werden dann im Freien auf lange Gestelle gehängt. Während die Fasern in der Sonne trocknen, zupfen Kinder die weißen Bündel auseinander.

Noch einmal kommt der Sisal in die Fabrik. Maschinen reinigen und bürsten ihn, daß er weich und glänzend wie Seide wird. Frachtschiffe bringen den zu Ballen gepreßten Sisalhanf dann nach Europa, wo er zu Schiffstauen, Seilen, Bindfäden, Teppichen, Säcken sowie zu schall- und wärmeisolierenden Materialien für den modernen Hausbau verarbeitet wird." (9)

In gut geführten Betrieben dauert der Anbauzyklus der Sisalpflanze neun Jahre. Die Anbaufläche ist in neun gleich große Felder unterteilt, damit die Aufbereitungsanlagen (Fabriken) immer gleichmäßig beliefert werden. Im neunten Jahr müssen die Sisalagaven durch Jungpflanzen ersetzt werden. Gedüngt wird nicht.

Die Sisalplantagen sind durchschnittlich 1200 ha groß. Bis zum ersten Ertrag entstehen Kosten von fast 3000 DM/ha. Bei Kaffee-, Kautschuk-, vor allem aber bei Tee- und Zuckerrohrplantagen sind die Anfangsinvestitionen pro Flächeneinheit noch erheblich höher. Die größten Kosten entstehen durch die Aufbereitungsanlagen.

Jährlicher Ertrag einer Sisalplantage in Tansania (1125 ha)

Größe der Felder	Alter des Sisal	Blattertrag je ha	Faserertrag je ha
125 ha	1 Jahr	–	–
125 ha	2 Jahre	–	–
125 ha	3 Jahre	36 t	0,8 t
125 ha	4 Jahre	54 t	1,5 t
125 ha	5 Jahre	56 t	2,0 t
125 ha	6 Jahre	68 t	3,0 t
125 ha	7 Jahre	56 t	2,7 t
125 ha	8 Jahre	50 t	2,0 t
125 ha	9 Jahre	–	–

Sisalernte

Ein junger Arbeiter der Good Will-Plantage berichtet:

„Mein Dorf liegt am Westufer des Tanganjikasees, nicht weit von Kalima. Meine Eltern besitzen 5 ha Land. Das reicht natürlich nicht aus für sieben Personen, denn wir sind fünf Geschwister. Darum arbeite ich schon einige Jahre auf dieser Plantage. Ich kann leider nur zweimal im Jahr nach Hause fahren. Es ist zu weit.

Auf der Good Will-Plantage arbeiten fast nur Männer, 450 Arbeiter und 30 Vorarbeiter. Wir wohnen in den Hütten an der Straße, immer vier zusammen in einem Zimmer. Da sind die Vorarbeiter schon besser dran. Jeder von ihnen hat mit seiner Familie ein richtiges Blockhaus.

Die Plantage gehört einem Engländer. Ich habe ihn erst einmal gesehen. Er kommt nur selten und sieht nach, ob alles stimmt. Man sagt, sein Großvater hat das Land hier schon vor fünfzig Jahren gekauft. Er wohnt in dem schönen Haus im Park. Da hat auch der Verwalter sein Büro. Wir dürfen in den Park nicht hinein. Die Boys sagen, im Haus wäre alles ganz vornehm.

Wir verdienen nicht schlecht. Mir geht es besser, als wenn ich unser eigenes Land bearbeiten würde. Auch das Essen ist gut. Wir haben geregelte Arbeitszeit. Aber die Arbeit ist stumpfsinnig: den ganzen Tag Sisalblätter schneiden und binden! An Unterhaltung gibt es hier nichts. Nach Daressalam kommen wir nur alle paar Wochen mal. Da ist es dann nicht langweilig.

Wie lange ich hier noch arbeite, weiß ich nicht. Im letzten Jahr gab es mal einige Monate wenig Arbeit. Einige von uns mußten aufhören. Der Verwalter sagte was von schleppendem Absatz vom Sisal auf dem Weltmarkt. Es gibt so viele Kunstfaserfabriken. Es wurde schon gesagt, auf einen Teil der Plantage soll Baumwolle hinkommen. Ob das wahr ist, weiß ich nicht.“

Haus eines Kaffeepflanzers und Arbeiterunterkünfte auf einer Teeplantage in Kenia

□ **Sowchose.** „Das Dorf heißt Tschutowo. Es liegt zwischen Poltawa und Charkow in der Ukraine. Wer hier aussteigt, muß seine Schuhsohlen auf einer Gummiwalze desinfizieren, die sich in einem Laugenbad dreht. Man hat Angst vor Seuchen, die eingeschleppt werden und das Vieh krank machen könnten. Im vergangenen Jahr hat die Maul- und Klauenseuche in verschiedenen Teilen der Sowjetunion Millionen Rubel Verluste verursacht. Tschutowo ist ein Mustergut. Hier laufen die Menschen nicht weg, um in der Stadt eine bequeme Arbeit und ein abwechslungsreicheres Leben zu suchen. Tschutowo kann man den Fremden getrost zeigen. Das Vieh ist prall und sauber. Die Ställe sind frisch gekalkt und ausgefegt. Die Arbeiterinnen tragen weiße Kittel, und in der Kinderkrippe stehen 26 Betten für die Kleinsten. Sie können ihren Nachmittagsschlaf halten, während die Eltern auf den Feldern oder in den Ställen des Sowchos arbeiten.

Was ist das – ein Sowchos? Man kann es mit „Staatsgut" übersetzen, zur Unterscheidung vom „Kolchos", der Kollektivfarm. Im Landkreis Poltawa gibt es 36 Sowchosen und 567

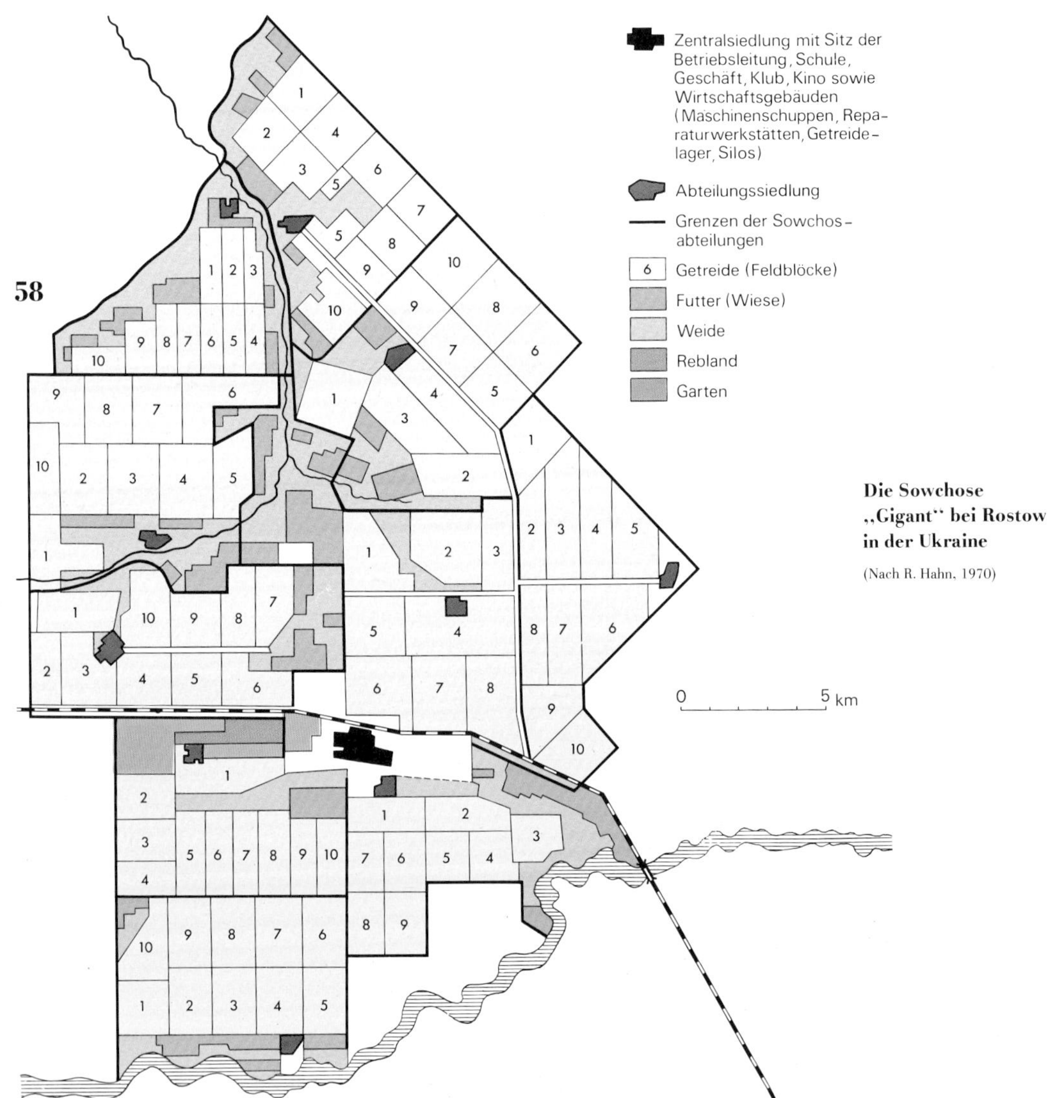

Die Sowchose „Gigant" bei Rostow in der Ukraine

(Nach R. Hahn, 1970)

Blick auf die Zentralsiedlung einer Kolchose in der Ukraine

Kolchosen. Ein Sowchos gleicht einer Fabrik für landwirtschaftliche Produkte. Es wird in Schichten gearbeitet. Der Siebenstundentag wird garantiert. Nur auf dem Höhepunkt der Erntezeit darf zehn Stunden in einer Schicht gearbeitet werden. Allerdings nicht länger als zwei Wochen lang und ausnahmsweise! Die Überstunden können dann später wieder „abgefeiert" werden. Die Arbeiter erhalten bezahlten Jahresurlaub und bei Bedarf eine kostenlose Kur.

Hier in Tschutowo kann eine Arbeiterin der Abteilung Schweinemast bis zu 145 Rubel im Monat verdienen. Das sind umgerechnet etwa 640 DM. In den Lohntüten der Melkerinnen und Traktoristinnen finden sich am Zahltag rund 115 bis 120 Rubel. Umgerechnet sind das 500 bis 530 DM.
Nicht alle Sowchosen dieses Landes sind wie Tschutowo in einem ständigen Paradezustand. In Tschutowo spricht man stolz von Profit, ja, man hat sogar überplanmäßigen Gewinn zu verzeichnen. Chefbuchhalterin Nadjeshda Danilowa rechnet vor, daß im vergangenen Jahr 104264 Rubel, also nicht ganz 500000 DM, über Plan verdient worden sind. Diesen überplanmäßigen Gewinn darf der Betrieb nach eigenem Ermessen verwenden. Davon werden zum Teil Prämien für besonders fleißige Arbeit gezahlt. Davon werden auch Kinos, Klubs oder Kinderheime gebaut.
Der Mann, der diese Musterfarm bei Poltawa leitet, Semjon Wlassowitsch, ist kürzlich zum Helden der Arbeit ernannt worden und trägt den Leninorden, die höchste Auszeichnung dieses Landes ... Er weiß, wo zugepackt werden muß. Er entscheidet und ist doch kein Diktator. Er hört auf das Kollektiv – Chefingenieur, Chefveterinär und Chefbuchhalterin haben hier ein Wort mitzureden ...
Wer diese Musterfarm auf den Schwarzerdeböden der Ukraine sieht, möchte meinen, daß es eigentlich um die Landwirtschaft in der Sowjetunion nicht schlecht bestellt sein dürfte. Doch immer wieder in den letzten Jahren mußte die UdSSR Getreide aus den USA, Kanada und Frankreich einführen." (10)
Die Sowchosen liegen hauptsächlich in den Neulandgebieten (Kasachstan, Sibirien), die erst in den letzten Jahrzehnten für die Landwirtschaft erschlossen wurden. Da in diesen Räumen

am Rande der Trocken- bzw. Kältegrenze das Ernterisiko hoch ist, erhalten die Sowchosniki wie die Fabrikarbeiter vom Staat einen festen Lohn, unabhängig vom jeweiligen Ertrag. Die Hektarerträge bei Weizen lagen in der Sowjetunion 1970 bei 15 dz, in den USA vergleichsweise bei 21, in der Bundesrepublik Deutschland bei 38 und in Dänemark sogar bei 45 dz. Auf den zwischen 1953 und 1963 im Rahmen des Neulandprogramms in großer Zahl gegründeten Sowchosen Kasachstans, die oft als „Getreidefabriken" bezeichnet werden, liegen die Hektarerträge im Durchschnitt meist unter 10 dz (vergleiche – wenn möglich – mit „Geographie" Band 2, S. 203).
Um das Leben auf dem Land attraktiver zu machen, werden für die Familien der Sowchosarbeiter in zunehmendem Maße mehrgeschossige Wohnblocks und sogar private Einfamilienhäuser gebaut. So nehmen die zentralen Siedlungen der Sowchosen einen zunehmend städtischen Charakter an. Wegen der weiten Entfernungen zu den Großfeldern müssen die Traktoristen und Maschinisten aber noch oft in Zelten und Wohnwagen übernachten. Für die Altersversorgung der Sowchosniki sorgt der Staat. Dennoch herrscht auf vielen Sowchosen ein ständiger Wechsel von Arbeitskräften. Diese wurden aus den dichter besiedelten ländlichen Gebieten ins Neuland geschickt. Um sie auf dem Land zu halten, gesteht ihnen der Staat, wie schon bisher den Kolchosbauern, ein Stück privaten Hoflandes bis zur Größe von 0,5 ha zu. Dieses Privatland umfaßt nur 1,5 % der landwirtschaftlichen Nutzfläche der Sowjetunion. Dennoch spielt es für die Versorgung der ländlichen Bevölkerung eine große Rolle. Durch den Verkauf einzelner Produkte verschaffen sich die Landarbeiter oft einen Zusatzverdienst (vgl. die Tabelle).

Landwirtschaftliche Produktion in der Sowjetunion

Gesamte Erzeugung landwirtschaftlicher Produkte 1975			Erzeugung landwirtschaftlicher Produkte für den Markt 1975	
Kolchose	55 %	Getreide	Kolchose	51 %
Sowchose	44 %		Sowchose	49 %
Privates Hofland	1 %		Privates Hofland	0 %
Kolchose	72 %	Baumwolle	Kolchose	80 %
Sowchose	28 %		Sowchose	20 %
Privates Hofland	0 %		Privates Hofland	0 %
Kolchose	23 %	Kartoffeln	Kolchose	32 %
Sowchose	18 %		Sowchose	20 %
Privates Hofland	59 %		Privates Hofland	47 %
Kolchose	25 %	Gemüse	Kolchose	35 %
Sowchose	41 %		Sowchose	59 %
Privates Hofland	34 %		Privates Hofland	6 %
Kolchose	34 %	Fleisch	Kolchose	43 %
Sowchose	35 %		Sowchose	44 %
Privates Hofland	31 %		Privates Hofland	13 %
Kolchose	39 %	Milch	Kolchose	56 %
Sowchose	30 %		Sowchose	42 %
Privates Hofland	31 %		Privates Hofland	2 %
Kolchose	12 %	Eier	Kolchose	24 %
Sowchose	49 %		Sowchose	73 %
Privates Hofland	39 %		Privates Hofland	3 %

Aussiedlerhöfe, Birkach bei Stuttgart

Neue Betriebsformen in der Landwirtschaft der Bundesrepublik Deutschland

Maschinenringe. Bei den meisten Flurbereinigungsmaßnahmen in der Bundesrepublik seit 1945 hatten die Planer die Absicht, bäuerliche Betriebe von 15–30 ha zu schaffen. Der Besitz sollte möglichst geschlossen in Hofnähe liegen. Deshalb mußte man Aussiedlerhöfe bauen. Man glaubte, nur eine vielseitige Produktion könne das Absatzrisiko verringern und dem Landwirt ein sicheres Einkommen garantieren. Solche gemischten Betriebe ließen sich damals ohne fremde Arbeitskräfte als sogenannte Familienbetriebe bewirtschaften. Herr W. ist ein solcher Aussiedler. Jetzt, zehn Jahre nach der Aussiedlung, klagt er:

„Durch den Kauf vieler Spezialmaschinen habe ich meinen Betrieb stark verschuldet. Ich habe jetzt 2 Schlepper, 1 Sämaschine, 1 Mähdrescher, 2 Ackerwagen, 1 Rübensetzmaschine, 1 Kartoffellegemaschine, 1 Kartoffelvollernter, 1 Anhängepflug, 1 Egge und 1 Dungstreuer – und das bei einer Nutzfläche von nur 17 ha! Hinzu kommt, daß selbst nach der Flurbereinigung die Feldstücke für eine rentable maschinelle Bewirtschaftung nach den heutigen Erkenntnissen zu klein sind."

Herr O. ist vor sechs Jahren einem Maschinenring beigetreten. Obwohl er seine Getreideanbaufläche auf 40 ha erweitert hat, besitzt er keinen eigenen Mähdrescher. Zur Erntezeit fordert er telefonisch einen Mähdrescher mit Fahrer an. Die Maschine gehört seinem Nachbarn, der sie auch selbst bedient und für die übrigen Mitglieder des Maschinenrings die Ernte einbringt. Herr O. weiß im voraus, was er für eine Arbeitsstunde zu bezahlen hat. – Außer Getreide baut er noch Kartoffeln, Zuckerrüben und Mais an. Auch die Aussaat und die Ernte dieser Ackerfrüchte übernimmt für ihn ein Mitglied des Maschinenrings. Er selbst besitzt außer einem neuen Schlepper nur einen Hochleistungshäcksler für Gras und Mais. Er ist Spezialist in der Bedienung dieser Maschine und schneidet im Herbst für seine Kollegen vom Maschinenring das Silofutter für den Winter. Mit dem Erlös kann er die Kosten für alle übrigen Maschinen, die er in seinem Betrieb braucht, bezahlen.

1 Ein gut geführter Maschinenring mit hundert oder mehr Mitgliedern braucht einen hauptamtlichen Geschäftsführer. Überlege, welche Aufgaben er hat.

2 Was muß Herr O. für die Getreideernte bezahlen? Vergleiche seine Ausgaben mit denjenigen von Herrn W. (Tabelle nächste Seite).

Betriebskostenvergleich	Betriebseigener Mähdrescher Beispiel: Betrieb W.	Einsatz eines Mähdreschers mit Fahrer für den Maschinenring Beispiel: Betrieb O.
Anschaffungspreis	15 900 DM	15 900 DM
Jährliche Leistung der Maschine	10 ha	200 ha
Gesamtkosten für die Bearbeitung von 10 ha	etwa 3000 DM	etwa 1000 DM

3 Seit seinem Beitritt zum Maschinenring kann Herr O. rentabler wirtschaften als früher. Führe mindestens drei Gründe dafür an.

4 Der Hochleistungshäcksler von Herrn O. wird im Herbst sechs bis acht Wochen lang eingesetzt. Nenne wenigstens drei Vorteile, die sich durch die bessere Auslastung der Maschine für die Mitglieder des Maschinenrings ergeben.

Betriebsgrößen der Mitglieder des Maschinenrings Neu-Ulm 1971

Größe	Zahl der Betriebe		Landwirtschaftliche Nutzfläche
bis 10 ha	60	19,0 %	450 ha
10–15 ha	83	26,4 %	1 104 ha
15–20 ha	82	26,0 %	1 410 ha
über 20 ha	90	28,6 %	2 513 ha

5 Wie hoch ist bei den Mitgliedern des Maschinenrings Neu-Ulm der Anteil der Klein- und Mittelbetriebe unter 20 ha?

6 Betrachte die graphische Darstellung unten. Wie hat sich der Bestand an eigenen Maschinen bei diesem Betrieb im Laufe von zehn Jahren verändert?

7 Viele Landwirte müssen für den Kauf neuer Maschinen Geld aufnehmen; die Zinsbelastung ist oft hoch. Bei welchem Maschineneinsatz sind in diesem Nebenerwerbsbetrieb die Betriebskosten am niedrigsten?

8 Seit 1972 hat der unten dargestellte Betrieb keine eigenen Maschinen mehr. Wie wirkt sich diese Umstellung auf die Betriebskosten und den Arbeitsablauf aus?

9 Wodurch unterscheiden sich Nebenerwerbsbetriebe von Vollerwerbsbetrieben? (Vgl. auch den folgenden Text.)

Überbetrieblicher Maschineneinsatz in einem Nebenerwerbsbetrieb

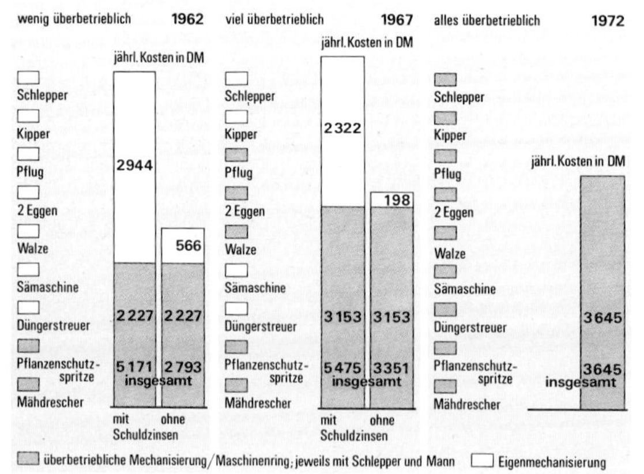

Landwirt L. ist Inspektoranwärter. Er besitzt 26 ha Ackerland. Als wir ihn besuchten, arbeiteten gleich zwei Kollegen vom Maschinenring auf seinen Feldern.

Frage: „Herr L., Sie lassen den größten Teil Ihrer Feldarbeiten vom Maschinenring ausführen?"

L.: „Richtig, und zwar aus Rationalisierungsgründen. So brauche ich nicht zu investieren, und ich komme auf jeden Fall billiger weg."

Frage: „Das heißt also, Sie kaufen keine Maschinen?"

L.: „Nein, absolut nicht. Ich habe Schlepper, Pflug und einige Geräte, mit denen ich die kleineren Arbeiten selbst erledigen kann."

Frage: „Der Maschinenring erspart Ihnen aber auch Arbeitskraft, nicht wahr? Und die brauchen Sie doch für Ihren neuen Beruf?"

L.: „Genau. Ich sehe darin eine Möglichkeit, den Betrieb weiterlaufen zu lassen, ohne zu verpachten." (11)

Anlieferung der Trauben bei der Genossenschaftskelter, Oberrotweil

Erzeugergemeinschaften

10 Viele Kaufläden tragen Bezeichnungen wie Edeka, GeKaWe, Co-op, Nanz, Spar, Vivo usw. Erkundigt euch bei Einzelhandelsgeschäften, warum sie einer Handelskette beigetreten sind.

Im Bereich der Landwirtschaft bilden sich immer mehr Erzeugergemeinschaften. So schlossen sich 1967 in Niederbayern die Schweinemäster aus 14 Landkreisen mit den Ferkelerzeugern zusammen. Herr P., der Geschäftsführer, organisiert für die 1450 Mitglieder den Transport und Verkauf der Schweine. Er bietet den Schlachthäusern in Straubing, Regensburg und München 3600–4000 Mastschweine in der Woche an. Dort beurteilen Klassifizierer die Qualität des Fleisches und teilen es in die Güteklassen E (Extra), I, II und III ein. Aufgrund seines gleichbleibend großen Angebots kann Herr P. einen günstigen Preis mit den Abnehmern aushandeln.

11 Welche Vorteile bringt die Fleischvermarktung (Totvermarktung) gegenüber der früher üblichen Lebendvermarktung (Tabelle unten)?

12 Landwirte, die dieser Erzeugergemeinschaft beigetreten sind, können erheblich höhere Gewinne bei der Schweinemast erzielen als zuvor. Gib mindestens drei Gründe dafür an.

13 Erzeugergemeinschaften gibt es heute nicht nur bei der Vermarktung von Schlachtvieh, sondern auch beim Weinbau, beim Saatgetreidebau, bei der Produktion von Frühkartoffeln, bei der Geflügelhaltung und bei der Fischerei. Warum profitieren Bauern in Gebieten wie Niederbayern besonders von der gemeinsamen Vermarktung (Atlas)?

	Einzelbauer	**Erzeugergemeinschaft**
Angebot pro Woche	Lebendvermarktung der Schweine über Zwischenhändler; geringe Stückzahlen in unregelmäßigen Abständen; bei Überangebot werden geringe Preise erzielt	3600–4000 Schweine, eigene Fleischvermarktung
Unkosten des Landwirts beim Verkauf eines Schweines	etwa 60 DM höherer Zeitaufwand	etwa 30 DM Arbeitsentlastung für den einzelnen Landwirt
Fleischqualität	Klasse I–III	80% des Angebots gehört der Klasse E und der Klasse I an. Herr P.: „Ein Schwein der Klasse III, das ja sehr fett ist, hat mehr gefressen als eines der Klasse E, aber es bringt viel weniger Geld.“

□ **Der Wirtschaftsring „Kornlingen“ in Beckdorf.** 48 km südwestlich von Hamburg liegt der Ort Beckdorf im Landkreis Stade. Hier schlossen sich 1969 14 Betriebe mit 750 ha landwirtschaftlicher Nutzfläche zu einem Wirtschaftsring zusammen.

14 Studiere die Seite rechts. Wem gehört das Vieh in den einzelnen Ställen? Wer betreut es?

15 Seht euch die Organisation im Bereich der Schweinemast an. Wer trägt das Risiko bei fallenden Preisen für Schweinefleisch?

16 Nenne mehrere Vorteile der Arbeitsteilung in der Viehzucht.

∞ **17** Unter welchen Voraussetzungen kann ein solches Projekt gelingen? Diskutiert darüber.

∞ **18** Welchen Unterschied haben die Berufskollegen der Beckdorfer übersehen, wenn sie den Wirtschaftring Beckdorf mit einer Kolchose vergleichen?

„Die solle
chose mach
chern der La
gewettert, u
pflanzten „fre
rufskollegen ei
„Zur Zonengren
war nur die Gem
Beckdorf mit seine
nern.(12)

Der Begründer der landwirtschaftlichen Betriebslehre, Albrecht Daniel Thaer (1752–1828) stellte vor 150 Jahren den folgenden Lehrsatz auf: „Derjenige landwirtschaftliche Betrieb wird auf die Dauer am erfolgreichsten wirtschaften, welcher auf möglichst vielen Beinen steht.“ Dieser Lehrsatz blieb bis in die sechziger Jahre unseres Jahrhunderts bestimmend. Unter dem Druck der ständigen Kostensteigerung für Arbeitskräfte, Maschinen und Betriebsmittel sehen sich viele Bauern in jüngster Zeit zur Spezialisierung gezwungen. Schon spricht man von „Milchmeier“, „Schweinemeier“ oder „Geflügelfabrik“. Mit der einseitigen Produktion ist aber auch ein erhöhtes Risiko verbunden.

Im Wirtschaftsring Beckdorf sollen durch die arbeitsteilige Produktion beide Grundsätze miteinander vereinigt werden. Man will die überbetriebliche Zusammenarbeit weiter ausbauen. Ein gemeinsames Düngerlager und der gemeinschaftliche Einkauf von losem Mineraldünger helfen die Kosten senken. Durch aufeinander abgestimmte Dünger- und Fruchtfolgepläne soll die Kooperation beim Feldanbau verstärkt werden.

Die Beckdorfer Landwirte sind besonders an einer Förderung des Fremdenverkehrs interessiert. Am Rande des Dorfes entstand eine Reithalle, die sich schon großer Beliebtheit erfreut. Auch für den Urlaub auf dem Bauernhof wird in Beckdorf geworben. Für Besucher aus dem Raum Hamburg denkt man an Ferienwohnungen. Vorbeifahrende Kunden sollen die frischen, hübsch verpackten landwirtschaftlichen Erzeugnisse selbst in einem Kiosk abholen können. Ein Kinderspielplatz und ein Gasthof sollen zum Verweilen einladen.

Wirtschaftsring Kornlingen: So ist in Beckdorf die gemeinsame Viehhaltung organisiert ▶

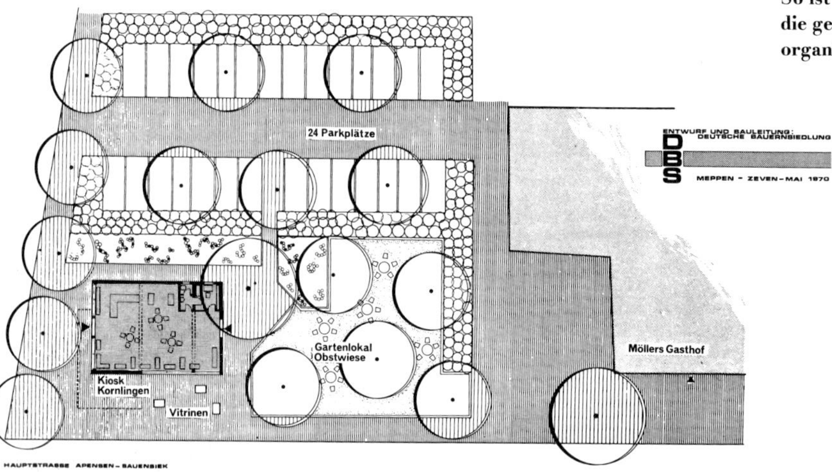

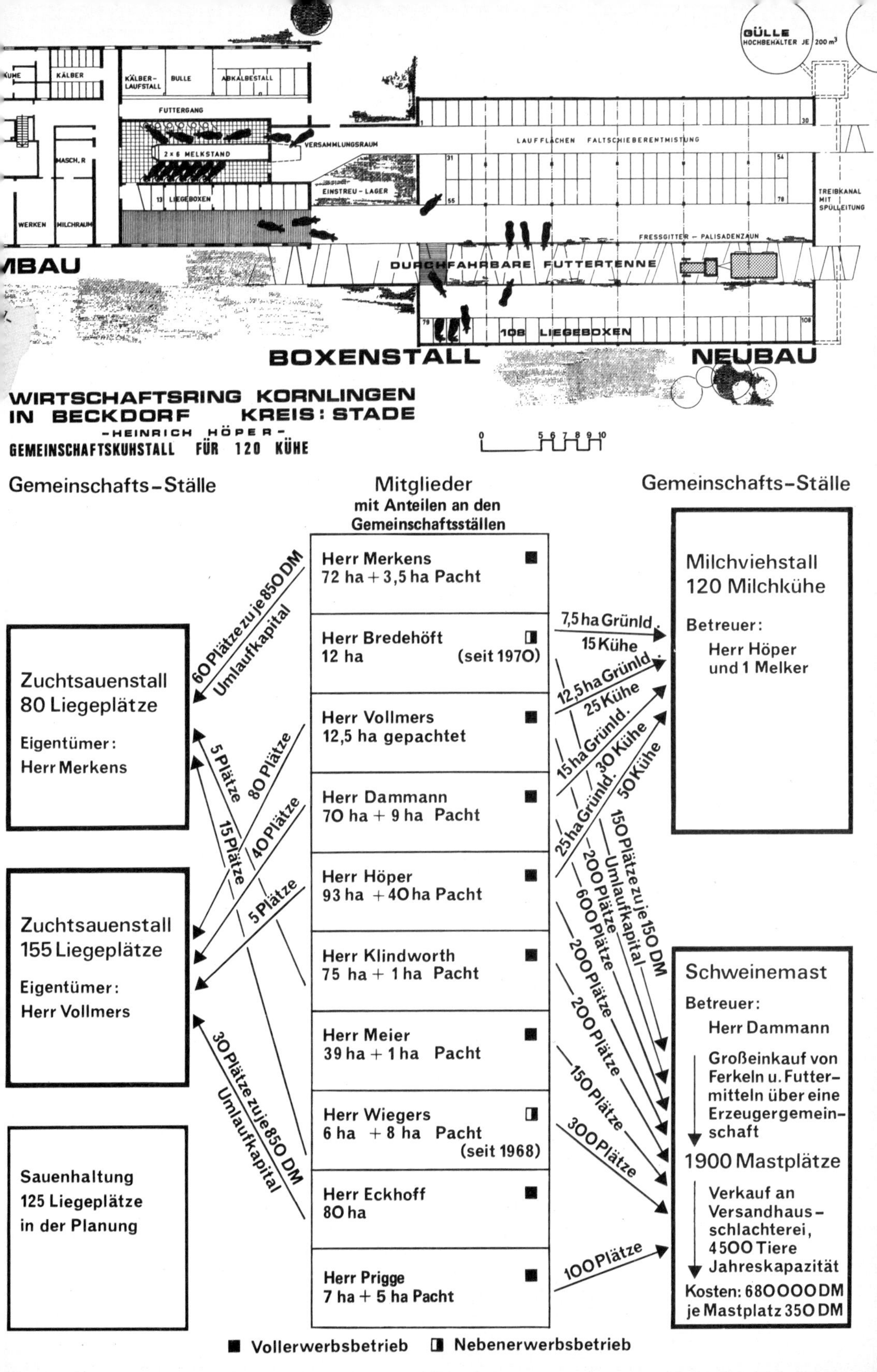

GÜLLE
HOCHBEHÄLTER JE 200 m³
KÜHE
KÄLBER
KÄLBER-LAUFSTALL
BULLE
ABKALBESTALL
FUTTERGANG
2 × 6 MELKSTAND
VERSAMMLUNGSRAUM
MASCH. R
LIEGEBOXEN
EINSTREU-LAGER
WERKEN
MILCHRAUM
LAUFFLÄCHEN FALTSCHIEBERENTMISTUNG
TREIBKANAL MIT SPÜLLEITUNG
FRESSGITTER – PALISADENZAUN
UMBAU
DURCHFAHRBARE FUTTERTENNE
108 LIEGEBOXEN
BOXENSTALL
NEUBAU
WIRTSCHAFTSRING KORNLINGEN
IN BECKDORF KREIS: STADE
– HEINRICH HÖPER –
GEMEINSCHAFTSKUHSTALL FÜR 120 KÜHE
0 5 6 7 8 9 10
Gemeinschafts-Ställe
Mitglieder mit Anteilen an den Gemeinschaftsställen
Gemeinschafts-Ställe
Herr Merkens 72 ha + 3,5 ha Pacht
Herr Bredehöft 12 ha (seit 1970)
Herr Vollmers 12,5 ha gepachtet
Herr Dammann 70 ha + 9 ha Pacht
Herr Höper 93 ha + 40 ha Pacht
Herr Klindworth 75 ha + 1 ha Pacht
Herr Meier 39 ha + 1 ha Pacht
Herr Wiegers 6 ha + 8 ha Pacht (seit 1968)
Herr Eckhoff 80 ha
Herr Prigge 7 ha + 5 ha Pacht
Zuchtsauenstall 80 Liegeplätze
Eigentümer: Herr Merkens
Zuchtsauenstall 155 Liegeplätze
Eigentümer: Herr Vollmers
Sauenhaltung 125 Liegeplätze in der Planung
60 Plätze zu je 850 DM Umlaufkapital
5 Plätze
80 Plätze
15 Plätze
40 Plätze
5 Plätze
30 Plätze zu je 850 DM Umlaufkapital
Milchviehstall 120 Milchkühe
Betreuer: Herr Höper und 1 Melker
7,5 ha Grünld. 15 Kühe
12,5 ha Grünld. 25 Kühe
15 ha Grünld. 30 Kühe
25 ha Grünld. 50 Kühe
150 Plätze zu je 150 DM Umlaufkapital
200 Plätze
600 Plätze
200 Plätze
200 Plätze
150 Plätze
300 Plätze
100 Plätze
Schweinemast
Betreuer: Herr Dammann
Großeinkauf von Ferkeln u. Futtermitteln über eine Erzeugergemeinschaft
1900 Mastplätze
Verkauf an Versandhaus-schlachterei, 4500 Tiere Jahreskapazität
Kosten: 680000 DM je Mastplatz 350 DM
Vollerwerbsbetrieb
Nebenerwerbsbetrieb

Wohnmaschine oder Häuschen?

□ **1** Betrachte die Werbungen auf der rechten Seite. Hast du den Eindruck, daß sie sachlich richtig informieren? Sprechen sie eher den Verstand oder eher das Gefühl an? Welche der beiden Werbungen überzeugt dich mehr?

Die Frage, ob du dich für ein Einfamilienhaus oder für eine Eigentumswohnung in einem Hochhaus entscheiden würdest, sollte nicht übereilt, sondern erst nach gründlicher Prüfung beantwortet werden. Das vorliegende Kapitel soll dich befähigen zu beurteilen,
- welche Vorteile, aber auch welche Nachteile Hochhäuser wie Einfamilienhäuser aufweisen,
- welche Überlegungen die Planer neuer Wohnviertel bei der Entscheidung für den einen oder für den andern Wohnhaustyp anstellen müssen,
- ob es gerechtfertigt ist, ein Wohnhochhaus als „Eigentumssilo“ zu bezeichnen.

Mehr als 500 Hochhausbewohner in vier Städten wurden etwa vier Jahre nach ihrem Einzug befragt, in welchem Haustyp sie am liebsten wohnen würden. Die Tabelle rechts zeigt das Ergebnis.

	Stuttgart in %	München in %	Wolfsburg in %	Hamburg in %
Wohnhochhaus	68	50	28	36
größeres Familienhaus (mehr als 6 Parteien)	1	3	2	5
kleineres Familienhaus (3–6 Parteien)	1	5	2	13
Zweifamilienhaus	3	2	4	4
Einfamilienreihenhaus	9	5	6	15
freistehendes Einfamilienhaus	17	33	57	27
Sonstiges	1	2	1	—
	100%	100%	100%	100%
Zahl der Befragten	145	129	120	130

Am Rande der Wohnstadt Stuttgart-Asemwald

⅄ **2** Rechne: Wieviele Personen wurden insgesamt befragt? Wieviel Prozent entschieden sich im Durchschnitt für die verschiedenen Wohnhaustypen?

⅄ **3** Für die Befragten kommen im wesentlichen nur zwei Haustypen in Frage. Welche?

∞ **4** Gibt es in deiner Gemeinde Wohnhochhäuser? Ließe sich eine Befragung der Bewohner durchführen?

∞ **5** Eine Befragung von Menschen, die noch nie in einem Hochhaus gewohnt haben,

* Sie können Ihr gutes Geld in eine Massen-Eigentumswohnung stecken. Mit -zig Nachbarn, rechts, links, oben und unten, wie in Ihrer Mietwohnung. Oder fürs gleiche Geld in einem großzügigen Komfort-Eigenheim leben. Mit Garten, viel Freiheit und absolutem Festpreis. Wie das möglich ist, zeigt Ihnen unser neuer, farbiger Beratungs-Katalog. Er präsentiert das...

wird vermutlich zu anderen Ergebnissen führen. Ließe sich auch eine solche Befragung in deinem Wohnort durchführen?
Beachte: Bei Befragungen dieser Art sollte man nicht die erste rasche Antwort auswerten. Die Befragten müssen Zeit zum Überlegen haben. Es empfiehlt sich, einen kleinen Fragebogen zu verteilen und zum Ausfüllen einige Tage Zeit zu lassen.

FREIWILLIG IN DEN EIGENTUMS-SILO?

* Sie können Ihr gutes Geld in eine Massen-Eigentumswohnung stecken. Mit -zig Nachbarn, rechts, links, oben und unten, wie in Ihrer Mietwohnung. Oder fürs gleiche Geld in einem großzügigen Komfort-Eigenheim leben. Mit Garten, viel Freiheit und absolutem Festpreis. Wie das möglich ist, zeigt Ihnen unser neuer, farbiger Beratungs-Katalog. Er präsentiert das größte Fertighaus-Programm Deutschlands.
Das sind: Mehr als 50 Haustypen in 5278 Varianten für jeden Geschmack, von 63 bis 225 qm Wohnfläche. Vom grundsoliden Komforthaus bis zum exklusiven Aluminium-Bungalow. Absolut schlüsselfertig, z. B. mit automat. Zentralheizung, Isolierglas-Fenstern, sämtlichen Installationen, Teppichböden und Luxus-Küche. Alles im Grundpreis inbegriffen.
Alle Festpreise garantiert bis 31. 3. 1974. Ab 44.990,– DM.
Unsere Häuser werden von allen Landesbausparkassen (den Bausparkassen der Sparkassen) empfohlen. In jeder Sparkasse können Sie Ihre Finanzierung klären. Nicht umsonst haben wir 1972 die meisten Fertighäuser (genau 5 424) in Deutschland verkauft. Schicken Sie auf jeden Fall diesen Coupon für Deutschlands wichtigstes Buch vom Bauen und Finanzieren noch heute ab.

NECKERMANN-KOMFORTHÄUSER schon ab 44.990.- von STREIF

Komforthaus Avenue, Wohnfläche 131 – 225 qm

KATALOG COUPON Ausschneiden und einsenden an: Neckermann Eigenheim GmbH, Abt. EM G 26, 6 Frankfurt/Main, Hanauer Landstr. 360–400
Schutzgebühr DM 6,50 + Porto und Nachnahme

NECKERMANN EIGENHEIM GMBH
Das bekannteste Fertighausunternehmen in Deutschland

Werbeanzeigen zweier Wohnbaufirmen ▼ ▲

EINE HERRLICHE AUSSICHT!

Ihre neue Aussicht?

Diese herrliche, unverbaubare Aussicht zur Schwäbischen Alb genießen Sie als Eigentümer einer modernen Eigentumswohnung in der Wohnstadt Stuttgart-Asemwald.

Hier wohnen Sie unbeschwert, losgelöst vom hektischen Alltag, frei von überkommenen „Wohnkonzeptionen".

Hier wohnen Sie modern im besten Sinne des Wortes.

Hier finden Sie alles, was zu einem bequemen und abwechslungsreichen Wohnen gehört.

Wir haben unsere Planungen an Ihren Wünschen und Bedürfnissen ausgerichtet. Bevor wir zu bauen anfingen, wurde von Architekten, Statikern, Ingenieuren, Künstlern und Wissenschaftlern genau ermittelt, analysiert und begutachtet, wie, wo und wann sich Ihr Wohnungsproblem am besten lösen läßt. Auf diese Weise haben wir eine Lösung gefunden, von der wir glauben, daß sie auch für Sie die richtige ist.

Die Wohnstadt Stuttgart-Asemwald entsteht in bester Wohnlage im Süden Stuttgarts, zwischen Stuttgart-Degerloch und Stuttgart-Birkach. Über die direkten Schnellverbindungsstraßen erreichen Sie die Innenstadt mit dem Kraftfahrzeug oder den städtischen Omnibuslinien in etwa einer Viertelstunde. Autobahnanschlüsse nach München, Frankfurt, Würzburg und später nach Konstanz sind nur wenige Kilometer entfernt.

Mit dem Bau der Wohnstadt Stuttgart-Asemwald wurde bereits begonnen. Voraussichtlich werden die ersten Bewohner Asemwalds im Sommer 1970 in ihre neue Wohnung einziehen können.

Über Ansichten, Grundrisse und Raumgrößen informieren Sie die beigefügten Einzelblätter.
Nähere Einzelheiten über die Finanzierungs- und Verkaufskonditionen erfahren Sie von unserem geschulten Fachpersonal.

☐ Die Tabelle auf S. 66 zeigt: Man kann für oder gegen das Wohnen in Hochhäusern sein.

An Gründen, die **FÜR** das Hochhaus sprechen, werden genannt:

– In einem Hochhaus lebt man bequem. Einrichtungen wie Fahrstuhl, Müllschlucker, Türsprechanlage, zentrale Waschanlage erleichtern den Alltag.
– Man wird von Mitbewohnern nicht so beobachtet; jeder ist für sich, und keiner kümmert sich um den andern.
– Man lebt abgeschlossen und unbekümmert wie im Einfamilienhaus, aber man ist doch nicht so allein.
– Im Hochhaus gibt es weniger Streit als in kleineren Mietshäusern.
– Man sieht nichts vom Hausbesitzer.
– Es gibt einen Hauswart, der alles organisiert, so daß man sich um Heizölversorgung, Treppenhausreinigung und ähnliche Dinge nicht kümmern muß.
– Kinder finden genug gleichaltrige Spielkameraden.
– Das Hochhaus bietet breiteren Schichten der Bevölkerung einen Wohnkomfort, wie ihn früher nur die reichen Leute kannten.
– Vor allem von den höher gelegenen Stockwerken aus genießt man gewöhnlich eine prachtvolle Aussicht.
– Ein Hochhaus nutzt die Baufläche gut aus. Wenn es beispielsweise Wohnungen für 50 Parteien enthält, beansprucht es doch bedeutend weniger Platz als 50 Einfamilienhäuser. Es wirkt also der üblen Zersiedlung der Landschaft entgegen (siehe Bild S. 70).
– Wo mehrere Hochhäuser errichtet werden, entsteht auch mehr Platz für Grünflächen, Kinderspielanlagen und dergleichen als beim Bau anderer Haustypen, weil nach unseren Baugesetzen der Abstand zwischen den einzelnen Häusern um so größer gehalten werden muß, je höher die Gebäude sind.
– Hochhäuser verschönern das Stadtbild. Sie unterbrechen die Eintönigkeit, die modernen Wohnsiedlungen oft anhaftet.

GEGEN das Hochhaus wird angeführt:

– In einem Hochhaus leben zuviele Menschen. Das fördert die Vermassung. Der einzelne fühlt sich wie ein Insekt in einem Insektenstaat, unwichtig und auswechselbar.
  Zwischen den Bewohnern besteht weniger Kontakt als bei anderen Haustypen.
  Vor allem ältere Menschen vereinsamen.
– Man ist der Hausordnung unterworfen; weder im Haus noch um das Haus herum kann man schalten und walten, wie man will.
– Man hat keinen Garten.
– Kleinere Kinder können das Haus nicht selbständig verlassen, um zu den Spielplätzen zu gelangen, und sie können dort auch nicht durch die Mütter vom Fenster aus beaufsichtigt werden.
– Die Flächennutzung ist nicht die allergünstigste, da ja die Abstände um so größer gehalten werden müssen, je höher die Häuser sind.
– Oft verschandeln die riesigen Betontürme Stadt und Landschaft.

6 Unterscheide: Einige der Gründe für oder gegen das Wohnen im Hochhaus werden von Bewohnern, andere von Architekten und Städteplanern angeführt.

7 Streiche die Gründe an, die auch für dich eine Rolle spielen und deine Wohnhauswahl beeinflussen würden.

8 Einige Tatsachen werden sowohl unter den Vorzügen als auch unter den Nachteilen genannt.

Auf einer bewaldeten Höhe am Rande Stuttgarts erheben sich drei Riesenblöcke, die Wohnstadt Asemwald. Jeder Block ist 135 m lang, 70 m hoch und bietet Wohnraum für rund 1200 Menschen. 21 verschiedene Wohnungstypen standen den Käufern zur Wahl. Außerdem ließ sich der Grundriß jeder Wohnung durch Einbau oder Entfernen von Trennwänden nach Wunsch verändern. Tiefgaragen bieten 1144 Fahrzeugen Platz.
Zur Wohnstadt Asemwald gehören Gemeindesäle und Kindergarten, Supermarkt, Sparkassenfiliale, Blumenladen, Textilgeschäft, Schuhgeschäft, Schreib- und Spielwarenladen, Chemische Reinigung, Friseur, Apotheke, Drogerie, Tabakladen mit Toto/Lotto, Postnebenstelle, Konditorei mit Café, Kegelbahn, Diskothek, ferner Erholungs- und Sporteinrichtungen wie Solarien mit Sonnenschutz, Windschutz und Duschen, Hallenbad, Sauna mit Massageräumen, Dachterrassenrestaurant, Tennisplätze mit Clubhaus, Ballspielplatz, Rollschuh- und Eislaufplatz, Bocciabahn, Freilichttheater, Kinderspielplätze für alle Altersstufen, Aussichtsplattform, Großschachanlagen, Park-, Grün- und Wasserflächen.
Zu den Käufern der insgesamt 1143 Eigentumswohnungen gehören Direktoren, Ärzte, Ingenieure, Angestellte und Beamte, Handwerker, Arbeiter und Kaufleute, also Angehörige vieler Schichten und Berufe.
Alle Wohnungen sollten ursprünglich in einem einzigen langgestreckten Block untergebracht werden. Er wurde in der Öffentlichkeit „Hannibal“ genannt. In den Tageszeitungen und im Gemeinderat wurden ernste Einwände gegen ihn erhoben: Es sei unmenschlich, solche Riesenblöcke als Wohnbauten anzubieten. Die Menschen würden sich darin wie Ameisen vorkommen, winzig und verloren. Solch ein Koloß würde das Landschaftsbild verschandeln.

Die Wohnstadt Stuttgart-Asemwald

Die Zeitung „Die Welt“ hat Bewohner der heutigen Wohnstadt Asemwald dazu befragt. Einige Antworten: „Wenn Sie hier die Tür hinter sich zumachen, kann Ihnen alles egal sein, man hört und sieht nichts“, sagen die Bewohner der höheren Stockwerke. Selbst die früheren „Häusle-Bewohner“ haben sich bereits daran gewöhnt, daß die große, von keinem Nachbarn einsehbare Terrasse jetzt ihr Garten ist. Eine Kinderärztin äußert sich so: „Die alten Leute – und es wohnen ja sehr viele kinderlose ältere Ehepaare hier – sind möglicherweise sehr allein. Für meinen Mann und mich war der Umzug allerdings kein Durchringen zu einer völlig neuen Wohnform. Wir haben es begrüßt, daß wir endlich nichts mehr mit Schneeschippen, Heizölbestellung und der berühmten baden-württembergischen Kehrordnung vor dem Haus zu tun haben.“ Ein anderer Befragter meinte: „Wer sich hier isoliert fühlt, ist selbst schuld, der wäre auch in einer Kleinsiedlung mit wimmelndem Leben um ihn herum allein.“

9 Viele Einrichtungen der Wohnstadt Asemwald stehen allen Bewohnern zur Verfügung, sie sind z. T. gemeinsames Eigentum. Man braucht deshalb einen „Verwaltungsbeirat“, der sich aus Wohnungseigentümern zusammensetzt. Hausfrauen und Juristen sind dafür besonders gefragt. Überlege, welche Fragen der Verwaltungsbeirat zu besprechen hat.

10 Aus einer Broschüre der Baugesellschaft „Neue Heimat“, die die Wohnstadt gebaut hat: „Für ein Land von der hohen Bevölkerungsdichte der Bundesrepublik ist eine konzentrierte Bebauung die einzig mögliche Konsequenz.“ Für das Projekt mit seinen 1143 Wohnungen waren rund 16 ha Baugelände erforderlich. Ein Einfamilienhaus beansprucht durchschnittlich 600 bis 800 m².

∞ **11** 51 Eigentümer angrenzender Grundstücke erhoben bei Gericht Einspruch gegen den Bau. Ihre Klage wurde abgewiesen. Wie beurteilst du diese Entscheidung?

∞ **12** Stuttgart gab das Bauland zu einem sehr günstigen Preis ab. Die Wohnungen sollten nicht zu teuer werden. Eine Eineinhalbzimmer-Wohnung (46 m²) wurde für 60000 DM angeboten. Nur 25000 DM Eigenkapital waren erforderlich. Der Rest konnte mit monatlich 200 DM abbezahlt werden. Preis einer Vierzimmer-Wohnung (103 m²): 154000 DM; erforderliches Kapital: 62000 DM, monatliche Tilgungsrate: 700 DM. Schon nach wenigen Monaten verkauften etliche Eigentümer ihre Wohnungen weiter und erzielten dabei Gewinne bis zu 60000 DM! Hätte man solche Spekulationen verhindern können?

„Zersiedelte“ Landschaft

FÜR das Einfamilienhaus spricht:
- Im Einfamilienhaus lebt man verhältnismäßig ungestört und genießt mehr Wohnfreiheit als in jedem andern Haustyp.
- Der Bauherr hat die Wahl zwischen zahlreichen Modellen und kann die Raumaufteilung seinen Bedürfnissen entsprechend bestimmen.
- Das Haus ist von einem Garten umgeben.
- Kein anderer Haustyp ist so kinderfreundlich.
- Es vermittelt Freude am eigenen Besitz.

GEGEN das Einfamilienhaus lassen sich folgende Argumente anführen:
- Bau und Unterhalt des Einfamilienhauses sind vergleichsweise teuer.
- Das Einfamilienhaus „frißt" viel Bauland.
- Viele Bauherren können sich das teure Bauland in Stadtnähe nicht leisten. Sie bauen deshalb im weiteren Umkreis, wodurch die Landschaft weithin zersiedelt wird.
- Siedlungen, in denen sich Häuschen an Häuschen reiht, sind trostlos langweilig und retten den Menschen nicht vor der Vermassung.
- Im zersiedelten Umland einer Stadt entstehen Verkehrsprobleme, die immer schwieriger zu lösen sind.
- Das Einfamilienhaus macht mehr Arbeit als jeder andere Wohnhaustyp (Garten, Hauspflege, Versorgung, Straßenreinigung).
- Sind die Kinder erwachsen, ist das Haus für die alternden Eltern zu groß.
- Für ältere Bewohner ist es schwer, Haus und Garten instandzuhalten.

13 Auch hier läßt sich feststellen, welche Argumente von Bewohnern und welche von Städtebauern und Siedlungsplanern gebraucht werden.

14 Streiche die Argumente an, die auch für dich eine Rolle spielen würden.

15 Jeder Mensch hat das Recht, die Wohnform anzustreben, die seinen Wünschen entspricht. Gibt es deiner Meinung nach Fälle, in denen dieses Recht eingeschränkt werden darf?

16 Kennst du in deiner Umgebung eine Landschaft, die du „zersiedelt" nennen würdest?

17 Gibt es nun in eurer Klasse Anhänger des Wohnens im Hochhaus und solche des Wohnens im Einfamilienhaus? Ein Streitgespräch PRO und CONTRA ließe sich organisieren.

Individuelles Wohnen im Einfamilienhaus?

Verschwenden wir Bauland?

☐ Im Jahre 1972 wurde auf dem Kongreß „Städtebau und Umwelt“ in Berlin gefordert, die „landzerfressende Zersiedlung“ müsse unterbunden werden.

In einem Buch über Städtebau aus dem Jahre 1970 heißt es: Es steht fest, daß die Baulandverschwendung, wie wir sie insbesondere im Vorfeld der großen Städte erleben, aufhören muß (W. Müller, Städtebau).

Schon im vorigen Kapitel war von der Gefahr der Zersiedlung die Rede. Die Erbauer von Hochhäusern wollten ihr begegnen. Daß aber nicht überall nur noch Wohnhochhäuser errichtet werden können, liegt auf der Hand. Welche Wohnhaustypen bieten sich an?

1 Betrachte die folgenden Abbildungen und vergleiche die dazugehörigen Angaben.

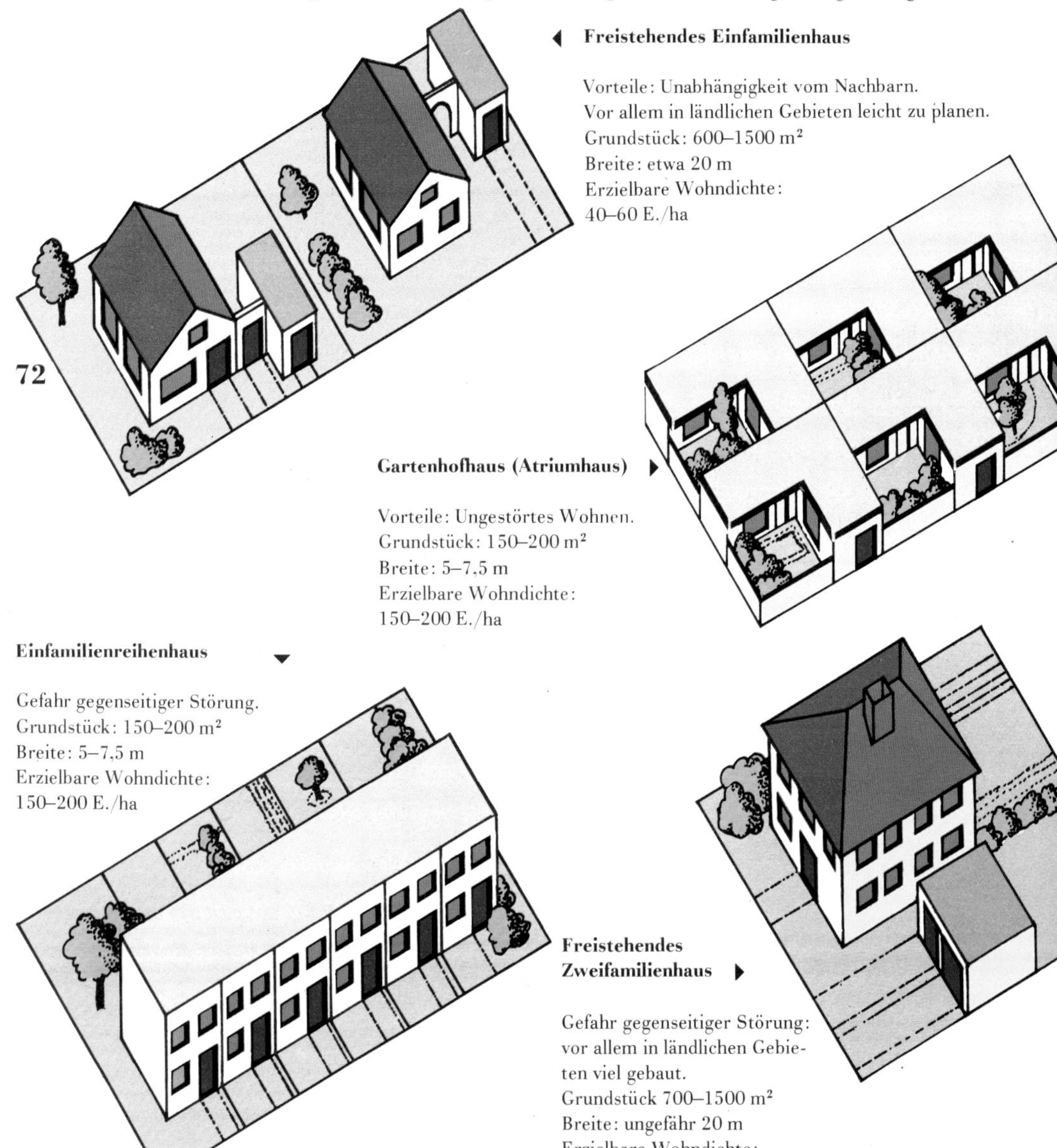

◀ **Freistehendes Einfamilienhaus**

Vorteile: Unabhängigkeit vom Nachbarn.
Vor allem in ländlichen Gebieten leicht zu planen.
Grundstück: 600–1500 m²
Breite: etwa 20 m
Erzielbare Wohndichte:
40–60 E./ha

Gartenhofhaus (Atriumhaus) ▶

Vorteile: Ungestörtes Wohnen.
Grundstück: 150–200 m²
Breite: 5–7,5 m
Erzielbare Wohndichte:
150–200 E./ha

Einfamilienreihenhaus ▼

Gefahr gegenseitiger Störung.
Grundstück: 150–200 m²
Breite: 5–7,5 m
Erzielbare Wohndichte:
150–200 E./ha

Freistehendes Zweifamilienhaus ▶

Gefahr gegenseitiger Störung: vor allem in ländlichen Gebieten viel gebaut.
Grundstück 700–1500 m²
Breite: ungefähr 20 m
Erzielbare Wohndichte:
80–120 E./ha

Wohnblock (gereiht) ▶

„Zweispänner": an jeder Treppe zwei Wohnungen in jedem Stockwerk.
Häufigste Form des Miethauses.
Gefahr gegenseitiger Störung.
Breite jedes Abschnitts 18 m
Tiefe: etwa 10 m
Erzielbare Wohndichte:
250–400 E./ha

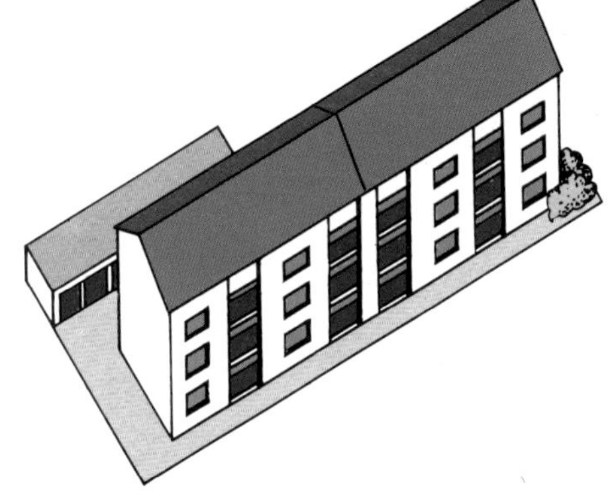

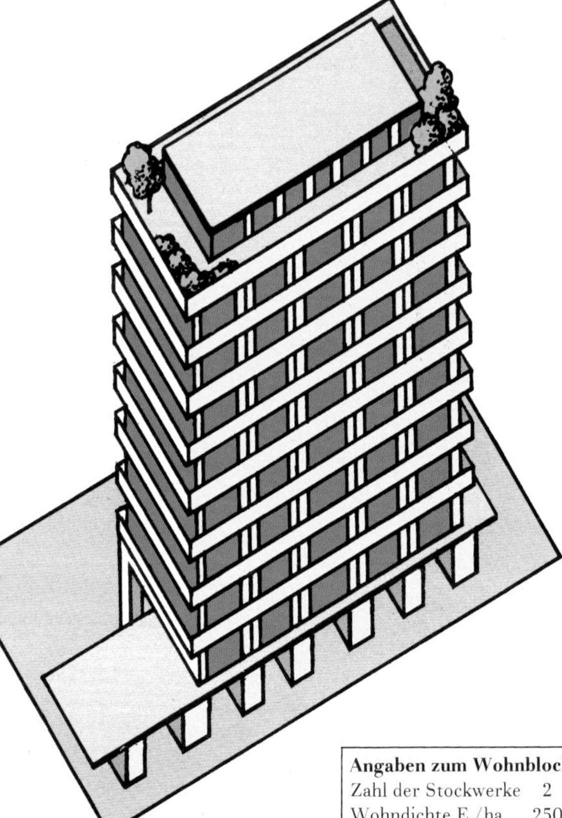

◀ **Wohnhochhaus** (freistehend)

Bei mehr als vier Stockwerken Aufzug und Müllschlucker;
auf jedem Stock vier Wohnungen.
Hat das Haus mehr als acht Stockwerke, wird es als Hochhaus bezeichnet. (Nach den gesetzlichen Richtlinien der Bundesrepublik Deutschland gilt ein Gebäude als Hochhaus, wenn „der Fußboden eines zum dauernden Aufenthalt von Menschen dienenden Raumes mehr als 22 m über dem Gelände liegt." Das entspricht neun Stockwerken.)
Hochhäuser, deren Verkehrsschacht im Zentrum liegt, heißen „Punkthäuser". Bei langgestrecktem Grundriß spricht man von Scheibenhäusern.
Erzielbare Wohndichte: 240–380 E./ha

Angaben zum Wohnblock und Wohnhochhaus

Zahl der Stockwerke	2	3	4	6	8	10	12	14
Wohndichte E./ha	250	335	360	375	372	360	346	338

2 Welcher Wohnhaustyp empfiehlt sich, wenn eine möglichst hohe Wohndichte erzielt werden soll?

3 Mit welchem Haustyp wird die geringste Wohndichte erzielt?

4 Welche Wohnhaustypen entstehen in den neuen Wohngebieten deines Wohnorts am häufigsten? Findest du dafür eine Erklärung? Werden auch Einfamilienhäuser zugelassen?

5 Arbeite mit der Tabelle oben. Bei wieviel Stockwerken wird die höchste Wohndichte erzielt? Wie erklärst du dir, daß die Wohndichte mit wachsender Stockwerkzahl nicht automatisch zunimmt?

Die Planung neuer Wohnviertel

□ Nach dem Zweiten Weltkrieg wuchs die Bevölkerung vieler deutscher Städte so rasch, daß man neue Wohnviertel schaffen mußte. Die Siedlung „Freiburg-Landwasser" ist eines davon. Freiburg i. Br. war nach München die Großstadt mit dem stärksten Wachstum (1950: 110000 E.; 1970: 166000 E.). Zu Beginn der sechziger Jahre beschloß der Gemeinderat, auf der Gemarkung im Oberrheinischen Tiefland einen Stadtteil für zunächst 9000 Bewohner entstehen zu lassen. Die Planer hatten u.a. folgende Vorstellungen:

- Das Zentrum Freiburgs muß von dem neuen Viertel aus leicht erreichbar sein (5km).
- Es sollen nicht nur Wohnungen, sondern auch Arbeitsplätze geschaffen werden.
- Die Bebauung soll eine möglichst hohe Wohndichte ermöglichen, damit nicht zuviel vom grünen Umland der Stadt verlorengeht.
- Die Längsachsen der Gebäude sollen in der Regel von Norden nach Süden verlaufen,

Plan der Wohnsiedlung Freiburg-Landwasser

N
Freiburg →
Baugelände Landwasser-Mitte
Geschoßzahl der Wohnbauten
1
2
4
6–7
8
11–13
16
G Garagen
T Tankstelle
LZ Ladenzentru
K Kirche
Sch Schule
S Sozialeinrich
( ) Geplant
Freiburg-Mooswald →
L 116
← Breisach
← Hugstetten
G
T
LZ
(K)
(S)
K
Sch
(S)
Freizeit- u. Sport- anlagen
(Zentraler Park)
Moos- weiher
Gemarkung Lehen
0 100 200 300 400
m

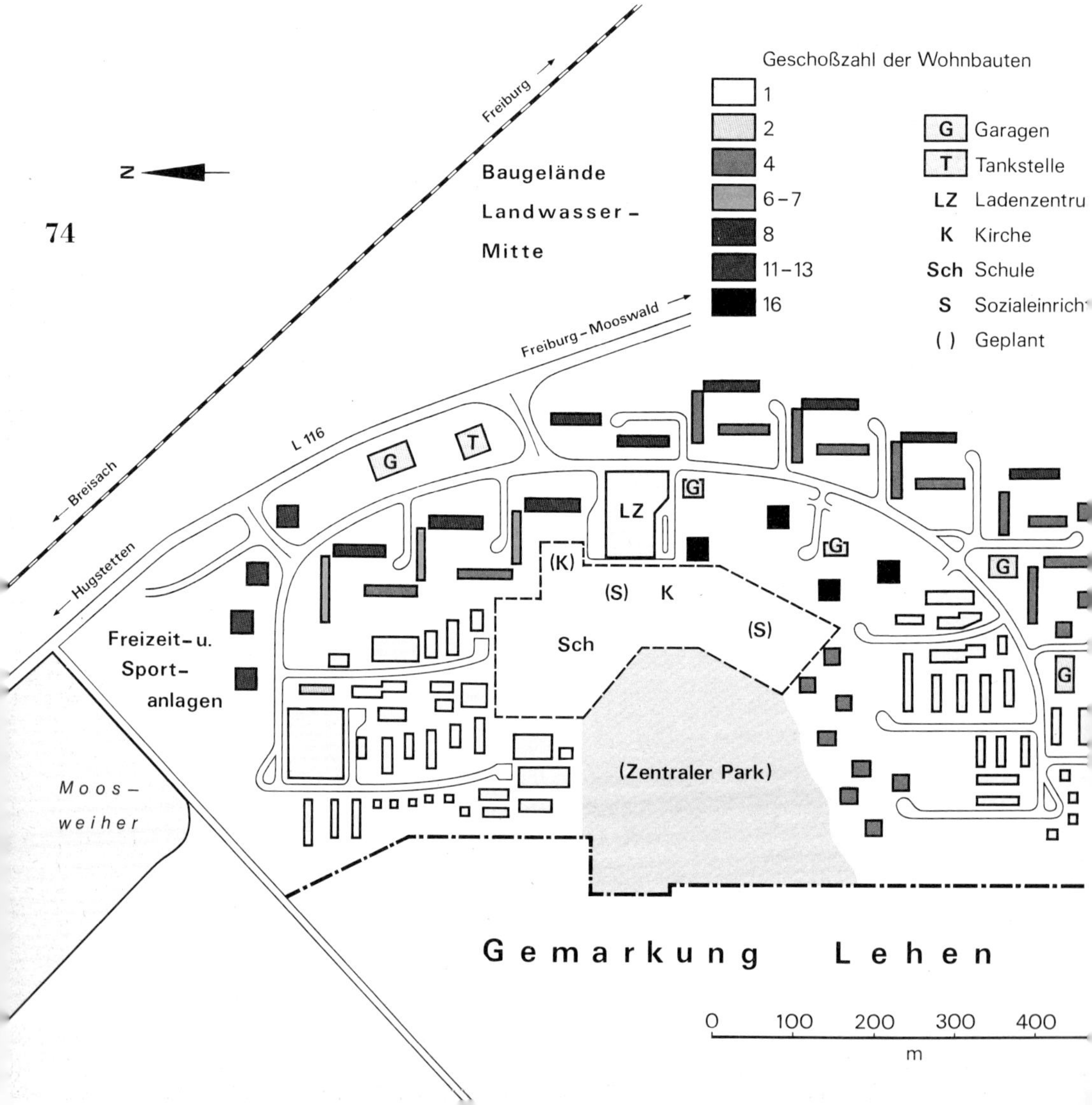

damit die Wohnseiten mit den Balkonen Nachmittags- und Abendsonne erhalten.
- Die Bebauung soll nicht eintönig sein; Gebäude von unterschiedlicher Höhe sollen der Siedlung ein abwechslungsreiches Profil geben; auch soll das ganze Viertel übersichtlich und offen erscheinen.

1 Betrachte den Plan und das Foto von Freiburg-Landwasser. Welche Vorstellungen der Planer sind verwirklicht worden?

2 Das Foto zeigt Freiburg-Landwasser zwischen zwei älteren Siedlungen: rechts oben die „Mooswaldsiedlung", im Vordergrund eine Siedlung der Nachbargemeinde Lehen. Ein interessanter Vergleich vom Siedlungsbau der fünfziger Jahre mit dem der sechziger Jahre. Beide früheren Siedlungen erschienen den Freiburger Planern nicht mehr vorbildlich. Welche Einwände werden sie gehabt haben?

3 Betrachte den Plan. Wie beurteilst du die Lage des Ladenzentrums und die der öffentlichen Einrichtungen?

Die Wohnsiedlung Freiburg-Landwasser 1971

□ Freiburg-Landwasser schien fortschrittlich und vernünftig geplant. Trotzdem machte die neue Siedlung den Stadtvätern bald ernste Sorgen. Die Äußerungen von Leuten aus Landwasser stammen aus dem Jahre 1968:

„Die Siedlung ist einfach häßlich; überall grauer Waschbeton, das geht auf die Nerven.“

„Hier wohnt keiner länger, als er muß. Wer kann, der zieht wieder weg.“

„Man weiß ja, daß in Landwasser die Kriminalität höher ist als in andern Stadtteilen, vor allem die Jugendkriminalität. Man fühlt sich hier nicht mehr sicher.“

„Jeder geht am andern vorbei. Es gibt nichts, was die Leute verbindet. Eigentlich kommt man nur hierher, um zu schlafen; Landwasser ist eine ausgesprochene Schlafstadt. Es gibt hier keine Arbeitsmöglichkeiten. Da ist viel fehlgeplant, und die Stadt hat auch ihre Versprechungen nicht gehalten. Auf den Parkplätzen versinken unsere Autos heute noch im Dreck.“

„Man denke: hier leben so viele Menschen wie in einer Kleinstadt, und es gibt nicht ein einziges gemütliches Restaurant! In das piekfeine Hotel, das sie da gebaut haben, mag man sich nicht setzen.“

Vier Jahre später schien Landwasser gerettet. 1973 galt es als angenehmes und nicht zu teures Wohngebiet. Die Bewohner waren aktiv geworden und hatten einen Bürgerverein gegründet, der die Mißstände beseitigen wollte. Ihm gelangen im Verein mit den Sozialplanern der Stadt entscheidende Veränderungen: Die Einkaufsmöglichkeiten wurden verbessert, zwei provisorische Kindergärten geschaffen, ein „Haus der Begegnung“ gebaut. Als besonders gelungen gilt auch das evangelische Gemeindezentrum, das einen Kindergarten, zwei Versammlungsräume und ein „Dialog-Café“ umfaßt. Ohne die Hilfe der Stadt hätte der Bürgerverein seine Ziele nicht erreicht. Aber auch umgekehrt gilt: Ohne die Initiative der Bürger hätte die Stadt ihre neue Siedlung nicht retten können.

4 Stelle zusammen, woran die Planer neuer Siedlungen denken müssen.

5 Vielen neuen Wohnvierteln wird vorgeworfen, sie seien einfallslos, seelenlos, langweilig, architektonisch und städtebaulich mißlungen, trotz grüner Rasenflächen und bunter Jalousien farblos, unpersönlich. Kennst du neuere Wohnsiedlungen? Wie beurteilst du ihr äußeres Bild?

6 Betrachte das Profil der Häusergruppe unten. Es stellt einen Teil der Frankfurter Nordweststadt dar. Worauf wurde hier Wert gelegt? Vergleiche damit die Profile älterer Siedlungen, die dir bekannt sind.

∞ **7** Zur Diskussion: „Städte werden produziert wie Automobile“ (Alexander Mitscherlich).

Verkehr in der Frankfurter Nordweststadt – Zeichnung eines Planers

Die „Erschließung" neuer Wohnviertel

Wohngebiete, in denen wir nicht von Autos gefährdet und belästigt werden, gefallen uns. Die Planer der Frankfurter Nordweststadt haben sich die Trennung von Auto- und Fußgängerverkehr so vorgestellt, wie es die Zeichnung oben zeigt.
Der Text zu diesem Bild lautet:
„Man kann von jedem beliebigen Punkt zu jedem beliebigen Punkt der Nordweststadt zu Fuß gehen, ohne mit einem Auto etwas zu tun zu haben. Hier spaziert man, hier ruht man aus, hier trifft man sich, die Kinder spielen, die Alten schwätzen. Durch die ganze Stadt."
Man kann natürlich die Autos nicht einfach aus einer neuen Siedlung verbannen. Die Aufgabe der Planer neuer Wohnviertel muß also heißen: Wie erreichen wir, daß die Bewohner mit ihren Autos zu ihren Wohnungen gelangen und daß die eigentlichen Wohngebiete trotzdem autofrei bleiben?

1 Die Stadtplaner kennen verschiedenartige Erschließungssysteme. Vergleiche und kommentiere die Abbildung ① und den Plan der Nordweststadt auf der nächsten Seite.

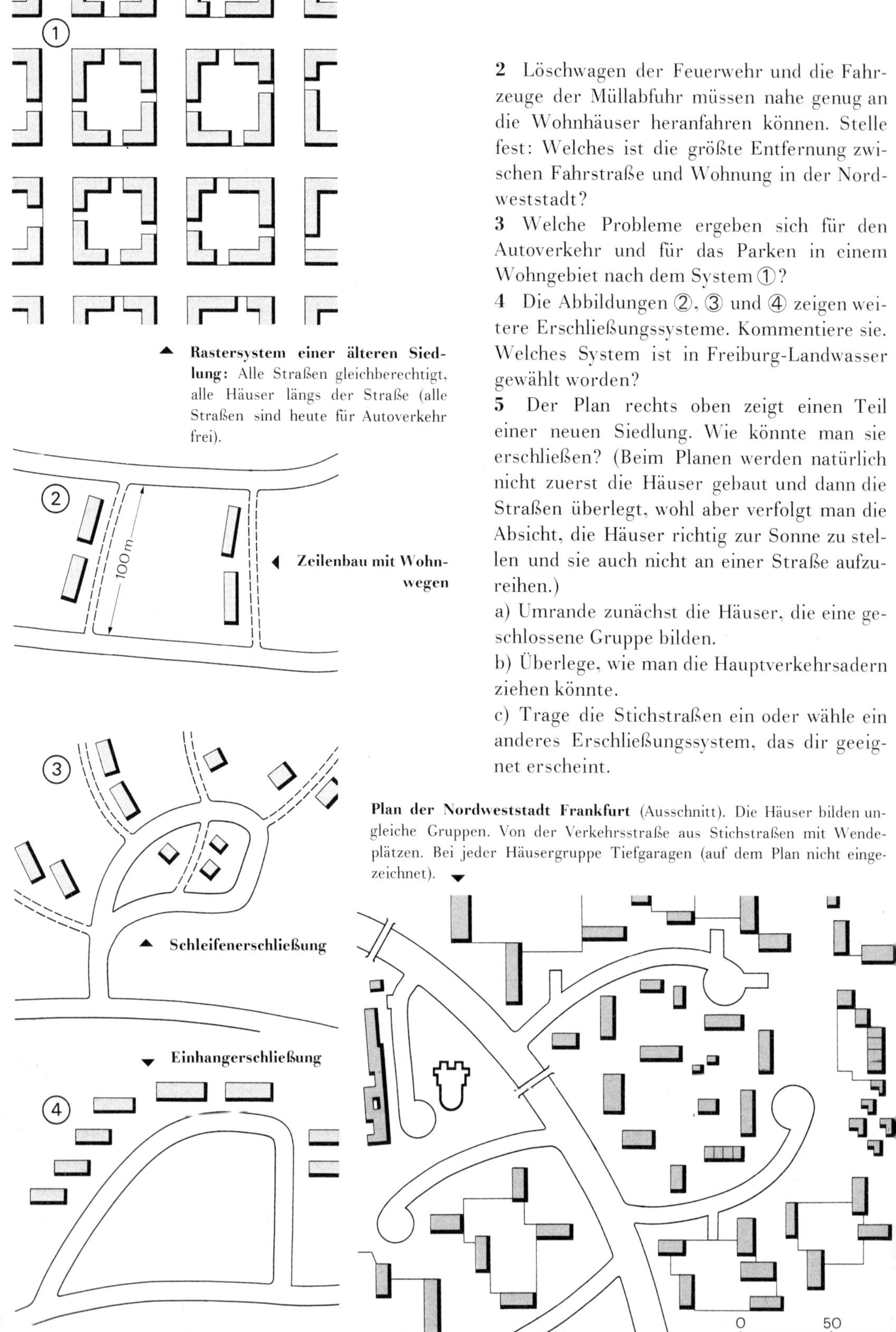

▲ **Rastersystem einer älteren Siedlung:** Alle Straßen gleichberechtigt, alle Häuser längs der Straße (alle Straßen sind heute für Autoverkehr frei).

◀ **Zeilenbau mit Wohnwegen**

▲ **Schleifenerschließung**

▼ **Einhangerschließung**

2 Löschwagen der Feuerwehr und die Fahrzeuge der Müllabfuhr müssen nahe genug an die Wohnhäuser heranfahren können. Stelle fest: Welches ist die größte Entfernung zwischen Fahrstraße und Wohnung in der Nordweststadt?

3 Welche Probleme ergeben sich für den Autoverkehr und für das Parken in einem Wohngebiet nach dem System ①?

4 Die Abbildungen ②, ③ und ④ zeigen weitere Erschließungssysteme. Kommentiere sie. Welches System ist in Freiburg-Landwasser gewählt worden?

5 Der Plan rechts oben zeigt einen Teil einer neuen Siedlung. Wie könnte man sie erschließen? (Beim Planen werden natürlich nicht zuerst die Häuser gebaut und dann die Straßen überlegt, wohl aber verfolgt man die Absicht, die Häuser richtig zur Sonne zu stellen und sie auch nicht an einer Straße aufzureihen.)

a) Umrande zunächst die Häuser, die eine geschlossene Gruppe bilden.

b) Überlege, wie man die Hauptverkehrsadern ziehen könnte.

c) Trage die Stichstraßen ein oder wähle ein anderes Erschließungssystem, das dir geeignet erscheint.

Plan der Nordweststadt Frankfurt (Ausschnitt). Die Häuser bilden ungleiche Gruppen. Von der Verkehrsstraße aus Stichstraßen mit Wendeplätzen. Bei jeder Häusergruppe Tiefgaragen (auf dem Plan nicht eingezeichnet). ▼

Beachte: Keine Wohnung soll mehr als 50 m von einer Autostraße entfernt sein; keine Autostraße soll in eine Häusergruppe hineinführen.

6 Entwirf selbst den Plan einer Wohnsiedlung, in der Auto- und Fußgängerverkehr getrennt sind.

7 Baut das Modell einer Wohnsiedlung, die mehrere Forderungen erfüllt:

- Die Häuser sollen überwiegend in nord-südlicher Richtung stehen, damit die Wohnräume Nachmittags- und Abendsonne erhalten.
- Die Häuser sollen unverwechselbare Gruppen bilden, möglichst mit abgestuftem baulichem Profil (vgl. Abb. 3 und die Zeichnung S. 76).
- Auto- und Fußgängerverkehr sollen getrennt sein.
- Alle Versorgungseinrichtungen für den täglichen Bedarf sollen vorhanden sein.
- Die Versorgungseinrichtungen sollen so liegen, daß niemand zu weite Wege zurücklegen muß.

Schüler bauen das Modell einer Wohnsiedlung

Modern und menschenwürdig wohnen

□ Die Gemeinden sind daran interessiert, daß in ihren neuen Wohngebieten eine hohe Wohndichte erzielt wird. Der einzelne hat auf der anderen Seite das Recht, menschenwürdig zu wohnen. Ob im Einfamilienhaus oder im Hochhaus – eine Wohnung muß bestimmten Anforderungen genügen.

Mit Hilfe des folgenden Fragenkatalogs kannst du die Qualität einer Wohnung, etwa eurer eigenen, beurteilen:

① Ist die Lage verkehrsgünstig? (Entfernung zu öffentlichen Verkehrsmitteln, zu Einkaufszentren, zu Arbeitsplätzen, Schulen, Erholungsgebieten)
② Ist die Lage gesund? (Nähe von Grünanlagen, Störgefahr durch Abgase, Rauch, Gerüche, Lärm, gute oder unzureichende Besonnung, Nebelhäufigkeit, Feuchtigkeit, Schutz gegen Winde)
③ Ist die Wohnung groß genug? (Die Ansprüche in der Bundesrepublik Deutschland steigen z. Z. von 25 auf 30 m^2/E.)
④ Ist die Wohnung eine abgeschlossene Einheit mit eigener Wohnungstür?
⑤ WC innerhalb der Wohnung?
⑥ WC und Bad getrennt? (Bei mehr als 2 Personen erwünscht, bei mehr als vier Personen notwendig.)
⑦ Dusche und Wannenbad vorhanden?
⑧ Schlafräume günstig besonnt? (Ost- oder Südostlage)
⑨ Ist ein Wohnbalkon von ausreichender Größe vorhanden? (Läßt sich ein Tisch stellen?)

⑩ Küchenbalkon vorhanden?
⑪ Speisekammer vorhanden?
⑫ Abstellraum in ausreichender Größe vorhanden?
⑬ Vorratskeller (kühl und trocken) vorhanden?
⑭ Sind alle Räume vom Flur aus zugänglich?
⑮ Ist die Wohnung gut isoliert? (Störungen durch Nachbarn)
⑯ Sind alle Räume beheizbar?
⑰ Zentralheizung?
⑱ Aufzug vorhanden? (Bei mehr als vier Stockwerken erforderlich.)
⑲ Müllschlucker vorhanden? (Erforderlich bei Wohnungen, die mehr als vier Stockwerke hoch liegen; wirksamer Geruchverschluß wichtig.)
⑳ Sind die Bodenbeläge hygienisch, pflegeleicht, wohnlich?
㉑ Küche und Bad gekachelt?
㉒ Küche zweckmäßig? (Einbauküche, kurze Arbeitswege, aber genügend Platz für Kühlschrank, Geschirrspülmaschine, Herd, Arbeitsfläche; gute Entlüftung)
㉓ Doppelfenster?
㉔ Wasser- und Energieversorgung vollständig? (Lichtstrom, Kraftstrom, Gas, Wasser, Warmwasser)
㉕ Fernsprechanschluß vorhanden?
㉖ Einbauschränke vorhanden?
㉗ Wandbekleidung befriedigend? (Qualität der Tapeten, Zustand des Anstrichs)
㉘ Waschküche und Wäschetrockenplatz vorhanden?
㉙ Garage und Kfz-Abstellplatz im Freien vorhanden?
㉚ Teppichklopfgelegenheit?

31 Sind die Mülltonnen hygienisch, der Sicht entzogen und gut erreichbar untergebracht?

32 Hobbyraum vorhanden? (Für lärmerzeugende Arbeit ohne Störung der Mitbewohner.)

33 Kinderspielplatz vorhanden?

Der Weg zur Schule oder zum Einkauf

1 Nicht alle 33 Fragen an eine Wohnung sind von gleicher Bedeutung. Welche Anforderungen würdest du unbedingt an eine Wohnung stellen? Worauf würdest du unter Umständen verzichten?

2 Im Jahre 1973 lebten zwei Drittel der Bundesbürger in unbefriedigenden Wohnungen; fünf Millionen Wohnungen waren ohne Bad, ohne Zentralheizung, z. T. sogar ohne Innentoilette.
Wäre es möglich, eine entsprechende Untersuchung in deinem Wohnviertel bzw. in deinem Wohnort durchzuführen?

3 Sind Wohnungen weit von den Arbeitsplätzen entfernt, so entstehen nicht nur für den einzelnen Wohnungsinhaber, sondern auch für die Allgemeinheit Nachteile. Nenne mehrere solcher Nachteile.

4 Bei welchem Wohnungsbautyp vergrößern sich die Entfernungen zwischen Wohnungen und Arbeitsplätzen in besonderem Maße?

5 Entfernungen wichtiger Einrichtungen von der Wohnung: Versuche, für deine Wohnung in einem Schema darzustellen, wie weit die für dich und deine Familie wichtigen Einrichtungen entfernt sind.

Beispiel :

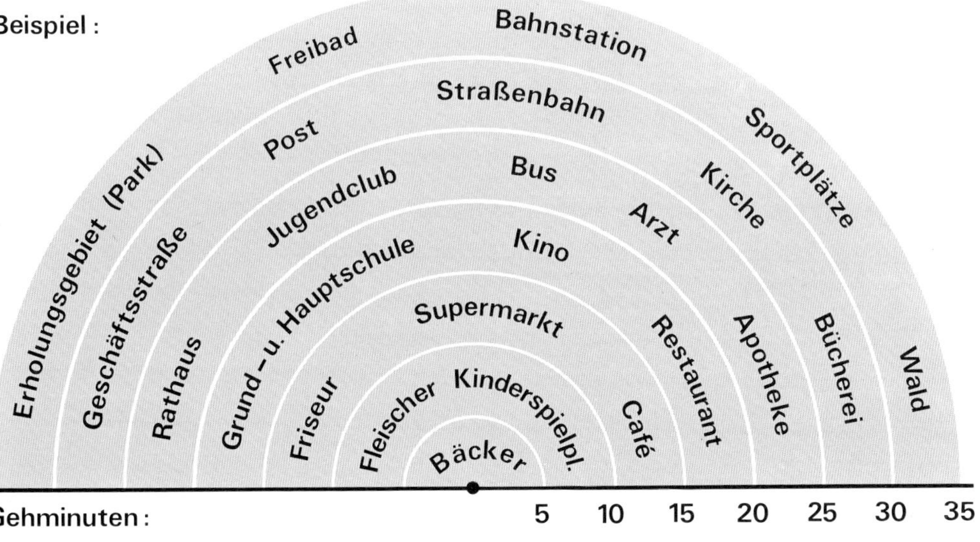

„Tingbjerg", ein Wohnviertel in Kopenhagen

□ Die Stadtplaner geben bei der Anlage neuer Wohnviertel nicht überall den gleichen Problemen Vorrang. In diesem Kapitel wird am Beispiel einer Wohnsiedlung in Kopenhagen dargestellt, worauf es den Verantwortlichen einer Stadt, außer z. B. auf eine hohe Wohndichte, auch noch ankommen kann und muß.

Dänemarks Hauptstadt ist 800 Jahre alt, aber erst in den letzten hundert Jahren ist sie stürmisch gewachsen. In den älteren Stadtteilen sind viele Wohnungen sanierungsbedürftig, viele Häuser sind abbruchreif geworden. Zahlreiche Bewohner drängen aus diesen Vierteln heraus und suchen menschenwürdigere Wohnungen.

Die neu entstehenden Wohnviertel strecken sich wie die fünf Finger einer Hand in die Umgebung der Stadt. Gleich Adern durchziehen Schnellstraßen und S-Bahnlinien diese Finger. Die jeweils 10000–20000 Einwohner der neuen Stadtteile gelangen schnell und leicht ins Zentrum Kopenhagens.

In einem dieser fünf „Finger" liegt Tingbjerg. Alle Häuser dieses Wohnviertels sind dreigeschossig und so angeordnet, daß sie eine Reihe von Rechtecken mit großen grünen Innenhöfen bilden. Von jedem Haus führen Ausgänge unmittelbar zu Spielplätzen. Das ganze Viertel wirkt sehr einheitlich: Alle Bauten in gelbem Backstein, alle Dächer mit der gleichen Neigung. Die Grenzstraße im Westen heißt Langhusvej (Langhausstraße) nicht zu Unrecht; denn hier steht ein Gebäude von 300 m Länge. Es besitzt weder Stufen noch Schwellen. Alle Türen sind so breit, daß sie einen Rollstuhl durchlassen. Hier können Menschen wohnen, die gehbehindert sind. Küchenschränke, Spülen, Herde sind so niedrig, daß sie vom Rollstuhl aus bedient werden können. In Tingbjerg sind Menschen, die bisher auf Pflegepersonal angewiesen waren, wieder weitgehend selbständig geworden. Hier wurde das Planen von Wohnungen nicht einseitig durch Profitstreben bestimmt; im Vordergrund stand das Wohlergehen der Menschen.

Das zeigt sich auch bei einigen anderen Bauten: Es gibt eine Wohnanlage mit einem Heim für milieugeschädigte Jugendliche. Der Leiter des Heimes: „Wir sind hier eine Jugendpension und haben 18 Einwohner: neun Mädchen und neun Jungen. Wir leben in einem norma-

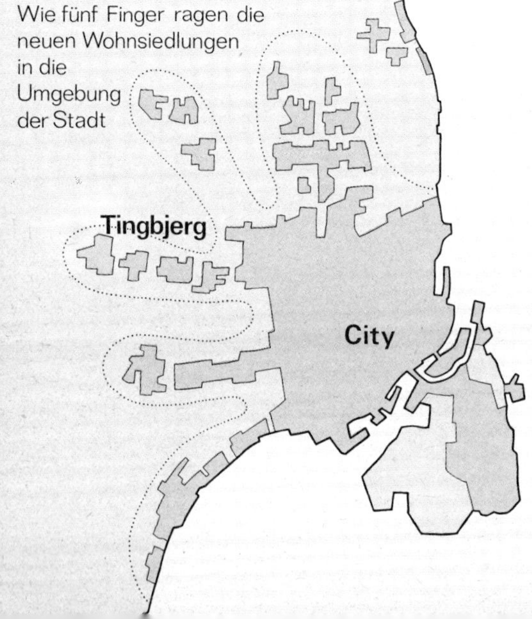
Wie fünf Finger ragen die neuen Wohnsiedlungen in die Umgebung der Stadt
Tingbjerg
City

Schule in Tingbjerg

len Wohngebiet, und das ist sehr praktisch, weil wir versuchen, die Jugendlichen in die Gesellschaft zu integrieren. Sie haben verschiedene Probleme, sind meistens milieugeschädigt. Sie haben ein bißchen zu tun mit Drogen und ein bißchen mit Kriminalität" (13). Jeder Heimbewohner hat sein Zimmer. Für Kost und Unterkunft zahlt er monatlich etwa 300 DM. Schüler wohnen kostenfrei. Räume für Freizeitgestaltung gibt es im Heim nicht, damit sich die Jugendlichen nicht abkapseln. Sie sollen die Möglichkeiten wahrnehmen, die Tingbjerg für alle bietet. Der Erfolg scheint den Planern recht zu geben: 80% der Jugendlichen werden im Laufe von etwa zwei Jahren resozialisiert.

Das Altenwohnheim von Tingbjerg mit seinen freundlichen, komfortablen Wohnungen liegt mitten in der Siedlung. So fühlen sich die Bewohner vom normalen Leben nicht ausgeschlossen. Sie zahlen für zwei Zimmer, Küche und Bad monatlich rund 150 DM, ein Viertel der dänischen Durchschnittsrente. Zwischen jeweils zwei Altenheimen liegen Kindergärten, damit die älteren Leute den Kindern beim Spielen zuschauen können.

Im Mittelpunkt Tingbjergs liegt die Schule. Sie ist zugleich ein Zentrum der Begegnung für Erwachsene. In einer Halle finden Veranstaltungen statt. Die meisten Klassenräume dienen nach Schulschluß Freizeitbeschäftigungen und verschiedenen Klubaktivitäten.

Tingbjerg bietet seinen Bewohnern mehr als 50 Möglichkeiten zur Freizeitgestaltung an. Im Go-Cart-Club können sich Jugendliche selbst ihre „heißen Räder" zusammenbauen. Es gibt Werkstätten, Bastelräume für den Bau von Segelbooten, Kajaks und Modellbahnen, Theaterräume und eine Clubzeitung.

Bemerkenswert ist der Bauspielplatz für Tingbjergs Kinder. Hier kann man Tiere pflegen, Sport treiben, spielen und toben, eigene Hütten und Häuser bauen. Besonders beliebt sind eine ausrangierte Lok und ein nachgebautes Wikingerschiff. Ständiger Hochbetrieb herrscht im Pferdestall. Es kam schon vor, daß Kinder hier übernachteten.

1 Welche Ideen der Kopenhagener Städteplaner hältst du für besonders glücklich?

2 Bist du der Meinung, daß sich einiges davon auch in deiner Gemeinde verwirklichen ließe?

3 Wo würdest du lieber wohnen, in einer neuen Wohnsiedlung wie Tingbjerg oder in einer gleichwertigen Wohnung im Stadtzentrum?

Der Bauspielplatz

Kinder mit ihren Pferden

Modell neuer Wohnanlagen ▲▼

Terrassenhäuser und komfortable Bungalows bestehen bei diesem Entwurf aus den gleichen, fabrikmäßig hergestellten Einzelelementen. Der Architekt Brandi erhielt vor 500 Mitbewerbern aus allen europäischen Ländern den ersten Preis in einem Wettbewerb, den die Montanunion im Jahre 1964 veranstaltete. Bedingungen waren: Alle Bauelemente müssen fabrikmäßig in großer Serie hergestellt werden und von ungelernten Kräften an jeder Baustelle montiert werden können. Der künftige Bewohner muß die Elemente so einteilen können, wie er es für wünschenswert hält.

Wie werden wir in Zukunft wohnen?

Wir leben in einer Zeit rascher Entwicklungen. Läßt sich trotzdem voraussagen, wie der Mensch in einer nicht allzu fernen Zukunft, etwa im Jahre 2000, wohnen wird?
Einige Faktoren, die Wohnen und Bauen mitbestimmen werden, sind uns bekannt. Wenn wir sie berücksichtigen, werden wir folgende Voraussagen machen können:

– 1970 gab es auf der Erde rund 3,5 Milliarden Menschen. Bis zum Jahre 2000 wird sich diese Zahl verdoppelt haben. Die Bevölkerung wird allerdings nicht in allen Ländern in gleichem Maße zunehmen.

Bevölkerungsentwicklung (in Mio.)

Land	1970	2000	Land	1970	2000
BR Deutschland	61	74	Mexiko	62	135
DDR	17	19	Venezuela	12	26
Großbritannien	56	70	USA	215	336
Schweden	8	9	China	823	1083
UdSSR	257	353	Indien	610	981
Argentinien	26	35	Australien mit Ozeanien	22	32
Brasilien	109	216			

– Wenn der Wohlstand in den Industrieländern weiterhin zunimmt, werden die Menschen auch immer höhere Ansprüche an den Wohnkomfort stellen.
– Die Mobilität der Bevölkerung wird ständig wachsen; d. h. immer mehr Menschen werden ihren Wohnsitz nach relativ kurzer Zeit wechseln.
– In steigendem Maße werden Fabriken fertige Häuser und komplette Wohnungen liefern. Um die Herstellungskosten niedrig zu halten, werden sie ihre Produkte normen. Wie kann man mit genormten Elementen – etwa mit Tausenden absolut gleichen Wohnzellen – abwechslungsreich bauen und dem persönlichen Geschmack des einzelnen gerecht werden?
– Vor allem aber gilt: Je mehr die Industrialisierung zunimmt, desto stärker wird das Bedürfnis der Menschen, die persönliche Eigenart zu retten, der Gleichförmigkeit und der Vermassung zu entgehen. Trotz unvermeidlicher Massenfabrikation und Technisierung wollen wir humaner wohnen.

1 Überlege: In welcher Weise wird das Anwachsen der Bevölkerung, wie es sich von unserer Tabelle ablesen läßt, die Entscheidungsfreiheit des einzelnen beim Bauen einschränken?
2 Zur Diskussion über die Folgen der Mobilität: Wer nur kurze Zeit an einem Ort zu leben gedenkt, hat zu seiner Wohnung ein ganz anderes Verhältnis als derjenige, der seine Wohnung oder sein Haus noch seinen Kindern vererben möchte.
3 Betrachte die Abbildungen dieses Kapitels: Welche der Forderungen, die in der Zukunft gestellt werden, versuchen die Architekten hier schon zu erfüllen?
4 Entsprechen die Zukunftsmodelle deinem Schönheitsempfinden? Glaubst du, dich in einer dieser Konstruktionen wohlfühlen zu können?

Im Jahre 1972 veranstaltete die Illustrierte STERN zusammen mit der Bundesregierung einen Wettbewerb. Aufgabe: Aus vorfabrizierten Elementen sollten unterschiedliche Haustypen gebaut werden. Die Abbildungen der beiden nächsten Seiten stellen einige der eingereichten Vorschläge dar, die verwirklicht werden.

Bonn. Vorgefertigte Raumzellen (Länge: 10,5 m, Breite: 3,6 m, Höhe: 2,5 m) werden mit einem Kran aufeinandergestapelt. Gerüste sind nicht nötig. Die Betonzellen sind bis 40 Tonnen schwer.

Nürnberg. Ein sternförmiges Haus mit 120 Wohnungen, die alle so gegeneinander abgeschirmt sind, daß niemand den Nachbarn stört. Bauelemente: Rahmen und Deckenplatten.

Hannover. Wegwerfwände und Wandelwohnungen: Die oberen Wohnungen sind im Modell aufgeschnitten. Fast alle Wände sind versetzbar. Zu jeder Wohnung gehört eine große Terrasse mit Sonnensegel.

Ein Modell, das wir heute noch als phantastisch empfinden: die **Wohnbäume** der Stuttgarter Architekten Wilfried Beck-Erlang und Hans Lünz. Sie sollen ein Stadtleben über den verschmutzten Luftschichten ermöglichen und dazu Geborgenheit, Ruhe und Kontaktmöglichkeiten bieten.

Darf Herr Becker dieses Haus auf diesem Grundstück bauen?

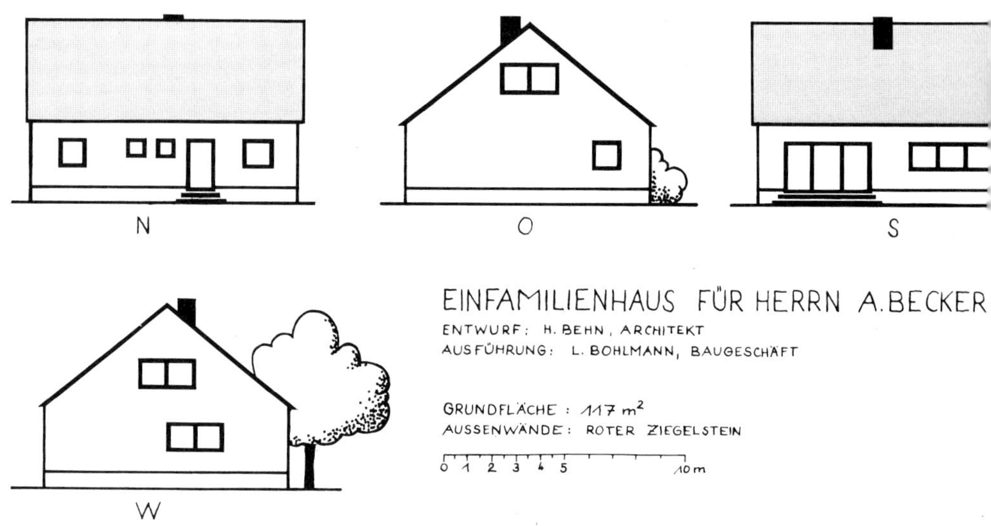

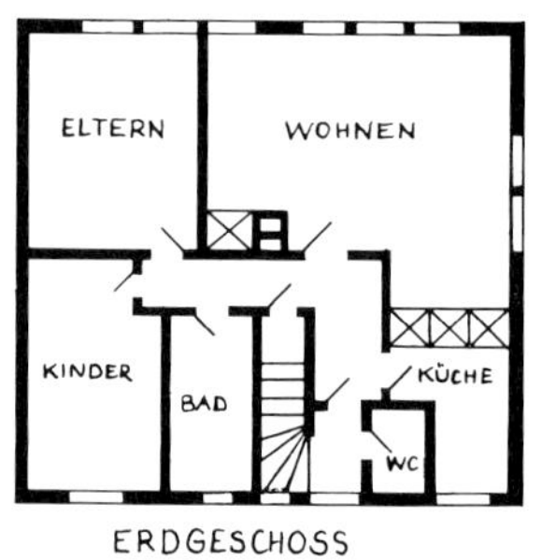

□ Herr Becker hat am Rande der kleinen Stadt ein Grundstück erworben. Er möchte dort ein Einfamilienhaus bauen. Er hat auch schon ganz bestimmte Vorstellungen, wie sein Häuschen aussehen soll. Der Architekt hat einen Vorentwurf gezeichnet (oben).
Doch Vorsicht: Man darf nicht einfach so bauen, wie es einem Spaß macht. Man muß sich nach dem Bebauungsplan richten. Auf dem Stadtbauamt läßt Herr Becker sich den Bebauungsplan für das Baugebiet vorlegen, in dem sein Grundstück liegt (rechts).
1 Darf Herr Becker dieses Haus auf diesem Grundstück bauen? Überprüfe das Bauvorhaben. Das geht nicht ohne Fachkenntnisse. Die müßt ihr euch in dem folgenden Kapitel „Bauvorschriften“ erst erarbeiten.

Anlage zum Bebauungsplan „Am Mühlenberg":

a) Im Baugebiet „Am Mühlenberg" sind nur einzeln stehende Wohnhäuser mit Flachdach oder Satteldach bis zu 30° Dachneigung zulässig.

b) Die Außenwände sind zu verputzen und hell zu streichen.

c) Die Grundstücke sollen mit Hecken umgeben werden (zur Straße mit einer Höhe von maximal 0,60 m, zwischen den Grundstücken maximal 0,80 m).

d) Der Bau von Garagen ist auf den Wohnparzellen nicht zugelassen. Es sind die ausgewiesenen öffentlichen Parkplätze oder die Mietgaragen zu benutzen.

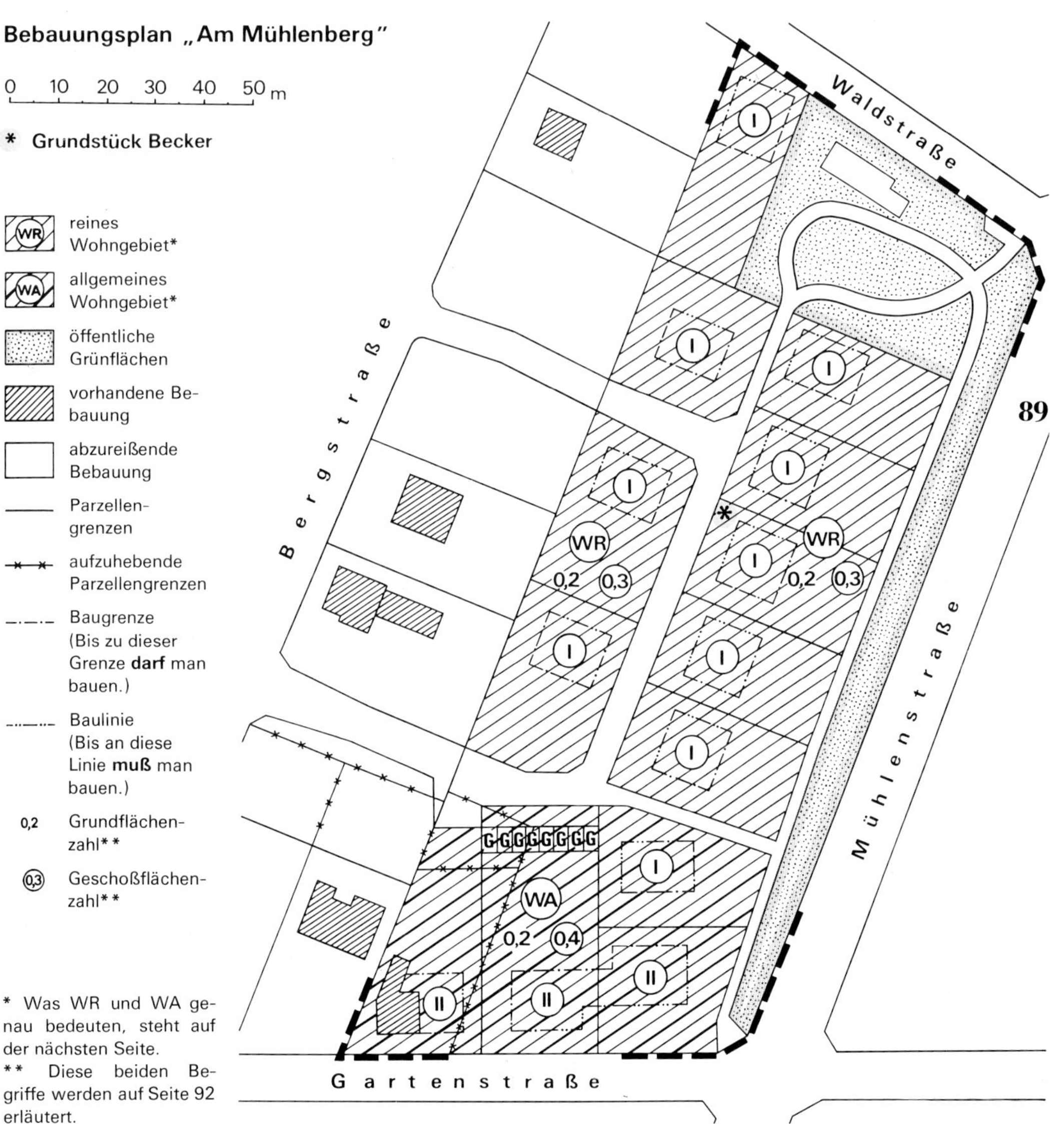

Bauvorschriften

Aus der Baunutzungsverordnung:

Art der baulichen Nutzung			Maß der baulichen Nutzung		
BAUFLÄCHEN (IM FLÄCHENNUTZUNGSPLAN)	BAUGEBIETE (IM BEBAUUNGSPLAN)	ZULÄSSIGE BEBAUUNG	VOLLGESCHOSSE (Z)	GRUNDFLÄCHENZAHL (GRZ)	GESCHOSSFL.-ZAHL (GFZ)
W WOHNBAUFLÄCHEN	(WS) KLEINSIEDLUNGSGEBIET	Vorwiegend Kleinsiedlung, landwirtschaftliche Nebenerwerbsstellen	1 2	0,2 0,2	0,3 0,4
	(WR) REINES WOHNGEBIET	Wohngebäude Ausnahmsweise: Läden, nicht störende Handwerksbetriebe	ATRIUMHAUS 1 1 2 3 4 u. 5 6 u. mehr	0,6 0,4 0,4 0,4 0,4 0,4	0,6 0,5 0,8 1,0 1,1 1,2
	(WA) ALLGEMEINES WOHNGEBIET	Wohngebäude, Läden, Schank-Speisewirtschaften, kirchliche, kulturelle, soziale und gesundheitliche Anlagen			
M GEMISCHTE BAUFLÄCHEN	(MD) DORFGEBIET	Land- u. Forstw.-Betriebe, Kleinsiedl., Verarbeitungsbetriebe, Einzelhandel, Wirtschaften, Handwerksbetriebe, nicht störende Gewerbebetriebe, kirchliche, kulturelle und soziale Einrichtungen, Gärtnereien, Tankstellen	1 2 u. mehr	0,4 0,4	0,4 0,8
	(MI) MISCHGEBIET	Wohngebäude, Geschäfts- u. Bürogebäude, Einzelhandel, Wirtschaften, nicht störendes Gewerbe, Verwaltung, Kirche usw. Gärtnereien, Tankstellen	Wie WR und WA		
	(MK) KERNGEBIET	Geschäfts-, Büro- u. Verwaltungsgeb., Einzelhandel, Wirtschaften, Beherbergung, Vergnügungsstätten, nicht störendes Gewerbe, Kirche, Kultur usw., Tankstellen, im Zusammenhang mit Parkhäusern u. Großgar., Wohnungen für Bereitschaft	1 2 3 4 u.5 6 u. mehr	1,0 1,0 1,0 1,0 1,0	1,0 1,6 2,0 2,2 2,4
G GEWERBLICHE BAUFLÄCHEN	(GE) GEWERBEGEBIET	Gewerbe, nicht erheblich belästigend, Geschäfts-, Büro- und Verwaltungsgebäude, Tankstellen, Ausnahmsweise: Wohnungen für Betriebsangehörige	1 2 3 4 u. 5 6 u. mehr	0,8 0,8 0,8 0,8 0,8	1,0 1,6 2,0 2,2 2,4
	(GI) INDUSTRIEGEBIET	Industriebetriebe, Tankstellen Ausnahmsweise: Wohnungen für Betriebspersonal		0,8	Baumassenzahl (BMZ): 9,0 (d. h. 9,0 m³ Baumasse je m² Grundstücksfläche
S SONDERBAUFLÄCHEN	(SW) WOCHENENDHAUSGEBIET	Wochenendhäuser als Einzelhäuser	1	0,2	0,2
	(SO) SONDERGEBIET	Gebiete mit besonderer Zweckbestimmung, wie Hochschul-, Klinik-, Kur-, Hafen- oder Ladengebiete, Einkaufszentren u. Verbrauchermärkte außerhalb von Kerngebieten			

Weitere Zeichen, die für Bebauungs- und Flächennutzungspläne vorgeschrieben sind (Planzeichenverordnung):

I, II, III ... Zahl der Vollgeschosse (Höchstgrenze)

(I) (II) (III) zwingend vorgeschriebene Zahl der Vollgeschosse

0,2; 0,4 Grundflächenzahl (GRZ)

(0,4) (0,7) Geschoßflächenzahl (GFZ)

[5,0] Baumassenzahl (BMZ)

o offene Bauweise

nur Einzel- oder Doppelhäuser

nur Hausgruppen

g geschlossene Bauweise

Baulinie (An dieser Linie muß man bauen.)

Baugrenze (Diese Grenze darf nicht überschritten werden.)

Flächen für den Gemeinbedarf

meist in Verbindung mit einem der folgenden Symbole:

Verwaltungsgebäude

Schule

Krankenhaus

Theater

Post

Kirche

Kindergarten

F Feuerwehr

Grünflächen

meist in Verbindung mit den folgenden Zeichen:

Parkanlage

Zeltplatz

Badeplatz

Friedhof

Dauerkleingärten

Sportplatz

Spielplatz

Wasserflächen, Häfen

Flächen für die Landwirtschaft

Flächen für die Forstwirtschaft

(N) Naturschutzgebiete

(L) Landschaftsschutzgebiete

Grenze des Planbereiches

Autobahnen, Schnellstraßen

sonstige Hauptverkehrsstraßen

P öffentliche Parkflächen

Flächen für Bahnanlagen

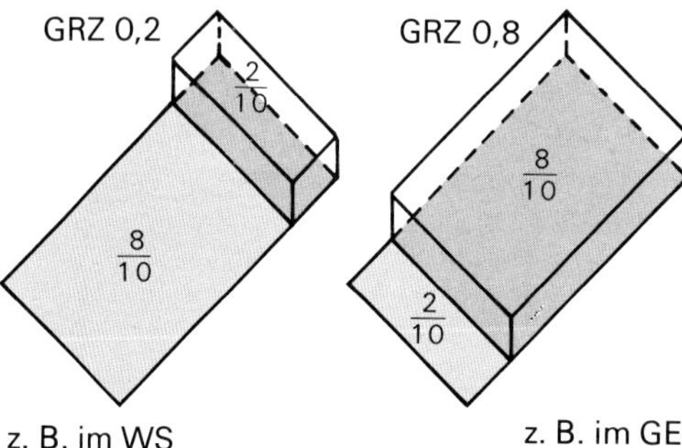

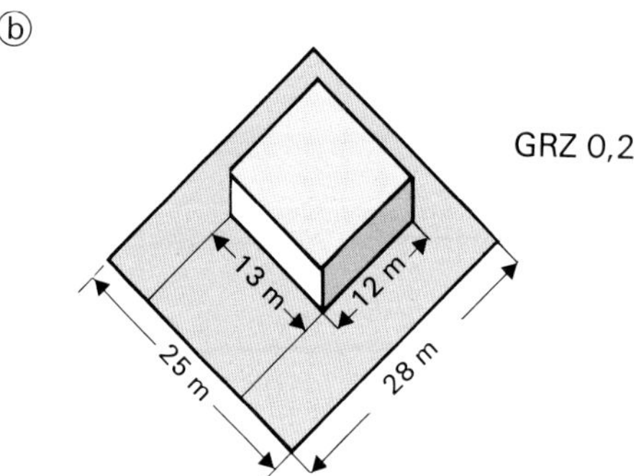

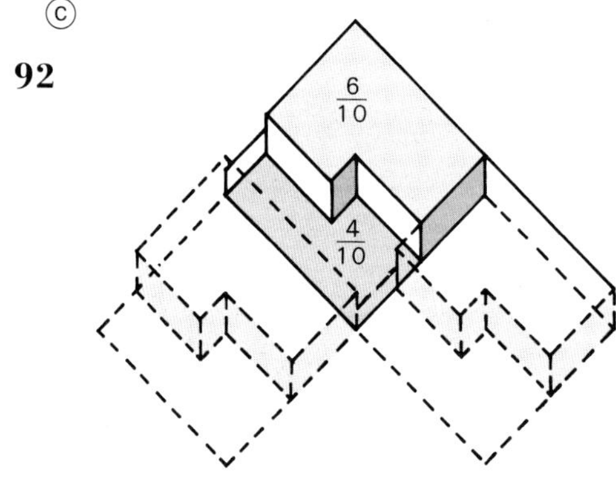

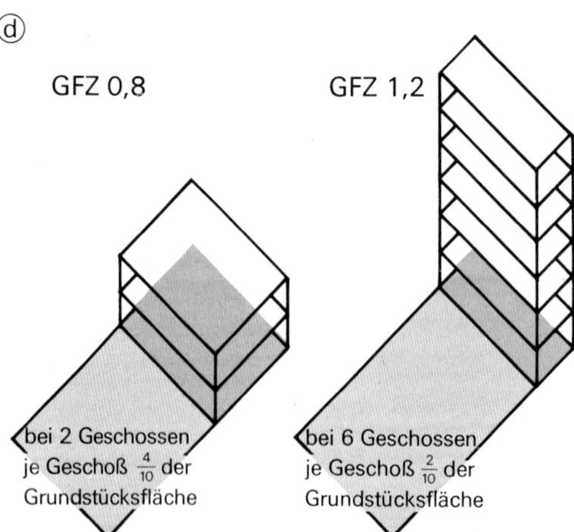

□ Grundflächenzahl und Geschoßflächenzahl

„Die **Grundflächenzahl** gibt an, wieviel Quadratmeter Hausgrundfläche je Quadratmeter Grundstücksfläche zulässig sind" (§ 19,1 Baunutzungsverordnung). Beispiel: Die Grundflächenzahl (GRZ) 0,2 bedeutet, daß 2/10 oder das 0,2fache des Grundstücks durch Gebäude überdeckt sein darf. Hat das Grundstück eine Fläche von 700 m², so ist die höchstzulässige Grundfläche eines Gebäudes $0{,}2 \times 700\ m^2 = 140\ m^2$.

1 Berechne die höchstzulässige Grundfläche:

Größe des Grundstücks	GRZ	zulässige Grundfläche
800 m²	0,3	?
500 m²	0,2	?
650 m²	0,4	?

2 Darf das Bauvorhaben, das in Abb. b dargestellt ist, verwirklicht werden?

3 In allgemeinen und reinen Wohngebieten darf eine GRZ von 0,4 nicht überschritten werden. Eine Ausnahme sind Baugebiete für Atrium- oder Gartenhofhäuser. Hier dürfen zugunsten einer stärkeren Verdichtung bis zu 60% einer Grundstücksfläche durch Gebäude überdeckt werden (GRZ 0,6). Suche in der Tabelle auf der ersten Seite des Kapitels „Bauvorschriften" nach Baugebieten mit hohen und niedrigen Grundflächenzahlen. Begründe die Unterschiede.

„Die **Geschoßflächenzahl** gibt an, wieviel Quadratmeter Geschoßfläche je Quadratmeter Grundstücksfläche zulässig sind" (§ 20,1 Baunutzungsverordnung). Beispiel: Bei 800 m² Grundstücksfläche erlaubt die Geschoßflächenzahl (GFZ) 0,3 eine Geschoßfläche von $0{,}3 \times 800\ m^2 = 240\ m^2$. Bei zweigeschossiger Bauweise dürfte damit jedes Geschoß 120 m² groß sein.

4 Welche Fläche darf ein Geschoß eines viergeschossigen Hauses auf einem 1000 m² großen Grundstück haben, wenn die GFZ 1,1 beträgt?

Zwei Bebauungspläne

Auf dieser und den folgenden beiden Seiten kannst du dich im Lesen von Bebauungsplänen üben.

1 In welchen Teilbereichen des unten dargestellten Baugebietes dürfen die Gebäudetypen a–d gebaut werden?

2 Trotz ihrer unterschiedlichen Gestalt haben die Gebäude alle die gleiche Bestimmung: Es sind Wohngebäude. Es fällt jedoch auf, daß einer der vier Haustypen in diesem Baugebiet nicht erlaubt ist. Welcher? Welche Gründe mag das haben? (Vgl. das Kapitel „Verschwenden wir Bauland?“ S. 72/73.)

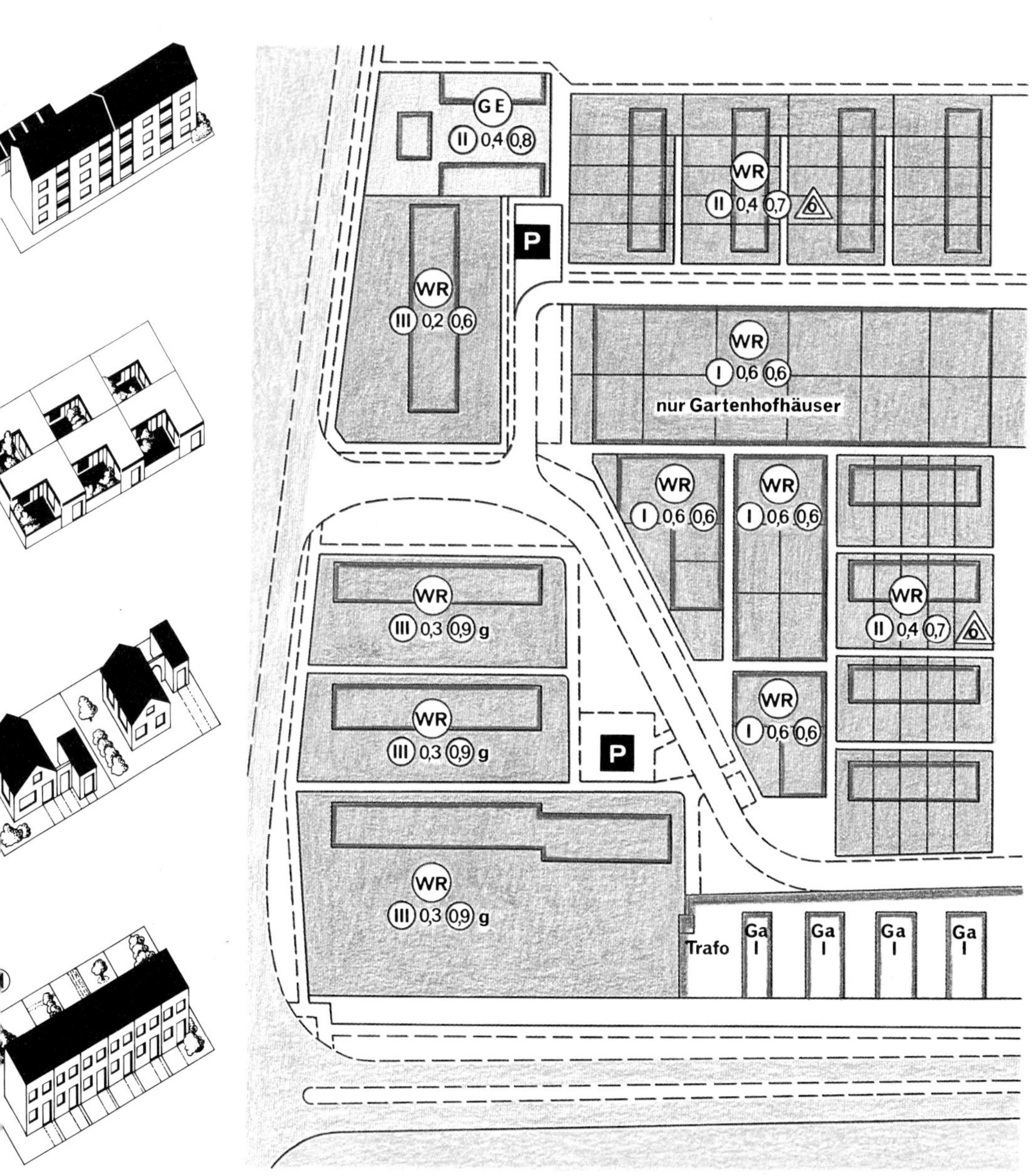

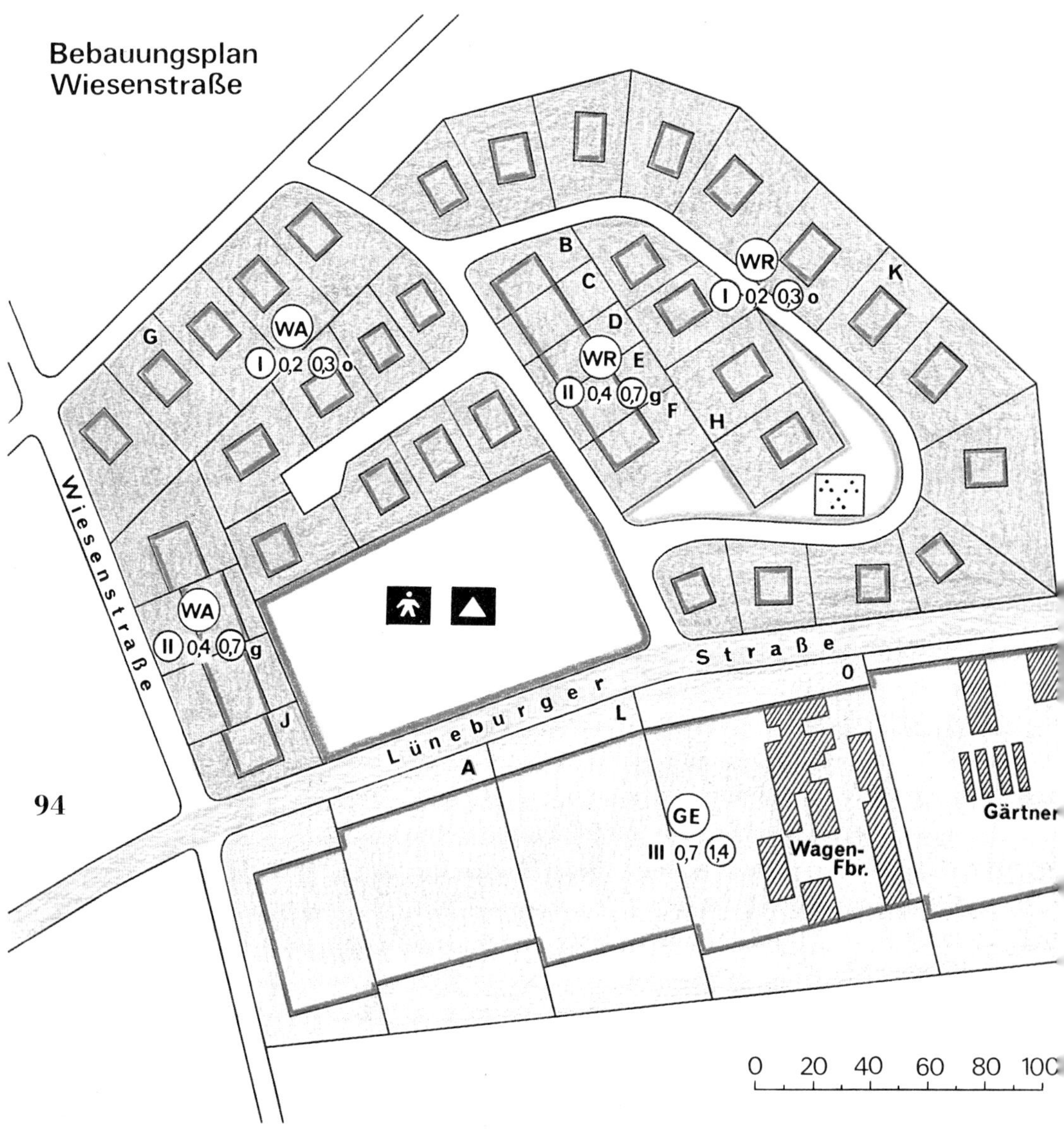

Aus der Anlage zum Bebauungsplan „Wiesenstraße“:
„Dachform und Dachneigung:
Im Gewerbegebiet sind nur Flachdächer zulässig. Im allgemeinen und reinen Wohngebiet sind Flachdächer und Satteldächer von 28° bis 48° zulässig.
Außenwände:
Im gesamten Planungsbereich sind nur helle Anstriche oder helle Ziegelverblendungen zu verwenden.
Einfriedigungen:
Im reinen und allgemeinen Wohngebiet sind Hecken oder Holzzäune bis maximal 0,60 m Höhe erlaubt.“

3 Überprüfe die folgenden Bauvorhaben anhand des Bebauungsplanes Wiesenstraße auf der Seite links:

a) Die Möbelgroßhandlung Niemeyer u. Co. besitzt das Grundstück A an der Lüneburger Straße. Hier sollen zwei eingeschossige Lagerhallen von je 1500 m² Grundfläche und ein zweigeschossiges Verwaltungsgebäude von 200 m² Grundfläche entstehen (Zeichnung 1).

b) Bauunternehmer Hahlbohm hat die Parzellen B bis F erworben. Er plant hier eine Reihenhauszeile für 10 Familien (Betonskelettbauweise mit rotem Ziegelstein; Satteldach mit 18° Dachneigung). Es sollen 2 Vollgeschosse ausgebaut werden (Grundriß Zeichnung 2).

c) Herr Rasche, der Eigentümer des Grundstücks G, möchte ein zweigeschossiges Wohnhaus mit Gastwirtschaft errichten (Grundfläche 130 m², Außenwand verputzt und weiß gestrichen).

d) Grundstück H gehört dem Ehepaar Hansen. Das Wohnhaus, das Herr und Frau Hansen hier bauen wollen, siehst du in Zeichnung 3. Im Dachgeschoß werden 60 m² ausgebaut. Vorgesehene Außenwandverkleidung: hellgelber Ziegelstein.

e) Firma Horn will auf dem Eckgrundstück I eine Tankstelle bauen.

f) Kaufmann Berger besitzt in einem anderen Stadtteil ein Lebensmittelgeschäft. Er möchte nun hier in dem neuen Baugebiet eine Filiale einrichten. In welchen Teilbereichen des Baugebietes wäre das zulässig?

g) Frau Bürkle, Eigentümerin der Parzelle K, plant den Bau eines Einfamilienhauses. Welche Grundfläche darf ihr Haus nicht überschreiten?

h) Die Nordchemie AG will das Grundstück L erwerben, um hier eine chemische Fabrik zu errichten.

i) Die Parzelle 0 gehört einer schon länger dort ansässigen Kfz-Werkstatt. Die Firma will westlich der Werkhallen ein Zweifamilienhaus für Firmenangehörige bauen lassen.

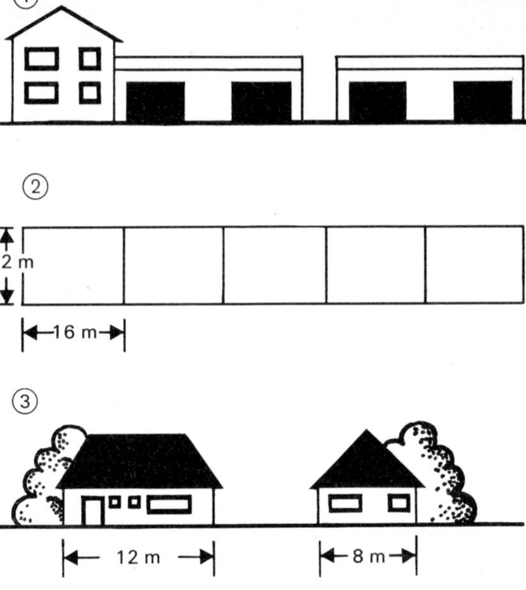

Aus der Anlage zu einem Bebauungsplan (Gestaltungssatzung)

§ 3 Nebengebäude, Garagen, Park- und Einstellplätze und Außenanlagen

(1) Nebengebäude (auch Garagen) haben sich den Hauptgebäuden in Material und Farbgebung anzupassen und sich in ihren Maßen diesen unterzuordnen.

(2) Für Garagen mit Pultdach wird eine Dachneigung von 5% vorgeschrieben. Werden Rampen als Teile der Zu- und Abfahrten von Einstellplätzen und Garagen vorgesehen, so muß zwischen der öffentlichen Verkehrsfläche und der Rampe eine horizontale Fläche verbleiben, deren Länge mindestens 5,0 m betragen soll. Bei Rampen die ausschließlich dem Verkehr von Personenkraftwagen dienen, genügt ausnahmsweise eine horizontale oder 1:10 geneigte Fläche von mindestens 3,0 m Länge.
Das Steigungsverhältnis der Rampe soll höchstens 14% betragen. Die seitliche Anpassung der Rampe an das Gelände ist im Verhältnis 1:2 auszuführen.

(3) Die Anlage und Herrichtung von Einstellplätzen für Personenkraftwagen sind in dem im Aufbauplan vorgesehenen Umfang bei der Bebauung des Grundstücks durchzuführen.

(4) Wäschetrockenplätze, Teppichklopfgerüste usw. sind so zu planen, daß diese bei Einsicht von der Straße nicht störend wirken. (Anordnung von Baum- und Buschgruppen, Pergolen usw.)

(5) Freileitungen und frei gespannte Antennen sind unzulässig.

§ 4 Vorgärten und Einfriedigungen

(1) Die an der Straße liegenden Gärten und Vorgärten sind als Dauergrünanlagen (Schmuckgärten) herzurichten und zu unterhalten.

(2) An den öffentlichen Straßen und Zuwegen hat die Art und Anordnung der Einfriedigungen nach den im Aufbauplan dargestellten besonderen Angaben zu erfolgen.

§ 5 Aufstellung der Müllgefäße

Für das Aufstellen der Müllgefäße sind die im Aufbauplan näher bezeichneten Abstellplätze gem. § 7, Abs. 2 der Müllabfuhrsatzung vom 6. 2. 1958 maßgebend. Die Müllgefäße sind gegen Sicht von der Straße her abzuschirmen.

§ 7 Ausnahmen

Über Ausnahmen in Härtefällen entscheidet im Rahmen der Polizeiverordnung betreffend das Bauwesen in den Städten Lüneburg, Celle und Uelzen vom 10. 3. 1936 die Stadt Lüneburg.

§ 8 Zwangsmaßnahmen

(1) Bei Zuwiderhandlungen gegen Vorschriften dieser Satzung wird hiermit ein Zwangsgeld bis zur Höhe von 500,– DM angedroht.

HÄTTE ICH MIR DOCH NUR DIE HAUS-NUMMER GEMERKT
A
B

Sinn und Unsinn strenger Bauvorschriften

1 Welchen Sinn hat das merkwürdige Bildpaar? Gibt es solche Verhältnisse überhaupt in Wirklichkeit? Gibt es sie in deiner Gemeinde, in deiner Stadt?
2 Im Bebauungsplan für A könnten einige Vorschriften lauten: „... Die Firstlinie muß zur Straßenbegrenzungslinie parallel laufen ... Es sind nur Satteldächer mit einer Neigung von 45° bis 48° zulässig ..." Nenne weitere Vorschriften.
3 Bei B hat offenbar jede Bauvorschrift gefehlt. Welche Mängel wären durch einen Bebauungsplan auf jeden Fall verhindert worden?

Den Fall B gibt es in Wirklichkeit kaum. Zum Glück! Eine Bebauung ohne Bauvorschriften würde ein tolles Durcheinander ergeben. Jeder würde bauen, wie er wollte: oft häßlich und unzweckmäßig, auch rücksichtslos; viel Platz würde verschwendet. Der Bebauungsplan hat daher einen guten Sinn.
4 Zu strenge Bauvorschriften können leicht das Gegenteil bewirken (Bild A). Kennst du solche langweiligen, monotonen Baugebiete auch in deinem Schulort oder Wohnort?

Das sind die beiden Gefahren: Durcheinander auf der einen Seite, Eintönigkeit auf der anderen. Die Eintönigkeit ist besonders ausgeprägt, wo eine Baugesellschaft, ein Architekt oder ein Bauunternehmer ein ganzes Gebiet möglichst schnell und billig bebaut hat. Solche Baugebiete entstanden vor allem seit dem letzten Kriege, weil viele Menschen schnell wieder eine Wohnung haben sollten. In kurzer Zeit sind riesige Flächen bebaut worden.
5 Aus den vorangegangenen Seiten habt ihr gelernt: Bebauungspläne können die Entscheidungsfreiheit eines Grundstückseigentümers beträchtlich einengen. Wo es das Interesse der Allgemeinheit erfordert, müssen die Wünsche des einzelnen zurücktreten. Doch wie weit darf das führen? Wie streng dürfen Bauvorschriften sein? Diskutiert über diese Frage und bezieht die beiden folgenden Fälle in eure Überlegungen ein.

Fall 1:
Der Bauplatz von Herrn Schwarz grenzt an das Schulgelände. Die Schule, vor wenigen Jahren errichtet, hat Außenwände in rotem Ziegelstein. Herrn Schwarz gefällt die Farbe, und es gefällt ihm auch, daß solche Wände wartungsfrei sind. Er läßt die Außenwände seines Neubaues mit dem gleichen Material verkleiden. Bei der Bauabnahme aber erfährt er: Das Grundstück gehört zu einem Baugebiet, in dem nur heller Anstrich erlaubt ist. Er muß die Fassade streichen lassen. Umsonst also die Kosten für den teuren Ziegelstein! Und obendrein muß der Anstrich alle paar Jahre erneuert werden.

Fall 2:
Ehepaar Neubauer hat drei kleine Kinder: 4 Jahre, 2 Jahre, 3 Monate alt. Neubauers haben kürzlich ihr neues Einfamilienhaus bezogen und freuen sich, daß die Kinder im Garten spielen können. Aus Sicherheitsgründen möchten sie das Grundstück einzäunen: Eine verkehrsreiche Straße berührt ihr Wohngebiet. Doch in der Bausatzung steht: Hier sind nur Hecken erlaubt.
Eine Hecke muß aber einige Jahre wachsen, bis sie einen ausreichenden Schutz bietet. Herr Neubauer stellt einen Antrag auf Änderung der Satzung. Der Antrag wird abgelehnt, weil ein einheitliches Bild gewahrt bleiben soll.

Wie entsteht ein Bebauungsplan?

☐ **1** In einer Ecke oder am Rande des Bebauungsplanes findest du immer eine Anzahl von Unterschriften und Dienststempeln (rechte Seite). Aus ihnen kannst du den etwas komplizierten Werdegang eines solchen Planes ablesen. Dieser Weg ist im Bundesbaugesetz vorgeschrieben. Die entsprechenden Paragraphen sind auf der Seite rechts abgedruckt. Versuche, die mit Unterschriften versehenen Felder den Paragraphen des Bundesbaugesetzes zuzuordnen. In welcher Reihenfolge wurden die Unterschriften geleistet?

Ein kleiner Einblick in die Kommunalpolitik ist hier notwendig: Der Bebauungsplan ist eine Satzung. Satzungen sind die Gesetze der Gemeinden. So wie Bundesgesetze im Bundestag oder Landesgesetze in den Landtagen verabschiedet werden, so wird die Satzung vom Stadtrat oder vom Gemeinderat verabschiedet. Der Rat besteht aus gewählten Abgeordneten, den Ratsherren. Bittet euren Lehrer, einmal mit euch eine Ratssitzung zu besuchen, wenn Beschlüsse über Bebauungspläne gefaßt werden sollen.

2 Man kann die Entstehung eines Bebauungsplanes in einer schematischen Übersicht darstellen. Den Anfang siehst du hier aufgezeichnet. Mit Hilfe aller Quellen auf der Nebenseite kannst du das Schema vervollständigen (mindestens 6 Schritte):

Der Gemeinderat faßt den Beschluß, einen Bebauungsplan aufstellen zu lassen.
Die Gemeinde beauftragt den Ortsplaner, den Plan zu entwerfen.

3 An mehreren Stellen ist die Öffentlichkeit an der Entstehung des Bebauungsplanes beteiligt – entweder indirekt durch ihre gewählten Vertreter oder direkt. Umrahme die betreffenden Felder deiner Darstellung mit einer besonderen Farbe.

4 Zu welchen Abschnitten in diesem Schema passen die vier Skizzen a–d?

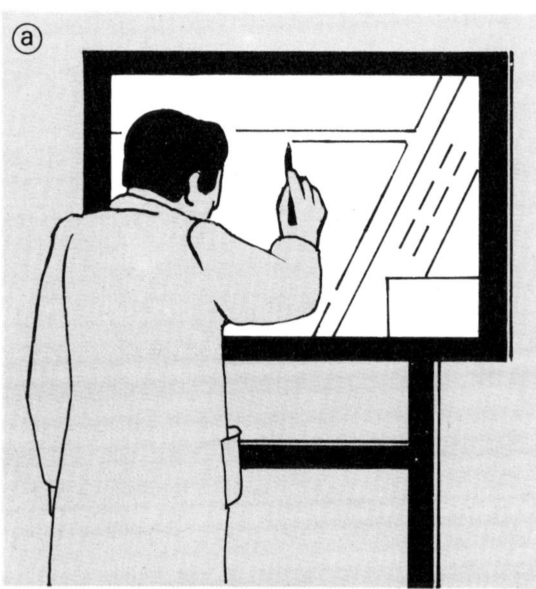

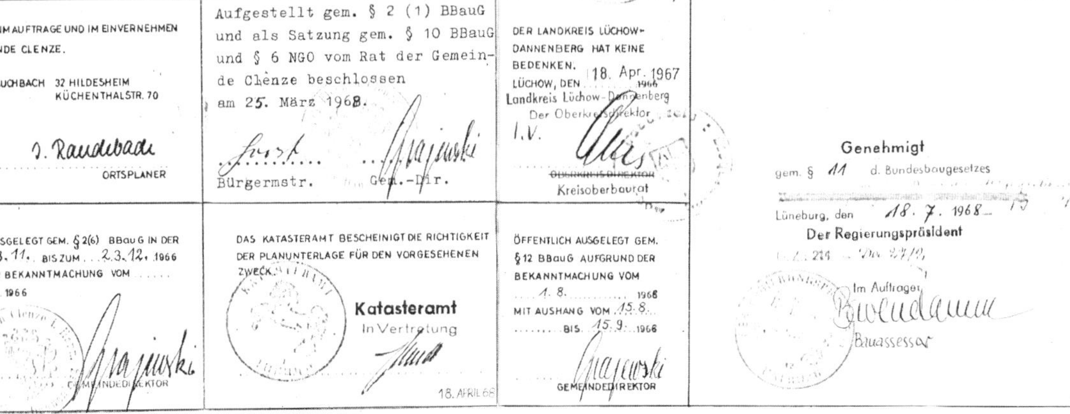

IM AUFTRAGE UND IM EINVERNEHMEN
NDE CLENZE.
UCHBACH 32 HILDESHEIM
KÜCHENTHALSTR. 70
ORTSPLANER

Aufgestellt gem. § 2 (1) BBauG und als Satzung gem. § 10 BBauG und § 6 NGO vom Rat der Gemeinde Clenze beschlossen am 25. März 1968.
Bürgermstr. Gem.-Dir.

DER LANDKREIS LÜCHOW-DANNENBERG HAT KEINE BEDENKEN.
LÜCHOW, DEN 18. Apr. 1967
Landkreis Lüchow-Dannenberg
Der Oberkreisdirektor
I.V.
Kreisoberbaurat

Genehmigt
gem. § 11 d. Bundesbaugesetzes
Lüneburg, den 18. 7. 1968
Der Regierungspräsident
Im Auftrage
Bauassessor

SGELEGT GEM. § 2(6) BBauG IN DER
3. 11. BIS ZUM 2. 3. 12. 1966
BEKANNTMACHUNG VOM
1966
GEMEINDEDIREKTOR

DAS KATASTERAMT BESCHEINIGT DIE RICHTIGKEIT DER PLANUNTERLAGE FÜR DEN VORGESEHENEN ZWECK.
Katasteramt
In Vertretung
18. APRIL 68

ÖFFENTLICH AUSGELEGT GEM. § 12 BBauG AUFGRUND DER BEKANNTMACHUNG VOM
1. 8. 1968
MIT AUSHANG VOM 15. 8.
BIS 15. 9. 1966
GEMEINDEDIREKTOR

Aus dem Bundesbaugesetz:

§ 2,1 Die Bauleitpläne* sind von den Gemeinden in eigener Verantwortung aufzustellen, sobald und soweit es erforderlich ist.

§ 2,3 Die Landesregierungen können durch Rechtsverordnung Stellen bestimmen, die verpflichtet sind, auf Antrag der Gemeinden Bauleitpläne auszuarbeiten. Das Recht der Gemeinden, andere fachlich geeignete Personen zu beauftragen, bleibt unberührt.

§ 2,6 Die Gemeinde hat die Entwürfe der Bauleitpläne mit dem Erläuterungsbericht oder der Begründung auf die Dauer eines Monats öffentlich auszulegen. Ort und Dauer der Auslegung sind mindestens eine Woche vorher ortsüblich bekanntzumachen mit dem Hinweis darauf, daß Bedenken und Anregungen während der Auslegungsfrist vorgebracht werden können … Die Gemeinde prüft die fristgemäß vorgebrachten Bedenken und Anregungen und teilt das Ergebnis mit …

§ 10 Die Gemeinde beschließt den Bebauungsplan als Satzung.

§ 11 Der Bebauungsplan bedarf der Genehmigung der höheren Verwaltungsbehörde …

§ 12 Die Gemeinde hat den genehmigten Bebauungsplan mit Begründung öffentlich auszulegen. Sie hat die Genehmigung sowie Ort und Zeit der Auslegung ortsüblich bekanntzumachen. Mit der Bekanntmachung, die an die Stelle der sonst für Satzungen vorgeschriebenen Veröffentlichung tritt, wird der Bebauungsplan rechtsverbindlich.

* Bauleitplan ist der Oberbegriff für Bebauungsplan und Flächennutzungsplan.

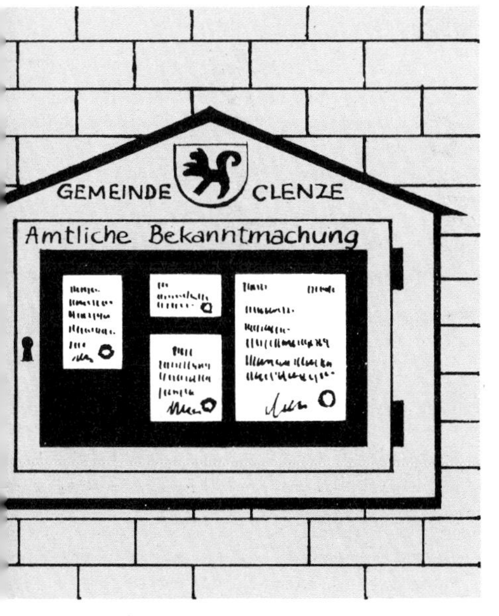

Stadt-B.
Ripdorf
Fischerhof
Forstsiedlg. Buchenberg
Stein-grab
Krhs.
Schule
Oldenstad
West
UELZE
Veerßen
Bf
Bad
Gut
Königs B.
Heister B.
Hambro
Schule
A
B
C
D
E
F
G
H
J
K
L
M
N
O
P
Topographische Karte 1 : 25000, Blatt 3029 Uelze

Flächennutzung einer Stadt

Die vier Skizzen zeigen Ausschnitte aus verschiedenen Stadtteilen der Stadt Uelzen.

1 Lokalisiere die vier Ausschnitte auf der Karte. Zur Wahl stehen die Stellen, die durch rot eingedruckte Buchstaben (A, B, C ...) gekennzeichnet sind.

2 Diese Begriffe kennst du schon: Wohngebiete, Industriegebiete, Kerngebiete, Grünflächen (= Erholungsgebiete). Welcher Begriff paßt zu welchem Bild?

3 Die Karte von Uelzen ist eine Topographische Karte. Sie enthält neben Straßen, Bahnlinien, Gewässern auch Gebäude, sagt jedoch fast nichts über deren Nutzung. Dennoch kann man die Flächen mit jeweils einheitlicher Nutzung ziemlich gut unterscheiden: Wohngebiete, Industriegebiete, Kerngebiete, Grünflächen (= Erholungsgebiete). Hefte ein Blatt Transparentpapier auf die Karte, umgrenze die verschiedenen Nutzungsflächen und lege sie farbig an. Verwende ungefähr die Farben der Planzeichenverordnung (S. 90/91).

Weinsberg – Beispiel für einen Flächennutzungsplan

□ Von deiner Beschäftigung mit Bebauungsplänen weißt du, daß sie Einzelheiten des Bauens nur für bestimmte Baugebiete, also nur für Teile einer Gemeinde regeln. Als Grundlage für diese Pläne braucht eine Gemeinde jedoch vorher einen Plan, der die Nutzung ihrer gesamten Fläche für eine längere Zeit in groben Umrissen festlegt: den Flächennutzungsplan. Damit der Unterschied noch deutlicher wird: Der Flächennutzungsplan wird zuerst erarbeitet. Beide Pläne sind mit denselben Farben und Symbolen angelegt. Es fällt dir deshalb nicht schwer, den Flächennutzungsplan von Weinsberg (nächste Doppelseite) zu lesen. Er trennt Wohnbauflächen von gemischten Bauflächen, gewerblichen Bauflächen, Flächen für die Landwirtschaft usw. Die Einzelheiten des Bauens wie Grundfläche, Stockwerkzahl oder Grenzabstand der Gebäude regelt erst der Bebauungsplan.

1 Wenn du diesen Plan mit der Topographischen Karte vergleichst, fallen dir einige Veränderungen sofort auf: allen voran der großzügige Ausbau der Verkehrswege mit dem Autobahnkreuz nordöstlich der Stadt. Suche mindestens fünf weitere Veränderungen.

2 Lege ein Transparentblatt auf den Flächennutzungsplan. Schraffiere die „alten" Bauflächen rot und die neu geplanten Bauflächen blau. So entsteht eine Karte, die eine Vorstellung von dem geplanten Wachstum der Stadt bis etwa 1988 vermittelt.

Der Flächennutzungsplan lenkt die Entwicklung einer Gemeinde für die nächsten zehn oder zwanzig Jahre. Die Gemeinde muß natürlich eine Vorstellung haben, wohin diese Entwicklung gehen soll: Will man um jeden Preis mehr Industrie ansiedeln? Besteht eine Chance im zunehmenden Fremdenverkehr? Oder findet man sich damit ab, in erster Linie Wohngemeinde für eine benachbarte Industriestadt zu sein?

Weinsberg, Kleinstadt im Landkreis Heilbronn (Baden-Württemberg) an den Bundesautobahnen Würzburg–Stuttgart und Mannheim–Nürnberg.

Einwohner:	1900	2479 Einw.
	1950	6225 Einw.
	1960	6742 Einw.
	1970	7392 Einw.
	1988	ca. 10100 Einw. (unter Berücksichtigung der gegenwärtigen Zuwachsrate)
Pendler (1966):	1234 Auspendler, davon 1012 nach Heilbronn	
	780 Einpendler	

Aus den Erläuterungen zum Flächennutzungsplan:
„Die Stadt Weinsberg ist durch ihre landschaftlich reizvolle Lage, ihre geschichtliche Bedeutung sowie durch ihre einem Unterzentrum entsprechende Ausstattung und ihre guten Verkehrsverbindungen zum naheliegenden Stadtkreis Heilbronn als Wohnplatz sehr geeignet. Aus diesem Grunde sind im Flächennutzungsplan mehrere Wohngebiete (W) ausgewiesen."

„Die topographische Lage der Stadt macht es schwierig, gute und zusammenhängende Industrieflächen auszuweisen. Der Standort Weinsberg ist jedoch für Industrie, Handel und Gewerbe derart günstig, daß sich in den vergangenen Jahren etwa 30 Betriebe um eine Niederlassung in Weinsberg bemüht haben. Die Ansiedlung von Industrie ist ostwärts der Autobahn möglich. Dort sind die topographischen Voraussetzungen gegeben. Zur Gemarkung Weinsberg gehört davon jedoch nur eine ca. 17 ha große Fläche. Dagegen sind die angrenzenden Flächen der Gemarkung Ellhofen für die Ansiedlung von Industrie, Handel und Gewerbe geradezu prädestiniert. Für die Beschäftigten auf diesen entstehenden Arbeitsplätzen wird die Stadt Weinsberg die entsprechenden Wohnungen schaffen und ihre Ausstattung als Unterzentrum vervollständigen müssen."

Ein Zitat des Bürgermeisters aus den Beratungsunterlagen für den Gemeinderat:
„Der Gemeinderat darf auf Grund seiner Verantwortung vor der Zukunft für die planerische und bauliche Gestaltung der Stadt nicht zu dem Standpunkt kommen: ‚Industrie um jeden Preis, gleichgültig wo!' ... Industrie darf nur dorthin, wo sie das empfindliche Stadtbild nicht stört."

3 Versucht, aus dem Flächennutzungsplan von Weinsberg solche Zielvorstellung (oder auch mehrere) abzulesen. Die Angaben aus dem umrahmten Feld links unten helfen euch dabei. Beachtet besonders das Anwachsen der Einwohnerzahlen und das Verhältnis von Aus- und Einpendlern.

4 Überörtliche Planung kann eine Gemeinde in ihrer Planungsfreiheit einschränken. Mit dem viel Raum beanspruchenden Autobahnkreuz erwachsen der Stadt Weinsberg nicht nur Vorteile, sondern auch Probleme. Welche?

5 Auch das Stadtgebiet von Uelzen wird durch einen neuen überörtlichen Verkehrsweg zerschnitten. Suche ihn auf der Karte Uelzen.

6 Den Grundeigentümer interessiert am Flächennutzungsplan vor allem die Frage: Welchen Wert bekommt mein Land? Es ist klar, daß z. B. bisheriges Ackerland durch die Ausweisung als Wohngebiet oder als Industriegebiet einen gewaltigen Wertzuwachs erfährt.
Auf der Topographischen Karte Weinsberg sind drei Punkte markiert (A, B, C). Wo wird auf Grund des Flächennutzungsplanes der Grundstückspreis am stärksten steigen, wo am wenigsten? Daß einige Grundstückseigentümer ohne ihr Zutun große Gewinne erzielen, während andere „leer ausgehen", dürfte wohl nicht gerecht sein.

7 Laßt euch den Flächennutzungsplan eurer Gemeinde zeigen und erläutern. Vielleicht kann euer Lehrer sogar den Plan für einige Tage in die Schule holen. Fragt den Bürgermeister, den Ortsplaner oder einen anderen Fachmann nach den Problemstellen. Wo ist der Plan bereits abgeändert worden? Wo muß er noch geändert werden?

Eine Änderung des Flächennutzungsplanes wird z. B. dann notwendig, wenn sich die bisher ausgewiesenen Bauflächen als zu klein erweisen. In Uelzen zeigte sich schon wenige Jahre nach Entstehung des Flächennutzungsplanes, daß die vorgesehenen Industriegebiete nicht ausreichen würden. Doch war zu diesem Zeitpunkt schon fast das ganze Stadtgebiet bebaut – mit Ausnahme des Stadtforstes. Man beschloß, 50 ha Wald für die Erweiterung des Industriegebietes zu opfern. Das sind die Waldstücke 38 und 39 westlich und nordwestlich des bisherigen Industriegebietes (s. Karte Uelzen). Ihr könnt euch vorstellen, daß diese Entscheidung sehr umstritten war.

8 Spielt die entscheidende Ratssitzung selber durch. Für dieses Rollenspiel braucht ihr den Bürgermeister und mehrere Ratsherren. Zusätzlich eingeladen sind der Naturschutzbeauftragte, der Oberbaurat (= Leiter des Stadtbauamtes) und der Forstamtmann. Vielleicht sind noch mehr Diskussionsredner nötig.

Blick auf Weinsberg

Topographische Karte 1 : 25000, Blatt 6821 Heilbronn (Stand 1958)

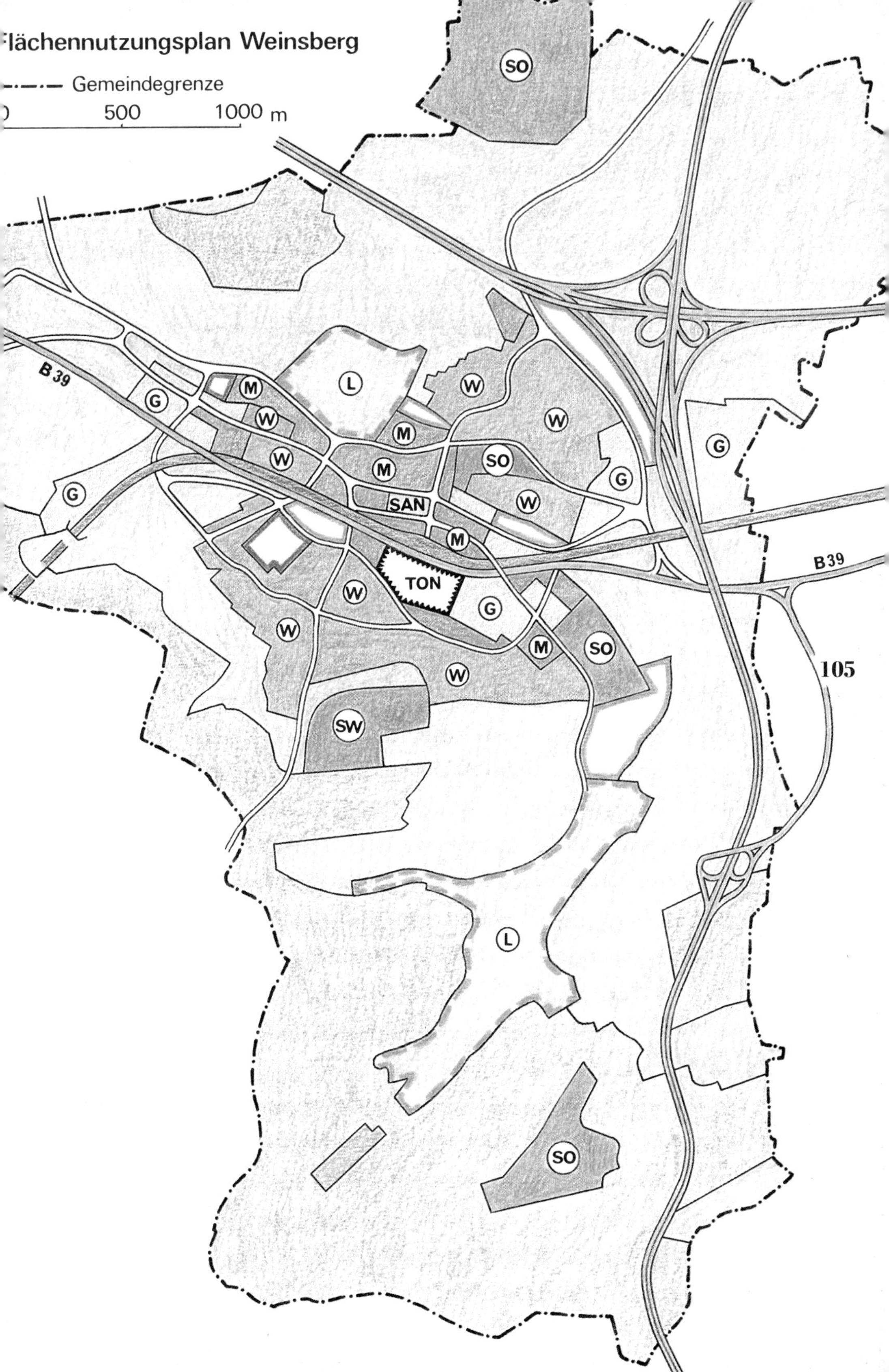
Flächennutzungsplan Weinsberg
Gemeindegrenze
0 500 1000 m
SO
B 39
L
M
G
W
M
W
W
M
SO
G
G
G
W
SAN
W
M
TON
W
G
W
M
SO
W
105
B 39
SW
L
SO

Stadtsanierung

Veraltete Wohnviertel in deiner Stadt

In unseren Städten leben Tausende von Menschen in Häusern, die schon 70, 100 oder 200 Jahre alt sind. Viele Wohnungen genügen heutigen Ansprüchen nicht mehr.

Einige typische Mängel:
- kein WC in der Wohnung
- kein Bad
- keine Zentralheizung
- wenig Tageslicht und Sonne (falsche Himmelsrichtung, geringer Gebäudeabstand)
- keine Querlüftung
- feuchte und niedrige Räume
- Lärm und Luftverschmutzung von nahen Werkstätten und Fabriken
- keine Kinderspielplätze . . .

In manchen Vierteln treten die Mängel gehäuft auf. Jüngere und besser verdienende Leute ziehen aus. Eigentümer und Bewohner sind nicht in der Lage, die Verhältnisse aus eigener Kraft zu bessern. Verfall zeigt sich an vielen Stellen.

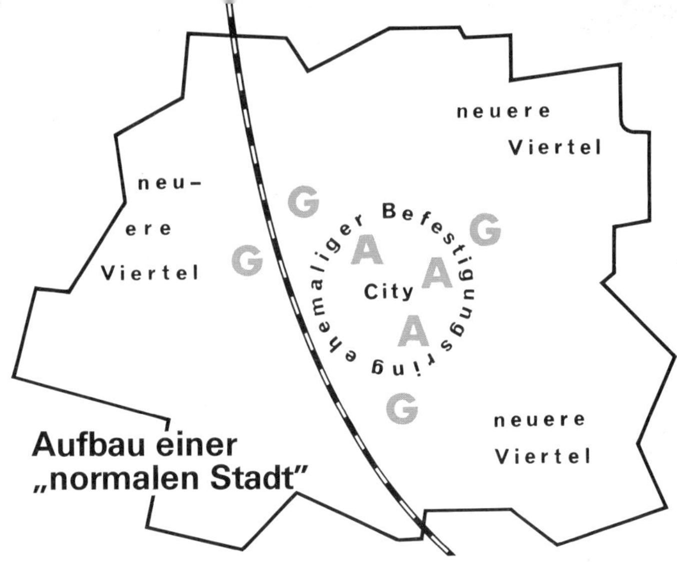

Zwei Typen sanierungsbedürftiger Wohnviertel sind zu unterscheiden: **Altstadt-Wohnviertel (A)** und **gründerzeitliche Mietskasernenviertel (G).**

1 Welche Fotos dieser Doppelseite dürften zu A, welche zu G gehören?

2 70% der deutschen Städte ähneln sich in ihrem Aufbau. Im Grundriß dieser „normalen Städte" haben A und G ihren ganz bestimmten Platz. Die Karte oben zeigt eine „normale Stadt". Dazu gehört folgende Baugeschichte:

Mittelalter	Fürstenzeit/Absolutismus	Industriezeitalter	
1500	1840	Gründerzeit 1914	Gegenwart
Gründung der meisten Städte zwischen 1120 und 1350 (oft im Anschluß an eine Burg). Stadterweiterungen schon im Mittelalter. Eine Mauer umgab die gesamte Stadt.	Über 300 Jahre lang wuchsen die „normalen Städte" nicht! Nur Wall und Graben wurden ausgebaut; gegen Feuerwaffen schützte der Wall besser als die Mauer.	Plötzlich wucherten die Städte über den Befestigungsring hinaus: Eisenbahnen, Fabriken, Mietskasernen in Fabriknähe, Villen. Höhepunkt 1870–1900.	Große neue Industriegebiete und Wohnsiedlungen (getrennt). Berufs-, Einkaufs- und Erholungsverkehr. Autos und Autostraßen.

Ist auch deine Stadt eine „normale Stadt"? Überlege, wie man die Frage lösen kann und welches Material herangezogen werden muß.

3 Gehören die sanierungsbedürftigen Viertel deiner Stadt überwiegend zu A oder zu G?

Ist deine Antwort A, dann dürfte deine Stadt weniger als 100000 Einwohner haben, jedenfalls nicht mehr als 150000. (Sie ist eine Stadt, die im 19. Jahrhundert nur wenige Fabriken und deshalb auch nur wenige Mietskasernen erhalten hat.)

Ist deine Antwort G, dann wohnst du in einer sehr großen Stadt mit vielleicht 200000 oder mehr Einwohnern. (Viele Fabriken und Mietskasernen wurden in der Gründerzeit gebaut. Die Stadt ist bis heute gewaltig gewachsen. Entsprechend hat sich auch die City ausgedehnt und die Altstadt-Wohnviertel großenteils „geschluckt".)

Ist die Vermutung richtig?

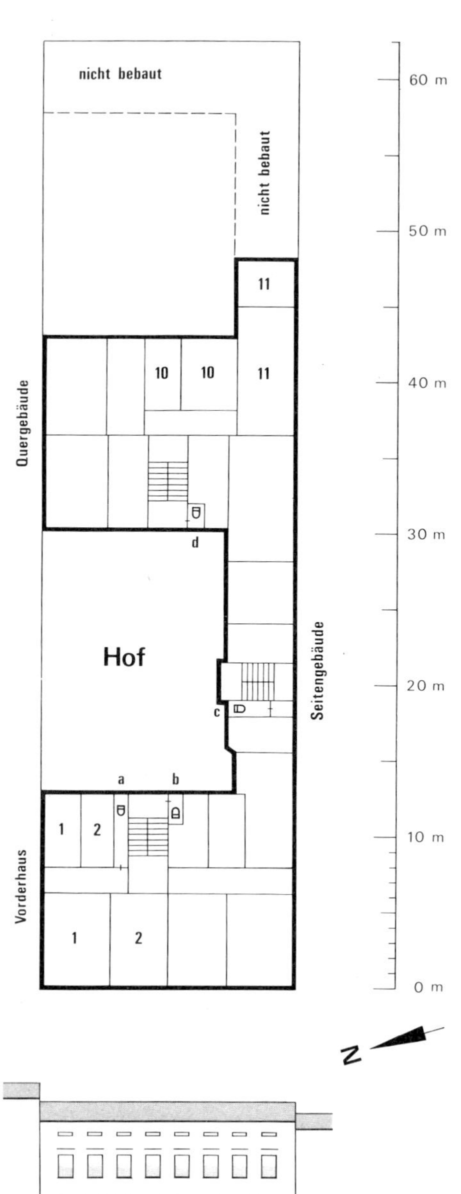

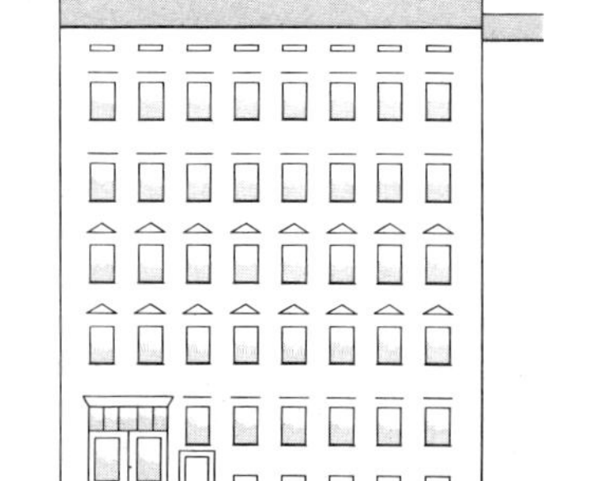

Thaerstraße 21
Berlin – Friedrichshain

Berliner Mietskasernen

Das Haus Thaerstraße 21 ist eine von vielen tausend Berliner Mietskasernen. Baujahr 1873.

1 Der Grundriß zeigt ein Obergeschoß. Alle Wohnungen dieses Geschosses bestehen aus zwei Räumen. Der kleinere wird meist als Wohnküche, der größere als Schlafzimmer genutzt. Finde nun die zusammengehörenden Räume heraus und vervollständige die Numerierung der Wohnungen.

2 Errechne die Anzahl der Wohnungen und die Anzahl der Menschen im gesamten Haus. Dabei soll angenommen werden, daß alle fünf Geschosse gleich aufgeteilt sind. Nur im Erdgeschoß entfällt eine Wohnung wegen des Durchgangs zum Hof. Das Kellergeschoß ist einzubeziehen, obwohl dort neben Wohnungen oft noch kleine Werkstätten und Läden untergebracht sind. Rechne für jede Wohnung 3 Personen; früher war die Zahl höher, heute ist sie oft niedriger.

3 Wieviel Miete wird dem Hauseigentümer in jedem Monat gezahlt? Die einzelne Wohnung sei mit 80DM angesetzt. In Wirklichkeit sind die Mieten abgestuft: Am teuersten sind die Wohnungen im ersten Obergeschoß des Vorderhauses.

4 Eine „abgeschlossene Wohnung“ kann durch eine einzige Tür, die Wohnungstür, abgeschlossen werden. Bei welchen Wohnungen fehlt diese Möglichkeit?

5 Prüfe die Ausstattung mit Toiletten. Im Grundriß sind die Toiletten mit a-b-c-d gekennzeichnet. Sie sind nachträglich eingebaut worden und haben Wasserspülung. Anfangs gab es „Trockenaborte“ im Hof.

6 Benutze für die weitere Prüfung der Wohnungsqualität die Mängelliste S. 106.

7 Bestimme möglichst genau die Grundflächenzahl (GRZ) und die Geschoßflächenzahl (GFZ).

Vergleiche damit die heute zulässige GRZ und GFZ bei Wohngebäuden mit 5 Vollgeschossen (Tabelle S. 90).

Baubestimmungen um 1870 in Berlin

+ Die Straßenseite des Vorderhauses mußte genau die Bauflucht einhalten und sich in die geschlossene Häuserfront einfügen. Nach dem Geschmack der Zeit hatten die Planer große, repräsentative Straßen entworfen, 30–60 m breit, mit 20 m hohen Häuserfronten.

+ Höchstens fünf Vollgeschosse waren erlaubt, außerdem ein Kellergeschoß.

+ Gebäude, die bis an die Grenze des Nachbargrundstücks reichten, mußten mit einer Brandmauer abschließen. (Zeige die Brandmauern des Hauses Thaerstr. 21.)

+ Innenhöfe mußten mindestens 6,20 m × 6,20 m groß sein, damit eine Feuerspritze betätigt oder ein Sprungtuch aufgespannt werden konnte.

„Wollt ihr weg von der Blume, spielt mit'n Müllkasten!"

(Heinrich Zille)

Als Hunderttausende in die Stadt strömten und Wohnungen brauchten, versuchte sich mancher Berliner als Unternehmer: Er kaufte ein Grundstück und baute ein Mietshaus. Je mehr Wohnraum auf dem Grundstück, desto mehr Miete!

8 Zeichne ein Grundstück 20 m × 64 m; trage Gebäude ein, und zwar so dicht, wie es die damaligen Bestimmungen zuließen. Zimmer brauchen nicht verzeichnet zu werden. Trotzdem sollte man an sie denken, denn alle Zimmer müssen Anteil an Fensterwänden haben. Brandmauern haben natürlich keine Fenster! (Das Beispiel Thaerstr. 21 zeigt nur eine der Möglichkeiten.)

Die größte Mietskaserne war der Meyershof in Berlin-Wedding. Aus einem Bericht von 1877: „. . . Meyer's Hof – zur Zeit wohl diejenige Miethausanlage Berlins, welche die größte Einwohnerzahl auf einem Grundstück vereint. Dieselbe ist i. J. 1874 von einem Banquier Meyer ausgeführt und in der Ackerstraße Nr. 132/33 gelegen. Sie besteht aus nicht weniger als 6 fünfgeschossigen Häusern von 12 m Tiefe, die in Abständen von 10 m aufeinander folgen und im Erdgeschoß mit breiten Durchfahrten geöffnet sind. Jedes Haus enthält etwa 50, das ganze Grundstück demnach gegen 300 Wohnungen (durchschnittlich 35 m²), die mit einer Bevölkerung von mehr als 2000 Köpfen – also der Einwohnerzahl einer kleinen Stadt – besetzt sind." Der Bericht nennt außerdem 8 Läden, 12 Werkstatträume, eine Badeanstalt mit 12 Badezellen, eine Verwalterwohnung mit Remise, eine eigene Trinkwasserversorgungsanlage sowie 30 wassergespülte Toiletten auf den Innenhöfen. (14)

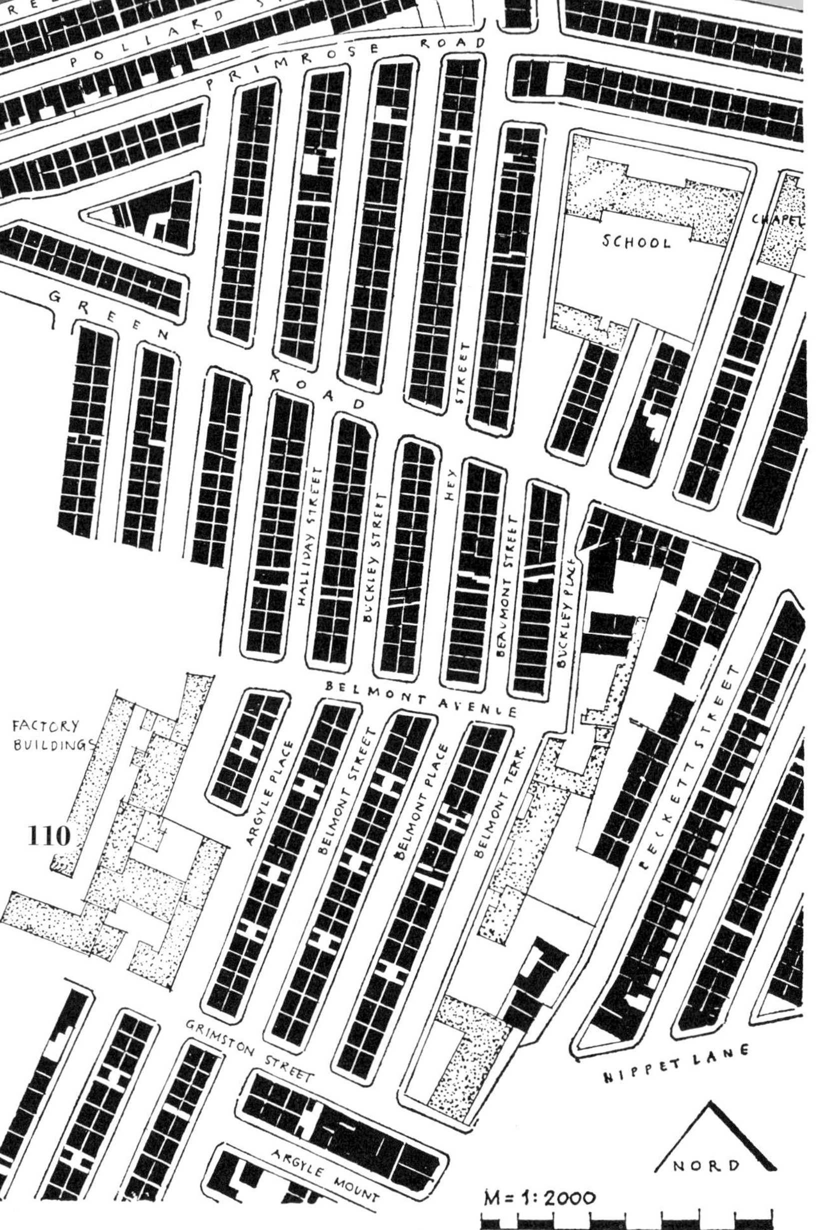

Ausschnitt aus der gründerzeitlichen Stadterweiterung

Zum Vergleich: Arbeiterwohnungen in Leeds (1850)

Industrialisierung und Bevölkerungswachstum begannen in England früher als im übrigen Europa.
Schon bald nach 1800 wurden in Leeds Wollspinnereien und Wollwebereien gegründet, außerdem Maschinenfabriken.
Die Eisenbahn wurde 1834 gebaut; vorher bestand schon eine Kanalverbindung nach Liverpool.
Leeds hatte:

1800	50 000 E.
1821	83 796 E.
1841	151 874 E.
1861	206 881 E.
1881	308 628 E.

Die Wohndichte im Gebiet zwischen Argyle Place und Belmont Terrace ist mit 545 E./ha angegeben. Dabei sind für den kleineren Wohnungstyp 3 Personen, für den größeren 5 Personen gerechnet.
„Die bauliche Ausführung der Häuser war denkbar einfach ... Meist taten sich Zimmermann und Maurer zusammen, um eine Grundstücksfläche zu pachten. Nach englischer Sitte geschieht das für 20, 30, 40, 50 oder 99 Jahre, wonach die Investitionen an den Bodeneigentümer zurückfallen. Auch das war ein Grund, die Häuser nicht zu solide zu bauen ...
Eine Kanalisation war nur in wenigen Fällen vorhanden; es gab auch keine richtige Wasserversorgung – oft hatte nur eine einzige Zapfstelle eine ganze Straße zu versorgen, und das Wasser, was daraus floß, mag mit Typhuskeimen verseucht gewesen sein“. (15)

Back-to-Back-Häuser, großer Typ

Back-to-Back-Häuser, kleiner Typ

Friedrich Engels schrieb 1845 über den „ekelhaften Zustand der Arbeiterbezirke“ von Leeds und schloß mit den Worten: „Wir haben Grund genug, uns die übergroße Sterblichkeit in diesen unglücklichen Regionen des schmutzigen Elends zu erklären.“

In den unkontrolliert wuchernden englischen Industriestädten traten Probleme auf, für deren Lösung es keine Vorbilder gab. Andere Länder, in denen die industrielle Revolution später einsetzte, konnten aus den schlimmen Erfahrungen Englands lernen. 1848 griff die englische Regierung erstmals ein: Sie erließ das erste „Gesundheitsgesetz“ und schrieb darin die Kanalisation, die Versorgung mit sauberem Wasser und die Pflasterung von Straßen vor. Kellerwohnungen wurden verboten. Was im modernen Städtebau selbstverständlich ist, mußte Schritt für Schritt entwickelt werden. Dies war der erste Schritt.

In Berlin begann der Bau der Kanalisation 1873 – nach englischem Vorbild.

Belmont Place, Belmont Street und Argyle Place.
Die Sanierung hat 1957 begonnen: im Vordergrund abgeräumte Flächen.

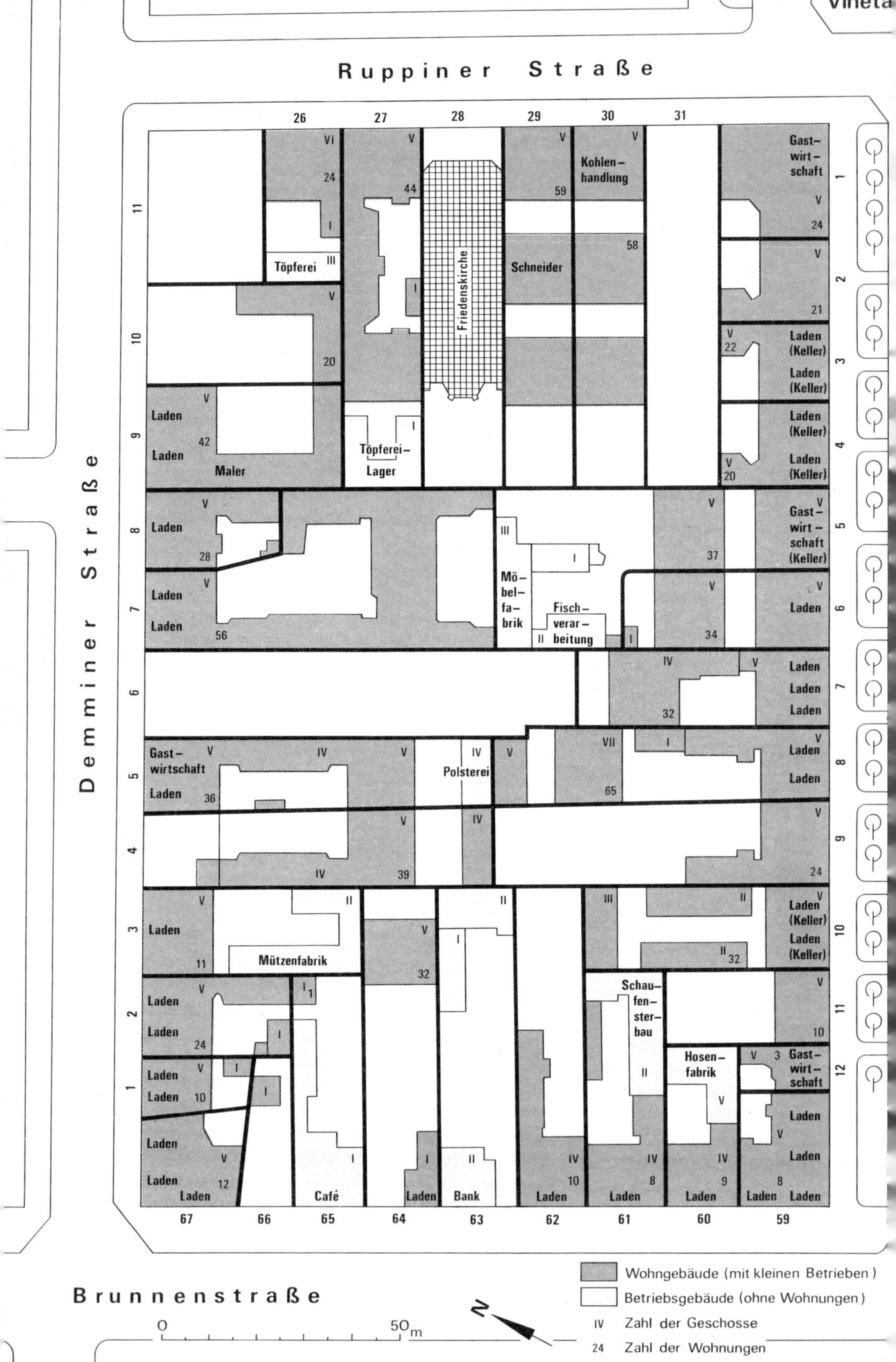

Vineta
Ruppiner Straße
Demminer Straße
Brunnenstraße
Friedenskirche
Töpferei
Töpferei-Lager
Kohlenhandlung
Schneider
Gastwirtschaft
Laden (Keller)
Laden
Maler
Möbelfabrik
Fischverarbeitung
Gastwirtschaft (Keller)
Polsterei
Mützenfabrik
Schaufensterbau
Hosenfabrik
Café
Bank
0
50 m
N
Wohngebäude (mit kleinen Betrieben)
Betriebsgebäude (ohne Wohnungen)
IV Zahl der Geschosse
24 Zahl der Wohnungen

Sanierung in Berlin-Wedding: Baublock 257

Der Zustand 1956 – vor der Sanierung

1 Am 23. und 24. 11. 1943 fielen Bomben, und zahlreiche Gebäude brannten nieder. Notiere die Grundstücke mit deutlichen Baulücken (am besten im Uhrzeigersinn: Demminer Str. 4, 6 ...). Mitzuzählen sind die Grundstücke, an deren Straßenseite ein- oder zweigeschossige Gebäude stehen; diese Flachbauten sind nach dem Krieg auf Trümmergrundstücken entstanden.

2 Im Bezirk Wedding können viele Erwerbstätige ihren Arbeitsplatz zu Fuß erreichen. Man hat in der Gründerzeit noch nicht getrennte Wohn- und Industrieviertel geplant. Einige große Fabriken nehmen ganze Baublöcke in Anspruch, z. B. die Werke der AEG. Die meisten Betriebe aber wurden auf kleinen und billigen Hinterhofflächen errichtet. Nenne einige charakteristische Merkmale der „Hinterhofindustrie". Diese Aufgabe gelingt am leichtesten, wenn du zum Vergleich an Fabriken denkst, die du aus deiner Heimat kennst und die mit Sicherheit nicht als „Hinterhofindustrie" betrieben werden könnten.

38 Grundstücke, meist im Eigentum einzelner Privatleute, die in anderen Teilen Berlins wohnen. Um 1875 bebaut.

855 Wohnungen (durchschnittlich 35 m²).
992 Haushaltungen.
2111 Einwohner (abnehmend).
2,5 Personen/Wohnung.
Wohndichte 1160 E./ha.
GFZ 2,8.

Zahlreiche kleine Läden versorgen die Nachbarschaft (Lebensmittel, Milch, Seife, Kohlen usw.). Nur die Geschäfte an der Brunnenstraße haben größere Bedeutung (Möbel, Elektrowaren, Farben usw.).

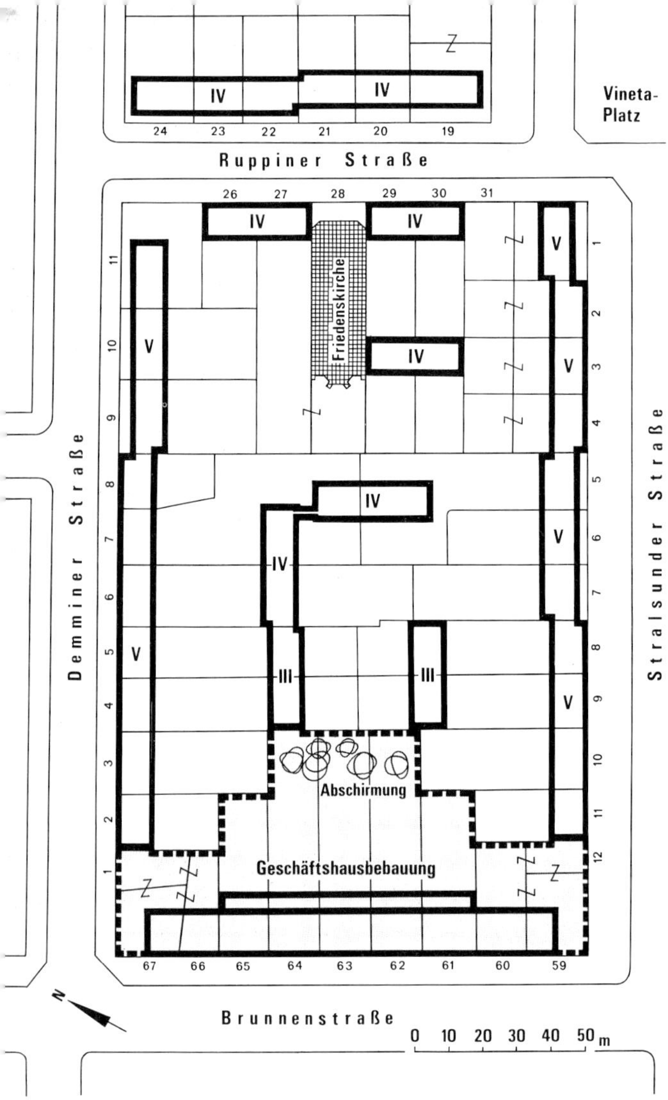

Vineta-
Platz

Ruppiner Straße

Friedenskirche

Abschirmung

Geschäftshausbebauung

Demminer Straße

Stralsunder Straße

Brunnenstraße

0 10 20 30 40 50 m

Entwurf 1956

V Zahl der Geschosse

Ladenzentrum (Geschäftsgebäude und zugehörige Freiflächen)

Aufzuhebende Grundstücksgrenzen

3 Die Hauptaufgabe des Kapitels: Vergleiche die Entwürfe (nach Geschoßzahl, Verkehrsplanung usw.).

∞ **4** Welcher Vorschlag ist der bessere? Diskutiert über die Qualität der beiden Entwürfe. Versucht dabei, die Absichten der Planer zu ergründen.

5 Untersuche den Stand der Sanierung am 25. 3. 1973 anhand der vier Fotos.

6 Entdeckst du einige Abweichungen vom Entwurf 1966?

∞ **7** Überlegt, warum gerade in den Altbauten von Sanierungsgebieten so viele Gastarbeiterfamilien wohnen. (Im Berliner Bezirk Kreuzberg sind von 160000 Einwohnern 32000 Ausländer, davon 26000 Türken.)

Zustand März 1973: Brunnenstraße

Demminer Straße 1 – türkische Kinder

Entwurf 1966

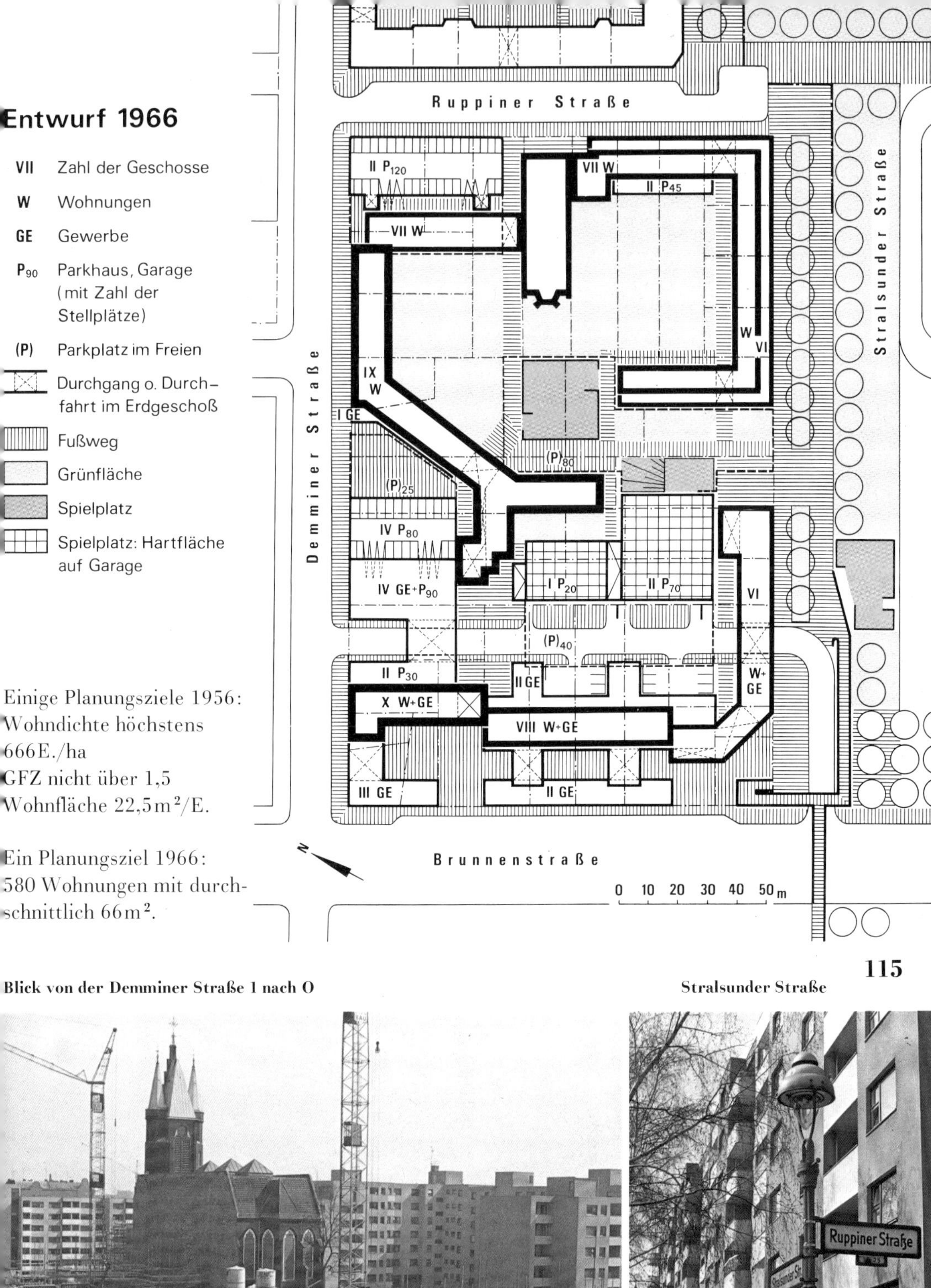

Einige Planungsziele 1956:
Wohndichte höchstens 666E./ha
GFZ nicht über 1,5
Wohnfläche 22,5m²/E.

Ein Planungsziel 1966:
580 Wohnungen mit durchschnittlich 66m².

Blick von der Demminer Straße 1 nach O

Stralsunder Straße

Flächensanierung – Entkernung – Modernisierung

☐ **Flächensanierung** ist bereits von der Sanierung in Wedding bekannt: Auf einer Sanierungsfläche, die mehrere Grundstücke umfaßt, werden alle Gebäude abgerissen, und es wird von Grund auf neu gebaut.

Viele Fachleute schimpfen heute auf solchen „Kahlschlag". Sie wollen nicht „Totalerneuerung", sondern „Teilerneuerung". Sie empfehlen die **Entkernung** der Baublöcke.

1 Beschreibe die Entkernung anhand der beiden Zeichnungen auf dieser Seite.

2 Entwirf nun selbst einen Entkernungsvorschlag, und zwar für den Baublock 257 in Wedding. (Am besten legst du dafür ein Transparentblatt auf die Karte S. 112.)

Die stehenbleibenden Altbauten müssen natürlich gründlich instand gesetzt werden. Aber das genügt nicht. Moderne Einrichtungen sind nötig: WC, Bad, Zentralheizung, Fahrstuhl ... Zu jeder Entkernung gehört also eine **Modernisierung.**

3 Das Grundstück Karl-Marx-Str. 41 liegt in einem Baublock in Berlin-Neukölln. Hier ist beides ablesbar: Entkernung und Modernisierung. Beschreibe den Sanierungsvorschlag.

Entkernung

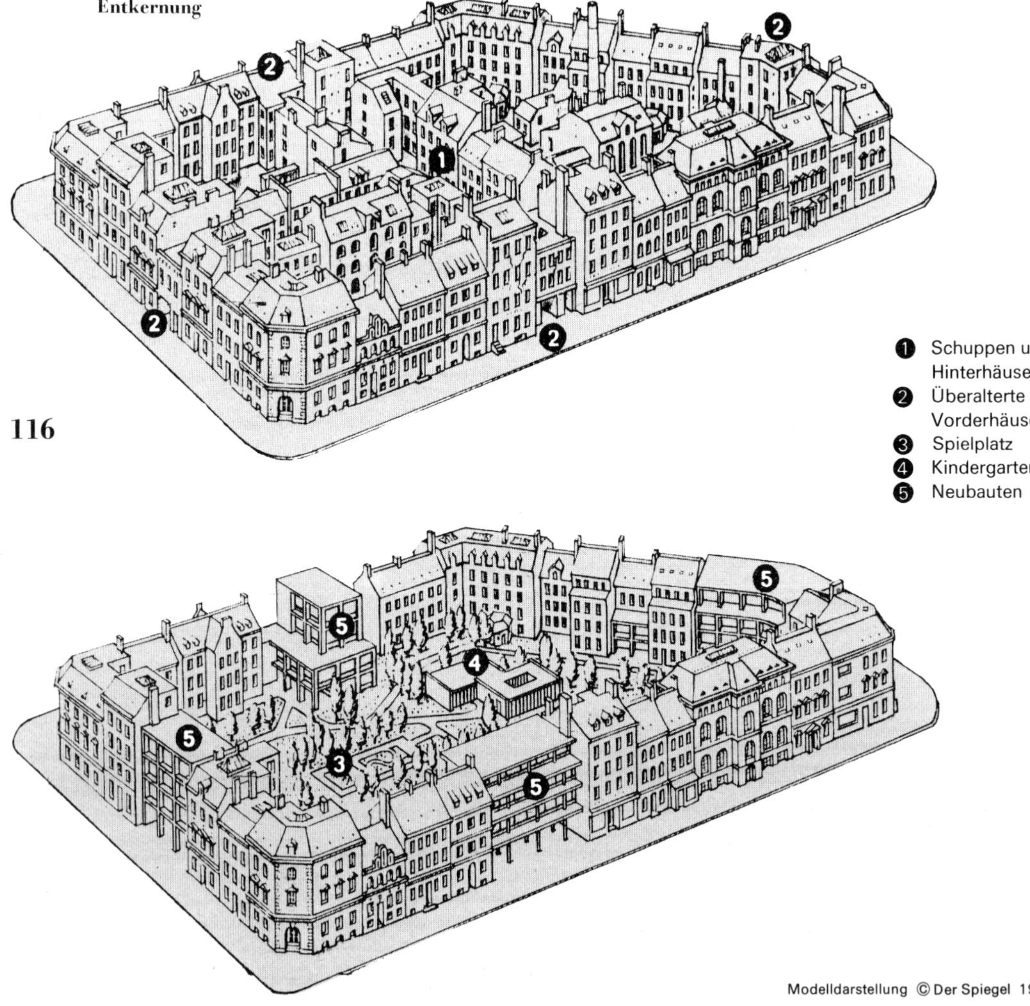

Modelldarstellung © Der Spiegel 197

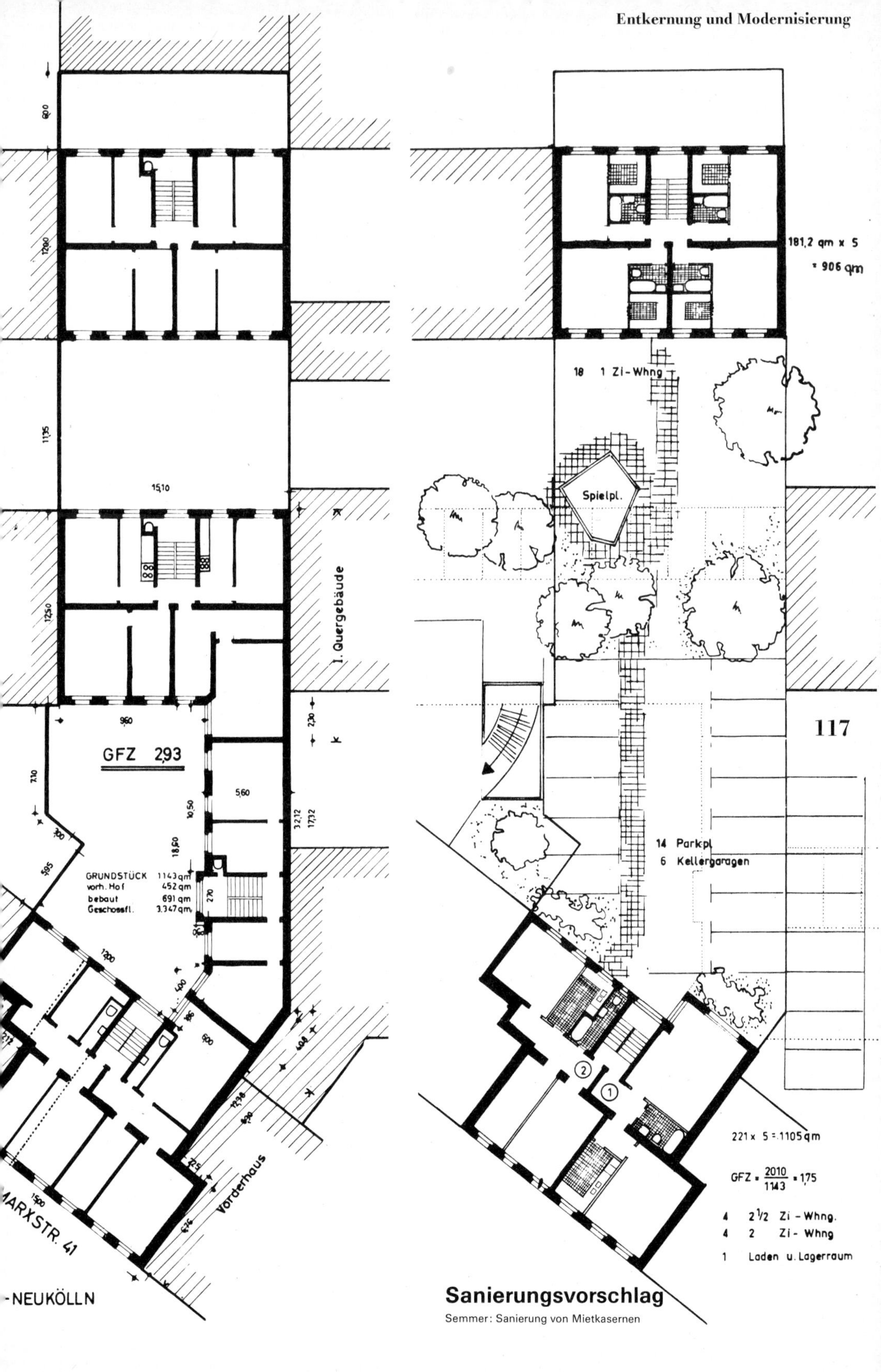

Sanierungsvorschlag

Semmer: Sanierung von Mietkasernen

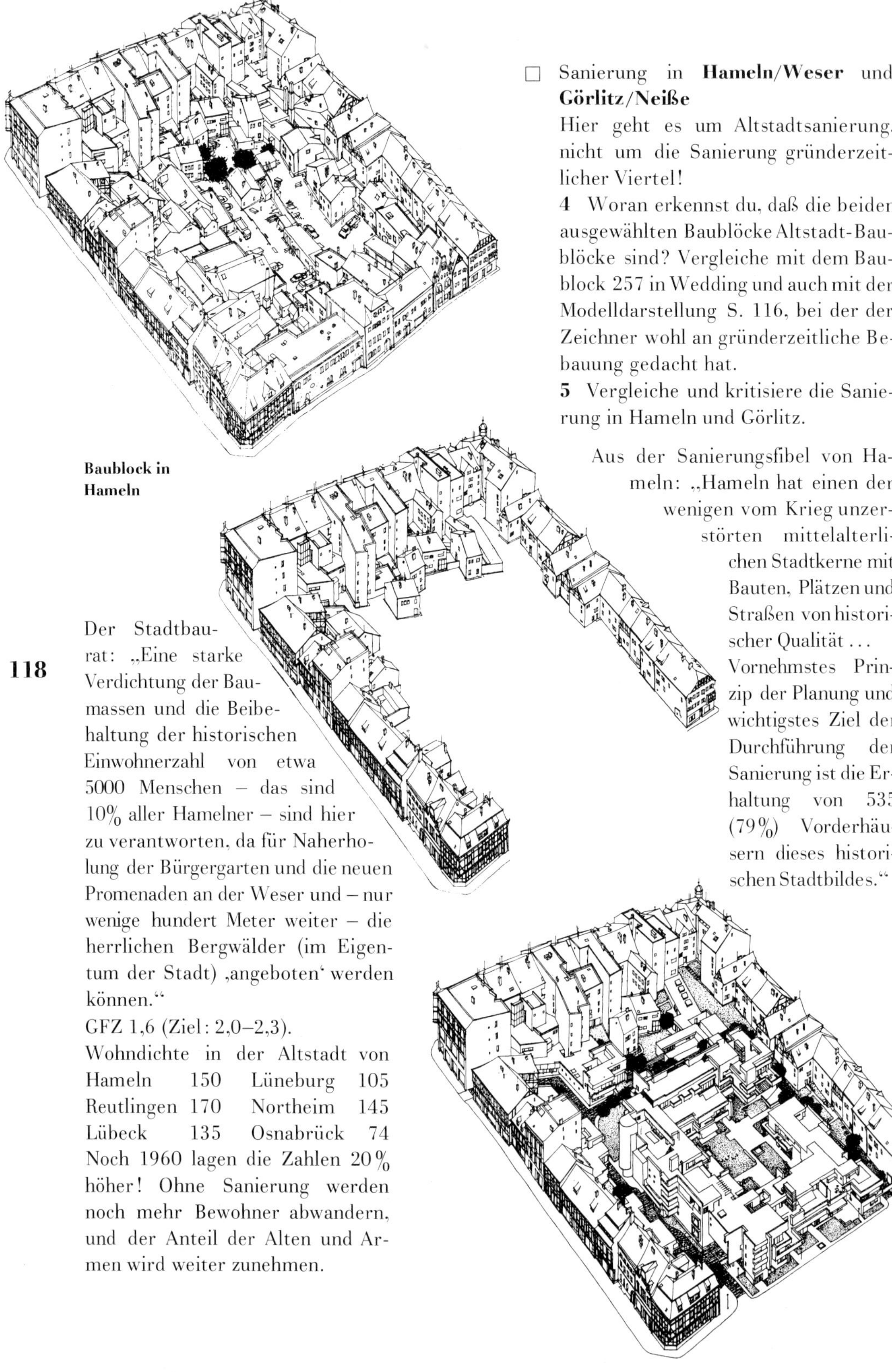

Baublock in Hameln

☐ Sanierung in **Hameln/Weser** und **Görlitz/Neiße**

Hier geht es um Altstadtsanierung, nicht um die Sanierung gründerzeitlicher Viertel!

4 Woran erkennst du, daß die beiden ausgewählten Baublöcke Altstadt-Baublöcke sind? Vergleiche mit dem Baublock 257 in Wedding und auch mit der Modelldarstellung S. 116, bei der der Zeichner wohl an gründerzeitliche Bebauung gedacht hat.

5 Vergleiche und kritisiere die Sanierung in Hameln und Görlitz.

Aus der Sanierungsfibel von Hameln: „Hameln hat einen der wenigen vom Krieg unzerstörten mittelalterlichen Stadtkerne mit Bauten, Plätzen und Straßen von historischer Qualität ... Vornehmstes Prinzip der Planung und wichtigstes Ziel der Durchführung der Sanierung ist die Erhaltung von 535 (79%) Vorderhäusern dieses historischen Stadtbildes."

Der Stadtbaurat: „Eine starke Verdichtung der Baumassen und die Beibehaltung der historischen Einwohnerzahl von etwa 5000 Menschen – das sind 10% aller Hamelner – sind hier zu verantworten, da für Naherholung der Bürgergarten und die neuen Promenaden an der Weser und – nur wenige hundert Meter weiter – die herrlichen Bergwälder (im Eigentum der Stadt) ‚angeboten' werden können."

GFZ 1,6 (Ziel: 2,0–2,3).

Wohndichte in der Altstadt von

Hameln	150	Lüneburg	105
Reutlingen	170	Northeim	145
Lübeck	135	Osnabrück	74

Noch 1960 lagen die Zahlen 20% höher! Ohne Sanierung werden noch mehr Bewohner abwandern, und der Anteil der Alten und Armen wird weiter zunehmen.

Baublock in Görlitz/ Neiße

6 Auf der nächsten Doppelseite kommen Journalisten, Fachleute und Betroffene zu Wort. Sie haben unterschiedliche Meinungen über Stadtsanierung, und entsprechend verwenden sie auch ganz verschiedene Ausdrücke für die Methoden der Sanierung: wiederbeleben, Kahlschlag, modernisieren usw. Suche 15 solcher Wörter aus den Texten heraus und ordne sie. (Die meisten Wörter kann man aus dem jeweiligen Zusammenhang verstehen.)

7 Einzel- oder Gruppenarbeit: Kennzeichne alle Textstellen der nächsten Doppelseite,
a) die einem Denkmalpfleger zugeschrieben werden können,
b) die Aussagen über die Betroffenen enthalten,
c) die von Altstadtsanierung handeln,
d) die von der Sanierung gründerzeitlicher Viertel handeln,
e) die eindeutig für Flächensanierung sprechen,
f) die eindeutig für Modernisierung (oder Entkernung/Modernisierung) sprechen.

8 Was ist denn nun besser: Flächensanierung oder Entkernung/Modernisierung? (Verwertet in der Diskussion die Texte und auch eure Erfahrungen mit dem Baublock 257.)

Rathaus in Lengfurt, Bayern
Bürgermeister Dr. Friedrich Kremer: „Wir haben überlegt, ob wir nicht einen Neubau errichten sollten, um die Verwaltung darin unterzubringen ... Wir haben davon abgesehen aus zwei Gründen: Einmal haben wir geglaubt, ein Neubau im Ortskern zwischen alten Häusern wäre deplaciert, und zweitens haben wir einfach die Kosten gescheut. Wir hätten ja auch ein Grundstück erwerben müssen. Schließlich haben wir uns dann entschlossen, dieses alte Barockhaus umzubauen, und wer es heute sieht, der vermag kaum zu glauben, daß dies einmal ein altes Haus war mit Lehmwänden. Wir haben trotzdem gute und ausreichende Räume geschaffen, und vor allen Dingen haben wir zwei Dinge erreicht. Wir haben 160000 DM Kosten gespart, ein Neubau hätte weit über 400000 DM gekostet. Wir sind mit 260000 DM Umbaukosten ausgekommen. Und außerdem haben wir die Ansicht dieses einfachen, aber schönen alten Hauses in unserem Ortskern erhalten. Es ist zwar kein Haus, das unter Denkmalschutz steht, aber doch ein Haus, das zeugt von der alten Größe Lengfurts vor 200 Jahren." (Fernsehbericht: Wolf, Sanieren heißt nicht abreißen)

Altstädte in der DDR
Die Altstädte von Görlitz, Quedlinburg, Stralsund, Freiburg/Sachsen, Potsdam, Pirna, Meißen, Torgau und Osterwiek wurden als Gesamtkulturdenkmale unter Denkmalschutz gestellt. (Wildeman, Erneuerung denkmalwerter Altstädte)

Anleitung für Mietskasernen-Besitzer in Berlin
„Um das Risiko zu vermeiden, daß die unzureichend ausgestatteten Altbau-Wohnungen auf längere Sicht nicht mehr vermietbar sind, werden Sanierungsmaßnahmen getroffen. Diese bestehen in einem Teilabriß und einer gleichzeitigen Modernisierung der Restsubstanz." – Nach einer Modernisierung müssen die Mieten um 185% steigen. Bei Totalerneuerung würden die Mieten weitere 53% höher sein als die der modernisierten Wohnungen. (Semmer, Sanierung von Mietkasernen)

Vergrößerung der Geschäfte in Alsfeld/Hessen
Dazu sollen die Schuppen und Scheunen an der Hinterfront der Gebäude beseitigt werden. So wird Raum für moderne Anbauten geschaffen, und die Geschäftsleute können ihre Läden und Lagerflächen vergrößern ... Die Stadt sorgt lediglich für die Erschließung der entkernten Viertel, zum Beispiel für den Bau kleiner Stichstraßen, die den rückwärtigen An- und Abtransport von Waren ermöglichen. (Petzold, Modelle für morgen)

Soziale Probleme
Der Verlust ihrer zwar unkomfortablen, aber oft relativ billigen und meist zentrumsnah gelegenen Wohnungen bedeutet für viele dieser Vertriebenen mehr als nur höhere Mieten und weitere Wege zum Arbeitsplatz. Eine achtzigjährige Frankfurterin: „Am liebsten würde ich jetzt den Gashahn aufdrehen; es hat doch alles keinen Sinn mehr, wenn auch noch die letzten Menschen, die mir blieben, nicht mehr erreichbar sind." Vor allem alte Leute vermissen in ihrer neuen Umwelt „soziale Geborgenheit" (Soziologie-Professor Bahrdt). Sie haben den „Laden an der Ecke" verloren, die Nachbarn, die vertrauten „Klön-Winkel".
Die Mieten steigen in jedem Fall, auch für modernisierte Wohnungen. Mancher schafft den unfreiwilligen sozialen Aufstieg nicht. 7% der über 180000 Menschen, die in den Obdachlosen-Quartieren am Rande der Städte Nordrhein-Westfalens leben, sind Opfer von Sanierungen. (Der Spiegel)

Der Beginenhof in Löwen, Belgien
Professor Raimond Lemaire, Universität Löwen: „Vor 8 Jahren noch war das ein Slum, der für den Abbruch vorgesehen war. Man fragte sich, was man mit einem völlig ruinierten Stadtviertel im Ausmaß von 10 ha eigentlich noch machen könnte. Mit einer Kirche aus dem 14. Jahrhundert, einem Hospital aus dem 16. Jahrhundert, mit etwa 100 Häusern aus dem 16./17./18. Jahrhundert ... Die Universität Löwen interessierte sich für diese Aufgabe. Sie hat diesen Stadtteil restaurieren lassen, um jungen Professoren Wohnmöglichkeiten zu geben und gleichzeitig einen kulturellen Beitrag zu leisten. Heute leben schon mehr als 500 junge Leute in diesem Viertel." Die Restaurierung und Revitalisierung dieses alten Klosterviertels Löwen ist für die Universität billiger als entsprechende Neubauten. (Fernsehbericht: Wolf, Sanieren heißt nicht abreißen)

Venedig
Venedig wäre verloren, wenn nicht mit erheblichen Staatszuschüssen Treppenhäuser, Küchen, Bäder und WC-Anlagen eingebaut würden. (Wildeman, Erneuerung denkmalwerter Altstädte)

Begeisterung für Dubrovnik
Unsere eigenen Altstädte möchten wir am liebsten wegsanieren, aber wir begeistern uns in Städten wie Dubrovnik für die Schönheiten lebendiger Vergangenheit. (Fernsehbericht: Wolf, Sanieren heißt nicht abreißen)

Stadtentwicklungsprogramm Bremen
In Altbaugebieten ist eine Erneuerung von Grund auf beispielsweise dann notwendig, wenn eine völlig neue Verkehrsinfrastruktur geschaffen werden muß.

Architektenwettbewerb Berlin-Neukölln
Das Preisgericht kritisierte 1972 einen der vorgelegten Entwürfe: „Die auf Zeit modernisierten Altbauten haben eine vergleichsweise kurze Restlebensdauer gegenüber Neubauten. Das bedeutet, daß in absehbarer Zeit wiederum kleinteilige Einheiten zur Sanierung anstehen, deren Folge eine permanente Belästigung der Anwohner ist.“ Außerdem würden grundlegende städtebauliche Neuerungen verhindert. (Neunter Bericht über Stadterneuerung in Berlin)

Lebensdauer der Gebäude
Die Restlebensdauer modernisierter Mietskasernen wurde in einer Untersuchung von J. Göderitz (Sanierung erneuerungsbedürftiger Baugebiete) mit 30 Jahren angesetzt. Für einen Neubau wurde eine Lebensdauer von reichlich 80 Jahren gerechnet.

Danzig und Warschau
1945 war Danzig zu mehr als 90% zerstört. Polens Hauptstadt Warschau lag total in Trümmern. Beide Altstädte wurden nach dem Kriege wiederaufgebaut – in ihrer historischen Gestalt. Es ist nur schwer vorstellbar, was die Polen dafür – ihrer wirtschaftlichen Not zum Trotz – auf sich genommen haben. (Fernsehbericht: Wolf, Sanieren heißt nicht abreißen)

Hameln, ein Zukunftsbild
Moderne, helle und luftige Neubauwohnungen können in der Altstadt angeboten werden. Dachgärten und Grünanlagen bieten Spielraum für die Kinder. Die alten Menschen wohnen in stillen Straßen und können am geschäftlichen Leben teilhaben . . .
Die Hamelner Mitbürger können ihre Gäste und die vielen Urlauber, die wir in Zukunft erwarten, durch besonders liebevoll erhaltene und gepflegte Altstadtstraßen und -plätze führen. An diesem „historischen Rundgang“ liegen alle sehenswerten Baudenkmäler. (Sanierungsfibel Hameln)

Umzug in der Kleinstadt Alsfeld/Hessen
. . . Zum Beispiel bei Frau Hill, einer Raumpflegerin im Rathaus. Bis vor kurzem lebte sie im Sanierungsgebiet. Als man ihr mitteilte, das Haus, in dem sie seit Jahrzehnten wohnte, müsse abgerissen werden, war sie alles andere als erfreut. „Das geht nicht gut“, sagte sie, „einen alten Baum soll man nicht verpflanzen.“ Doch heute lebt sie gemeinsam mit ihrem Sohn am Nordrand der Stadt, in Alsfelds angenehmstem Wohngebiet. Sie hat sich hier eingelebt und möchte nie wieder weg. Helle, freundliche Räume, eine moderne Küche, Badezimmer und Toilette, Annehmlichkeiten, von denen sie in der Altstadt nur träumen konnte, gehören nunmehr zu ihrem Wohnalltag. Kostenpunkt hundert Mark pro Monat, eine Miete, die kaum über der liegt, die sie in der Innenstadt zahlen mußte. (Petzold, Modelle für morgen)

Das Gängeviertel in Lübeck
Erster Bürgermeister Werner Kock: „Wir sind jetzt dabei, diesen Gang (= enge Gasse mit Kleinsthäusern) wiederherzustellen. Das letzte Mal, daß hier gebaut wurde, war 1792. Wir wollen aus den bisherigen winzigen kleinen Kämmerchen dieser kleinen Häuser richtige Wohnungen machen. Damit werden wir alte Menschen wieder in die Stadt, in ihren alten angestammten Lebenskreis, zurückbringen. Denn auf Grund der äußeren Verhältnisse waren auch wir bisher gezwungen, Altenwohnungen und Altenheime im Grünen zu bauen. Wir mußten aber feststellen, daß es dort sehr viele alte Menschen gibt, die einmal in der Stadt lebten und die gerne wieder in das Zentrum zurückkehren möchten. Dem wollen die ‚Wohnungsbaugesellschaften Trave‘ gemeinsam mit der befreundeten Gesellschaft ‚Heimstätten‘ abhelfen. Sie werden neue, größere Wohnungen innerhalb der alten Bausubstanz ausbauen.“ (Fernsehbericht: Wolf, Sanieren heißt nicht abreißen)

Enschede in den Niederlanden
Der „Boulevard 1945“ in Enschede ist ein markantes Beispiel wirkungsvoller niederländischer Planung im Grenzraum. Nach einer Flächensanierung (totaler Abbruch eines Altstadtteiles und einer Fabrikanlage) entstanden großzügige Geschäftsviertel mit einem Marktzentrum, das besonders an Wochenenden Tausende von Besuchern auch aus dem deutschen Grenzraum anlockt. (Schulfunkheft Erdkunde)

Altstadthäuser in Wiesloch/Baden-Württemberg
Ihre Eigentümer leben darin zwar ohne Komfort, aber spottbillig . . . Die wenigsten Althaus-Besitzer haben die Mittel, einen Neubau zu finanzieren . . . Die Grundstücke sind oft nur 70 bis 80 Quadratmeter groß. Darauf steht eine ineinandergeschachtelte Ansammlung von Wohngebäuden im Puppenhausstil, Kleinbetrieben, Schuppen und ehemaligen Stallungen . . . Mittelklassewagen können die engen Gassen kaum passieren; Parkplätze sind rar.
Städtebau-Professor Karl Selg: Höhere Gebäude würden – trotz ihrer lichten Bebauung – mehr Wohnraum, zurückverlegte Baufluchten mehr Verkehrsflächen schaffen; für mehr Bewohner und mehr Geschäftskundschaft würden sich mehr Parkplätze, Fußwege und Grünzonen ergeben.
Ratsherr Alfred Heinzmann: „Wiesloch muß Wiesloch bleiben. Man kann doch nicht eine Stadt, die in Jahrhunderten gewachsen ist, vom Erdboden tilgen . . . 90 bis 95 Prozent der Betroffenen sind gegen diese Sanierung.“ (Der Spiegel)

Das alte Stadtbild erhalten? Beispiel Hameln

Ortsstatut zur Erhaltung des historischen Orts- und Straßenbildes in der Stadt Hameln

... hat der Rat der Stadt Hameln am 5. Juli 1968 folgende Satzung beschlossen:

§ 1 Allgemein

(1) Die Altstadt mit ihren geschichtlichen und künstlerisch wertvollen Bauten und Straßenbildern ist von den Auswirkungen des Krieges weitgehend verschont geblieben.

(2) Um so mehr ist ihre Erhaltung und Pflege als kulturelle Aufgabe zu werten, deren Erfüllung durch die besonderen Vorschriften dieser Satzung erreicht werden soll.

(3) Es empfiehlt sich, vor baulicher Veränderung eines Baudenkmals und eines Neubaues in dessen Umgebung die kostenlose Beratung der Baubehörde in Anspruch zu nehmen.

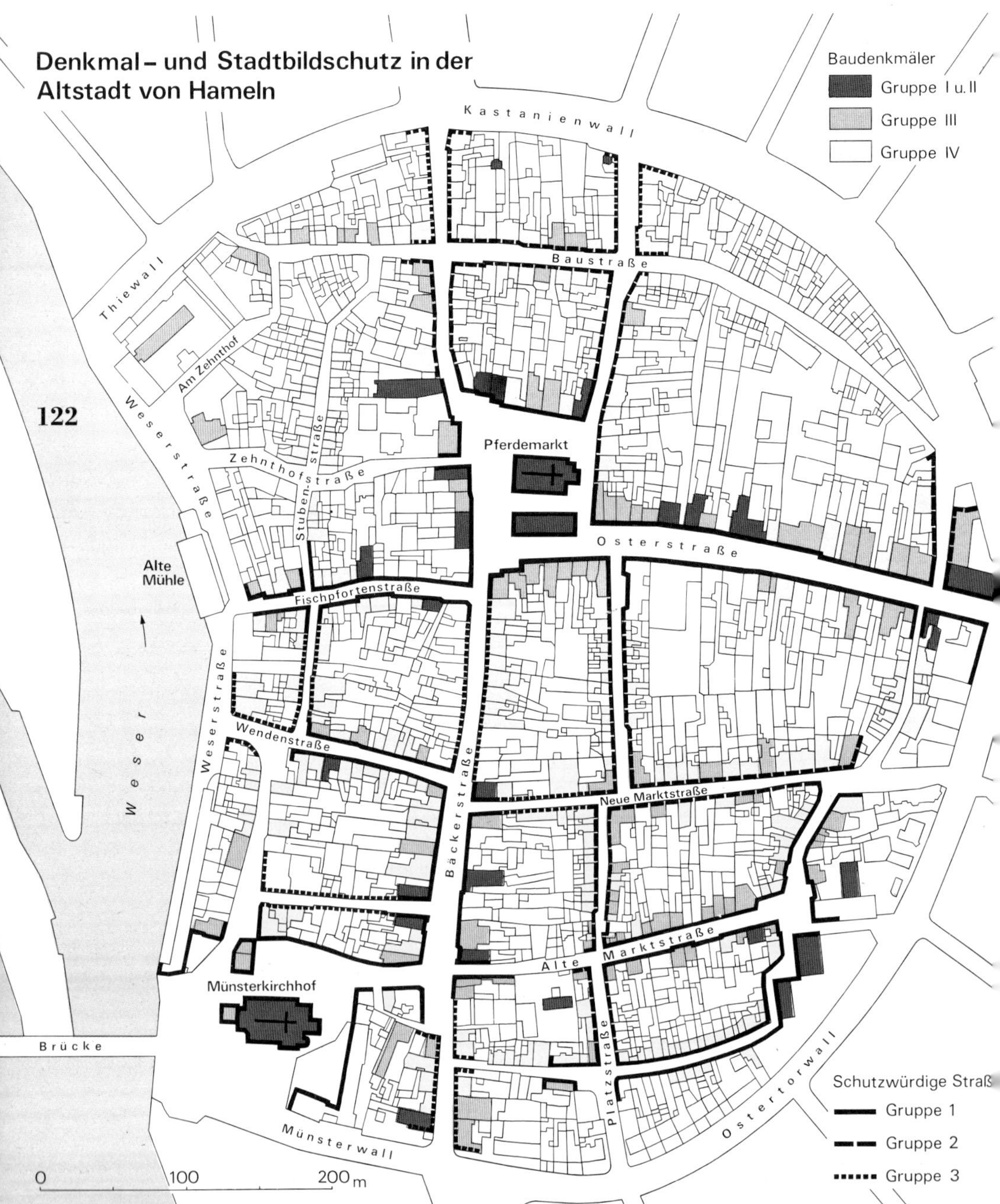

§ 2 Geltungsbereich
Der Geltungsbereich des Ortsstatuts erstreckt sich auf die Bebauung in dem Gebiet der Altstadt Hameln, das umschlossen wird von Thiewall, Kastanienwall, Ostertorwall, Münsterwall, Münsterplatz, Langer Wall, Weserufer (Weserstraße).

§ 3 Baudenkmäler
(1) Als Baudenkmäler der Stadt Hameln gelten insbesondere die ... Gebäude, Bauteile und baulichen Anlagen der Gruppen I, II und III.
Zur Gruppe I gehören Baudenkmäler von internationalem Rang.
Zur Gruppe II gehören Baudenkmäler von überörtlicher Bedeutung.
Zur Gruppe III gehören Baudenkmäler von örtlicher Bedeutung.
Zur Gruppe IV gehören Bauten von geringem Einzelwert, doch für ein Straßenbild von Bedeutung.
Zur Gruppe V gehören Bauten ohne Bedeutung, doch nicht störend.
Zur Gruppe VI gehören verbesserungsbedürftige Bauten, insbesondere solche, die den Maßstab der Altstadt nicht einhalten.
(2) Baudenkmäler sollen vom Eigentümer in einem ihrer Bedeutung entsprechenden Zustand erhalten und unterhalten werden.
Wenn ein Baudenkmal beseitigt wird, sollen bei einem etwaigen Neubau die Fassade wiederaufgebaut und sonst erhaltenswerte Bauteile wiederhergestellt werden.
(3) Jede bauliche Veränderung eines Baudenkmals ist genehmigungspflichtig. Die Bauerlaubnis ist zu erteilen, wenn die Eigenart und Wirkung des geschützten Bauwerks nicht wesentlich beeinträchtigt werden.

§ 4 Neubauten – Veränderungen
(1) Allgemein
Neubauten oder bauliche Veränderungen müssen in Maßstab, Größe und Gestaltung auf ihre Umgebung Rücksicht nehmen, damit deren Eigenart und Wirkung nicht wesentlich beeinträchtigt werden. Alle baulichen Veränderungen haben denkmalpflegerische Gesichtspunkte zu berücksichtigen. In besonderen Fällen ist die Stellungnahme des Niedersächsischen Landesverwaltungsamtes – Landeskonservator – herbeizuführen.
(2) Fassaden
a) Um- oder Erweiterungsbauten oder Erneuerungen an Fachwerkgebäuden sollen möglichst in Fachwerk unter Verwendung von altem Eichenholz oder durch sonstige Wiederverwendung alter Bauteile und Baustoffe ausgeführt werden. Neue sichtbare Fachwerkhölzer sollen kräftig dimensioniert sein und möglichst in alter Handwerkstechnik bearbeitet werden.
b) Der Zusammenhang des Erdgeschosses mit den Obergeschossen ist zu wahren. Kragdächer sind über dem Erdgeschoß nur zulässig, soweit das Straßenbild dadurch nicht wesentlich beeinträchtigt wird.
c) Bei der Fassadengestaltung sollen Tragepfeiler und -konstruktionen als End- und Zwischenstützen in ausreichender Zahl und Breite vor den Glasflächen oder zwischen sonstigen Öffnungen – z. B. Arkaden – sichtbar bleiben.
(3) Dächer
a) Die Dächer und ihre Ausbauten sind in Form, Firstrichtung und Neigung sowie ihrem Baustoff dem Ortsbild entsprechend zu gestalten.
b) Die Dächer der straßenbegleitenden Bebauung an historischen Straßen müssen Steildächer (Dachneigung 45° bis 60°) haben. Schleppgauben sollen niedrig gehalten werden, mit ihrer Oberkante Pfetten nicht mehr als 2,20 m über dem Fußboden liegen und eine Dachneigung von mindestens 30° haben.
Eingeschnittene Gauben sowie liegende Dachflächenfenster sind nur nach den Rückseiten zulässig.
c) Die Dächer im vorstehenden Absatz b) sind mit ortsüblichen roten gebrannten Hohlpfannen einzudecken. Gedämpfte, engobierte oder glasierte Dachziegel sind unzulässig.
Bei Baudenkmälern, deren Dachdeckung aus Sollingplatten oder Schiefer besteht, sollen die herkömmlichen Baustoffe weiterhin verwendet werden.
d) Vorhandene Flachdächer der straßenbegleitenden Bebauung sind – soweit nicht begehbar – in Material und Farbe unauffällig auszubilden oder zu begrünen.
(4) Inschriften, Schnitzwerk
Die vorhandenen Inschriften und Schnitzwerke sind zu erhalten. Bei Abbruch des Bauwerks sind diese Balkenteile sorgfältig auszubauen und zu lagern. Hierüber ist das Bauordnungsamt vorher zu befragen.

§ 5 Schutzwürdige Straßen
(1) Schutzwürdige Straßen sind solche Straßen und Plätze, die den bauhistorischen Charakter und die städtebauliche Eigenart in der Altstadt überwiegend behalten haben und deren einheitliches geschichtliches Bild bewahrt werden soll.
(2) Die Straßen der Altstadt werden entsprechend ihrer Bedeutung in denkmalpflegerischer Hinsicht in drei Gruppen ... eingeteilt.
Gruppe 1: Straßen, deren Eigenart in denkmalpflegerischer Hinsicht besonders schutzwürdig ist.
Gruppe 2: Straßen, deren Eigenart schutzwürdig ist.
Gruppe 3: Straßen, deren Eigenart erhaltenswert ist.
Bei Straßenkreuzungen gehören die Eckgebäude der jeweiligen höheren Wertungsgruppe an.
(3) Bauten sowie bauliche Änderungen von Gebäuden und sonstigen baulichen Anlagen an schutzwürdigen Straßen sind nur dann zu genehmigen, wenn die Eigenart der in den Anlagen 3.1 bis 3.46 dargestellten Orts- und Straßenbilder (Zeichnungen für die Hausfassaden in den einzelnen Altstadtstraßen) nicht wesentlich beeinträchtigt wird.
(4) Traufgassen sollen erhalten werden, wenn sie aus technischen oder gestalterischen Gründen wichtig sind.

§ 6 Befreiungen
Befreiungen von den Bestimmungen dieses Ortsstatutes können unter den in § 5 Abs. 2 der Bauordnung für die Stadt Hameln vom 23. 7. 1962 genannten Voraussetzungen gewährt werden.

§ 7 Zwangsgeld
Für den Fall der Nichtbefolgung dieses Ortsstatutes wird ein Zwangsgeld bis zu 500,– DM angedroht und Ersatzvornahme auf Kosten säumiger Pflichtiger vorgevorgesehen ...

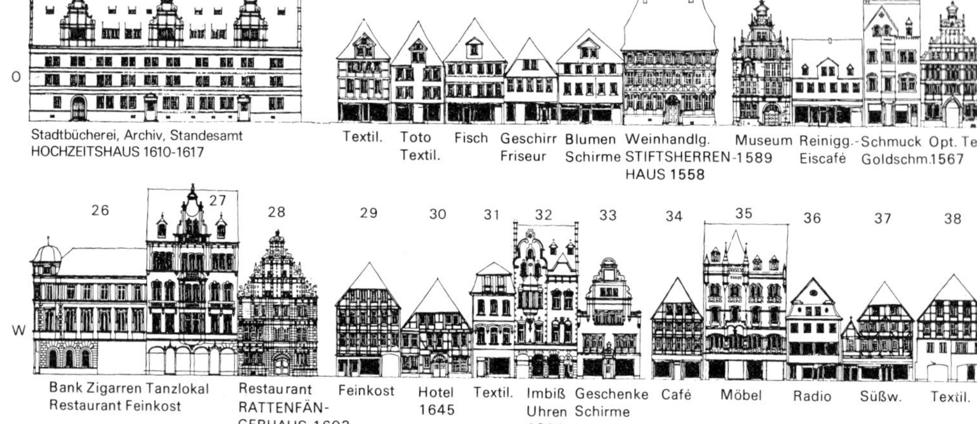

Die Osterstraße in Hameln

⅄ **1** Aus der Hamelner Sanierungsfibel 1968: „Die Stadt hat das über 400 Jahre alte Stiftsherrenhaus gekauft, um es vor der völligen Verunstaltung zu bewahren. Hier lohnt sich die Sanierung eines einzelnen Objektes, auch wenn die Gesamtkosten fast 1Million DM erreichen werden."

a) Kennzeichne das Stiftsherrenhaus auf den Abbildungen dieser Doppelseite mit einem Bleistiftzeichen. b) Was ist von der Sanierung des Hauses bereits zu erkennen?

2 Schon um 1200 bestand die Stadt Hameln. Sie hatte damals Größe und Grundriß der heutigen Altstadt. Aus welcher Zeit aber stammen die ältesten Gebäude an der Osterstraße? Ein Widerspruch?

⅄ **3** Die goldene Zeit Hamelns war die Zeit um 1600. Selbst prächtiges Fachwerk (wie bei Nr. 8, Renaissance) genügte manchen Bürgern nicht mehr: Sie bauten massive Häuser aus Sandstein. Der Baustil heißt „Weserrenaissance". Zähle alle Weserrenaissance-Häuser der Osterstraße auf.

⅄ **4** Wie werden die fünf prächtigsten Altbauten der Osterstraße heute genutzt? Warum sind solche Nutzungen günstig für die Erhaltung der Bauten?

5 Es gibt auch gründerzeitliche Häuser an der Osterstraße. Zähle sie auf und prüfe, inwiefern auch sie unter das Ortsstatut fallen.

6 Angenommen: Der Eigentümer des „Rattenfängerhauses" klagt über hohe Erhaltungskosten und wenig Platz. Er will die Häuser 26

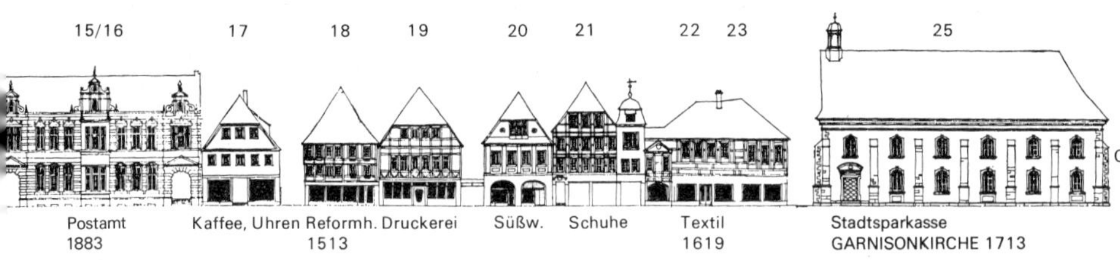

und 27 hinzukaufen, alle drei Häuser abreißen und an ihrer Stelle ein großes modernes Hotel bauen. Darf er das?

7 Was würdet ihr nun dem Eigentümer des „Rattenfängerhauses" raten?

8 Das Ortsstatut wurde vom Rat der Stadt Hameln einstimmig beschlossen. Trotzdem: Könnte es nicht Bürger geben, die dieses Gesetz ablehnen? Könnte das Ortsstatut nicht sogar als ein Hindernis für die Sanierung betrachtet werden? Versucht eine Diskussion mit verteilten Rollen: für und gegen das Ortsstatut. (Ihr könnt auch die Erfahrungen der Stadt Bern heranziehen, s. S. 128 unten.)

9 Wie das Modell zeigt, sollen in der Hamelner Altstadt zahlreiche Neubauten entstehen. Kennzeichne sie möglichst knapp nach Lage, Nutzung und Größe.

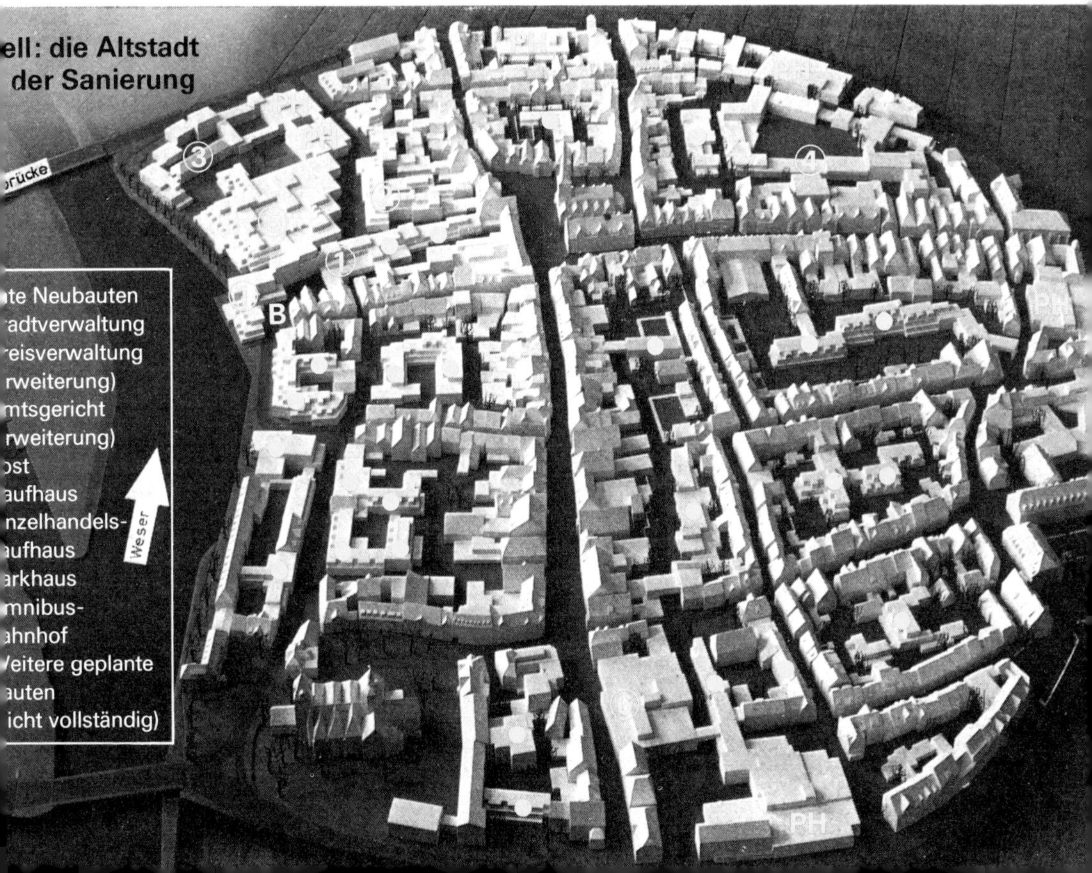

Alter Zustand: Eine Häuserzeile aus Fachwerkbauten und Massivbauten.

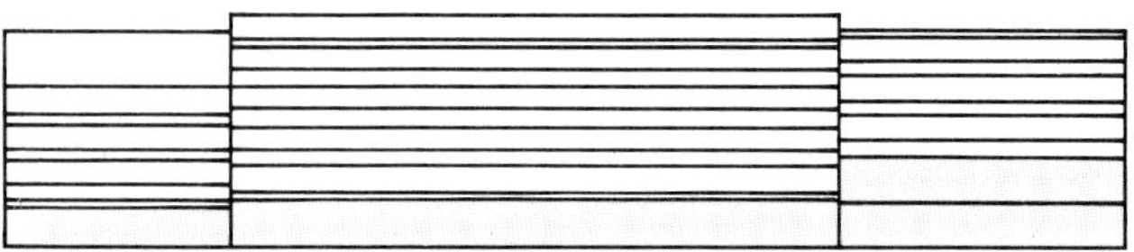

Lösung A: Die Grundstücke werden von drei Geschäftsleuten aufgekauft und nach Abbruch modern bebaut.

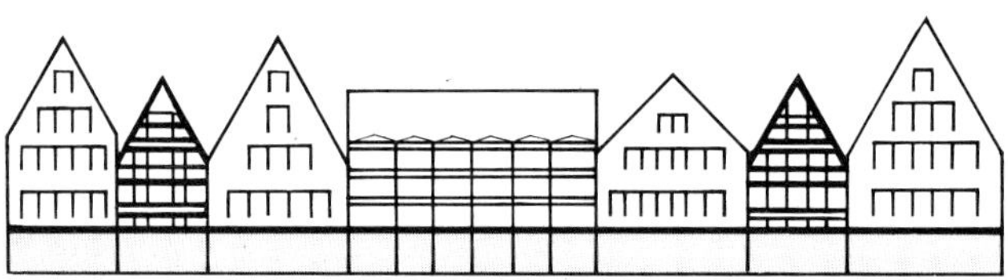

Lösung B: Die Erdgeschosse sind vollverglast; dadurch wirken die Häuser verkleinert. Die Ziergiebel sind vereinfacht.

Lösung C: Einige Neubauten, einige Modernisierungen. Die Erdgeschosse werden neu genutzt als Geschäfte und Gaststätten.

(Nach D. Wildeman: Erneuerung denkmalwerter Altstädte)

Richtiges und falsches Bauen in den Straßen der Altstadt

Vielleicht hat auch eure Stadt einladende Citystraßen mitten im alten Kern: Straßen, in denen man ungestört einkaufen kann, wo viele Menschen schauen und bummeln, wo man sich trifft und miteinander spricht, wo Junge und Alte auf den Bänken sitzen und sich an dem malerischen Bild erfreuen. Solche attraktiven Straßen entstehen nicht von selbst. Man muß etwas dafür tun. „Man" – das sind die Bürger der Stadt, der Rat, die Verwaltung. Man kann z. B. den Autoverkehr aussperren. Man kann Straßencafés einrichten ...

Zu einer attraktiven Straße gehören auch die Häuser links und rechts, vor allem die alten Häuser. Wie leicht kann dieses Bild zerstört werden! Gerade Citystraßen verändern sich ständig: Läden werden modernisiert, Schaufenster vergrößert, Passagen eingebaut, Häuser abgerissen, um neuen, größeren, zweckmäßigeren Gebäuden Platz zu machen.

In der Citystraße wird immer irgendwo gebaut, und ehe man sich versieht, hat das Bauen den „Charakter" der Straße zerstört – wenn nicht Bürger, Rat und Verwaltung aufpassen und die Bauvorhaben in der Stadtmitte besonders sorgfältig überwachen. Man muß die Gefahren kennen.

Wir fragen Fachleute um Rat. Die Abbildungen stammen von Landesbaudirektor Dr. Wildeman aus Münster. Er hat aufgezeichnet, wie er sich falsches und richtiges Bauen in einer alten Straße vorstellt. (Andere Fachleute sind vielleicht anderer Meinung.)

1 Beschreibe zunächst die vier Skizzen. Deine Aussagen sollen immer etwas ausführlicher sein als die Hinweise unter den Skizzen.

2 Welche Ratschläge gibt Dr. Wildeman? Man kann sie an seinen Skizzen ablesen.

∞ **3** Ihr könnt die Ratschläge von Dr. Wildeman mit den Bestimmungen im Hamelner Ortsstatut vergleichen. Wählt als Beispiel die Gestaltung der Schaufensterfronten.

1 Erhaltung des alten Gebäudes	**2 Erhaltung der alten Fassade**	**3 Neubau in einem angepaßten Stil**	**4 Neubau im Stil unserer Zeit**
a) Das schöne alte Haus ist ein Baudenkmal, ein Kunstwerk – wertvoll wie ein altes Gemälde. Es wird vor allen Veränderungen geschützt und immer wieder sorgfältig restauriert. b) Falls ein Neubau unvermeidlich ist, wird das alte Vorbild genau kopiert. (Historische Bauten sind nur begrenzt nutzbar: für Wohnungen, Gasthäuser, Boutiquen, Museen ...)	a) Das alte Haus wird durch einen Neubau ersetzt; aber die alte Fassade wird erhalten. Das historische Bild soll bleiben. b) Schaufenster und Passagen werden eingebaut. Nur der obere Teil der Fassade wird erhalten. c) Falls sich die alte Fassade nicht mehr ausbessern läßt, wird sie abgerissen und genau nach altem Vorbild wiederaufgebaut.	Der Neubau erhält zwar keine alte Fassade; trotzdem soll er sich ungefähr in das Gesamtbild der Straße einfügen. Der Architekt bemüht sich um die passenden Formen, die kleinteiligen Maße und das richtige Baumaterial für die Fassade. Es ist möglich, daß sich der neue Bau besser einfügt als sein Vorgänger – jedenfalls nach dem heutigen Geschmack.	Der Neubau paßt nicht in das alte Stadtbild. Manche Leute meinen: Jede Zeit hat ihre eigene Baukunst, auch unsere. Warum also nicht modern bauen! Oft sprengt der Neubau schon wegen seiner Größe das alte Bild. Große, zweckmäßig gebaute Geschäfte sind nun einmal nötig in einer leistungsfähigen City. Oft müssen mehrere alte Grundstücke zusammengekauft werden.

4 Über den Karstadt-Bau in **Celle** (Foto) ist viel diskutiert worden: ein Kaufhaus zwischen Fachwerkhäusern. Ordne den Bau in die Übersicht oben ein (genügt eine Spalte?). Die Leistung der Celler Architekten wird auch von Dr. Wildeman anerkannt. Grundsätzlich aber hält er ein großes Kaufhaus für einen Fremdkörper in einer kleinparzelligen Altstadt.

Über ein Kaufhaus in **Regensburg** berichtete das Fernsehen: „Diesen Betonklotz hat vor zehn Jahren ein Kaufhauskonzern mitten in die Altstadt gesetzt. Jetzt wird das Kaufhaus erweitert. Wieder werden alte Häuser abgerissen."

Wohin mit den Kaufhäusern? Daß sie für das Geschäftsleben einer Stadt wichtig sind, bestreitet niemand. Ein Kaufhaus zieht Käufer in die Stadt, und dadurch erhalten auch die Fachgeschäfte mehr Kundschaft. Wohin also? Nicht mitten in die City, sondern mehr an den Rand. Nahe an Haltestellen und Parkhäusern sollten sie stehen, zugleich in kürzester Fußweg-Entfernung zu den Citystraßen.

5 Nach diesen Gesichtspunkten kannst du die Standorte der Kaufhäuser in **Hameln** beurteilen. Das vorige Kapitel enthält Angaben über ein älteres, kleineres Kaufhaus, über ein neues Großkaufhaus nahe der Weser (s. Modell) und über ein geplantes „Einzelhandelskaufhaus" (ein Gebäude, in dem viele verschiedene Fachgeschäfte untergebracht werden sollen).

6 Untersucht – falls möglich – auch die Standorte der Kaufhäuser in eurer Stadt. Zeichnet dazu eine Kartenskizze (Kaufhäuser, Citystraßen, Fußgängerbereich, citynahe Parkplätze/Parkhäuser, Haltestellen).

Kaufhaus Karstadt in Celle

Kaufhaus Woolworth in Lüneburg

∞ 7 Zum Studieren und Diskutieren:

Lüneburg (60000 Einw.) erhält ein drittes Kaufhaus. Standort Citystraße.

Ende 1965. Die Firma Woolworth kauft das Grundstück Gr. Bäckerstraße 6–7 und plant einen Neubau. Das Stadtbauamt fordert, daß der barocke Giebel des Hauses Nr. 6 stehenbleibt. Die Firma ist einverstanden.
Januar 1966. Erster Entwurf der Architekten Meyer-Eggers und Dr. Rothgordt, Lüneburg, im Auftrag der Firma.
7. 2. 66. Firma Woolworth an das Stadtbauamt: „Die Untersuchungen haben ergeben, daß der Giebel in sich keine Festigkeit mehr besitzt und durch wiederholte unsachgemäße Reparaturen, die im Laufe der Zeit vorgenommen wurden, stark gelitten hat ... Aus allen diesen Gründen unterbreiten wir Ihnen den Vorschlag, den Giebel nach vorheriger genauester Aufnahme mit abzureißen und ihn in der gleichen Art und Weise ... neu zu errichten."
28. 2. 66. Der Bau- und Grundstücksausschuß (vom Rat der Stadt Lüneburg) beurteilt das Mauerwerk günstiger und empfiehlt, den Giebel „in seiner jetzigen Form stehen zu lassen, falls die Architekten nicht einen Vorschlag für eine völlig neue Gesamtlösung unterbreiten können, der in gestalterischer Hinsicht überzeugender als der jetzige ist."
28. 3. 66. Neuer Entwurf: eine „Vorhangfassade". Firma Woolworth: „Wir sind davon ausgegangen, daß das Gesamtbild der Gr. Bäckerstraße in jedem Fall erhalten bleiben muß."
20. 4. 66. Dem Landeskonservator Dr. Wolff, Hannover, ist die Vorhangfassade zu großflächig. Er will den barocken Giebel erhalten und die Restfläche kräftiger gliedern.

29. 4. 66. Der Stadtbildpflege-Ausschuß lehnt die Vorhangfassade und ebenso die Änderungsvorschläge des Landeskonservators ab.
10. 5. 66. Die Firma Woolworth erklärt sich bereit, den Giebel des Hauses Nr. 6 genau aufmessen und vorsichtig abbrechen zu lassen. Die Ziegelsteine des Abbruchhauses sollen für den Wiederaufbau des Giebels in seiner ursprünglichen Form verwandt werden.
16./17. 5. 66. Die Ausschüsse des Rates stimmen trotz einiger Bedenken zu.
20. 6. 66. Dritter Entwurf der Architekten (unter Mitwirkung des Stadtbauamtes).
Juli 1966. Abbruch und Ausschachtung.
2. 3. 67, 9 Uhr. Eröffnung des neuen Geschäfts.

8 Vorschläge für die Arbeit an eurer eigenen Stadt: a) mehrere Neubauten in der Altstadt fotografieren, die Fotos mit Hilfe der Übersicht S. 127 beschreiben, über gute und schlechte Lösungen diskutieren; b) einen Fachmann bitten, jüngste Bauvorhaben in der Altstadt zu erläutern, und mit ihm diskutieren. –

Ein letztes Beispiel für diejenigen, die Denkmalpflege noch immer für nutzlose Schwärmerei und Geldverschwendung halten: 1955 haben die Bürger von **Bern** sich ein strenges Ortsstatut geschaffen (353 Artikel auf 144 Seiten). Und schon heute hat sich die Sanierung bezahlt gemacht. Siebzig Prozent der Einzelhandelsumsätze bringen in den Sommermonaten Touristen ein, die von der gepflegten malerischen Altstadt angezogen werden.

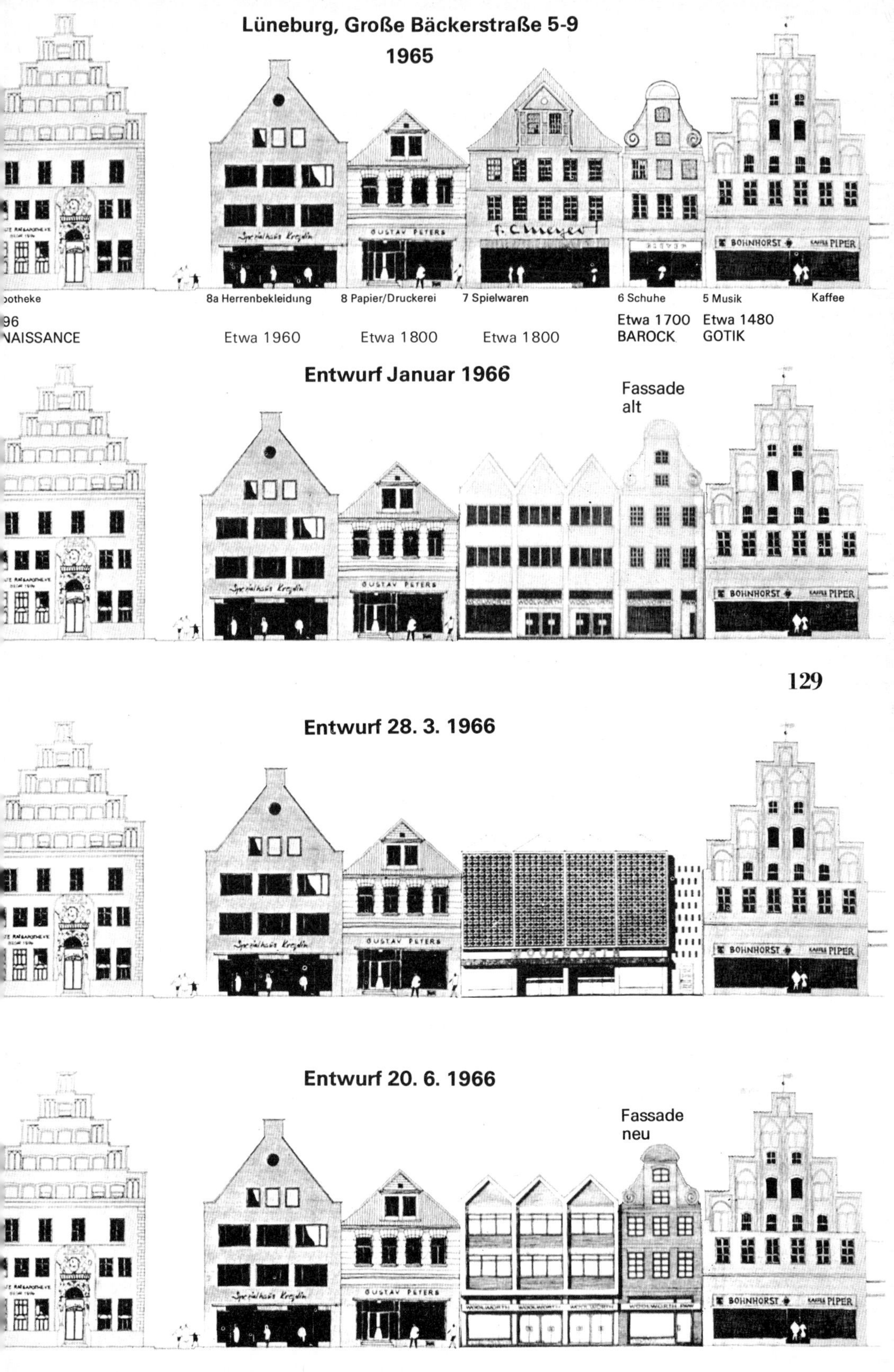
Lüneburg, Große Bäckerstraße 5-9
1965
otheke
96
NAISSANCE
8a Herrenbekleidung
Etwa 1960
8 Papier/Druckerei
Etwa 1800
7 Spielwaren
Etwa 1800
6 Schuhe
Etwa 1700
BAROCK
5 Musik
Etwa 1480
GOTIK
Kaffee
GUSTAV PETERS
BOHNHORST
PIPER
Entwurf Januar 1966
Fassade
alt
Entwurf 28. 3. 1966
Entwurf 20. 6. 1966
Fassade
neu

City contra Wohnen: Hausbesetzung in Frankfurt-Westend

□ Der Student Til Schulz berichtet:

„Im Herbst 1969 waren wir, eine studentische Wohngemeinschaft von vier Personen, zwei Männer und zwei Frauen, in eine Dreieinhalb-Zimmerwohnung eingezogen ... Es handelte sich bei dem Haus (Eppsteiner Straße 47) um einen für den Westend typischen Altbau mit schöner Jugendstilfassade, großen und hohen Räumen, die meistenteils schon recht abgewohnt waren ... Wir waren die einzigen Deutschen in dem Haus, in allen anderen Wohnungen wohnten Türken und Italiener.
Wir hatten einen festen Mietvertrag über ein Jahr, aber schon im Mai ließ man uns erkennen, daß wir nicht länger erwünscht waren; über die Hälfte der Mieter, nahezu alle Türken, wurden kurzfristig auf die Straße gesetzt. Seit diesem Zeitpunkt standen fünf der insgesam zehn Wohnungen offen und leer."

Bald waren in den leerstehenden Wohnungen Toiletten zerschlagen und Waschbecken herausgerissen. Der Verfall begann. Die verbliebenen Mieter rechneten damit, im Herbst ebenfalls ausziehen zu müssen.
Die Studenten fanden sich mit anderen jungen Leuten zusammen, auch mit Sozialarbeitern die das Wohnelend in Frankfurter Notunterkünften erlebt hatten. Man wollte die Öffentlichkeit aufrütteln und sie auf die Ereignisse im Westend aufmerksam machen. Man plante die erste Hausbesetzung: Eppsteiner Straße 47. Die im Hause wohnenden Gastarbeiter waren einverstanden, ebenso eine kinderreiche Familie, die man aus einer Frankfurter Notunterkunft holen wollte. Dann kam der 19. September 1970.

„Um 18 Uhr versammelten sich etwa 20 Personen im Haus und begannen sogleich zu arbeiten. Zuerst wurden die Zähler kurzgeschlossen, dann wurde geschrubbt und gestrichen, wurden Fensterscheiben eingesetzt und sanitäre Anlagen repariert. Stockwerk für Stockwerk ging das Licht an. Die Polizei, die in ihren regelmäßigen Streifen etwa jede Viertelstunde am Haus vorbeifuhr, unternahm nichts ... Nachdem Renovierung und Einzug in den frühen Morgenstunden beendet waren, wurde die Eingangstür mit einer meterhohen Barrikade versehen; sie zu öffnen, hätte die Polizei (wie später in Hannover) Panzerwagen benötigt. Die Rolläden im Erdgeschoß wurden heruntergelassen, gegen die Fensterkreuze Bretter genagelt und Balken gestemmt ...
Tagelang bildeten sich vor dem Hause Menschentrauben die erregt miteinander diskutierten, wobei die Zustimmung zu unserer Aktion überwog. Die Zeitungen berichteten zurückhaltend, aber meist positiv ... Kurz darau wurden zwei weitere Häuser besetzt; eines mußte zwa geräumt werden, aber unter dem Druck unserer Erklärungen, daß massiver Widerstand geleistet werden würde, mußte die Stadt den meist italienischen Bewohnern billige Sozialwohnungen zur Verfügung stellen. Ein dreiviertel Jahr lang war Ruhe, dann kam es zur ersten offenen Auseinandersetzung mit der Polizei im Grüneburgweg 135, wo nach der Besetzung eine zweistündige Straßenschlacht stattfand." (16)

Der Bericht des Studenten Til Schulz ist einseitig. Selbstverständlich dürfen die Verantwortlichen der Stadt eine Hausbesetzung nicht dulden; denn Hausbesetzungen und Widerstand gegen die Staatsgewalt verstoßen gegen geltende Gesetze.
Der Bericht macht aber auf Probleme aufmerksam, die in den citynahen Wohnvierteln vieler großer Städte auftreten. Die City wächst, und die Wohnbevölkerung in den citynahen Vierteln wird verdrängt. Diesen Vorgang muß man begreifen, wenn man einen einzelnen Fall wie den in Frankfurt richtig beurteilen will.

□ Die Hintergründe der Ereignisse:
Westend ist ein gründerzeitliches Wohnviertel. Es war lange Zeit eine bevorzugte Wohngegend, vornehm und bürgerlich – anders als die Mietskasernenviertel aus der gleichen Zeit.

Eppsteiner Straße 47, September 1970. Aus den Fenstern des fünfstöckigen Eckhauses hängen Plakate:

**Wir haben dieses Haus besetzt, weil die Wohnungen seit langem leerstanden, weil die Wohnungen systematisch zerstört wurden.
Schluß mit der Zerstörung von Wohnungen!**

**Dieses Haus ist zum Wohnen da!
Für den Eigentümer ist das Haus ein Spekulationsobjekt, für uns ist es dringend benötigter Wohnraum.
Gegen Mietwucher und Spekulation!**

Seit 1965 werden im Westend Bürohäuser gebaut. Die Firmen, die hier ihre Verwaltungen ansiedeln, schätzen nicht nur die Innenstadtnähe, sondern auch die ruhige Lage und die Größe der Grundstücke in dem einst vornehmen Viertel. Die Namen der Straßen haben immer noch einen guten Klang; solche Firmenanschriften machen bei den Geschäftspartnern Eindruck.

Frankfurter Geldleute haben schnell die günstige Gelegenheit begriffen. Für Büros lassen sich viel höhere Mieten erzielen als für Wohnungen; Bürogrundstücke haben einen vielfach höheren Wert als Wohngrundstücke. Man müßte also Wohngrundstücke kaufen und sie als Bürogrundstücke wieder verkaufen! Oder auch die Bürohäuser selbst bauen und sie dann verkaufen oder vermieten! Man rechnete mit riesigen Gewinnen. Das ist Spekulation.

Die Spekulanten wandten sich an die alten Eigentümer und kauften Hunderte von Wohnhäusern. Da Abbruchgenehmigungen aber nur für unbewohnbare Häuser zu erhalten sind, hat man in vielen Fällen den Verfall beschleunigt: Die Häuser wurden (und werden) mit Gastarbeitern überbelegt; andere stehen mit voller Absicht jahrelang leer, bis sie ruiniert sind.

Frankfurt: am Rand der City

1 Wie liegt die Frankfurter City im Vergleich zur Altstadt? Studiere die Karte.

2 Die City von Frankfurt wächst, und Tausende alter Wohnhäuser müssen weichen. Ist das nicht auch eine Sanierung? Wie denkt ihr über diese Entwicklung?

Frankfurt: City und citynahe Viertel

0 500 1000 1500 2000 m

Quadratmeter-Preise in einer (ausgedachten) Stadt

50	50	50	50	50	40	40	40	50	50	50	50	40	30	30
50	50	50	50	70	50	50	50	50	70	70	50	40	40	30
50	50	70	70	70	70	100	50	100	100	100	100	50	50	40
70	70	100	100	100	100	150	100	200	100	150	50	50	40	40
70	100	200	100	100	100	150	750	1000	200	200	100	50	40	40
100	200	200	100	100	200	200	1000	1500	800	150	100	50	30	30
50	70	70	100	100	200	150	750	1000	200	50	50	40	30	30
40	50	70	70	100	150	100	100	200	100	50	40	30	30	30
40	50	50	70	100	150	100	200	100	50	50	50	30	40	30
50	50	50	50	70	100	150	100	50	40	40	30	40	40	40
40	50	50	70	100	100	70	50	50	40	40	40	30	40	30
40	50	50	50	100	50	50	30	30	30	40	30	30	20	30
40	40	50	50	40	30	30	20	30	30	30	30	25	20	20

Zehn Jahre

0 1 2 3 4 5 6

70	70	70	70	50	50	50	70	100	70	70	50	50	5
70	70	70	100	100	70	70	100	150	100	100	100	70	5
70	70	100	100	100	100	100	200	150	100	150	100	100	7
100	100	150	150	150	200	200	250	250	200	200	100	70	5
100	100	150	200	250	800	250	1000	2000	250	250	200	100	5
150	150	200	200	800	800	1000	2000	2500	1000	200	150	70	5
100	100	150	250	800	800	1000	1500	1500	250	70	70	50	4
100	100	100	200	200	200	250	200	200	150	50	50	50	4
100	100	100	150	150	150	200	200	100	100	50	50	40	4
70	70	100	100	150	150	150	100	70	50	40	40	40	4
70	70	70	100	150	150	100	70	70	50	40	40	30	4
70	70	70	70	100	100	70	70	50	50	40	30	30	2
50	50	70	50	50	50	70	40	40	30	40	30	20	2

3 Auf diesen zwei Bodenpreiskarten ist die City an den extrem hohen Grundstückspreisen zu erkennen. Ziehe auf beiden Karten eine Linie um die City (Transparentpapier!) und beschreibe dann die Entwicklung in den zehn Jahren. (Siehst du eine Ähnlichkeit mit der Entwicklung im Westend?)

Für das Wohnen ist die City zu teuer. Geschäfte, Banken, Versicherungen „reißen" sich um City-Grundstücke und überbieten sich gegenseitig. Die City ist für sie der günstigste

Verteilung der Beschäftigten in London

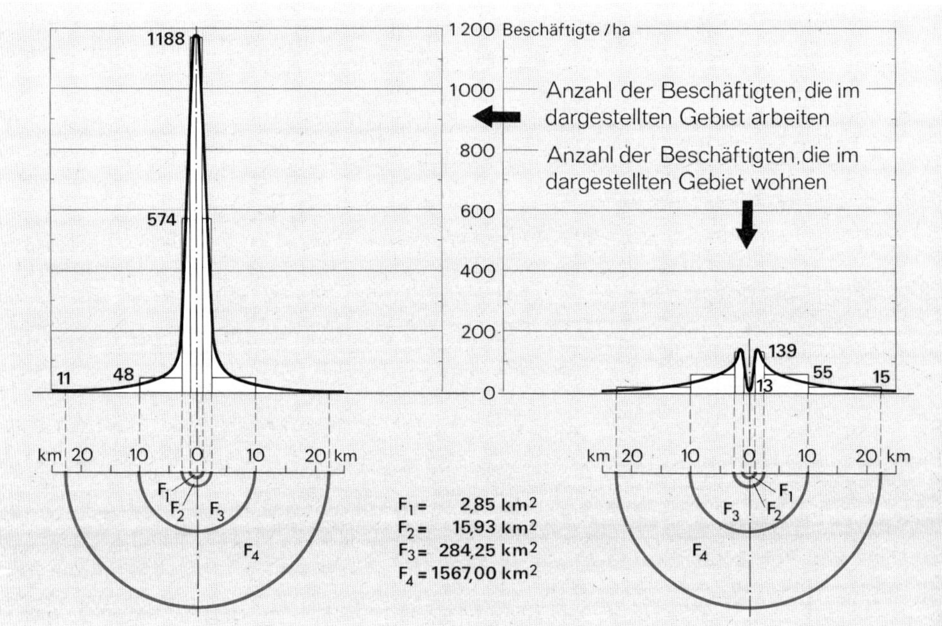

Hamburg und Umgebung
Bevölkerungsveränderung 1938 – 1970

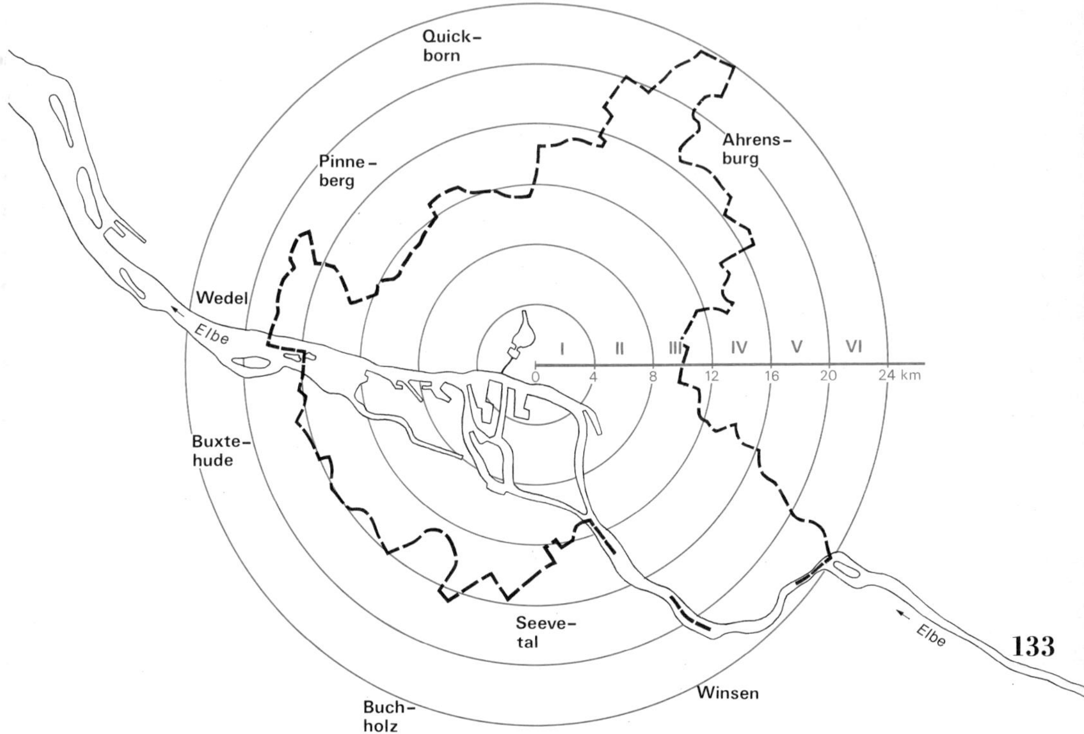

Zone	Entfernung vom Hauptbahnhof	Fläche	Bevölkerung 1938	1970	Bevölkerungsveränderung zwischen 1938 und 1970
I	0 – 4 km	50,3 km²	781 000	304 000	– 477 000 = 61 % Abnahme
II	4 – 8 km	150,8 km²	578 000	654 000	+ 76 000 = 13 % Zunahme
III	8 – 12 km	251,3 km²	184 000	539 000	+ 355 000 = 193 % Zunahme
IV	12 – 16 km	351,9 km²	147 000	356 000	+ 209 000 = 142 % Zunahme
V	16 – 20 km	452,4 km²	97 000	210 000	+ 113 000 = 116 % Zunahme
VI	20 – 24 km	552,9 km²	47 000	132 000	+ 85 000 = 181 % Zunahme

Standort: Hier ist Geld zu verdienen! Ein Beispiel: die Zeil, Hauptgeschäftsstraße in der Frankfurter City. In die Zeil kommen täglich über 100 000 Käufer. Die 6 Großkaufhäuser und 60 übrigen Geschäfte verkaufen jährlich Waren im Wert von 1 Mrd. DM. Ein Quadratmeter kostet über 5 000 DM.

4 Beschreibe die Hamburg-Karte Schritt für Schritt.

5 Kommentiere die beiden London-Querschnitte auf der linken Seite unten.

6 Die London-Querschnitte und die Hamburg-Karte stellen „Wanderungen" dar. Was ist der wesentliche Unterschied zwischen diesen beiden Wanderungen?

Chicago: Bürohochhäuser der City, links die beiden Wohntürme „Marina-City-Towers"

Die „Marina-City-Towers" stehen am Cityrand von **Chicago**, direkt am Chicago-River. Im Sockel: „Garagen" für 700 Jachten, darüber Geschäfte, Restaurants, Eisbahn, Bowling-Bahnen; im unteren Drittel der Türme Autogaragen, oben die Wohnungen mit den halbrunden Balkons.

Im April 1965 lebten in den „Marina-City-Towers" 1309 Bewohner, davon 1279 Erwachsene und 30 Kinder. 68 % waren Einzelpersonen. 71 % waren jünger als 50 Jahre. 69 % gehörten zu den Einkommensklassen über 3000 DM (umgerechnet). Miete für ein Einzelzimmer-Apartment 600–700 DM, für ein Zweizimmer-Apartment bis 1000 DM. 75 % der Bewohner waren in der City beschäftigt.

7 Kennzeichne diese besondere Form des Wohnens mit wenigen Sätzen.

∞ **8** Auf den vorangehenden Seiten wurde gezeigt, daß die wachsende City das Wohnen verdrängt. Hier ist nun von neuen Wohnhäusern in der Innenstadt die Rede. Ein Widerspruch?

9 Falls es auch in eurer Stadt neue Apartment-Häuser in der Innenstadt gibt, solltet ihr eine Untersuchung durchführen. Welche Zahlen müssen erfragt werden? (Siehe „Marina-City-Towers!) Überlegt auch die Methode: z. B. Fragebogen, Gruppenarbeit, Vergleichsuntersuchungen in „normalen" Wohnvierteln der Stadt ...

In vielen Städten wächst die City. Soll man sie einfach wachsen lassen? Ist dieser Prozeß notwendig und richtig? Oder ist er eine Gefahr, gegen die man sich wehren muß?

Einerseits

- Jede Stadt braucht eine leistungsfähige City. Hier sind viele wichtige zentrale Einrichtungen für die Stadt und ihre weite Umgebung konzentriert.
- Wenn z. B. in diesem Einzugsgebiet die Kaufkraft zunimmt, dann steigen die Ansprüche an die City. Damit steigen dort auch die Profitmöglichkeiten und entsprechend die Grundstückspreise. Die Nutzungen mit dem größten Profit setzen sich durch.
- Sanierungsbedürftige Wohnviertel verschwinden, ohne daß der Öffentlichkeit Sanierungskosten entstehen.

Andererseits

- Die Bewohner citynaher alter Wohnviertel werden verdrängt. Sie müssen umziehen und in der Regel höhere Mieten und weitere Arbeitswege hinnehmen.
- Da im Kern der großen Stadt kaum noch jemand wohnt, sind die Citystraßen nach Geschäftsschluß leer. Auch Besucher meiden dann die verödete City – eine schlechte Empfehlung für die Stadt.
- Cafés, Gaststätten und andere Einrichtungen, die für das Wohlbefinden der Citybesucher wichtig sind, müssen den rentableren Nutzungen weichen.

Was tun die Planer? Der Planer Gerhard Dreier schreibt über **Hamburg:** „In zunehmendem Umfang besteht die Gefahr, daß die City und angrenzende Wohngebiete wie Harvestehude/Rotherbaum, Uhlenhorst, Palmaille reine ‚Bürofelder' werden. Es ist daher notwendig, diese umfangreichen flächenbeanspruchenden Verwaltungen aus der City herauszunehmen."

Zur Ergänzung und Entlastung der City in Hamburg wurde 1960 die „Geschäftsstadt Nord" geplant: 6 km nördlich der City, 100 ha Fläche, gute Lage zu Straßen, S- und U-Bahnen. Der Flughafen Fuhlsbüttel liegt nur 2,5 km entfernt. Wegen der Flughafennähe dürfen freilich die Gebäude am Nordrand der „Geschäftsstadt" nur 40 m, am Südrand nur 50 m hoch gebaut werden. Zu den ersten „Aussiedlern" gehörte die Firma BP. Ihre Büros waren vorher in 14 verschiedenen Bürohäusern der Hamburger City untergebracht.

10 Die Planer verwenden die Namen „Geschäftsstadt Nord" oder „City Nord". Kritisiere beide Namen (ohne zu vergessen, daß man sich bei diesen Namen etwas gedacht hat).

11 Versuche anhand der Fotos einige vergleichende Aussagen über Chicago und Hamburg.

Hamburg: „Geschäftsstadt Nord"

Planer – Bürger – Spekulanten

Wenn in unseren Städten bauliche Veränderungen geplant werden, dann sind nicht nur die Planer am Werk. Meist sind beteiligt: Ratsherren als Vertreter verschiedener Parteien und Interessen, Grundeigentümer, Geschäftsleute, Baufirmen, Architekten, Denkmalpfleger ... Auch andere Bürger können sich beteiligen und die Planung beeinflussen. Auch wir!

1 Untersuche jeden der folgenden Berichte, indem du nach den Beteiligten fragst. Notiere außerdem möglichst genau, was die Beteiligten erreichen wollen.

○ **2** Beurteilt jeweils das Verhalten der Beteiligten. Würdet ihr eine andere Lösung für richtiger halten? Was müßte getan werden, um dieses Ziel zu erreichen?

München-Au. Die Wohnungsbaugesellschaft „Neue Heimat" wollte 1959 einige Baublöcke sanieren. Messungen ergaben, daß einer Eigentümerin genau 0,1571 m² Grund gehörten, eine Fläche, die man mit zweieinhalb Bogen Schreibmaschinenpapier abdecken kann. Für diesen Splitter aus einer Erbschaft forderte die Frau 3000 DM in bar sowie weitere Leistungen im Wert von 2000 DM. Die „Neue Heimat" verhandelte 18 Monate. Dann zahlte sie. „Sonst wäre die ganze Sanierung hinausgezögert worden. Was sollten wir machen, es war nun mal ihr Eigentum."

Hamburg-Altona. Ende der fünfziger Jahre beschlossen die Hamburger Ratsherren, ein stark zerbombtes Viertel in Altona zu sanieren. Nur der Pumpenfabrikant Fritz P. weigerte sich, seinen Betrieb (1247 m²) auf Kosten der Stadt zu verlegen. 1961 wurde die Enteignung verfügt. P. ging vor Gericht und wehrte sich acht Jahre lang. Von Jahr zu Jahr stellte er höhere Entschädigungsforderungen. Die Sanierung Altonas blieb stecken.

Schließlich gab die Stadt nach. Am 19. Dezember 1969 erhielt P. ganz in der Nähe ein Ersatzgrundstück von 3815 m² (Wert 1 Mio. DM) und außerdem 1,5 Mio. DM in bar. Er baute nicht, sondern wartete genau zwei Jahre und einen Tag. Dann verkaufte er das neue Grundstück für 7,5 Mio. DM an eine Baufirma. Hätte er innerhalb von zwei Jahren verkauft, hätte er den Gewinn versteuern müssen.

Karlsruhe. Die Stadt Karlsruhe nahm bald nach 1960 eine der größten deutschen Flächensanierungen in Angriff. Das Stadtviertel „Dörfle" (18. Jahrhundert, 5000 Einwohner) sollte gründlich erneuert werden. Als die Stadt mit dem Aufkauf der Grundstücke begann, bekam sie den Quadratmeter für 25 bis 30 DM; heute muß sie 400 bis 500 DM zahlen, in Ausnahmefällen sogar 4000 DM. Die Stadt hat bisher 130 Millionen für die Dörfle-Sanierung ausgegeben und ist, wie Oberbürgermeister Dullenkopf klagt, „finanziell ausgeblutet".

Hamburg-City. Das Café Wilm in der Kleinen Rosenstraße wurde kürzlich geschlossen. Es war ein vielbesuchtes Café mit einer berühmten Konditorei – ein Stück Hamburg. Es mußte der Möbelabteilung des Kaufhauses Karstadt weichen. Der Inhaber des Cafés, Armin Gustav: „Mit Kaffee und Kuchen kann niemand mehr solche in die Höhe getriebenen Mieten bezahlen."

Wiesbaden. Die Stadt hatte seit langem eine neue Bürostadt „City-Ost" vorgesehen und wollte dafür ein gründerzeitliches Wohnviertel opfern. 1971 versuchten Spekulanten, die Entwicklung zu beschleunigen: Ohne Genehmigung wurden Villen abgerissen; Gärten wurden durch Autowracks zu Müllhalden gemacht; Mieter wurden zum Auszug gezwungen. Da taten sich Hunderte von Betroffenen zu einer „Bürgerinitiative City-Ost" zusammen, hielten Protestversammlungen ab, stritten mit Leserbriefen gegen die geplante „Beton- und Asphaltwüste", kritisierten die Verantwortlichen der Stadt und sammelten 2000 Unterschriften. Die Stadt änderte daraufhin ihre Pläne; der Rat beschloß eine Veränderungssperre sowie einen Bebauungsplan, der sich gegen die Spekulation richtete.

München-Lehel. „Offene Planung" war vorgesehen für die Neugestaltung des Gebietes am Altstadtring zwischen Isartor und Prinzregentenstraße: Die betroffenen Bürger sollten an der Planung von Anfang an mitwirken und selbst Vorschläge machen dürfen. Nun hatte die Stadtverwaltung zu einer Einwohnerversammlung aufgefordert und wurde gleich zu Beginn der Versammlung heftig kritisiert. Die Betroffenen seien zu spät eingeschaltet worden. Bereits in der Ausschreibung des Architektenwettbewerbs habe die Stadt die zukünftige Nutzung festgelegt. Die Architekten mußten zum Beispiel einen Neubau des Innenministeriums und zwei Museen einplanen. Nach den Entwürfen der Architekten würden wieder einmal Wohnungen vernichtet werden, schlimmstenfalls 1600, günstigstenfalls 300.

Nach ausführlicher Diskussion lehnten die 300 anwesenden Bürger einstimmig alle Vorschläge ab. Entsprechend den Stadtratsbeschlüssen der letzten Jahre müßten die Innenstadtrandgebiete als Wohngebiete erhalten bleiben. Deshalb unterstützte die Einwohnerversammlung nur Planungsvorschläge, die alle bestehenden Wohnhäuser vor der Vernichtung bewahrten.

Frankfurt. Wer Wohnraum ohne Genehmigung zweckentfremdet, kann seit August 1972 von der Stadt Frankfurt mit Geldbußen bis zu 20000 DM belangt werden. Als Zweckentfremdung gelten: dauernde Fremdenbeherbergung, gewerbliche Zimmervermietung, Einrichtung von Schlafstellen, Veränderungen, durch welche Wohnraum für Wohnzwecke ungeeignet gemacht wird, das dauernde Leerstehen von Wohnraum, das vorsätzliche Unbrauchbarmachen, der Abbruch von Wohnraum. Die Stadt will damit an einer entscheidenden Stelle die „Sozialbindung des Eigentums" durchsetzen.
Auch der Kaufmann Leo G. wurde amtlich aufgefordert, den Wohnzustand in seinen Häusern wiederherzustellen. G. besitzt in Frankfurt mehrere Grundstücke und Gebäude. 1971 hatte er für 1,5 Mio. DM die Westend-Wohnhäuser Eschersheimer Landstraße 22, 22a und 22b dazugekauft; er hatte die Wohnungen in Zweibett-Zimmer für jugoslawische U-Bahn-Bauer aufgeteilt und sie für je 200 DM vermietet. G. erhob Einspruch gegen die Anordnung der Stadt. Das Frankfurter Verwaltungsgericht entschied mit einstweiliger Anordnung, G. brauche die Vermietung zunächst nicht rückgängig zu machen. Die Zweckentfremdung sei nicht erwiesen, zumal einige Zimmer nicht als bloße Schlafstellen dienten, sondern als Wohnungen für ganze Jugoslawen-Familien. Der Streit wird weitergehen. (17)

Weiteres Material für die Diskussion:

Victor Emanuel Preusker, Präsident des Haus- und Grundeigentümerverbandes, ehemaliger Wohnungsbauminister, wandte sich scharf gegen den Entwurf des Städtebauförderungsgesetzes: Es sei „ein erster Schritt zur Sozialisierung des Bodens".

Hans-Jochen Vogel, Städtebauminister: „Bei Trinkwasser beispielsweise käme niemand auf den Gedanken, als Zuteilungsmaßstab für die Erschließung und Verteilung den Geldbeutel entscheiden zu lassen. Wer Trinkwasser zurückhielte, damit es im Preis steigt, würde als Wucherer gebrandmarkt. Trinkwasser unterliegt den schärfsten öffentlichen Kontrollen. Ich behaupte, daß die Grundstücke, insbesondere in den Zentren unserer Städte, bereits den Knappheitsgrad und die gesellschaftliche Funktion des Trinkwassers erreicht haben."
„Wir müssen endlich Ernst machen mit der Sozialbindung des Grundeigentums."

Grundgesetz Artikel 14: „(1) Das Eigentum und das Erbrecht werden gewährleistet. Inhalt und Schranken werden durch die Gesetze bestimmt.
(2) Eigentum verpflichtet. Sein Gebrauch soll zugleich dem Wohle der Allgemeinheit dienen.
(3) Eine Enteignung ist nur zum Wohle der Allgemeinheit zulässig. Sie darf nur durch Gesetz oder auf Grund eines Gesetzes erfolgen, das Art und Ausmaß der Entschädigung regelt. Die Entschädigung ist unter gerechter Abwägung der Interessen der Allgemeinheit und der Beteiligten zu bestimmen. Wegen der Höhe der Entschädigung steht im Streitfalle der Rechtsweg vor den ordentlichen Gerichten offen."

Städtebauförderungsgesetz (seit 1971 in Kraft, genaue Bezeichnung „Gesetz über städtebauliche Sanierungs- und Entwicklungsmaßnahmen in den Gemeinden")
§ 22 erleichtert die Enteignung von Grundstücken, die im festgelegten Sanierungsgebiet liegen. Entschädigt wird nach § 23.
§ 23 (2): „Bei der Bemessung der Ausgleichs- und Entschädigungsleistungen werden jedoch Werterhöhungen, die lediglich durch die Aussicht auf die Sanierung, durch ihre Vorbereitung oder ihre Durchführung eingetreten sind, nur insoweit berücksichtigt, als der Betroffene diese Werterhöhungen durch eigene Aufwendungen zulässigerweise bewirkt hat. Änderungen in den allgemeinen Wertverhältnissen auf dem Grundstücksmarkt sind zu berücksichtigen."
§ 41 (4): „Der Eigentümer eines im förmlich festgelegten Sanierungsgebiet gelegenen Grundstücks hat an die Gemeinde einen Ausgleichsbetrag in Geld zu entrichten, der der durch die Sanierung bedingten Erhöhung des Werts seines Grundstücks entspricht . . ."

Die **Sanierungsgesetze Englands** machen es den Behörden wesentlich leichter: Nach dem „Housing Act 1936" muß ein zum Sanierungsgebiet erklärtes Viertel unverzüglich geräumt werden. Eine Sanierungsverfügung gibt den Behörden das Recht, die Gebäude sofort abzureißen. Die Enteignung erfolgt, sobald die Eigentümer sich dem Sanierungsbeschluß nicht fügen und nicht an die Gemeinde verkaufen wollen. Den freiwilligen Verkäufern und den Enteigneten braucht die Gemeinde nur den Wert des enttrümmerten Bodens, der von einem staatlichen Gutachter festgesetzt wird, zu vergüten, nicht aber den Verkehrswert des abgebrochenen Gebäudes.

Verkehrsprobleme – Verkehrsplanung

Los Angeles – ein Vorbild?

Die Stadtregion von Los Angeles wächst und wächst. 9 Millionen Menschen leben heute auf einer Fläche, die 80 km lang und 30 km breit ist. Manche Stadtstraßen scheinen endlos zu sein, sie haben 12000 bis 16000 Hausnummern. Viele Kilometer voneinander entfernt liegen Wohnhäuser und Arbeitsplätze, öffentliche Gebäude und Schulen. Es gibt keinen überragenden Stadtkern wie bei uns, wo alle wichtigen Einrichtungen beieinander liegen. Die Bevölkerung von Los Angeles versorgt sich in den mehr als 50 weitverstreuten „shopping centers". Zur Stadt gehören Hunderte von Wohnvierteln. Sie sind locker gebaut; zwei von drei Familien besitzen ein Eigenheim mit Garten und mehreren Autostellplätzen (siehe auch Foto S. 71 unten rechts). Dazwischen breiten sich Industrieflächen und Flughäfen, Sportplätze und Grünanlagen aus. Der zur Verfügung stehende Raum ist verschwenderisch großzügig aufgeteilt.

Zu Fuß erreicht man wenige Ziele; öffentliche Verkehrsmittel gibt es kaum; ohne Auto kann man nicht leben. Los Angeles hat 4 Millionen Autos. 85 Prozent der Familien besitzen ein Auto, 30 Prozent haben einen Zweit- oder Drittwagen. Die Hausfrau verbringt durchschnittlich zwei Stunden des Tages am Steuer, aber nur eineinhalb Stunden in der Küche.

Kein Einwohner von Los Angeles will auf die Vorzüge des Autos verzichten. Das Wachstum der Stadt wird außerdem bestimmt durch den Wunsch nach einem Eigenheim. So dehnt sich endlos weit der „Siedlungsbrei" und verursacht immer weiteren Autoverkehr. Die Amerikaner haben für den „Individualverkehr" alles getan, sie haben gewaltige Straßenbauten errichtet: mehrspurige Stadtautobahnen, kreuzungsfreie Verkehrsknoten, gesonderte Spuren für den langsamen Lkw- und für den schnellen Pkw-Verkehr, 255 km Hochstraßen im Stadtgebiet von Los Angeles und vieles andere mehr. Polizeihubschrauber informieren bei Verkehrsstörungen die Fahrer ständig über Autoradio.

Trotzdem: Die Verkehrsströme kommen nur noch langsam voran. Der Zeitverlust innerhalb der Stadtregion ist übermäßig groß. Jährlich sterben mehr als 1000 Menschen durch Verkehrsunfälle. Autoabgase schädigen die Gesundheit. Fremde und Einheimische verirren sich im Labyrinth der Straßen.

In den USA entfielen 1972 auf 1000 Einwohner 446 Pkw, in der Bundesrepublik Deutschland 255. Bald werden wir einen ähnlichen Motorisierungsgrad erreichen. Aber unser Land hat weniger Raum für Verkehrsflächen, unsere Städte sind enger. Wird bei uns das Verkehrschaos noch schlimmer?

Beurteilt den Versuch, „autogerechte" Großstädte zu planen.

Motorisierung in der Bundesrepublik Deutschland

Jahr	1955	1960	1965	1970	1975	geschätzt für 1985
Pkw in Mio.	1,7	4,2	8,6	14,0	20,0	etwa 25,0
Bevölkerung in der BRD in Mio.	53	55	59	60	62	etwa 65
Motorisierungsgrad (Einw./Kfz)	33:1	14:1	7:1	4:1	3:1	etwa 2,6:1

Straßenkreuzung – Verkehrsströme

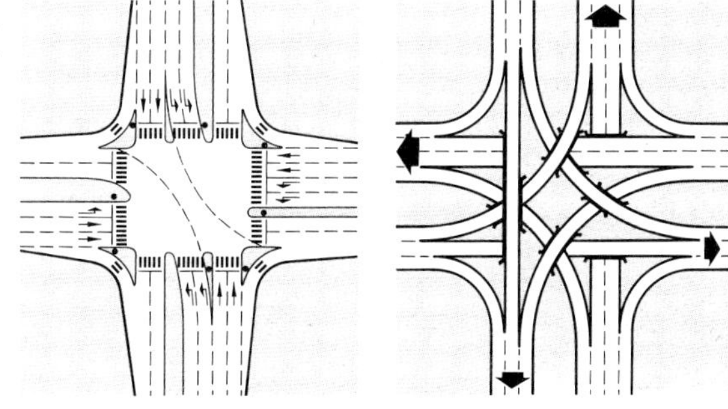

Stadtautobahnen in Los Angeles

Soll man die Innenstadt für das Auto sperren?

□ In der City, dem Kern unserer Städte, drängen sich die meisten öffentlichen Gebäude und Firmenverwaltungen, Banken und Sparkassen, Kaufhäuser und Spezialgeschäfte, Gaststätten und sonstige Dienstleistungsbetriebe. Viele Einwohner arbeiten in der City, machen dort ihre Besorgungen und Einkäufe oder gehen Vergnügungen nach. Zahlreiche Lkws versorgen die Kaufhäuser und Einzelhandelsgeschäfte mit Waren. Auto- und Fußgängerverkehr sind deshalb in der City am dichtesten, die Verkehrsprobleme hier besonders schwierig. Die Nachteile und Gefahren des Autos: die Umweltbelastung, der Bedarf an Flächen für Straßen und Parkplätze, die Zerstörung des Stadtbildes durch Fahrzeugmassen, das Gedränge auf schmalen Bürgersteigen, die hohe Zahl an Verkehrsopfern.

Am Beispiel der Innenstadt von München kannst du versuchen, einige Probleme zu lösen.

∞ **1** Haltet ihr es für sinnvoll, die ganze Innenstadt für das Auto zu sperren? Betrachtet die Karte und nennt einige Auswirkungen dieser einschneidenden Maßnahme: a) Auswirkungen für die Besucher und Kunden, b) Auswirkungen für das gesamte Leben der Stadt.

2 In München und vielen anderen deutschen Städten hat man einige Hauptgeschäftsstraßen und schöne Plätze der Altstadt für Autos gesperrt. Hefte ein Transparentpapier auf einen Stadtplan und zeichne mit einem Farbstift die Straßen und Plätze ein, die du zu Fußgängerstraßen umgestalten würdest.

Straßennetze und ihre Verkehrsbelastung (schematisch dargestellt)

Fall 1: In vielen Städten finden wir sternförmige Straßennetze. Die radialen Einfallstraßen kreuzen sich in der Stadtmitte. Der Durchgangsverkehr strömt durch den Stadtkern. Die Verkehrsbelastung konzentriert sich auf einen Schnittpunkt.

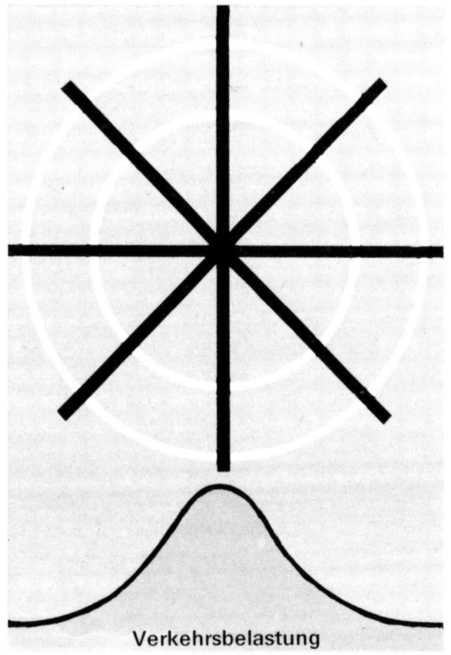

Fall 2: Tangenten und Ringstraßen leiten den Durchgangsverkehr ab. Der Stadtkern ist abgeschirmt. Die Verkehrsbelastung konzentriert sich auf vier Knotenpunkte. Durch Tangenten kann man die Nachteile des sternförmigen Straßennetzes lösen.

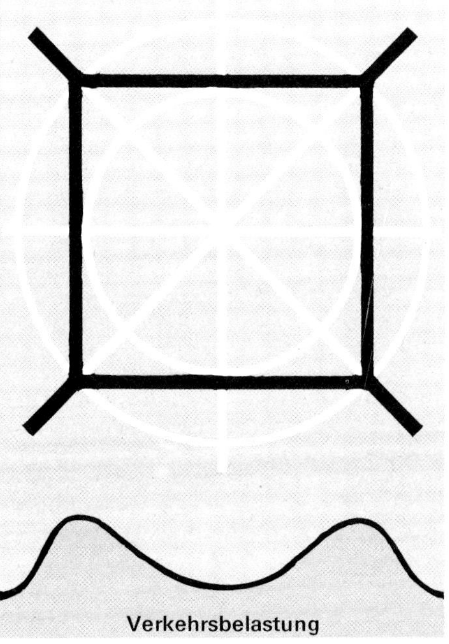

Innenstadt München

3 Wer Fußgängerzonen einrichtet, muß zugleich für den Autoverkehr sorgen. Die Autoströme müssen nach gut durchdachtem Plan umgelenkt werden, zum Beispiel um die Innenstadt herum. Zeichne mit einer anderen Farbe City-Ringstraßen.

4 Zwischen dem Hauptbahnhof (Verkehrsquelle) und der Stadtmitte (Verkehrsziel) bewegen sich dichte Fußgängerströme. Stark befahrene und breite City-Ringe wirken für Fußgänger wie Mauern. Kennzeichne die wichtigsten Übergangsstellen mit kleinen Kreisen. Was ist zu tun, damit sich die beiden Verkehrsströme gefahrlos kreuzen?

5 Die City muß mit den anderen Stadtteilen und mit entfernten Städten verbunden werden. Zeichne mit einer weiteren Farbe die Ausfallstraßen; sie sind an Fernstraßen angeschlossen.

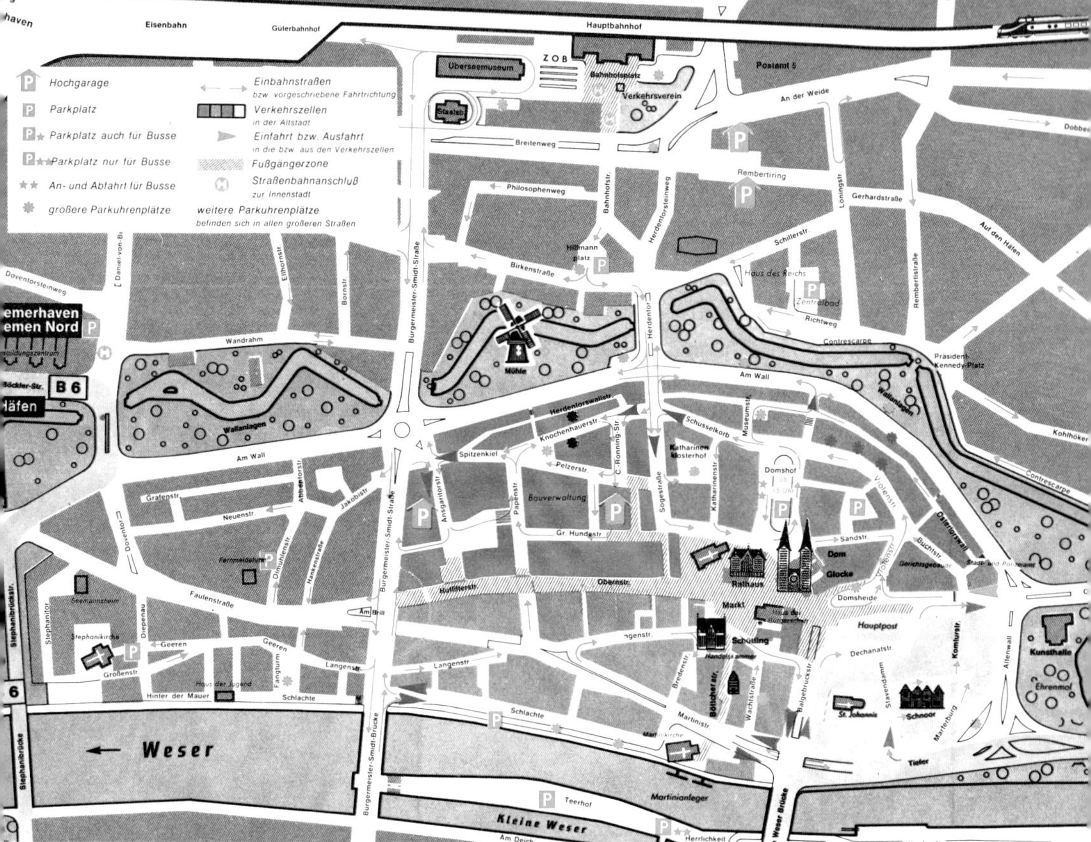

Verkehrsregelung in der Innenstadt von Bremen

6 Ringstraßen sind Umwege. Ortskundige Autofahrer suchen deshalb immer wieder nach Abkürzungen durch die Innenstadt; die engen Altstadtstraßen bleiben verstopft. Stelle am Stadtplan von Bremen fest, welchen Ausweg die Verkehrsplaner dort gefunden haben.

7 a) Entwirf nach dem Bremer Vorbild auf einem zweiten Transparentblatt mehrere „Verkehrszellen" für die Münchener Innenstadt. Die „Verkehrszellen" sollen untereinander keine Verbindung haben. b) Einbahnstraßen erschließen die innerstädtischen „Verkehrszellen". Durch Pfeile kannst du die Fahrtrichtungen bestimmen.

8 In der Nähe der Fußgängerstraßen sind Großgaragen nötig. Du kannst im Stadtkern günstig gelegene Standorte für vier Parkhochhäuser und für eine Tiefgarage einzeichnen. Die Entfernungen zu den Hauptgeschäftsstraßen sollen nicht weiter als 300 m sein.

9 An den Beispielen München und Bremen hast du erfahren, wie man den Verkehrsablauf in Innenstädten regeln kann. Besorge dir den Stadtplan deines Heimatortes oder einer größeren Nachbarstadt. Untersuche, wie die Verkehrsplaner dort die Verkehrsströme gelenkt haben: Welchen Weg nimmt der Fernverkehr (Umgehungsstraßen)? – Welches sind die wichtigsten Einfall- oder Ausfallstraßen? – Ein Teil des Stadtverkehrs durchquert die Innenstadt, weil die kürzeste Verbindung durch die Stadtmitte führt. Gibt es in deinem Heimatort Ringstraßen, die den Stadtkern vom innerstädtischen Durchgangsverkehr befreien? – Zeige Wohnstraßen in den Außenbezirken der Stadt.

∞ **10** Wo sind nach eurer Meinung Verkehrsprobleme ungelöst? Schlagt Lösungen vor.

Mehr Autos als Parkplätze

Beobachtungen in einer Großstadt: Zum zweiten Male fährt ein Autofahrer auf der Suche nach einem Parkplatz um denselben Häuserblock. Schließlich parkt er im Halteverbot einer belebten Straße. Ein anderer stellt seinen Wagen auf einem schmalen Gehweg ab; der Parkplatz in der Nähe war bereits besetzt. Beide Fahrer riskieren lieber ein Strafmandat, als daß sie ein Parkhaus aufsuchen.
Ein Büroangestellter findet frühmorgens, vor Arbeitsbeginn, noch einen freien Stellplatz in der Innenstadt. Neun Stunden lang läßt er sein Auto dort stehen.
Jeder dieser Autofahrer wünscht sich drei Parkplätze: einen in Wohnungsnähe, einen am Arbeitsplatz und einen in der Innenstadt! Autos fahren im Durchschnitt 2 Stunden am Tag; in den übrigen 22 Stunden parken sie.
Die Stadtkerne der europäischen Städte sind vor Jahrhunderten erbaut worden. Ihre Straßen wurden für Fußgänger und Pferdewagen angelegt, zu einer Zeit, als sich kein Mensch ein Auto vorstellen konnte.
Wie soll man das Problem lösen? Eine Möglichkeit zeigt die Karte von Indianapolis: Dort richtet man sich ganz nach den Wünschen der Autofahrer. Ein Gegenbeispiel ist London: In einem Teil der Londoner City arbeiten 50000 Menschen auf einer Fläche von 1000 m × 600 m; nur 9000 wohnen dort. Wenn jeder Beschäftigte mit dem Pkw zur Arbeit fahren wollte, jeder Einkaufende einen Pkw benutzen würde und jede Familie, die dort wohnt, einen Wagen hätte, dann wären 60000 Parkplätze erforderlich. Tatsächlich gibt es 2250 Parkmöglichkeiten! Das Leben in diesem Teil der Stadt hängt von den öffentlichen Verkehrsmitteln ab: von den U-Bahnen mit den 5 Stationen und den Buslinien mit den 27 Haltestellen.

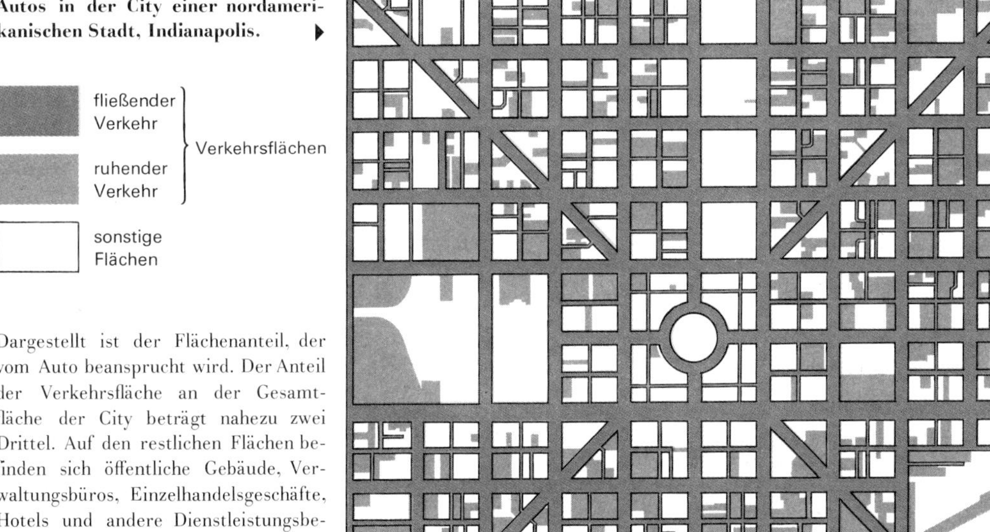

Autos in der City einer nordamerikanischen Stadt, Indianapolis. ▶

Dargestellt ist der Flächenanteil, der vom Auto beansprucht wird. Der Anteil der Verkehrsfläche an der Gesamtfläche der City beträgt nahezu zwei Drittel. Auf den restlichen Flächen befinden sich öffentliche Gebäude, Verwaltungsbüros, Einzelhandelsgeschäfte, Hotels und andere Dienstleistungsbetriebe, aber nur wenige Wohnungen. – Der Grundriß ist anders als in den meisten europäischen Städten.

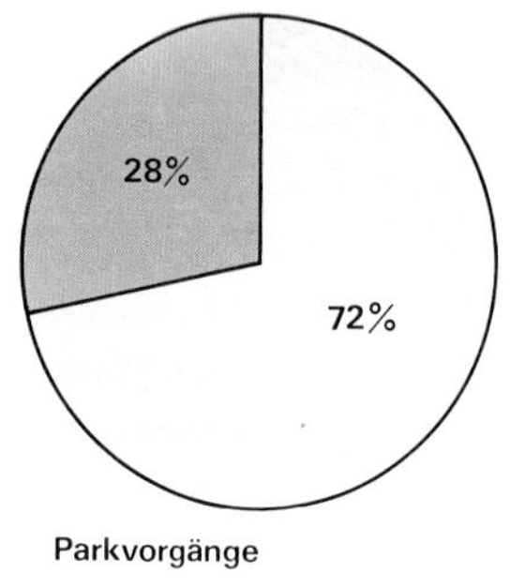

Parkvorgänge

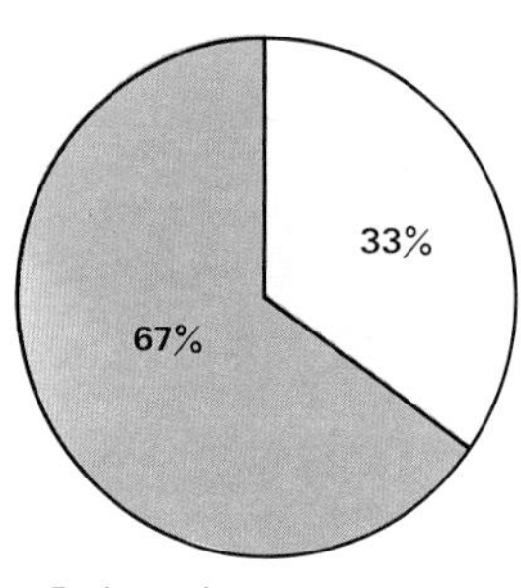

Parkstunden

☐ bis $1\frac{1}{2}$ Stunde Kurzparker

☐ mehr als $1\frac{1}{2}$ Stunde Dauerparker im Zentrum einer Großstadt

A Ausgangsdaten City Leverkusen		
Cityeinwohner (die Stadt Leverkusen insges. hat 103 000 Einwohner)		6 000
Citywohnungen		1 800
Beschäftigte		9 000
Einkaufende (werktags durchschnittlich)		18 000
B Berechnung der benötigten Anzahl von Parkplätzen		
(Es wird angenommen, daß alle Beschäftigten und alle Kunden Autos benutzen, wie es z. B. in Los Angeles der Fall ist.)		
		Parkplätze
Ein Stellplatz je Citywohnung		1 800
Beschäftigte		
a) Citybeschäftigte insgesamt	9 000	
b) abzüglich derer, die in der City eine Wohnung mit Autostellplatz haben und zugleich in der City arbeiten	1 000	
	8 000	
c) bei einer durchschnittlichen Besetzung von 1,5 Personen je Pkw = Plätze für Dauerparker	5 333	rd. 5 400
Einkaufende Kunden (Erfahrungswert)	18 000	
a) bei einer Besetzung von 1,5 Personen je Pkw	12 000	
b) Umschlagsrate 3,5 pro Stellplatz (d. h. jeder Parkplatz wird in der Einkaufszeit von durchschnittlich 3–4 Fahrzeugen benutzt) = Plätze für Kurzparker	3 428	rd. 3 400
Benötigte Parkplätze insgesamt		rd. 10 600
C Berechnung des Parkflächenbedarfs		
Flächenbedarf je parkendes Auto (einschl. der Zufahrtsflächen)	25 m²	
Gesamtfläche der City	27 ha = ? m²	
Benötigte Parkfläche in der City	? m²	
Was bliebe von den Flächen der City übrig?	? m²	
D Weiterführende Berechnungen gehen davon aus, daß nur 30% der Berufstätigen und 70% der Einkaufenden mit dem Auto in die City fahren.		

Ein Beispiel für die Berechnung des innerstädtischen Parkplatzbedarfs

☐ Am Beispiel der City von Leverkusen soll das Parkproblem genauer untersucht werden.

1 a) Studiere die Aufstellung oben. Dort ist berechnet, wie viele Parkplätze benötigt werden, wenn jeder, der in der City wohnt oder arbeitet oder Einkäufe macht, ein Auto benutzen würde. Du kannst im einzelnen selber nachrechnen, wie die Zahlen zustande kommen. b) Ermittle, wieviel Quadratmeter Parkfläche benötigt würden. Vergleiche die Parkfläche mit der Gesamtfläche der City. – Das ist der Beweis, wie notwendig öffentliche Verkehrsmittel im Stadtverkehr sind!

Drei Grundlagen sichern die Lebensfähigkeit der City und ihrer Fußgängerzonen:
- moderne Massenverkehrsmittel, vorwiegend für den Berufsverkehr,
- genügend Parkplätze für Kurzparker (Geschäftsleute, Besucher und Lieferanten),
- ausreichende Nutzflächen für alle Cityfunktionen.

Die Stadtplaner haben versucht, möglichst viele Einstellplätze bereitzustellen. In der Leverkusener City stehen 4 500 Einstellplätze zur Verfügung, vorwiegend für Kurzparker.

2 Vergleiche die beiden Kreisdiagramme miteinander. Wie kann man sicherstellen, daß die knappen öffentlichen Parkflächen tagsüber von möglichst vielen Autos benutzt werden? Wie kann man die berufstätigen Dauerparker verdrängen?

3 An welchen Stellen einer Innenstadt würdest du Parkuhren aufstellen?

Der Anteil der verschiedenen Nutzflächen innerhalb der City sollte ausgewogen verteilt sein. Die Flächen für den fließenden und ruhenden Verkehr dürfen nicht übermäßig groß sein und 25 Prozent der Fläche des Stadtkerns nicht überschreiten. Würden alle 4 500 Parkplätze zur ebenen Erde liegen, hätten andere Cityfunktionen zu wenig Platz. Aus

Raumnot muß man in die Höhe und in die Tiefe ausweichen: 1300 Einstellplätze befinden sich in Parkhochhäusern, 2100 in Parkkellern (Tiefgaragen).

4 Prüfe nach: a) Wieviel Quadratmeter Bodenfläche würden 4500 Parkplätze beanspruchen? b) Wieviel Quadratmeter stehen tatsächlich zur Verfügung? c) Ist damit die Stadtkernfläche übermäßig beansprucht?

In vielen älteren Großstadtkernen gibt es weniger Parkraum als etwa in der modernen City von Leverkusen. Es besteht daher die Gefahr, daß auch bei uns – wie in den USA – in Zukunft große Einkaufszentren gebaut werden, gleichsam „auf grüner Wiese". Weil diese Zentren mit dem Auto so bequem erreichbar sind und genügend Parkplätze haben, bilden sie eine starke Konkurrenz zum Hauptgeschäftszentrum. Das könnte dazu führen, daß im Laufe der Jahre der Stadtkern seine Bedeutung einbüßt. In Nordamerika beklagt man schon jetzt in vielen Städten den Verfall der City, ausgelöst durch den Bau von „shopping centers" am Stadtrand.

Wegen der oft verstopften Zufahrtswege und der Parkplatznot in der Stuttgarter City ist zum Beispiel das abgebildete Einkaufszentrum gebaut worden. Es steht an der Autobahnausfahrt Ludwigsburg-Nord, wo die Autobahn die Bundesstraße 27 kreuzt. Die Käufer finden hier 2700 Stellplätze auf Parkflächen, die so groß wie Fußballfelder sind. „Breuningerland" besteht aus 40 Einzelhandelsgeschäften unter einem Dach. Hier arbeiten 1200 Angestellte, 250000 Verkaufsartikel werden angeboten. „Breuningerland" hat 12 Restaurants, einen Kinderhort, ein Kino, eine Autowaschanlage. Das Einkaufszentrum umfaßt 41000 m² Nutzflächen in mehreren Etagen.

Ein neues Einkaufszentrum am Rand des Großraums Stuttgart

Massenverkehrsmittel könnten unsere Städte retten!

„Wer eine Trompete kauft, der weiß, daß er darauf nicht an jedem Ort und zu jeder Stunde blasen kann." (Dr. Hans-Jochen Vogel, zur Zeit Justizminister und ehemaliger Oberbürgermeister von München.)

☐ Das Auto ist eine großartige Sache: auf Autobahnen und Landstraßen, im Wirtschafts- und Geschäftsverkehr, im Reise- und Ausflugsverkehr, in kleineren und mittelgroßen Städten. In den großstädtischen Ballungsgebieten der Bundesrepublik Deutschland ist jedoch ein Verkehrschaos entstanden. Auf 3 Prozent der Fläche drängen sich 30 Prozent aller Personenwagen, nämlich rund 5,5 Millionen Autos. In großen Städten muß die Benutzung des Autos eingeschränkt werden. Hier könnten Massenverkehrsmittel das Auto zum großen Teil ersetzen.

1 Vergleiche die mögliche Leistungsfähigkeit von Pkw und öffentlichen Nahverkehrsmitteln:

a) nach der benötigten Verkehrsfläche (Abbildungen unten auf dieser Seite und rechts oben).

b) nach der Menge der Personen, die befördert werden kann (Tabelle rechts).

2 Man unterscheidet „Individualverkehr" und „öffentlichen Personenverkehr".
Nenne die individuellen und die öffentlichen Verkehrsmittel. Welches sind „Massenverkehrsmittel"?

 Der Platzbedarf von Einzelfahrern im Auto (eine Fotomontage)

Wenn in einer Großstadt 30000 Personen aus einer Richtung innerhalb einer Stunde in den Stadtkern zur Arbeit fahren wollen, dann sind erforderlich: bei Benutzung einer S-Bahn 1 Fahrspur, bei Bussen 4 Fahrspuren, bei Pkw 15 Fahrspuren.

Wichtigste Aufgabe der Massenverkehrsmittel ist der Berufsverkehr an Werktagen. Von 100 Verkehrsteilnehmern fahren im Durchschnitt 50 zur Arbeitsstätte oder zur Schule. Der Berufsverkehr konzentriert sich auf wenige Spitzenstunden. Dann bewältigen überfüllte Busse und Bahnen in den Großstädten 50 bis 70 Prozent des Verkehrs. Die Autokolonnen hingegen kommen nur noch im Schritt-Tempo voran.

3 Das Diagramm unten zeigt die tageszeitlichen Schwankungen der einzelnen Verkehrsarten. Auch die prozentuale Verteilung des Verkehrs auf die Tagesstunden ist angegeben. Die Spitzen des Berufsverkehrs und des Ein-

Menge der beförderten Personen im Vergleich
(Mögliche Leistungsfähigkeit in den Hauptverkehrsstunden, in einer Richtung)

Art	Fassungsvermögen Sitzplätze	Wagen in einer Stunde[2]	Durchschnittl. Besetzung mit Personen, einschl. Stehplätze	Beförderte Personen (mögliche Anzahl)
Pkw	5	1500	1,5	2250
Bus	50	120	56	6720
Straßenbahn[1]	120	80	160	12800
U- oder S-Bahnzug	600	40	750	30000

[1] 2 Wagen [2] bei Berücksichtigung des Sicherheitsabstandes und der durchschnittlichen Geschwindigkeit.

Tageszeit und Verkehrsarten

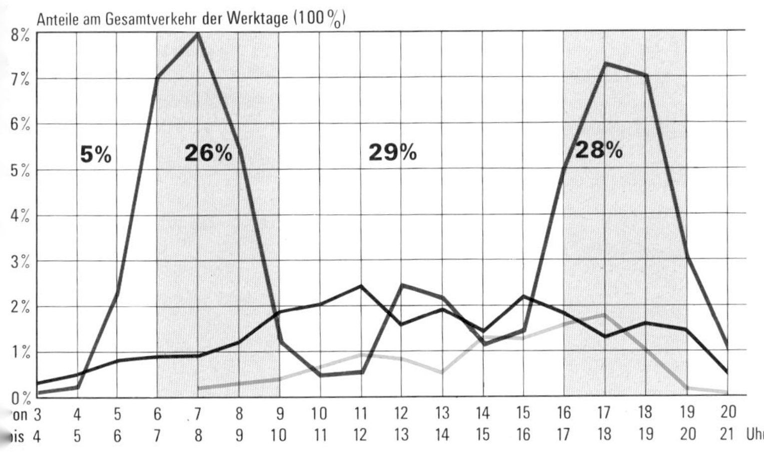

kaufsverkehrs sind das Problem. Könnte man sie nicht wenigstens etwas „entzerren"? Mache Vorschläge.

4 Viele Berufstätige aus den Vororten fahren täglich zur Arbeit in die Großstadt. Suche im Atlas eine Karte, die Pendlerverkehr darstellt. Wähle einen bestimmten Vorort. Angenommen, jeder Berufstätige dort benutzt einen Pkw. Wieviel Pkw würden täglich zur Großstadt fahren?

Die tatsächliche Leistung der Massenverkehrsmittel ist von der möglichen Leistung noch weit entfernt. Deshalb befreien sie unsere Großstädte und Innenstädte zur Zeit noch nicht von der Verkehrsnot. Immer noch sind viele Leute froh, wenn sie endlich ein eigenes Auto benutzen können und nicht mehr auf Stadtbusse, Straßenbahnen oder Vorortzüge der Bundesbahn angewiesen sind – jedenfalls gegenwärtig noch.

∞ **5** Mehrere Gesichtspunkte sind nebenan aufgezählt, nach denen ihr die vorhandenen Massenverkehrsmittel kritisch untersuchen könnt. Überlegt euch Punkt für Punkt, was euch an den Massenverkehrsmitteln gefällt und was euch nicht gefällt – auch im Vergleich zum Pkw. Geht dabei von öffentlichen Nahverkehrslinien aus, die ihr aus eigener Anschauung kennt.

∞ **6** Würdest du in einer Großstadt auf dem Wege zur Arbeit dein Auto abstellen und in einen Bus oder Zug umsteigen?

□ Die Bundesregierung unterstützt einige Firmen bei der Entwicklung und der Erprobung neuer Verkehrssysteme, die in naher Zukunft das Auto in Städten teilweise ersetzen könnten: z. B. Fahrzeuge in der Größe von Kleinbussen, die statt auf Schienen und Rädern geräuschlos auf Magnetfeldern schweben, auf Leitplanken geführt, elektronisch angetrieben und automatisch gesteuert werden. In einigen Städten sind Versuchsstrecken angelegt worden.

7 Die Zeitungen berichten über neue Verkehrsmittel. Sammelt solche Berichte.

Merkmale zur Beurteilung des öffentlichen Nahverkehrs

- **Entfernung von der Wohnung zur Haltestelle**
- **Witterungsschutz an Haltestellen**
- **Häufigkeit der Bus- oder Zugfolgen, Wartezeiten**
- **starrer Fahrplan (regelmäßige Abfahrt)**
- **Pünktlichkeit**
- **unkomplizierte Bedienung der Fahrscheinautomaten**
- **Fahrkomfort wie Geräumigkeit, Wagenbreite, Sitzplätze, Fahrgeräusche, Frischluft, Einstieg auf Bahnsteighöhe**
- **Sicherheit, automatische Türen**
- **Häufigkeit des Umsteigens**
- **Verkehrsverbund, d. h. Gültigkeit der Fahrscheine beim Umsteigen**
- **Fahrtkosten**
- **Fahrzeit (Gehzeit zur Haltestelle, reine Fahrzeit, Aufenthalte an Zwischenstationen, Gehzeit von der Zielstation zu Arbeitsplatz, Schule oder Geschäft)**

Personenbeförderung mit der S-Bahn ▲

. . . und mit neuentwickelten Verkehrsmitteln (Fotomontage) ▼

Entwicklung der Einwohnerzahlen und der Motorisierung

Jahr	Einwohner Hamburg-Stadt	Einwohner Hamburg-Umland	Pkw Hamburg-Stadt
1937	1680000	400000	
1955	1730000		69000
1960	1830000		164000
1969	1820000	800000	368000
1972	1760000		482000

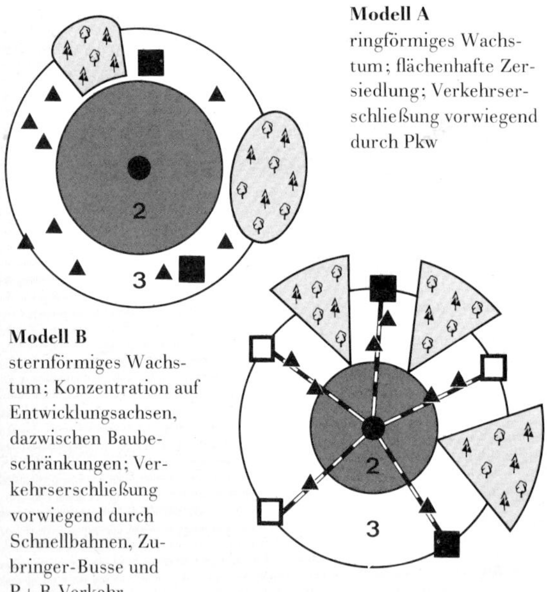

Modell A
ringförmiges Wachstum; flächenhafte Zersiedlung; Verkehrserschließung vorwiegend durch Pkw

Modell B
sternförmiges Wachstum; Konzentration auf Entwicklungsachsen, dazwischen Baubeschränkungen; Verkehrserschließung vorwiegend durch Schnellbahnen, Zubringer-Busse und P+R-Verkehr

Kernstadt (1, 2)

 City

übriges Stadtgebiet

Stadtrandgebiet und Umlandzone (3)

ältere Wohnvororte, teils mit alten Dorfkernen

 neue große Wohnsiedlungen und neue Trabantenstädte

 Ausbauorte an den Endpunkten der S-Bahn

Stadtregion (1, 2, 3)

 Grünkeile  S-Bahn

Schnellbahnen als Entwicklungsachsen

□ Das Auto beschleunigt das Wuchern der Großstädte und die Zersiedlung des Umlandes. An fast allen Großstädten läßt sich beobachten, wie Stadtrandsiedlungen das Land überschwemmen. Wohin diese Entwicklung führt, wurde am Beispiel der „Autostadt" Los Angeles deutlich.

1 Die Tabelle links zeigt, wo in Großstadtregionen der Schwerpunkt der Bevölkerungszunahme liegt. Beschreibe, was die Zahlen aussagen. Die Karte auf Seite 133 hilft dir dabei.

Im Bereich der Karte rechts wohnen 2,6 Mio. Menschen. Allein im Stadtgebiet Hamburg gibt es eine Million Arbeitsplätze. In der City arbeiten 230000 Personen; Hunderttausende sind südlich der Elbe in den Industriebetrieben am Hafen beschäftigt. Die meisten Arbeitnehmer wohnen aber nördlich der Elbe, in den dichtbesiedelten Wohnvierteln der Stadt oder in Vororten, die bis zu 40 km entfernt sind.

Nur mit Schnellbahnen kann man die Zersiedlung verhindern und den Autostrom aus den Stadtrandgebieten stoppen. Die Hamburger haben für ihre Stadt und für das Umland einen Plan entworfen, der die zukünftige Entwicklung in bestimmte Bahnen lenken soll.

2 Studiere zuerst die Legende der Karte. Verfolge dann, von der City ausgehend, die einzelnen U- und S-Bahnlinien. Nenne einige Stadtteile und Vororte, die unmittelbaren Anschluß an Haltestellen haben. Mit Hilfe des Maßstabes kannst du ausmessen, wie weit ungefähr die Endstationen (in der Karte besonders hervorgehoben) von der City entfernt sind.

3 Die Modelle A und B links zeigen zwei unterschiedliche Großstadtentwicklungen.

a) Lies zuerst die Legende. Sie erklärt, aus welchen Bauelementen die Modelle zusammengefügt sind. b) Du kannst die Nachteile

Schnellbahnen und Entwicklungsachsen in der Hamburger Stadtregion

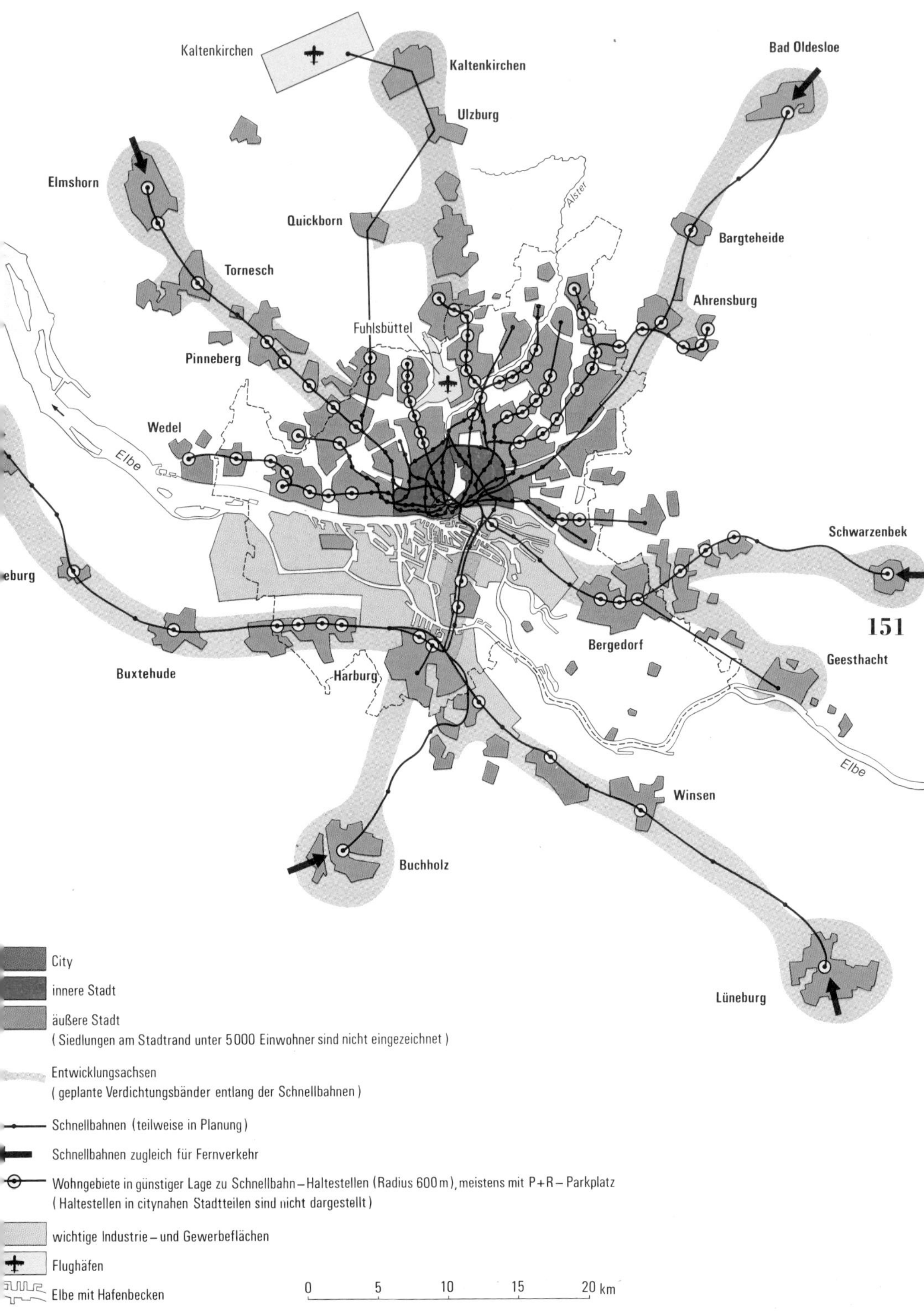
Kaltenkirchen
Kaltenkirchen
Bad Oldesloe
Ulzburg
Elmshorn
Alster
Quickborn
Bargteheide
Tornesch
Ahrensburg
Fuhlsbüttel
Pinneberg
Wedel
Elbe
Schwarzenbek
eburg
Bergedorf
Geesthacht
Buxtehude
Harburg
Winsen
Elbe
Buchholz
Lüneburg
City
innere Stadt
äußere Stadt
(Siedlungen am Stadtrand unter 5000 Einwohner sind nicht eingezeichnet)
Entwicklungsachsen
(geplante Verdichtungsbänder entlang der Schnellbahnen)
Schnellbahnen (teilweise in Planung)
Schnellbahnen zugleich für Fernverkehr
Wohngebiete in günstiger Lage zu Schnellbahn – Haltestellen (Radius 600 m), meistens mit P+R – Parkplatz
(Haltestellen in citynahen Stadtteilen sind nicht dargestellt)
wichtige Industrie – und Gewerbeflächen
Flughäfen
Elbe mit Hafenbecken
0
5
10
15
20 km

Hochhäuser an Schnellbahn-Linien, Modellfoto

Schnellbahnstation Hamburg-Garstedt

des Modells A nennen. c) Modell B entspricht dem Planungsprinzip, nach dem der Hamburger Entwicklungsplan entworfen wurde. Beschreibe das Modell B. d) Erläutere nun die Vorteile des Modells B für den Berufsverkehr, für die City, für die Erreichbarkeit der Naherholungsgebiete.

152 □ Auch die Besiedlung entlang der Schnellbahnlinien muß geplant sein! Möglichst viele Großstadtbewohner sollen die Vorteile der Schnellbahn ausnützen können; den meisten Berufstätigen soll Gelegenheit gegeben werden, ihr Auto zu Hause zu lassen. Die Züge müssen einigermaßen besetzt sein, damit sich die hohen Kosten für den Bau der Bahnlinien und die laufenden Betriebskosten wenigstens teilweise lohnen.

Die Schnellbahn wird vorwiegend von den Personen benutzt, die in Nähe der Haltestellen wohnen und diese zu Fuß erreichen können. Durch Zählungen und Befragungen wurde ermittelt, daß die Entfernung zur Haltestelle nicht weiter als 600 m sein sollte. Das sind ungefähr 10 Minuten Gehzeit.

4 Betrachte die Fotos oben: das Modell und die Baustelle an der Schnellbahn-Haltestelle Hamburg-Garstedt. Erläutere, welche Lösungen die Städtebauer in Zusammenarbeit mit den Verkehrsplanern gefunden haben.

5 Die Zeichnung auf der rechten Seite zeigt den geplanten Aufbau der Entwicklungsachsen. Untersuche zuerst nur die Entfernungen zu den Haltestellen. Die Tabelle hilft dir dabei. Mit welchen Verkehrsmitteln kommen Fahrgäste zu den Haltestellen, die mehr als 600 m davon entfernt wohnen?

6 Die meisten Menschen sollen nach der Absicht der Planer in unmittelbarer Nähe der Haltestellen wohnen. Man hält deshalb hier eine dichte Bebauung mit Hochhäusern für nötig. Weiter abseits soll die Wohndichte geringer sein. Die Stufen der baulichen Verdichtung werden durch Geschoßflächenzahlen festgelegt. (Den Begriff hast du auf Seite 92 kennengelernt.) Damit ist auch ungefähr bestimmt, wieviele Einwohner in den einzelnen Entfernungszonen zur Schnellbahn-Haltestelle wohnen sollen. – Studiere Tabelle und Zeichnung; beschreibe deine Beobachtungen.

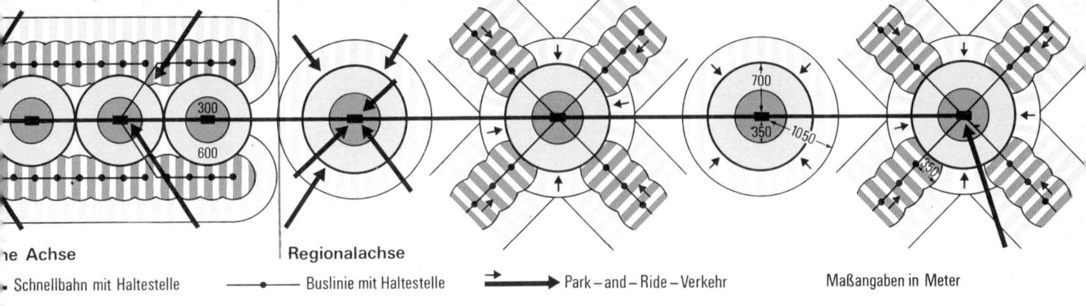

Entfernungszonen	Luftlinienentfernung zur Schnellbahnhaltestelle	Verkehrserschließung	Verdichtungsstufen: mittlere Geschoßflächenzahl (GFZ)	Fläche	Maximal erreichbare Einwohnerzahl
A	bis 300 m	vorwiegend:	1,3	28 ha	3 500
B	300 bis 600 m	zu Fuß	0,9	85 ha	10 500
C	über 600 m	vorwiegend: Fahrrad, Zubringer-Bus, eigenes Auto	rd. 0,3 bis 0,6	beliebig groß	geringe Einwohnerzahl

Schema der Entwicklungsachsen (Die Werte der Tabelle gelten für den Teil der Städtischen Achse.)

Ein Problem: Natürlich gibt es viele Ortschaften, die abseits der Schnellbahnen liegen. Auch die Bewohner dieser Siedlungen sollen mit der Schnellbahn fahren können. Aber die Schnellbahn ist liniengebunden und erschließt nur den Nahbereich an Haltestellen.

Lösung des Problems: Der Einzugsbereich der Haltestellen kann durch das flächenerschließende „Park-and-Ride-System" (P + R) und durch Zubringer-Busse erweitert werden. P + R bedeutet die sinnvolle Kombination von Pkw und Bahn: Man fährt mit dem eigenen Pkw zur Schnellbahn-Station im Vorort, stellt am reservierten Bahnhofsparkplatz das Auto ab und erreicht mit dem Zug rasch die Stadtmitte. Zur Anfahrt kann man natürlich auch das Fahrrad benutzen. Eine andere Lösung: Die Ehefrau fährt den berufstätigen Mann und die Schulkinder zur Schnellbahn-Haltestelle und nimmt den Wagen wieder mit. Viele Arbeitspendler und Schulpendler, die im Umland der Großstadt wohnen, machen vom P + R-System bereits Gebrauch und besitzen eine Monatskarte für Bahn und Parkplatz. Die Verkehrsplaner werben sehr für P + R.

7 Beschreibe die Vorteile, die P + R für den gesamten Stadtverkehr hat.

8 Suche eine treffende deutsche Übersetzung für „Park-and-Ride".

9 Stelle dir vor, du sollst die Bevölkerung einer Wohnsiedlung, die 3 km von der Schnellbahn-Haltestelle entfernt liegt, dazu veranlassen, das P + R-System anzunehmen.

a) Welche Argumente würdest du in einer Werbebroschüre anführen?

b) Welche Voraussetzungen müssen geschaffen werden, damit P + R für sie gut funktionieren kann?

In Los Angeles hast du den Zusammenhang zwischen dem Individualverkehr und dem Wohnen in Einfamilienhäusern erkannt. Im Hamburger Modell wird der Zusammenhang zwischen Massenverkehrsmitteln und Bevölkerungsverdichtungen in Hochhäusern angestrebt.

10 Diskutiert nun die Vor- und Nachteile beider Lösungen (Verkehr und Wohnen) aus der Sicht der betroffenen Bürger und aus der Sicht der Städteplaner.

Ein Gesamtverkehrsplan: Innenstadt Stuttgart

□ Das Luftbild zeigt die Stuttgarter Innenstadt. Auf der nächsten Doppelseite ist der Verkehrsplan abgebildet: Vieles davon ist noch nicht verwirklicht.

1 Arbeitet zu zweit. Einer schlägt den Verkehrsplan auf, der Nachbar zum Vergleich die Seite mit dem Luftbild. a) Sucht auf Luftbild und Karte folgende Gebäude, Plätze und Straßen: Altes und Neues Schloß, Staatstheater, Stiftskirche, Rathaus, Hauptbahnhof, den Kleinen Schloßplatz, Planie, Königstraße und Hauptstätter Straße. b) Im Luftbild erkennt ihr mehrere Tunneleinmündungen. Lokalisiert sie auf dem Plan und verfolgt den unterirdischen Verlauf der Straßen (gestrichelte Linien).

Ursprünglich war die Königstraße die zentrale Verkehrsachse der City. Die Stuttgarter City reicht vom Bahnhof bis zur Paulinenstraße.

2 a) Umfahre den Stadtkern auf den Cityringen bzw. Citytangenten. b) Zeige die beiden Straßen, die die City durchqueren (Cityspangen). Welche Nachteile haben sie für die City? c) Angenommen, du willst mit dem Auto vom Bahnhof zum Parkhaus am Rathaus fahren. Welchen Weg wählst du? Denke dir weitere Ausgangspunkte und Fahrziele aus. d) Über welche Nebenstraßen erreichst du die Tiefgarage bei der Stiftskirche? e) Umgrenze einige „Verkehrszellen".

3 Für die Fußgänger gibt es schmale Gehwege entlang der Autostraßen, Fußgängerstraßen, Fußgängerbereich in Grünanlagen. An welchen Stellen vermutest du die stärksten Fußgängerströme?

4 Die Trassen der S- und U-Bahnen liegen parallel zu den Hauptverkehrsstraßen. An welchen Stellen kann man von einer U-Bahn in die andere, von der U-Bahn in die S-Bahn umsteigen?

□ In vielen Städten sieht es noch so aus: Parkende Autos am Straßenrand verengen die Fahrbahnen; Durchgangsverkehr und Zielverkehr benutzen die gleichen Wege im Stadtkern; an den Kreuzungen stockt der Verkehr; Autos und Straßenbahnen behindern sich; Fußgänger drängen auf den Gehwegen und sind beim Überqueren der Straße gefährdet.

Lösung der Probleme: Um den Verkehrsfluß zu beschleunigen und die Gefahren zu verringern, muß man die einzelnen Verkehrsarten trennen. Jede Verkehrsart sollte ein unabhängiges Verkehrsnetz haben. Die getrennten Verkehrsnetze müssen jedoch an einigen Knotenpunkten miteinander verbunden sein. Der ruhende Verkehr benötigt gesonderte

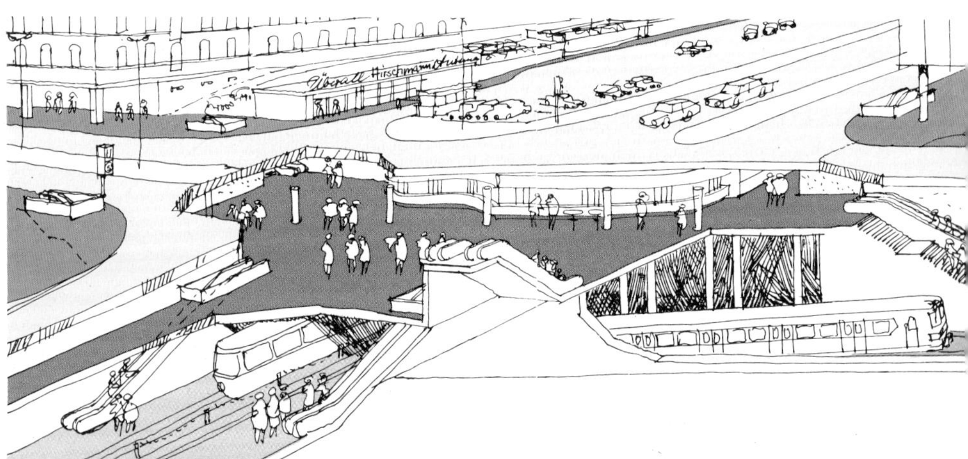

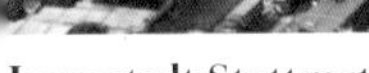

Innenstadt Stuttgart

Stellplätze abseits der Straßen. Die Schnittpunkte sollten kreuzungsfrei sein. Im engen Stadtkern sollte der Verkehr in mehreren Etagen fahren können. Vor allem aber müssen geschützte Fußgängerzonen und Fußgängerbrücken geschaffen werden!

5 Welche dieser Forderungen findest du im abgebildeten Verkehrsplan verwirklicht?

6 In den vorhergehenden Kapiteln habt ihr einzelne Verkehrsprobleme gesondert untersucht. Welche Aufgaben hat der Gesamtverkehrsplan?

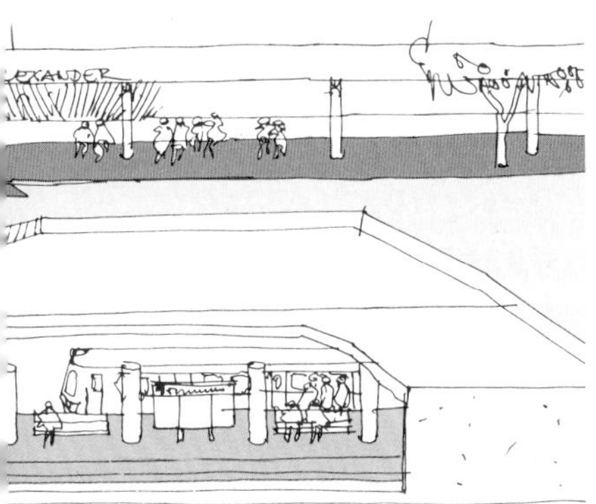

Haltestelle Stadtmitte

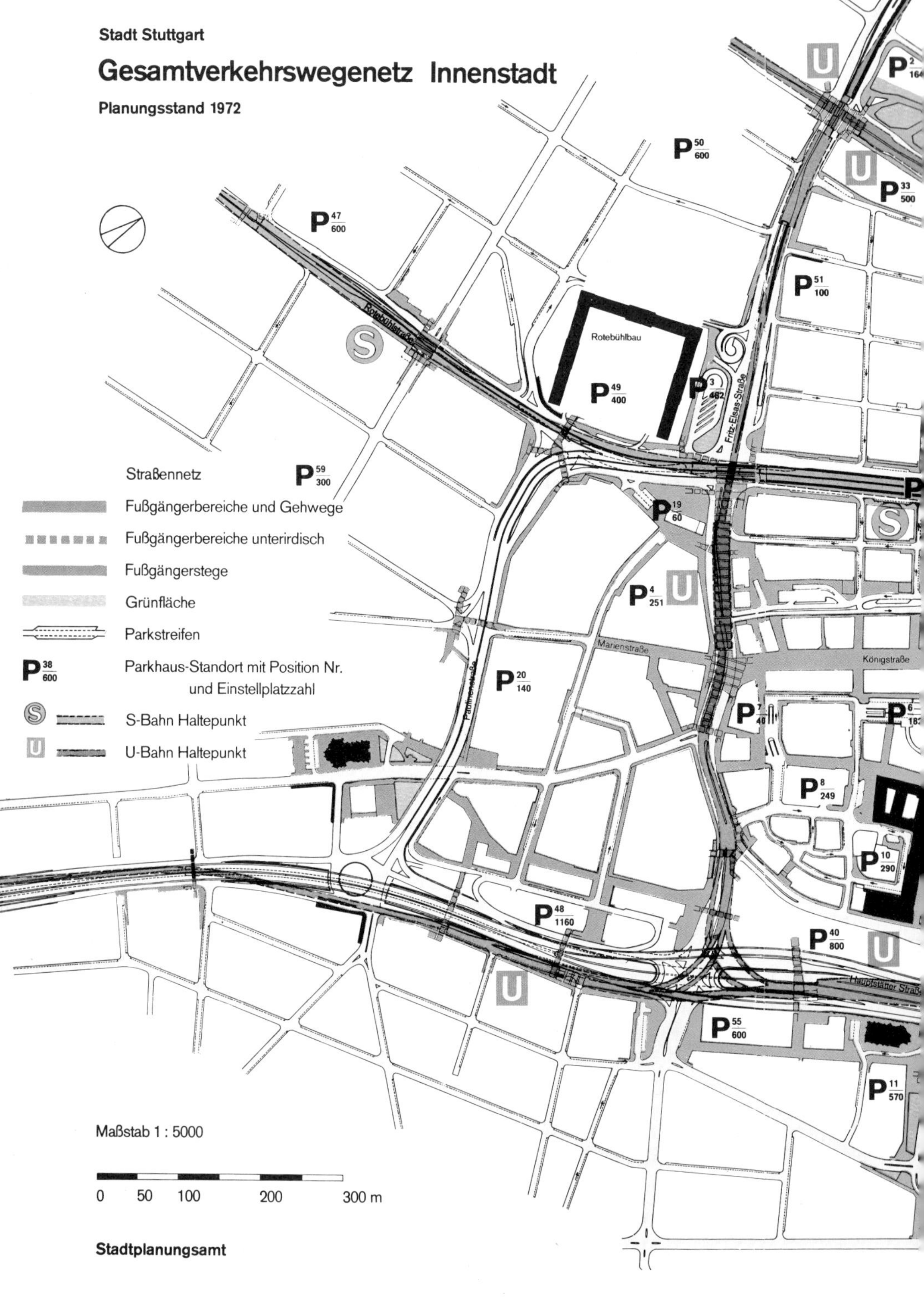
Stadt Stuttgart
Gesamtverkehrswegenetz Innenstadt
Planungsstand 1972
Straßennetz
Fußgängerbereiche und Gehwege
Fußgängerbereiche unterirdisch
Fußgängerstege
Grünfläche
Parkstreifen
Parkhaus-Standort mit Position Nr. und Einstellplatzzahl
S-Bahn Haltepunkt
U-Bahn Haltepunkt
Rotebühlstraße
Rotebühlbau
Fritz-Elsas-Straße
Marienstraße
Königstraße
Paulinenstraße
Hauptstätter Straße
P 47/600
P 50/600
P 2/164
P 33/500
P 51/100
P 3/462
P 49/400
P 59/300
P 19/60
P 4/251
P 20/140
P 7/40
P 6/182
P 8/249
P 10/290
P 48/1160
P 40/800
P 55/600
P 11/570
Maßstab 1 : 5000
0 50 100 200 300 m
Stadtplanungsamt

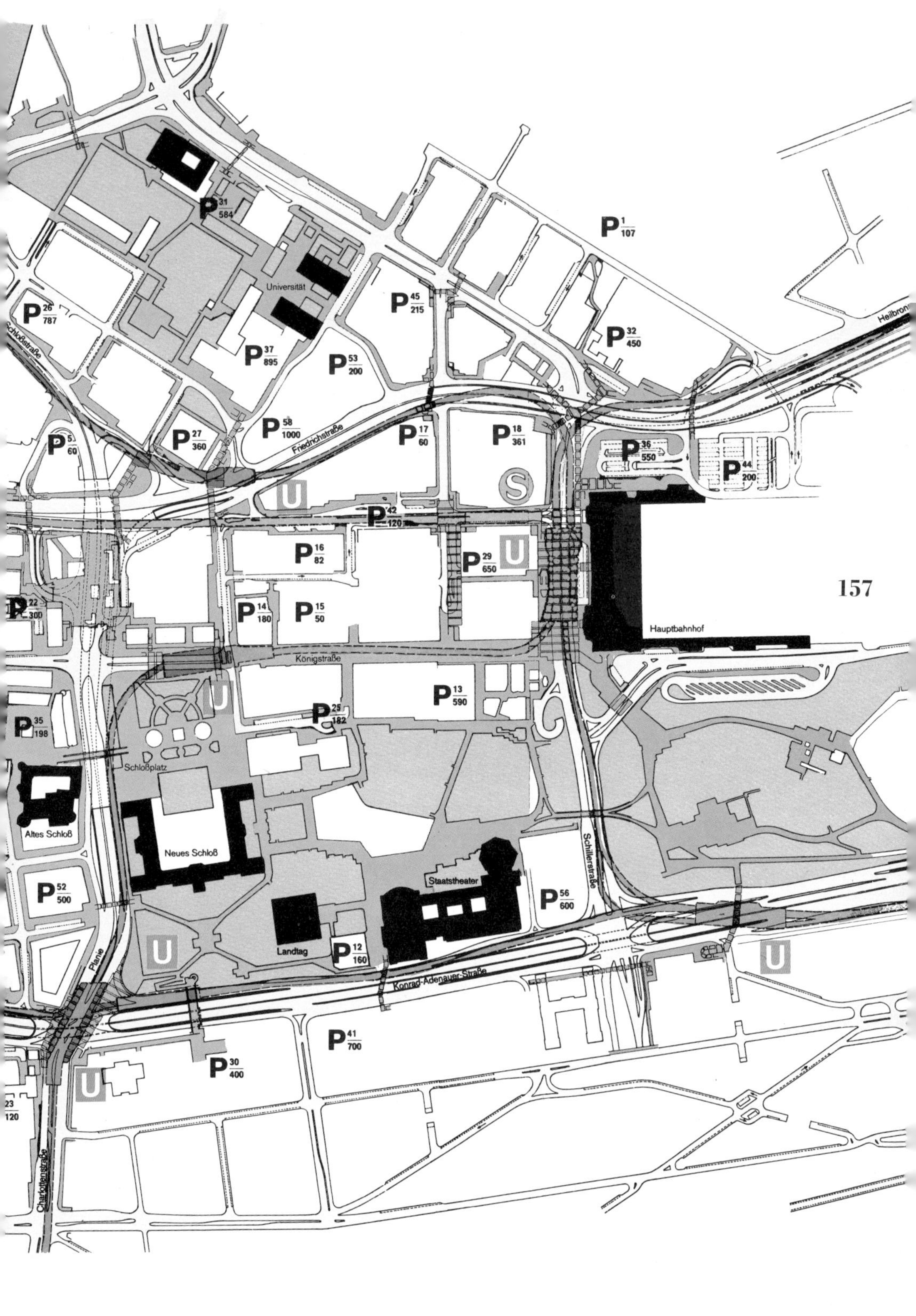

Universität
Friedrichstraße
Königstraße
Schloßstraße
Schloßplatz
Altes Schloß
Neues Schloß
Staatstheater
Landtag
Hauptbahnhof
Schillerstraße
Konrad-Adenauer-Straße
Planie
Charlottenstraße
P 1 107
P 31 584
P 26 787
P 45 215
P 32 450
P 37 895
P 53 200
P 58 1000
P 27 360
P 17 60
P 18 361
P 36 550
P 44 200
P 42 120
P 16 82
P 29 650
P 22 300
P 14 180
P 15 50
P 13 590
P 25 182
P 35 198
P 52 500
P 56 600
P 12 160
P 41 700
P 30 400
23 120

Zurückgebliebene Gebiete fördern?

Landflucht

Diese Seite zeigt zwei Karten von der Bundesrepublik Deutschland. Du kannst beim Vergleich einige interessante Tatsachen feststellen.

1 Lege Transparentpapier auf die Karte „Bevölkerungsdichte" und zeichne
a) die Gebiete mit der größten Bevölkerungsdichte,
b) die Gebiete mit der geringsten Bevölkerungsdichte durch.

2 Studiere die rechte Karte. Was bedeuten die weißen Flächen? Welche Gebiete gehören beispielsweise dazu? Nimm die Deutschlandkarte im Atlas zur Hand.

3 Gebiete mit hohem Einkommen werden oft mit dem „Industrieband" und den „Ballungszentren" der Bundesrepublik Deutschland gleichgesetzt. Kommentiere diese Feststellung.

4 In welchen Gebieten der Bundesrepublik decken sich niedriges Einkommen und geringe Bevölkerungsdichte? Wo finden sich Gebiete mit großer Bevölkerungsdichte aber nur geringem Einkommen der Bewohner?

Zwei Bauern, die in solchen Gebieten ihren Hof aufgegeben haben und mit ihren Familien in die Stadt gezogen sind, wurden befragt:

Bundesrepublik Deutschland: Bevölkerungsdichte und Einkommen

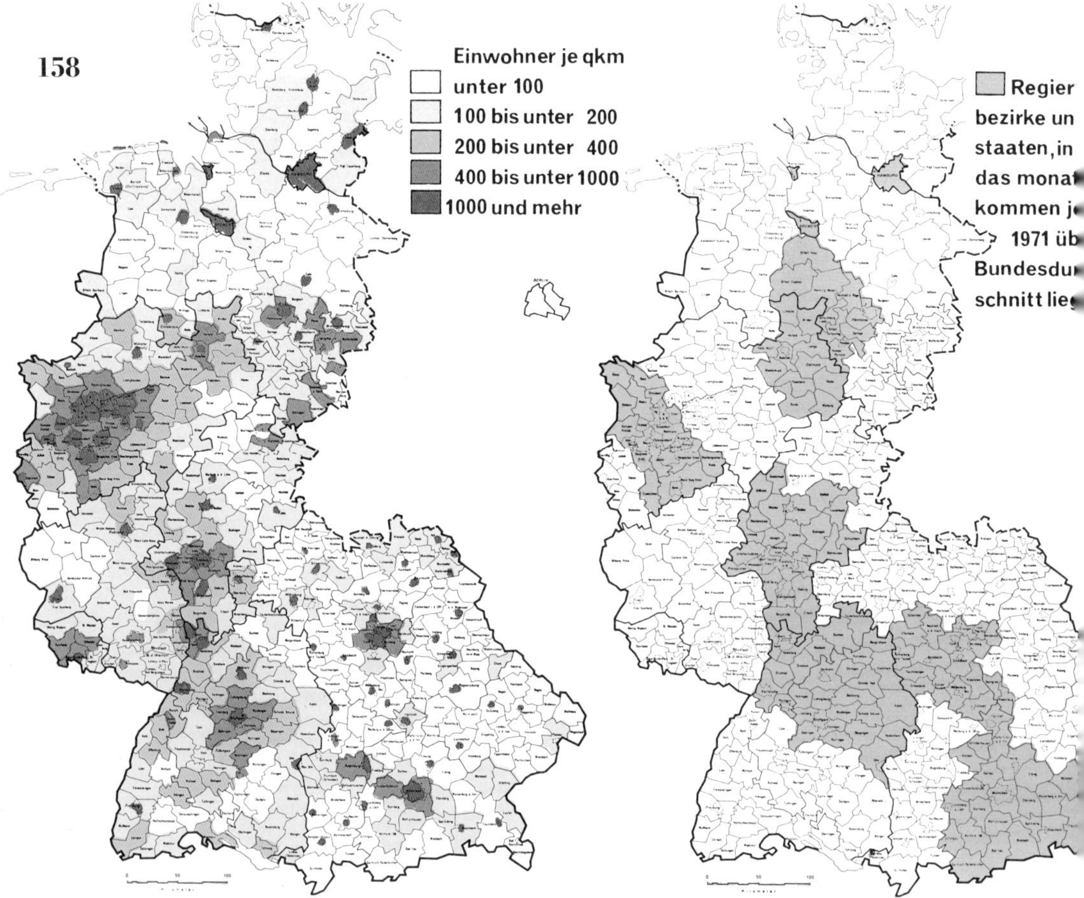

Interview 1

Frage: „Herr Dufner, Sie sind erst vor drei Monaten vom Land in diese Stadt gezogen. Woher kommen Sie?"

Dufner: „Ich komme aus einem Dorf in der Nähe von Marktredwitz in Oberfranken. Dort hatte ich eine Karpfenzucht und etwas Land und Wald. Der Absatz der Karpfen war ganz gut, aber die Transportkosten fraßen den Gewinn fast vollständig wieder auf. Dann hab' ich es mit der Kälberzucht versucht. Aber da waren die Futter- und Getreidekosten so hoch, daß sich auch das nicht rentierte. Und jetzt mag ich nimmer."

Frage: „Der schlechte Verdienst war bei Ihnen also der Grund, vom Land in die Stadt zu ziehen?"

D.: „Bei mir schon, ja! Von dem Geld, das einging, ist für die Familie und zum Leben nur wenig geblieben."

Frage: „Und wie finden Sie das Leben in der Stadt?"

D.: „Na ja, ich hänge halt sehr an meinem See, am Hof, an der Landschaft. Das alles vermisse ich schon sehr."

Frage: „Und wie finden Ihre Frau und die Kinder das Leben in der Stadt?"

D.: „Ja, meine Frau und die Kinder, die finden das Leben in der Stadt schon angenehmer, als im Stall oder auf den Feldern zu arbeiten. Die großen Geschäfte sind gleich in der Nähe. Wenn eins der Kinder krank wird, ist der Arzt schnell da, und die Apotheke ist auch um die Ecke. Am Sonntag gehen wir jetzt manchmal ins Kino. Und Sie werden es nicht glauben, aber mein Verdienst als Hilfsarbeiter ist höher als der Gewinn, den mein Hof gebracht hat. Vielleicht machen wir dieses Jahr sogar mal Urlaub. Das wäre der erste Urlaub unseres Lebens."

Interview 2

Frage: „Herr Berger, woher kommen Sie und weshalb sind Sie in die Stadt gezogen?"

Berger: „Aus der Rhön komme ich, aus einer Gegend, die viele Leute gar nicht kennen. Dort habe ich von meinem Vater einen kleinen Bauernhof, Äcker und Waldbesitz übernommen und weitergeführt. Die Arbeit war oft schon sehr hart; aber der Wegzug vom Dorf ist mir nicht leicht gefallen. Meine Frau und die Kinder scheinen den Wechsel leichter zu verkraften. Ich habe jetzt einen Arbeitsplatz bei einer Baufirma, meine Frau arbeitet halbtags als Haushaltshilfe."

Frage: „War das schlechte Einkommen Ihres Betriebes der Grund für den Wegzug vom Hof?"

B.: „Nun, reich sind wir mit unserer Landwirtschaft sicher nicht geworden, obwohl der Staat geholfen hat. Aber der eigentliche Grund war, daß keines meiner Kinder den Betrieb übernehmen wollte. Alle wollen sie auf die Schule und was lernen. Der Junge will einen technischen Beruf lernen, die beiden Mädchen wollen Sekretärinnen werden. Aber auf dem Dorf ist so was ja nicht möglich. Also sind wir eben weggezogen, ich glaube, für die Kinder war das sicher das beste."

5 Schreibe die Gründe auf, warum Familie Dufner und Familie Berger in die Stadt gezogen sind.

6 Stelle zusammen, welche Vorteile und Möglichkeiten sich die einzelnen Familienmitglieder vom Leben in der Stadt erhoffen. Nenne auch einige denkbare Nachteile. In den vorhergehenden Kapiteln findest du Hinweise.

☐ Die Bundesforschungsanstalt für Landeskunde und Raumordnung hat festgestellt, daß 34% der Fläche der Bundesrepublik Deutschland zurückgebliebene Gebiete sind. In ihnen leben 12% der Bevölkerung, aber nur 5% der Industriebeschäftigten.

⅄ **7** Suche auf der Karte unten die großen zusammenhängenden Regionen und stelle fest, um welche Gebiete es sich handelt. Schreibe vier dieser Gebiete auf.

⅄ **8** Welche Bundesländer haben den größten Anteil an zurückgebliebenen Gebieten?

⅄ **9** Bei einigen dieser Gebiete wirkt sich besonders die Grenzlage ungünstig aus. Welche sind es?

10 Vergleiche die Karte der zurückgebliebenen Gebiete mit der Karte „Bevölkerungsdichte“ (Seite 158, Transparentpapier!). Welche zurückgebliebenen Gebiete weisen a) eine geringe, b) eine durchschnittliche und c) eine große Bevölkerungsdichte auf?

∞ **11** Die folgenden Beispiele lassen einige typische Mängel und Schwächen zurückgebliebener Gebiete erkennen. Schreibt sie auf, und versucht eine Erklärung für die beschriebenen Situationen. Diskutiert denkbare Abhilfemaßnahmen.

Beispiel 1: Bei Marktredwitz/Oberfranken wurde ein Industriebetrieb mit hohem Exportanteil neu angesiedelt. Der Betrieb hatte rund 100 offene Stellen für Fachkräfte ausgeschrie

Zurückgebliebene ländliche Gebiete

Verkehrsverbindungen im Raum östlich von Kassel; M. 1 : 800 000

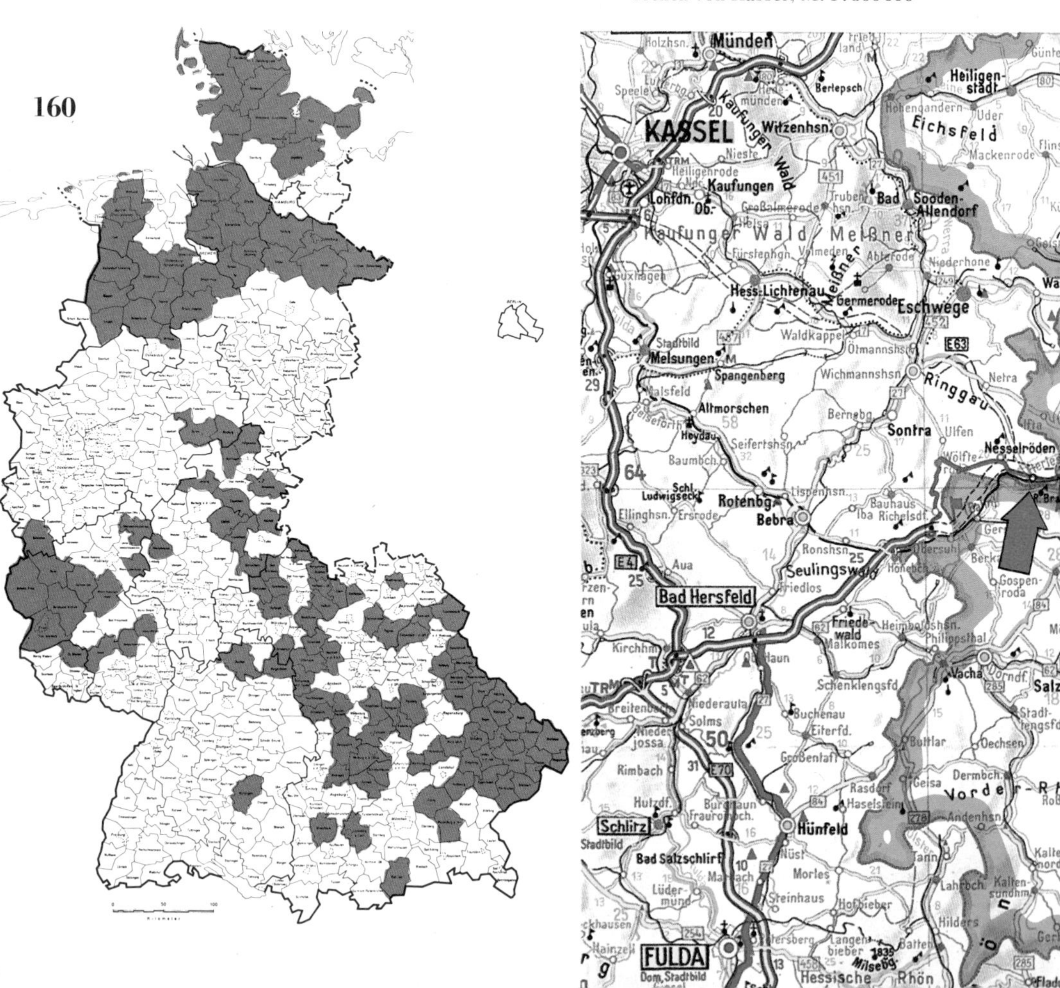

ben. Etwa 20 davon konnten besetzt werden. Die Stelle einer Fremdsprachensekretärin zum Beispiel war mit DM 2 500 angeboten; sie blieb unbesetzt (1971).

Beispiel 2: Ein junger Mann aus Herleshausen besucht in Kassel die Berufsschule. Dazu muß er morgens um 3.45 Uhr aufstehen, abends kommt er um 23.45 Uhr wieder zurück. Der letzte Bus von Eschwege nach Herleshausen fährt um 17.05 Uhr (samstags fährt er überhaupt nicht). Wer diesen Bus verpaßt, muß ein Taxi nehmen oder muß mit der Bahn über Bebra fahren, mit Umsteigen, eine Strecke von ungefähr siebzig Kilometern (1969).

Beispiel 3: Fernpendler aus dem Bayerischen Wald fahren jeden Montag mehr als 100 km nach München zur Arbeit und am Freitag wieder zurück. Am Wochenende betreiben sie ihre kleine Landwirtschaft. Ähnlich pendeln Nebenerwerbsbauern aus dem Emsland in das Ruhrgebiet.

12 Begründe, weshalb die Städte auf viele Menschen eine so große Anziehungskraft ausüben. Du müßtest fünf Gründe nennen können.

13 Nennt wenigstens drei Maßnahmen und Veränderungen, die getroffen werden müßten, damit die Bewohner der ländlich-zurückgebliebenen Gebiete mehr verdienen könnten und damit der Anreiz zum Wegziehen geringer würde. Schlagt noch mal nach im Kapitel „Zentrale Orte (Seiten 10 und 11).

14 a) Stelle auf der nebenstehenden Karte fest, welche Entfernung der Berufsschüler aus dem Beispiel 2 zurücklegen muß. b) Verfolge den eigentümlichen Verlauf der Bahnlinie von Herleshausen nach Kassel.

15 In den Verdichtungsräumen der Bundesrepublik Deutschland lag 1970 die jährliche Lohn- und Gehaltssumme bei durchschnittlich 11 332 DM. Wie hoch war sie in den zurückgebliebenen Gebieten? In welchem Bundesland liegen die zurückgebliebenen Gebiete am Ende der Verdienstskala (Tabelle unten)?

16 Lies aus der Tabelle die Veränderungen zwischen 1961 und 1970 ab. Kommentiere.

Einwohner, Beschäftigte und Lohn- und Gehaltsummen in den zurückgebliebenen Gebieten

Zurückgebliebene Gebiete in	1961 Einwohner	Beschäftigte	Beschäftigte/1000 Einwohner	1970 Einwohner	Beschäftigte	Beschäftigte/1000 Einwohner	Lohn- u. Gehaltssumme je Beschäftigten in DM
Schleswig-Holstein	1 161 231	302 742	261	1 274 801	337 938	265	8 511
Niedersachsen	2 794 594	741 985	266	2 996 993	852 970	285	8 244
Nordrhein-Westfalen	460 511	131 457	285	506 515	138 401	273	8 529
Hessen	729 667	197 840	271	771 048	216 186	280	7 767
Rheinland-Pfalz	1 283 775	352 232	274	1 369 098	393 423	287	8 163
Baden-Württemberg	172 617	49 035	284	188 138	58 736	312	7 659
Bayern	3 146 154	877 940	279	3 314 946	973 084	294	7 432
Saarland	419 920	127 255	303	443 613	127 215	287	9 054
insgesamt	10 168 469	2 780 486	273	10 865 152	3 097 053	285	8 009

Süditalien „exportiert" Gastarbeiter

☐ Kurz vor Weihnachten fahren Sonderzüge für Gastarbeiter nach Süditalien. Der Sonder zug Köln–Neapel mit Kurswagen Bari–Brindisi bringt 1000 italienische Arbeitnehmer zu rück zu ihren Familien in die großen Dörfer Apuliens und Kalabriens. Viele haben ihr Heimat schon vor Jahren verlassen, weil sie zu Hause keine Arbeit finden konnten. Nach dem Urlaub kehren die meisten wieder in die Bundesrepublik zurück. Manche bleiben in ihrer Heimat und kaufen mit dem ersparten Geld ein Grundstück oder eröffnen ein kleine Geschäft. Warum arbeiten diese Menschen im Ausland als „Gastarbeiter"?

In den industriereichen Nachbarländern finden sie meistens, was sie in ihren Dörfern zu Hause nicht haben, z. B. ein gutes Einkommen, ärztliche und soziale Versorgung, Aus bildungsmöglichkeiten für ihre Kinder. Eine ausreichende Hilfe für ihre armen Heimat länder ist der „Export" von Gastarbeitern nicht.

1 Kommentiere die Karten „Industrie" und „Energiewirtschaft" und achte dabei auf die Unterschiede zwischen Nord- und Süditalien.

2 Vergleiche die Karten „Bevölkerungsdichte" und „Industrie". Du kannst wichtige Zu sammenhänge zwischen Siedlungsdichte und Industrieansiedlung entdecken.

3 Wir empfinden es bereits als unzumutbar, wenn manche Pendler nur einmal in der Woche zu ihren Familien fahren können oder wenn täglich Entfernungen über 30 km zu rückgelegt werden müssen. Vergleiche dies mit der Lage der Gastarbeiter.

4 Während ihres Arbeitsaufenthaltes im Ausland überweisen viele Gastarbeiter regel mäßig einen Teil ihres Verdienstes nach Hause, um den Lebensunterhalt ihrer Familie zu sichern. Kommentiere die Zeichnung „sparsame Gastarbeiter".

Italien: Bevölkerungsdichte und Industrieverteilung

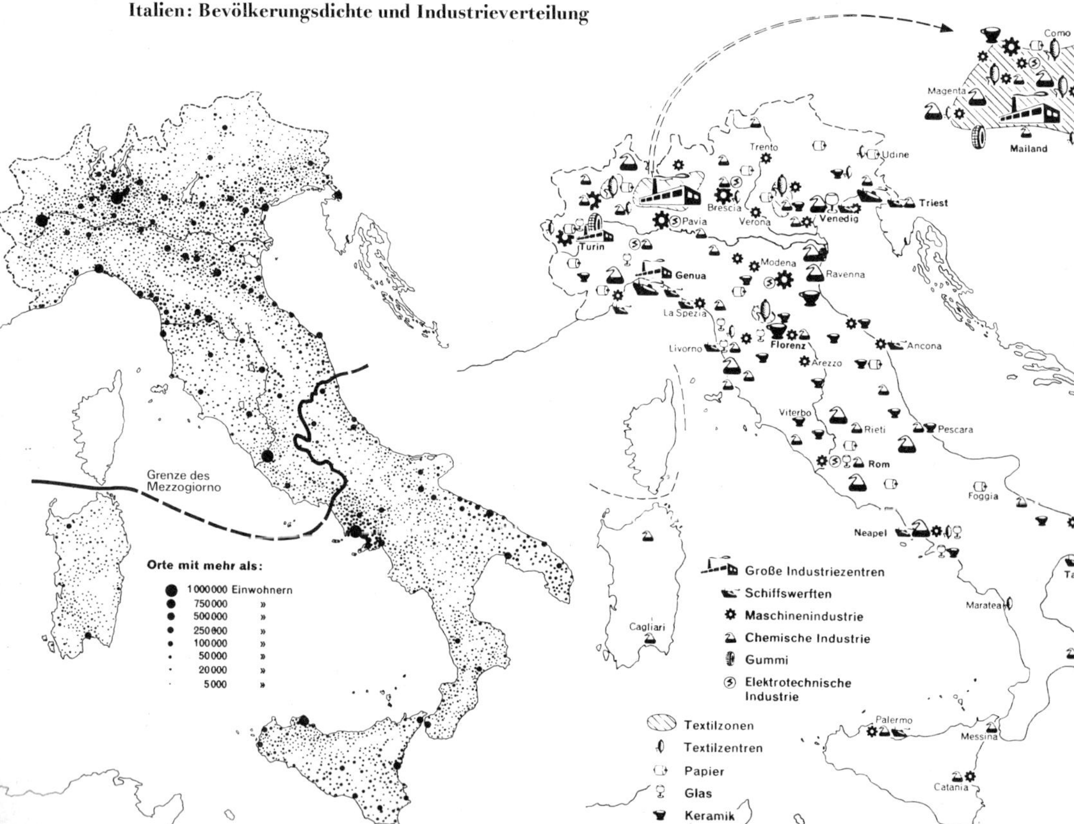

Der Mezzogiorno (= Süden: it. mezzo = halb; giorno = Tag) umfaßt 7 von 19 italienischen Provinzen südlich der Linie Rom–Ancona. Er ist typisch für ein unterentwickeltes Gebiet und seine Entwicklung und Förderung. Die wirtschaftliche Lage des Mezzogiorno konnte durch dreierlei Maßnahmen in den letzten Jahren verbessert werden: a) Ausbau der Landwirtschaft, b) Ansiedlung von Industrie, c) Förderung des Tourismus. Bis 1973 waren 82 landwirtschaftliche Fördergebiete, 42 Zonen industrieller Entwicklung und 29 Tourismus-Entwicklungszonen eingerichtet (siehe Karte unten).

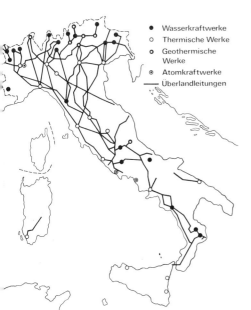

5 Seit Beginn der Fördermaßnahmen der italienischen Regierungen (1950) hat sich der Anteil der Erwerbstätigen im Mezzogiorno stark verändert. Kommentiere die Tabelle.

Erwerbstätige im Mezzogiorno

	Landwirtschaft	Industrie	Dienstleistungen
1950	57 %	20 %	23 %
1970	35 %	32 %	33 %

Die Zukunft des Landes liegt im Tourismus, sagen die Experten. Auf der 1973 fertiggestellten „Autostrada del Sole" kann der Urlauber bis an die Südspitze Italiens durchfahren. Während in Nord- und Mittelitalien Autobahngebühren bezahlt werden müssen, ist die Strecke von Salerno bis Reggio di Calabria gebührenfrei. Motels, Tankstellen und Geschäfte werden vom Staat gebaut. Mit staatlichen Beihilfen werden Geschäftsleute veranlaßt, sich im Mezzogiorno niederzulassen.

6 Der Tourismus bringt neben Entwicklung auch Probleme. Bestimme die Lage der Tourismuszonen zum Meer. Vergleiche damit den Grad der Verschmutzung entlang den Stränden Süditaliens.

7 Von 1951 bis 1969 wurden im Mezzogiorno 1095000 neue Arbeitsplätze geschaffen. Dennoch wanderten in dieser Zeit 1700000 Menschen von dort ab. Viele von ihnen leben als Gastarbeiter im Ausland.

Entwicklungszonen im Mezzogiorno

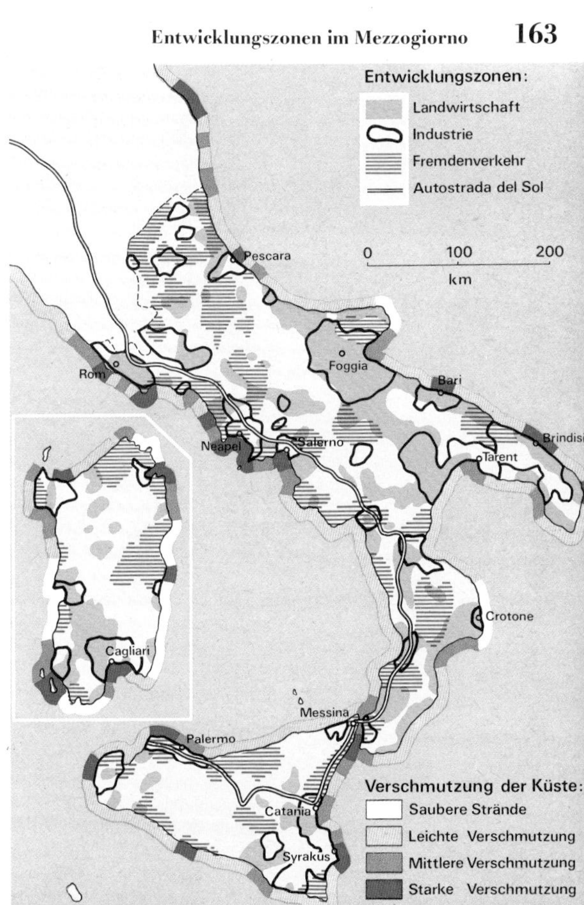

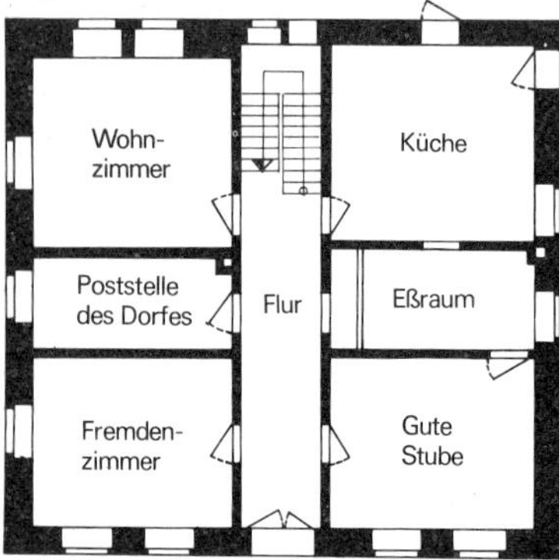

Obergeschoß

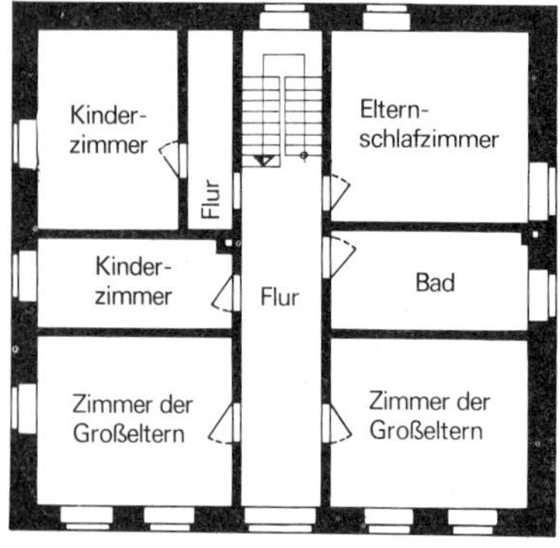

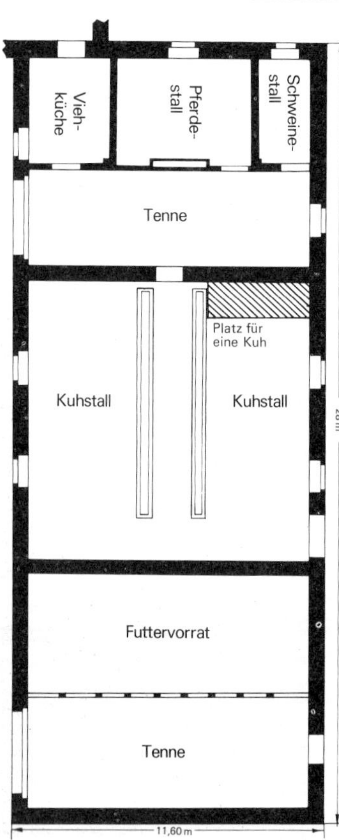

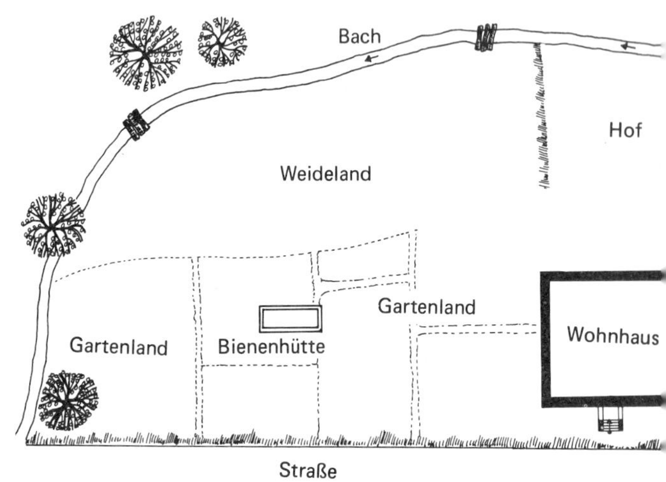

Haus und Hof des Landwirts T. früher ...

„Ein Fremdenbett bringt so viel wie eine Kuh" (18)

□ Bauer T. (48 Jahre) bewirtschaftet in Weninghausen (Kreis Arnsberg im Sauerland) mit seiner Frau (40 Jahre) und drei Kindern einen bäuerlichen Betrieb.

Die Situation des Betriebes im Jahr 1969:
Hof seit 1727 im Familienbesitz, 1902 umgebaut.
Betriebsfläche = 34 ha; davon 20 ha Wald und 14 ha landwirtschaftliche Nutzfläche.
Von der landwirtschaftlichen Nutzfläche sind 9,25 ha Dauergrünland.
Bodenqualität = teils steinig, teils feucht und sumpfig;
Hausgarten = begrenzt durch einen Bach mit Forellen;
Viehbestand = 10 Kühe, 3 Pferde, 20 Schweine, 50 Hühner;
Maschinenbestand = mehrere Saat- und Erntemaschinen, Pflug, Traktor und Anhänger;
Nettoeinkommen = DM 750,– monatlich; ein Einkommen, das mit dem anderer Berufe nicht vergleichbar ist.
Erkenntnis für Bauer T.: Bewirtschaftet er seinen Hof wie bisher weiter, kann er sein Einkommen mit Sicherheit nicht verbessern.

1 Herr T. hält ein Jahreseinkommen von DM 16000,– für notwendig. Um wieviel DM bleibt er unter dieser Grenze?

Der Betrieb war also unrentabel. Bauer T. erkundigte sich beim Arbeitsamt, welche Möglichkeiten und vor allem welche staatlichen Hilfen er nutzen könnte, um seine Ein-

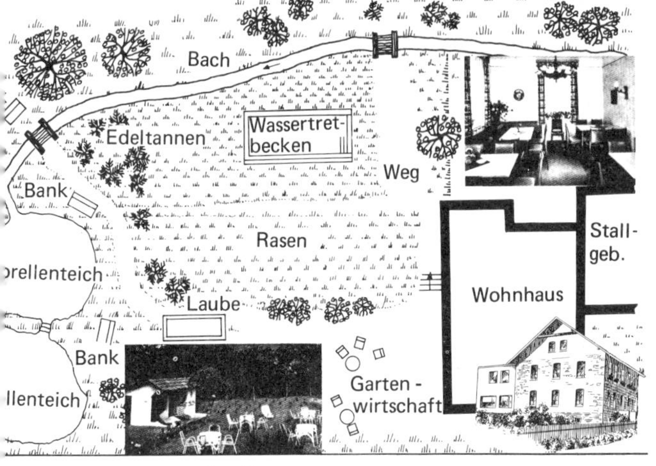

... und nach der Umgestaltung

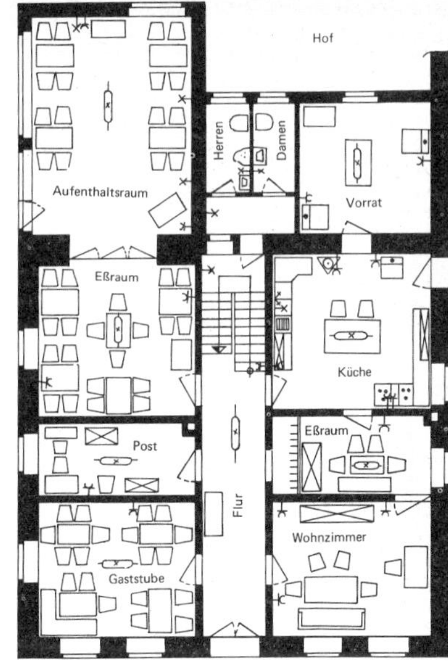

Das Erdgeschoß heute

kommenssituation zu verbessern. Er erhielt verschiedene Vorschläge:

- Auf Milchproduktion umstellen.
- Eine Fremdenpension mit Zuerwerbs-Landwirtschaft einrichten.
- Sich zum Schlosser umschulen lassen.
- Sich als Arbeiter in der nahen Möbelfabrik anlernen lassen.
- Sich mit anderen Bauern zu einer Erzeugergemeinschaft zusammenschließen.

Das Obergeschoß heute

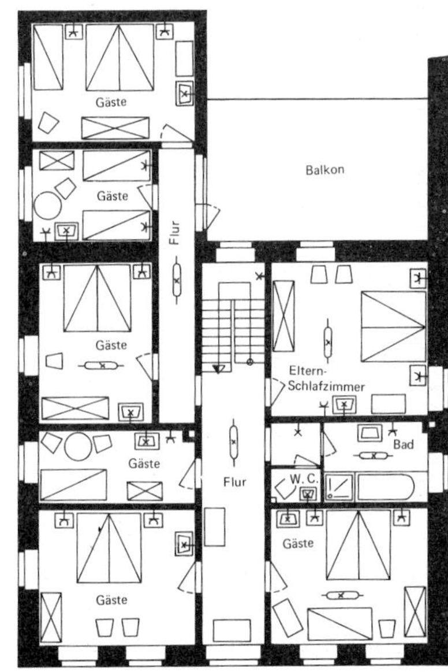

Herr T. wollte weder seinen Hof aufgeben noch in die Stadt ziehen. Er wählte die zweite Lösung. Inzwischen kann Herr T. bis zu 20 Feriengäste in seinem Haus unterbringen. Er hält heute seine Entscheidung für richtig und sagt: „Ein Fremdenbett bringt so viel wie eine Kuh."

2 Herr T. hat sein Haus umgebaut. Der Vergleich der Grundrisse des Erdgeschosses und des Obergeschosses zeigt, was sich baulich verändert hat. Notiere.

3 Auch der Hausgarten wurde umgestaltet. Woran lassen sich die besonderen Wünsche, Bedürfnisse und Ansprüche der Feriengäste erkennen?

4 Die Urlauber auf dem Bauernhof sind hauptsächlich Städter, vor allem Familien mit Kindern, für die Tiere eine große Anziehungskraft besitzen. Welche Forderungen ergeben sich daraus für Herrn T. bei den Überlegungen zum Umbau seines Hofes?

Kostenrechnung zur Milchkuhhaltung

		Milchkuh 1 Stück	Insgesamt DM	IST 19...... DM je Einheit	 Einheiten je Stück
1	Leistung	Verkauf Kalb		200	
2		4500 kg Milch o,42DM		1890	
3		Verbrauch			
4					
5		Mehr- oder Minderbestand			
6		Sa. Leistung	2090	—	
7	Veränderliche Kosten	Bestandsergänzung ...... aus Zukauf	100		
8		...... aus Betrieb			
9		Futtermittel: 8 dz Kraft-			
10		futter			
11		a 38DM	304		
12		1800 h STE			
13		a 0,25DM	450		
14		Mineral-futter	40		
15		Summe	794	—	—
16		Tierarzt und Deckgeld	80		
17		Versicherungen u. Tierseuchenkasse	30		
18		Löhne (Spezial- u. nichtst. Arbeitskr.)	500		
19		veränderliche Schlepperkosten	} 70		
20		veränderliche Maschinenkosten			
21		Fremdmaschinen			
22		MLP u. ZV-Beitr.	18		
23		Zinsansatz	23		
24		Gebäude 7%	140		
25		(Z. 7, 8 u. 15 bis 24) Sa. veränderl. Ko.	1755	——	
26		(Z. 6 ./. 25) Gewinn Deckungsbeitrag	335.-	——	

a) Täglicher Zeitbedarf in Stunden bei 4 Zimmern mit Vollpension:

Arbeitsvorgang	Zeit (Erfahrungswert)
Betten machen, Waschbecken säubern, Fußbodenpflege, aufräumen	1,5 Std.
Frühstück richten, Tisch decken, spülen	0,75 Std.
Eß-Aufenthaltsraum säubern	0,80 Std.
Mittagessen bereiten, Tisch decken, spülen	2,40 Std.
Abendbrot richten, Tisch decken, spülen	1,50 Std.
WC, Hausflur, Freiplatz in Ordnung halten	0,30 Std.
Gesamtzeit	
+ 10% für Schreiben, Einkaufen, Sonderwünsche	
b) Wöchentliche Sonderarbeiten:	
Wöchentlicher Zimmerputz	1,80 Std.
Putz des Eß-Aufenthaltsraumes	0,75 Std.
Putz der sanitären Räume	0,50 Std.
Bett-, Tischwäsche, Handtücher, weiße Schürzen waschen, aufhängen, abnehmen	1,10 Std. (bei 9 bis 10 kg)
Legen und Glätten	1,00 Std.
Gesamt	
Pro Tag	

Aus: „Fremdenbeherbergung auf dem Bauernhof", AID, Bonn 1970

5 Berechne, wieviele Milchkühe Herr T. bei einer Umstellung auf Milchwirtschaft hätte kaufen müssen, um auf ein Jahreseinkommen von 16000 DM zu kommen. Studiere dazu die „Kostenrechnung".

6 Bei einem Stallneubau für Kühe rechnet man DM 4500,– pro Stellplatz. Im Stall hatten bisher 14 Kühe Platz. Wie hoch wären die Anbaukosten bei der erforderlichen Zahl von Kühen gekommen?

7 Rechnung für den Umbau

Anbau eines Aufenthaltsraumes:	etwa 50 m³ – DM 12500
Anbau eines Bades:	etwa 17 m³ – DM 4375
Anbau einer Toilette:	etwa 10 m³ – DM 2500
	DM 19375

Vergleiche mit den Kosten für einen Stallneubau (Aufgabe 6).

8 Kostenrechnung (Einnahmen und Ausgaben) einer Fremdenpension mit 6 Betten (Saisondauer 100 Tage):

Einnahmen (Rohertrag)	DM	Unkosten DM
2 Einzelzimmer à DM 15.-	3000,-	a) 1362,- (2,27 DM/Bett tägl.) b) 3780,- (6,30 DM tägl./ Person für Ernährung)
2 Doppelzimmer a DM 30,-	6000,-	
	9000,-	5142,-

Errechne den Gewinn bei 6 und bei 20 Fremdenbetten.

Die Versorgung der Feriengäste ist hauptsächlich Aufgabe von Frau T. In der Küche erleichtern ihr jetzt moderne Haushaltsgeräte die Arbeit. Sie sagt: Einen Gemüsegarten muß ich nun nicht mehr bewirtschaften, wir kaufen das Gemüse preiswert. Das Vieh versorgt mein Mann jetzt allein. Für die Arbeit in der Küche haben wir stundenweise eine Hilfe. Meine beiden großen Mädchen helfen gut mit beim Bettenmachen und beim Auftragen der Speisen. Was aus dem Pensionsbetrieb würde, wenn ich einmal ernsthaft krank würde oder nicht mehr die Kraft hätte, diesen langen Arbeitstag – in der Saison dauert er oft bis zu 14 Stunden – durchzustehen, das weiß ich nicht.

9 Errechne aus der nebenstehenden Aufstellung die tägliche Arbeitszeit in einer Fremdenpension.

10 Herr T. hat noch 4 Milchkühe, 10 Stück Jungvieh, 1 Zuchtsau, 11 Mastschweine. Vergleiche mit dem alten Viehbestand. Begründe, weshalb er die Landwirtschaft nicht ganz aufgeben kann.

„Für unsere Gäste kaufte ich im vergangenen Jahr zwei Ponys und einen Bernhardinerhund. Ferien auf dem Bauernhof sind ohne Tiere nicht denkbar. Gerade die Kinder, die aus der Stadt mit ihren Eltern aufs Land in Urlaub fahren, freuen sich auf die Kühe, Pferde, Schweine und Hühner. Beim Füttern der Schweine und Hühner helfen die Kinder besonders gern mit. Wenn sie im Stall oder auf dem Feld zur Hand gehen können, so empfinden sie das nicht als Arbeit, es macht ihnen Spaß. Ein Erlebnis ist für sie auch das Mitfahren auf dem Anhänger oder dem Traktor.“

11 Stelle zusammen, welche Einrichtungen vorhanden sein müssen, um einen Bauernhof zu einem echten „Ferienhof“ werden zu lassen. Was sucht der Großstädter auf dem Lande, was sollte deshalb unter allen Umständen erhalten bleiben?

Nach der Umstellung auf Fremdenpension berichtete Herr T. in einer Versammlung von Landwirten: „Der Staat half mit DM 4000 Beihilfe, etwa DM 2000 hatten wir gespart. Wir verkauften ein Stück Land an den Aussiedler F. So war die Finanzierung von rund DM 27 000 praktisch schon gesichert. Die Umstellung war erfolgreich. Den Antrag auf ein zinsverbilligtes Darlehen habe ich beim Landratsamt gestellt. Der Antrag ist von einem Gutachterausschuß beim Regierungsbezirk befürwortet worden. Ich mußte nachweisen, daß mein Hof durch die Umstellung rentabel wird und die Finanzierung gesichert ist.“

12 Würden mehrere Bauern in Weninghausen ihre Höfe auf Fremdenpension umstellen und weitere Feriengäste in das Dorf kommen, dann würden Veränderungen im Leben des Dorfes nicht ausbleiben. Welche? Denke daran, daß Feriengäste ganz bestimmte Bedürfnisse und Wünsche haben. Dazu gehören Nahrung und Kleidung, ärztliche Versorgung, Geldinstitute, Verkehrseinrichtungen sowie Sportplätze, Freizeitzentren und Gaststätten.

13 Feriengäste erkundigen sich oft vorher, welche „Attraktionen“ Ort und Umgebung bieten. In der Liste sind Besonderheiten der umliegenden Orte von Weninghausen aufgeführt. Trage sie in die Karte ein (Transparentpapier). Verwende die angegebenen Zeichen.

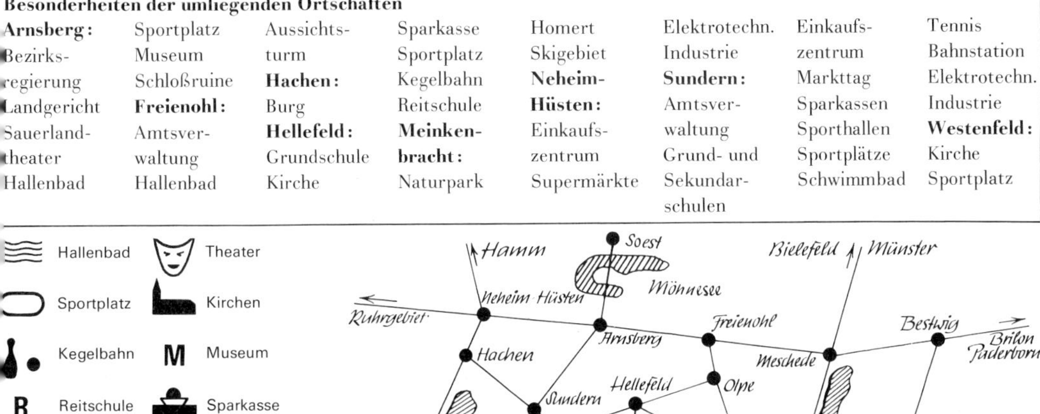

Besonderheiten der umliegenden Ortschaften

Arnsberg:	Sportplatz	Aussichts-	Sparkasse	Homert	Elektrotechn.	Einkaufs-	Tennis
Bezirks-	Museum	turm	Sportplatz	Skigebiet	Industrie	zentrum	Bahnstation
regierung	Schloßruine	**Hachen:**	Kegelbahn	**Neheim-**	**Sundern:**	Markttag	Elektrotechn.
Landgericht	**Freienohl:**	Burg	Reitschule	**Hüsten:**	Amtsver-	Sparkassen	Industrie
Sauerland-	Amtsver-	**Hellefeld:**	**Meinken-**	Einkaufs-	waltung	Sporthallen	**Westenfeld:**
theater	waltung	Grundschule	**bracht:**	zentrum	Grund- und	Sportplätze	Kirche
Hallenbad	Hallenbad	Kirche	Naturpark	Supermärkte	Sekundar-	Schwimmbad	Sportplatz
					schulen		

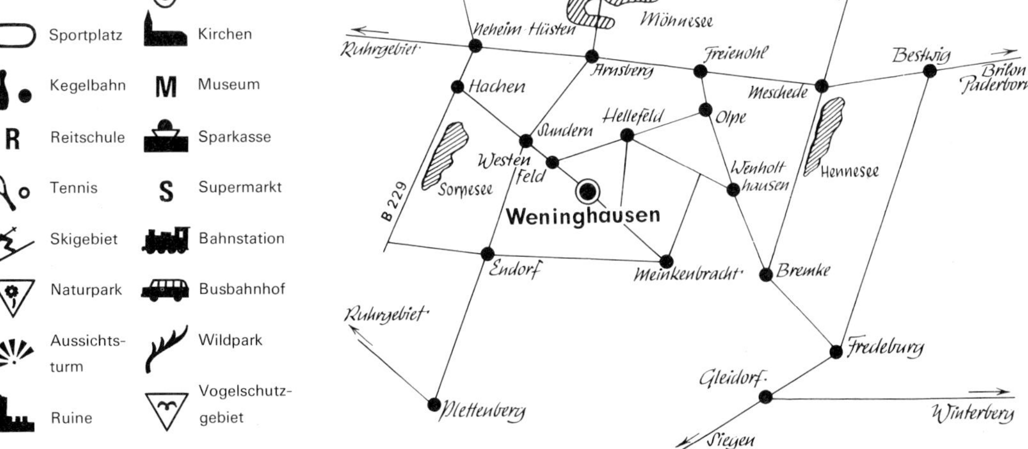

Sozialbrache

Fördern oder aufgeben?

□ In einem Vortrag über „Abwanderung vom Lande" zeigte der Redner das nebenstehende Foto und erklärte dazu: „Je mehr Menschen aus den ländlichen Gebieten in die Stadt ziehen oder als Pendler in die Fabriken zur Arbeit gehen, desto mehr landwirtschaftliche Nutzflächen werden nicht mehr bearbeitet. Sie bleiben brach liegen und verwildern. Die Ackerflächen werden also aus wirtschaftlichen und sozialen Gründen aufgegeben. Zwischen bebautem Ackerland findet man immer häufiger solche aufgegebenen Felder."

1 Erkläre den Begriff „Sozialbrache"; lies dazu nochmals die beiden Kurzinterviews auf Seite 159.

2 Die Fläche der Sozialbrache in der Bundesrepublik betrug 1970 etwa 220000 ha, 1971 etwa 244900 ha und 1972 etwa 255000 ha. Kommentiere die erkennbare Entwicklung.

Brachflächen 1972

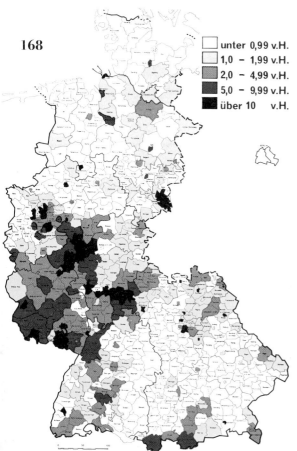

unter 0,99 v.H.
1,0 – 1,99 v.H.
2,0 – 4,99 v.H.
5,0 – 9,99 v.H.
über 10 v.H.

3 Nach neueren Voraussagen werden in naher Zukunft die nicht mehr landwirtschaftlich genutzten Flächen stark zunehmen. Der „Beirat für Raumordnung" kam 1972 zu folgenden Untersuchungsergebnissen: Bis zum Jahre 1985 werden voraussichtlich 3,27 Mio. ha landwirtschaftliche Nutzfläche nicht mehr bearbeitet werden. Davon werden für den Wohnungsbau und den Verkehr 1,25 Mio. ha benötigt. Berechne die Brachfläche, die sich daraus für die Bundesrepublik Deutschland im Jahre 1985 ergibt.

4 Im gesamten EG-Gebiet werden nach Schätzung etwa 11 Mio. ha bis 1985 brachgefallen sein. Die landwirtschaftliche Nutzfläche der Bundesrepublik im Jahre 1970 betrug 13798800 ha Vergleiche und kommentiere.

5 Es gibt vielerlei Gründe, weshalb landwirtschaftliche Nutzflächen von den Bauern aufgegeben werden. Nenne fünf Gründe, die du für stichhaltig hältst.

∞ **6** Schwerwiegende Fragen: Was soll mit den Bauernhöfen und den Flächen geschehen, die aufgegeben werden? Soll altes Kulturland, das vor Jahrhunderten gerodet wurde, wieder verwildern? Darf oder muß es ungenutzt liegen bleiben?

Eine gültige Antwort ist gegenwärtig schwer zu geben. Vielleicht erweist sich eine Entscheidung, die heute für richtig gehalten wird, schon nach wenigen Jahren als falsch oder fragwürdig. Ein eindrucksvolles Beispiel dafür ist das „Emsland-Programm". Neben anderem war darin die Kultivierung des Bourtanger Moores zwischen der holländischen Grenze und der Ems vorgesehen.

Die erste Phase der Entwicklung ab 1951: eine gänzliche Umstellung des Bourtanger Moores zu einem Ackerbaugebiet. Mit einem Kostenaufwand von DM 1,2 Mrd. wurden

rund 95 000 ha Moor kultiviert,
davon 17 000 ha aufgeforstet, außerdem wurden
2 164 km Windschutzstreifen gepflanzt,
684 km Straßen gebaut,
2 000 km Wirtschaftswege gebaut,
521 km Flußufer angelegt,
5 580 km Gräben gezogen,
über 1 000 neue Vollbauernstellen errichtet.

Die neu gegründeten Siedlungen bestehen zumeist aus verstreuten Einzelsiedlungen. Ende der sechziger Jahre wurde das Programm gestoppt. Im EG-Raum dürfen nach einer Übereinkunft der EG-Partner auf neugewonnenem Land keine neuen Bauernhöfe mehr eingerichtet werden; Neuland dient nur noch zur Verbesserung der Ertragslage bestehender Höfe.

Die zweite Phase der Entwicklung des Emslandes ab 1970: eine hohe Spezialisierung in der Landwirtschaft und Neuansiedlung von Industrie. Die Industrieansiedlung soll den Bauern zusätzliche Einnahmen ermöglichen. Bauernhöfe werden zu Nebenerwerbshöfen. Bisher sind mehr als 230 Industriebetriebe angesiedelt. Von 1974 bis 1978 sollen jedes Jahr 2400 neue Arbeitsplätze geschaffen werden. Zur Zeit fehlt es noch immer an festen Arbeitsplätzen, so daß viele Leute als „Fernpendler" im Ruhrgebiet ihrer Arbeit nachgehen. Junge Leute wandern ab.

7 Es gibt Leute, die behaupten, das Emsland-Programm sei gescheitert. Andere weisen auf die Erfolge hin. Hätte man aus heutiger Sicht für die vielen Bauern unter den Flüchtlingen nach dem Zweiten Weltkrieg keine neuen Höfe einrichten sollen? Konnte man voraussehen, daß heute überall kultiviertes Land brachfällt? Urteilt selbst.

Neue Höfe im Bourtanger Moor

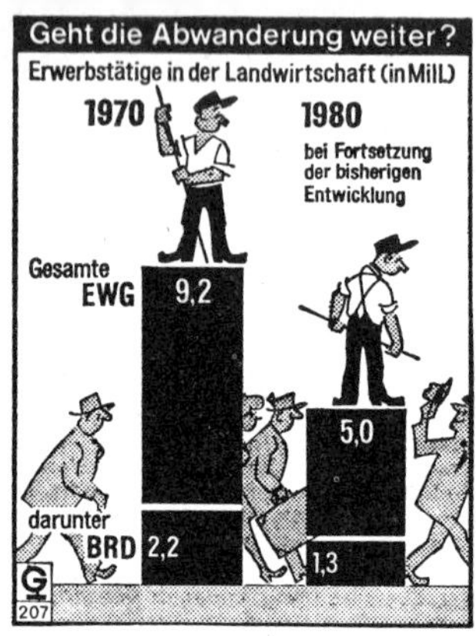

„... Aber gerade hier sehe ich sehr wesentliche Aufgaben für unsere eigene Agrarpolitik. In meinem Lande besteht eines der Hauptprobleme für die Landwirtschaft darin, daß es noch eine große Zahl von landwirtschaftlichen Kleinbetrieben gibt, die unter Anlegung moderner Maßstäbe nur geringe Aussicht haben, sich so zu entwickeln, daß diese Landwirte ein mit anderen Wirtschaftsbereichen vergleichbares Einkommen erzielen. In diesem Zusammenhang ist es für Sie vielleicht von Interesse, daß in der Bundesrepublik Deutschland die Kombination von landwirtschaftlichen Einkommen mit Einkommen aus anderer Tätigkeit, wie z. B. Arbeit in der Industrie oder im Fremdenverkehrsgewerbe, nach wie vor eine nicht zu unterschätzende Bedeutung hat. Es gibt nämlich auch in meinem Lande Gebiete, in denen wir eine landwirtschaftliche Bevölkerung allein deswegen erhalten müssen, um nicht für die Erhaltung der Kulturlandschaft weit höhere Kosten aufwenden zu müssen. Das ist mit ein Grund, warum wir uns nicht entschließen können, unsere nationale Agrarpolitik ausschließlich auf die Schaffung von Großbetrieben auszurichten ..."

Bundesernährungsminister Ertl: „Europäische Agrarprobleme und die deutsche Landwirtschaft", Vortrag in Tokio, Oktober 1970.

Naturschutzgebiete in der Bundesrepublik Deutschland

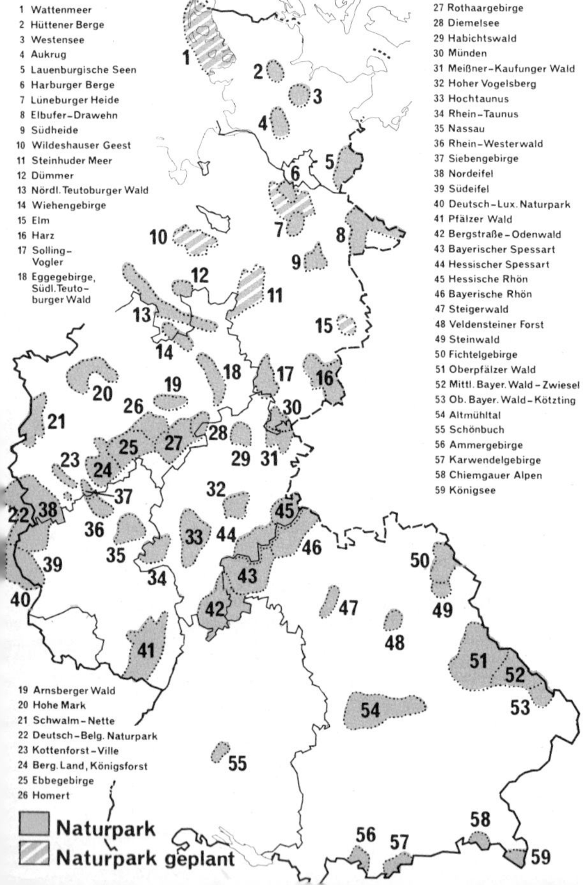

Auch Experten können nicht mit Sicherheit sagen, was mit den neu dazukommenden Brachflächen geschehen soll. Einige meinen, ein großer Teil der Flächen sollte aufgeforstet werden. Andere machen geltend, die bisherigen Kulturlandschaften (z. B. Wiesentäler im Mittelgebirge, Almen im Hochgebirge) müßten erhalten bleiben, nicht zuletzt für die erholungsuchenden Menschen aus den großen Stadtregionen.

Der Beirat für Raumordnung hat folgende Vorschläge ausgearbeitet: 40% der Brachflächen sollen mit Mischwald aufgeforstet und im Rahmen einer „Landschaftspflege" in Kultur gehalten werden. 20% der Brachflächen sollen überhaupt nicht bearbeitet werden und sich selbst überlassen bleiben. Das restliche Brachland soll bestehenden Naturschutzgebieten eingegliedert werden. Aus diesen Ländereien würde zwar nicht mehr unmittelbar ein finanzieller Gewinn erwirtschaftet, als Erholungslandschaften wären sie aber trotzdem von volkswirtschaftlichem Nutzen.

∞ **8** Welche Vorschläge zur Lösung dieses Problems würde wohl a) ein Bauer, b) ein Städter, c) ein Beauftragter des Landschaftsschutzes machen?

∞ **9** Vielfach werden auch heute die landwirtschaftlichen Kleinbetriebe noch unterstützt – sogar mit ganz neuer Begründung. Lest und diskutiert die Zeichnung und den Text oben.

10 Vielleicht wird es in Zukunft drei Landschaftstypen geben: die „Stadt- und Industrielandschaft", die „landwirtschaftliche Produktionslandschaft" und die „Erholungslandschaft". Was bedeuten diese drei Ausdrücke? (Das kannst du auch in einer Kartenzeichnung veranschaulichen.)

11 Es wurde vorgeschlagen, einen großen Teil der brachfallenden Flächen in bereits bestehende Naturschutzgebiete einzugliedern oder neue Naturschutzgebiete zu schaffen. Vergleiche die Karte „Brachflächen" (Seite 168) mit der Karte „Naturschutzgebiete".

Bund und Länder fördern zurückgebliebene Gebiete

1 Die hier abgebildete Anzeige erschien im Werbeteil Immobilien einer großen westdeutschen Tageszeitung.

a) An welche Personen- und Berufsgruppe könnte sie gerichtet sein?
b) Was bezweckt sie?

2 Schreibe die Vorzüge auf, die angeführt werden, um Interessenten zum Kauf zu veranlassen.

3 Erarbeite eine Tabelle der besonderen Anziehungspunkte von Port Wiking getrennt nach sportlichen und geselligen Betätigungen.

4 Durch die Errichtung solcher Großbauten in bisher abgelegenen Gebieten erhalten viele Industrie- und Handwerkszweige Arbeitsaufträge. Schreibe wenigstens acht auf.

5 Sind die Bauten fertig, kommen Gäste. Sind die Gäste eingezogen, bringen sie auch Geld mit. Führe diese Aussagekette wenigstens noch drei Schritte weiter. Diskutiert die weiteren Folgen.

6 Kommentiere die Überschrift der Zeitungsanzeige. Sie nennt an einer Stelle deutlich den Punkt, an dem die möglichen Käufer besonderes Interesse haben könnten.

7 Die Steuerermäßigungen, die der Staat für solche Bauten in bestimmten Gebieten gewährt, sind oft sehr hoch. Diskutiert, welche Gründe es für diese Ermäßigungen gibt, obwohl die Käufer im allgemeinen doch „Leute mit Geld“ sind, die einen steuerlichen Nachlaß nicht nötig hätten.

Der Staat will den wirtschaftlich schwachen und zurückgebliebenen Gebieten helfen. Er gewährt zu diesem Zweck allen Geschäfts- und Privatleuten, die bereit sind, ihr Geld in strukturschwachen Gebieten anzulegen, finanzielle Hilfen und steuerliche Vorteile. Dadurch soll die Leistungskraft dieser Gebiete gestärkt und eine „Wirtschafts- und Sozialstruktur“ geschaffen werden, die mit der des übrigen Bundesgebietes vergleichbar ist.

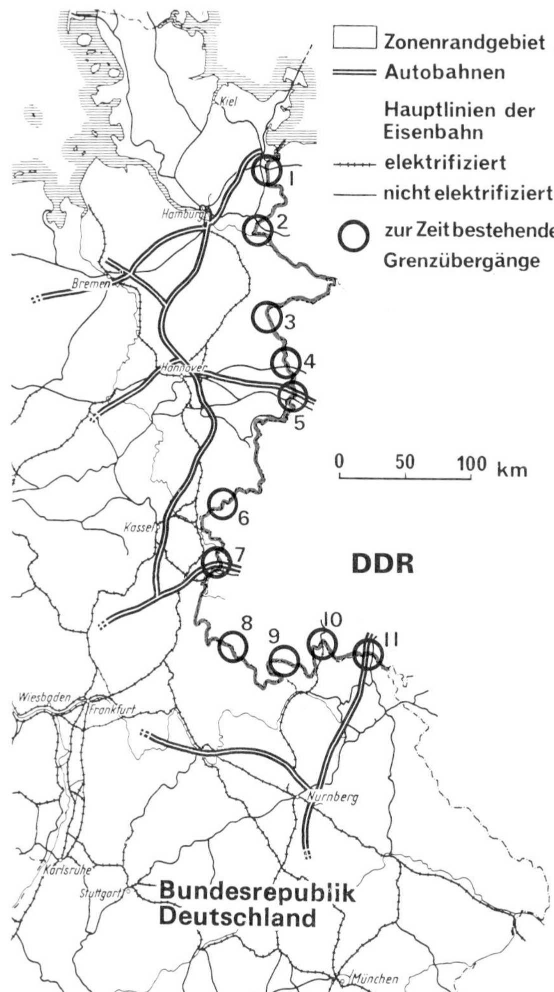

Werden in strukturschwachen Gebieten meh Industrie- und Gewerbebetriebe angesiedelt finden dort mehr Menschen Arbeit und wan dern nicht ab. Die Gemeinden erhalten meh Steuern und können notwendige soziale kulturelle und sportliche Vorhaben leichte verwirklichen.

8 Überprüft nun die Ergebnisse, die ihr au der Diskussion von Aufgabe 7 gewonnen habt.

∞ **9** Welches sind deiner Meinung nach je weils die drei wichtigsten Einrichtungen im so zialen, im kulturellen und im sportliche Bereich, die auch in ländlichen Gemeinde für die Bevölkerung zur Verfügung stehe sollten?

Als Grundlage für Steuernachlässe, Sonder abschreibungen und Zuschüsse müssen spe zielle Gesetze verabschiedet werden. Bundes tag und Bundesrat haben bestimmte struktur schwache Gebiete zu Fördergebieten erklärt Es wird zwischen Bundesausbaugebieten, Bun desausbauorten und dem Zonenrandgebie unterschieden. Ein Beispiel für solche Förder maßnahmen ist die Zonenrandförderung.

10 Die Karte zeigt den etwa 40 km breiten von Flensburg bis Passau reichenden Strei fen, der als „Zonenrandgebiet" durch de Bundestag festgelegt worden ist.
Bestimme das Gebiet, das den eigentlicher Zonenrand darstellt, und nenne dann die Gebiete, die in das Gesetz einbezogen wurden, obwohl sie nicht an der Zonengrenze liegen. Versuche, dafür eine Begründung zu geben.

11 Welche Bundesländer haben Anteil am Zonenrand? Notiere.

12 Kennst du in deiner weiteren Umgebung Fördergebiete, für die Ausbaupläne vorlieger oder entwickelt werden? Die Planungsabteilung eurer Stadt- oder Gemeindeverwaltung kann darüber Auskunft geben.

∞ **13** Lest die einzelnen Abschnitte des folgenden „Zonenrandförderungsgesetzes" und diskutiert sie. Notiert, welche Fördermaßnahmen vorgesehen sind und wie sie sich auswirker können.

Auszüge aus dem „Gesetz zur Förderung des Zonenrandgebietes" (Zonenrandförderungsgesetz)

Vom August 1971

Der Bundestag hat mit Zustimmung des Bundesrates das folgende Gesetz beschlossen:

§ 1

Zielsetzung

(1) Zum Ausgleich der Auswirkungen der Teilung Deutschlands ist entsprechend § 2 Abs. 1 Nr. 4 des Raumordnungsgesetzes vom 8. April 1965 (Bundesgesetzbl. I S. 306) die Leistungskraft des Zonenrandgebietes bevorzugt zu stärken.

2) Der Förderung des Zonenrandgebietes ist von den ehörden des Bundes, den bundesunmittelbaren Planungsträgern und im Rahmen der ihnen obliegenden ufgaben von den bundesunmittelbaren Körperschaften, Anstalten und Stiftungen des öffentlichen Rechts esonderer Vorrang einzuräumen.

§ 2

Regionale Wirtschaftsförderung

um Ausgleich von Standortnachteilen, zur Sicherung nd Schaffung von Dauerarbeitsplätzen sowie zur Veresserung der Infrastruktur werden insbesondere folende Maßnahmen durchgeführt:

. Bevorzugte Berücksichtigung des Zonenrandgeietes bei

) der Förderung der gewerblichen Wirtschaft bei Errichtung, Ausbau, Umstellung oder grundlegender Raonalisierung von Gewerbebetrieben,

) der Förderung des Ausbaues der Infrastruktur, soeit es für die Entwicklung der gewerblichen Wirtschaft rforderlich ist, durch

a) Erschließung von Industriegelände im Zusammenang mit Maßnahmen nach Buchstaben a,

b) Ausbau von Verkehrsverbindungen, Energie- und Vasserversorgungsanlagen, Abwasser- und Abfallbeeitigungsanlagen sowie öffentlichen Fremdenverkehrsinrichtungen,

c) Errichtung oder Ausbau von Ausbildungs-, Fortildungs- und Umschulungsstätten, soweit ein unmittelarer Zusammenhang mit dem Bedarf der regionalen Virtschaft an geschulten Arbeitskräften besteht.

. Maßnahmen zum Ausgleich der durch die Teilung eutschlands bedingten Frachtmehrkosten.

. Bevorzugung bei der Vergabe öffentlicher Aufträge.

§ 3

Steuerliche Vorschriften

1) Bei Steuerpflichtigen, die in einer gewerblichen Beriebsstätte im Zonenrandgebiet Investitionen vornehen, kann im Hinblick auf wirtschaftliche Nachteile, die ich aus den besonderen Verhältnissen dieses Gebietes rgeben, auf Antrag zugelassen werden, daß bei den teuern vom Einkommen einzelne Besteuerungsgrundgen, soweit sie die Steuern mindern, schon zu einer früeren Zeit berücksichtigt werden. Wirtschaftliche Nacheile im Sinne des Satzes 1 können unter anderem in der rschwerten Absatzlage, der weiten Entfernung von der ohstoffbasis oder ungünstigen örtlichen Lage bestehen.

2) Sonderabschreibungen, die auf Grund des Absatzes 1 ewährt werden, dürfen

) bei beweglichen Wirtschaftsgütern des Anlagevermögens insgesamt 50 vom Hundert,

) bei unbeweglichen Wirtschaftsgütern des Anlageermögens insgesamt 30 vom Hundert

er Anschaffungs- oder Herstellungskosten nicht übereigen. Sie können im Wirtschaftsjahr der Anschafng oder Herstellung und in den vier folgenden Wirtchaftsjahren neben den Absetzungen für Abnutzung ach § 7 Abs. 1 oder Abs. 4 des Einkommensteuergeetzes in Anspruch genommen werden.

§ 4

Verkehr

Die Verkehrserschließung und Verkehrsbedienung sind im Zonenrandgebiet im Rahmen des Ausbaues der Bundesverkehrswege bevorzugt zu fördern. Dies gilt auch für die Schaffung von Verkehrsverbünden der dem öffentlichen Verkehr dienenden Verkehrsunternehmen.

§ 5

Wohnungswesen

(1) Zur Verbesserung der Wohnungsversorgung im Zonenrandgebiet ist der soziale Wohnungsbau sowie die Instandsetzung und Modernisierung des Wohnungsbestandes bevorzugt zu fördern. Die Bundesregierung stellt hierfür den zuständigen obersten Landesbehörden der Zonenrandländer im Rahmen der Wohnungsprogramme besondere zweckgebundene Bundesmittel zur Verfügung.

(2) Die zuständige oberste Landesbehörde kann die Förderungssätze für Bauvorhaben im Zonenrandgebiet bis zu einem Drittel über die normalen Sätze anheben, so daß eine unter Berücksichtigung der besonderen Verhältnisse im Zonenrandgebiet tragbare Miete oder Belastung gewährleistet ist.

§ 6

Soziale Einrichtungen

(1) Der Bund fördert im Zonenrandgebiet im Benehmen mit den Ländern durch Zuwendungen zur Deckung von Finanzierungsspitzen die Schaffung sozialer Einrichtungen, insbesondere von Kindergärten, Stätten der Jugendarbeit, Sportstätten, Familienferienstätten und von überörtlichen Einrichtungen für die ältere Generation.

(2) Errichtung, Erweiterung, Ausstattung und Modernisierung von Einrichtungen der beruflichen Bildung und von überregionalen Einrichtungen der Rehabilitation werden im Zonenrandgebiet besonders gefördert. Die Förderung erstreckt sich auch auf Werkstätten für Behinderte.

(3) Die Förderung soll sich vorwiegend auf räumliche und sachliche Schwerpunkte konzentrieren.

§ 7

Bildung und Kultur

Der Bund fördert im Zonenrandgebiet im Benehmen mit den Ländern durch Zuwendungen zur Deckung von Finanzierungsspitzen den Bau und die Einrichtung allgemeinbildender Schulen und sonstige kulturelle Einrichtungen und Maßnahmen, insbesondere auf dem Gebiet der Jugend- und Erwachsenenbildung. § 6 Abs. 3 gilt entsprechend.

§ 8

Finanzierung

Die Durchführung der in diesem Gesetz genannten Maßnahmen erfolgt im Rahmen der im jeweiligen Bundeshaushaltsplan hierfür bereitgestellten Mittel.

§ 9

Abgrenzung des Zonenrandgebietes

Als Zonenrandgebiet gelten die Gebiete, die am 1. Januar 1971 zu den in der Anlage genannten Stadt- und Landkreisen gehörten.

„Ich habe soeben das Feuer
und die Umweltverschmutzung erfunden."

Die Umwelt erhalten

Machen wir die Erde unbewohnbar?

□ Bis vor 150 Jahren wurde fast alles, was von Menschen für den täglichen Bedarf produzier worden war, wieder in den Kreislauf der Natur zurückgeführt. Erst mit Beginn der moder nen Technik und Industrie fing der Mensch an, aus diesem Kreislauf auszubrechen. „Seit dem produzieren wir vieles noch schneller und verschwenderischer als die Natur, verwan deln aber einen ständig wachsenden Teil unserer Güter und unseres Sozialprodukts in Ab fall und Müll." (19)

Auch die natürlichen Vorräte baut der Mensch durch seine verschwenderische Produktio viel schneller ab, als die Natur sie ergänzen kann. Die Gefährdung der Umwelt besteht dami in doppelter Weise: in der bedrohlichen Anhäufung von Abfallprodukten und in der of rücksichtslosen Ausbeutung der Vorräte unserer Erde.

1 Erläutere die Bilder und Texte dieser Doppelseite, auf der Formen der Umweltver schmutzung gezeigt werden.

2 Die Abbildungen oben zeigen Arten der Luft- und Wasserverschmutzung früher un heute. Schreibe auf, was sie Gemeinsames aussagen und wodurch sie sich unterscheiden.

Sowjetische Wissenschaftler schlagen Alarm: Nach ihren Messungen stirbt die Erde i 100 Jahren, wenn der jährliche Sauerstoffverbrauch von derzeit 13,1 Milliarden Tonnen ur nur zehn Prozent zunimmt. Zwei Drittel des reinen Sauerstoffs in Luft und Wasser würde dann erschöpft sein, und der Kohlendioxydanteil dürfte eine gefährliche Grenze erreich haben. Die Forscher fordern deshalb – wie die Ärztezeitschrift „Praxiskurier" berichtet – nur noch solche Energieerzeuger einzusetzen, die keinen Sauerstoff verbrauchen und di Kohlendioxyd-Konzentration in der Atmosphäre nicht weiter erhöhen.

International Herald Tribune

„Durst? Unsinn — ich suche Luft zum Atmen!"

„Hallo Schwefeldioxyd, hallo Kohlenmonoxyd,
Herein, herein, ich atme euch ein,
Tagaus, tagein, ich atme euch ein.
Hallo Teer und Ruß und Rauch,
Alle Auspuffgase auch,
O fein, o fein, wir atmen euch ein.
Und wenn die viele Giftluft dann,
Nicht mehr in meine Lunge kann,
Frißt sie noch meinen Grabstein an.
Hallo Schwefeldioxyd, hallo Kohlenmonoxyd,
Herein, herein, ich atme euch ein.
Holt Luft, einmal noch ganz tief, tief, tief, ganz tief…"

(Song aus dem Musical „Hair")

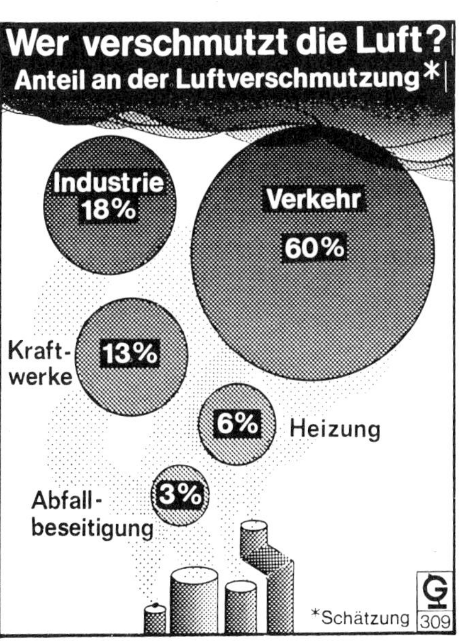

Unsere Erde im Jahr 2100?

Abnahme des Sauerstoffgehalts im Rhein

nach Angaben der Internationalen Kommission zum Schutz des Rheins gegen Verunreinigung

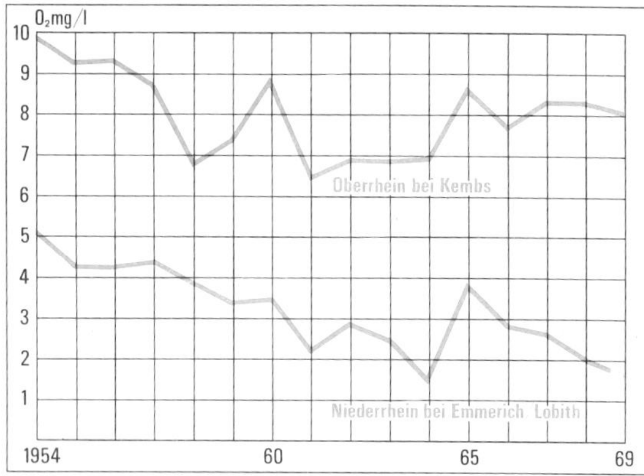

Verschmutzung des Rheins und seiner Nebenflüsse

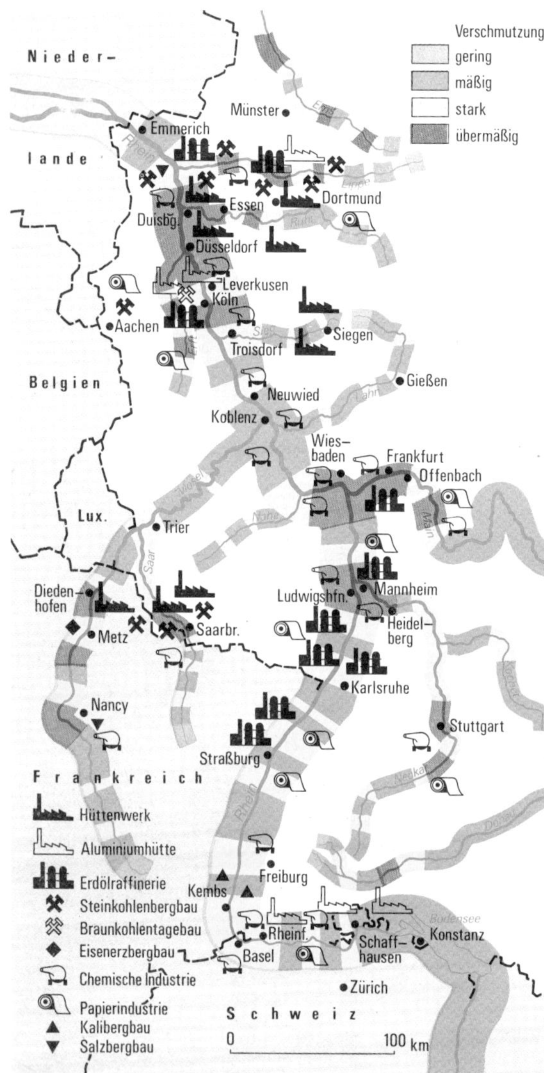

Der verschmutzte Rhein. Die Suche nach den Schuldigen.

☐ „Rotterdams Bürgermeister Thomassen beklagte sich beim deutschen Bundespräsidenten. Die Bürger seiner Stadt müßten aus einer „Kloake“ trinken. Aus dem Rhein nämlich. Und in der schwimmt jede Menge Dreck: Schweizer, deutscher, französischer und holländischer Dreck natürlich.“

Verunreinigungen im Rhein bei Emmerich (täglich)

40 000 t Kochsalz		Titan, Chrom, Kobalt,
16 000 t Sulfate		Nickel, Kupfer, Zink,
2 300 t Nitrate	+	Arsen, Quecksilber,
100 t Phosphate		Blei, Öl und Überreste
550 t Ammoniak		von Waschmitteln;
230 t Eisen		insgesamt rund 65 000 t

⅄ **1** Notiere anhand der Karte die Stellen der stärksten Verschmutzung des Rheins.

⅄ **2** Täglich fließen 200 Mio. m³ Rheinwasser über die deutsch-holländische Grenze. Die stündlich transportierten Laststoffe von 2 700 t würden 60 Güterzüge (mit je 50 Waggons) füllen. Wieviele Züge wären es pro Tag (pro Jahr)?

3 Je mehr Abwässer in den Strom geleitet werden, desto geringer ist der Sauerstoffgehalt des Wassers. Bestimme den unterschiedlichen Sauerstoffgehalt des Rheins bei Kembs und Emmerich mit Hilfe der Kurve. Erkläre den Kurvenverlauf.

∞ **4** Allein die elsässischen Kalibergwerke bei Fessenheim leiteten noch 1972 jede Sekunde 120 kg Salz in den Rhein.
Nimm zu folgenden Aussagen Stellung:
Der Leiter des Amsterdamer Wasserwerkes klagt: „Seit Generationen war das Meer unsere größte Sorge. Jetzt kommen Salz und andere Verunreinigungen mit dem Rheinwasser durch die Hintertür herein.“ – Ein Techniker der elsässischen Kalibergwerke wehrt ab: „Vom Salz ist bisher schließlich noch keiner gestorben.“

∞ **5** Im neuen Umweltschutzgesetz der Bundesregierung soll das „Verursacherprinzip“ gelten. Was besagt dieser Begriff?

Am 26. 10. 1972 einigten sich die Rheinanliegerstaaten darauf, künftig den Rhein sauber zu halten. Unter anderem sollen die bisherigen Salzeinleitungen der elsässischen Kalibergwerke auf die Hälfte gesenkt und die Abfallsalze in Betonwannen auf Halden gelagert werden. Von den 10 Mio. DM Jahreskosten zahlen Holland 33%, Frankreich und die Bundesrepublik Deutschland je 30%, Schweiz 5–6%, Luxemburg 2%.

6 Was bedeutet diese Entscheidung bezüglich des „Verursacherprinzips"? Vergleiche z. B. den Beitrag Hollands mit dem Frankreichs. Welche Überlegungen könnten gerade zu diesem Ergebnis geführt haben? Wie müßte die Regelung aussehen, wenn nach dem Verursacherprinzip entschieden worden wäre?

Ein aktenkundiger Fall: Am 7. 12. 1970 verurteilte das Landgericht Kleve den Alleininhaber der Frachtreederei Hamburger Lloyd wegen vorsätzlicher und fahrlässiger Verstöße gegen das Wasserhaushaltsgesetz zu einer Freiheitsstrafe von acht Monaten sowie zu einer Geldstrafe von 5000 Mark. An Stelle der Freiheitsstrafe soll er eine Geldbuße in Höhe von 80000 Mark an einen gemeinnützigen Verein zahlen, der sich mit Maßnahmen zur Gewässerreinigung befaßt. Das Gericht ging davon aus, daß von 1965 bis 1968 auf 26 Abwässertransporten insgesamt 8375 t schädlicher Stoffe von den Tankmotorschiffen der Reederei in den deutschen Teil des Rheins gepumpt worden seien. Im März 1968 war ein Schiffsführer der Reederei auf frischer Tat bei Emmerich gestellt worden. Mitangeklagt und verurteilt wurden ein Prokurist, ein Kontrolleur und einige Schiffsführer.

Das Gericht führte aus: Der Angeklagte hatte angeordnet, „die giftigen Abwässer der Caltex-Raffinerie von Raunheim (Main) aus Gründen der Kostenersparnis unterwegs auf dem Transport im Rhein zu ‚verlieren', und nicht, wie vom Regierungspräsidium von Darmstadt vorgeschrieben, ‚auf hoher See zu vernichten'. Ihr Ziel war der Profit."

Der finanzielle Hintergrund: Die Caltex zahlte eine Frachtrate von 14 Mark pro Tonne Abwässer für deren Vernichtung auf hoher See; sie ahnte nicht, daß die auf ein Schweizer Konto überwiesenen Rechnungsbeträge zu 60 Prozent als „Provision" in der Schweiz blieben und nur je 5,60 Mark pro Tonne tatsächlich an die Hamburger Reederei gelangten. Die besonders ausgewählten Schiffsführer erhielten davon „Sonderzahlungen", deren Höhe sich fast immer genau mit der Tonnage des unterwegs im Rhein „verlorenen" Schmutzwassers deckte: „Auf der Fahrt am 9. Dezember 1967 gingen im Mittelrhein 811 Tonnen ‚verloren', die von der Reederei gezahlte ‚Prämie' betrug 812 Mark; auf der Fahrt am 7. Januar 1968 waren es 788 Tonnen, die ‚Prämie' belief sich auf exakt 788 Mark."

7 Ein Sachverständiger führte in der Gerichtsverhandlung aus, es sei möglich, daß diese Raffinerieabwässer auch mitbeteiligt gewesen seien an der Katastrophe des vorhergehenden Jahres, bei der auf einer rund hundert Kilometer langen Rheinstrecke Millionen von Fischen umgekommen waren.

Vergleicht den angerichteten Schaden mit dem Gerichtsurteil und untersucht das Strafmaß.
– Bestraft kann nur jemand werden, der auf frischer Tat ertappt wird.

8 Diskutiert auch folgende Situation: Eine Chemiefabrik leitet Giftstoffe als Abwässer in den Rhein. Acht Kilometer stromabwärts entnimmt eine Großstadt Rheinwasser, reinigt es und deckt daraus einen Teil ihres Trinkwasserbedarfs.

9 Hätte es eigentlich viel genützt, wenn die Hamburger Frachtreederei das Abwasser vorschriftsmäßig in die Nordsee geschüttet hätte? Auch die Meere sind nicht unbegrenzt belastbar. Sammelt und sichtet Material über die Verschmutzung von Meeresstränden, über die „Ölpest" auf Meeren, usw.

Punkt ① zeigt eine Einleitung (helles Wasser), deren Temperatur 4 bis 6 Grad höher als die des übrigen Wassers ist. Bei Punkt ② entnimmt ein Kraftwerk das vorgewärmte Wasser und speist es bei Punkt ③ wieder ein um 18 bis 21 Grad wärmer als das Kaltwasser vor der Einleitung bei Punkt ①. Da sich das Warmwasser hier kaum mit kaltem Wasser vermischt, wird die Uferzone ④ übermäßig erwärmt. Das Gewässer „kippt" um, das heißt, das biologische Gleichgewicht ist gestört, das Leben erlischt. Abhilfe könnte eine Kühlwasserentnahme bei Punkt ⑤ schaffen. Die Rückleitung müßte in der Flußmitte enden.

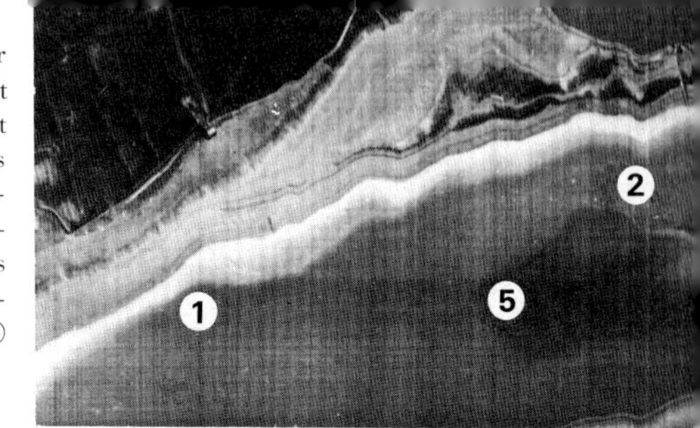

□ Zum Schutze der Gesellschaft und des einzelnen ist eine gezielte Überwachung unserer Flüsse notwendig, weil man offenbar – von Ausnahmen abgesehen – mit einer freiwilligen Kontrolle durch die Verursacher nicht rechnen kann. So machen z. B. in Nordrhein-Westfalen Hubschrauber Jagd auf Ölsünder. Mit Kontrollflügen über dem Rhein will man nicht nur Schiffen auf die Spur kommen, die „verbotene Flüssigkeiten" in den Strom ablassen, sondern auch Industriebetrieben. Die Sünder können nicht entkommen: Die Rhein-Überwacher sind mit Spezialkameras ausgestattet. Fotos machen ein Leugnen zwecklos.

10 Auch die Wärmeüberwachung eines Flusses ist bereits möglich: Vom Flugzeug aus wird mit einer Infrarotkamera der vom industriellen Ab- und Kühlwasser gestörte Wärmehaushalt des Flusses überprüft. Die Überprüfung ist wichtig, weil durch die Erwärmung der Sauerstoffgehalt des Flußwasser sinkt. Dadurch entstehen für die Fische schlechte Lebensbedingungen. Studiere das „Wärmebild" oben.

Die Bevölkerung von Duisburg beschwert sich häufig über verstärkte Luftverunreinigung bei Nachtzeit und verdächtigt die Industrie, daß sie nachts die Filteranlagen abstellt und verstärkt das „Rußblasen" vornimmt. Dieser Verdacht scheint wenigstens teilweise begründet. Um beweiskräftige Unterlagen darüber zu bekommen, wurde 1969 eine Fernsehanlage mit einer Radaranlage gekoppelt. Von einem 60 m hohen und zentral gelegenen Hochhaus beobachtet eine Fernsehkamera Tag und Nacht 163 Schornsteine verschiedener Betriebe. So können alle Luftverunreinigungen registriert und fotografiert werden.

11 Kommentiere das „Fernsehbild". (Es zeigt Entfernung, Richtung, Tag und Uhrzeit.)

Überwachung von Fabrikschornsteinen mit einer Fernsehkamera

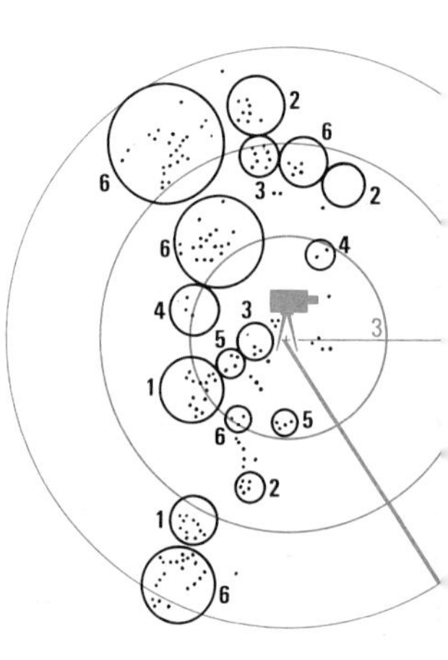

1 Nickel–Eisen–Verarbeitung
2 Chemische Industrie
3 Gas–u. Energieerzeugung
4 Ölindustrie
5 Verarbeitung nichtmetallischer Mineralien
6 Gießereien, Stahl–u. Walzwerke

Stan
Rad

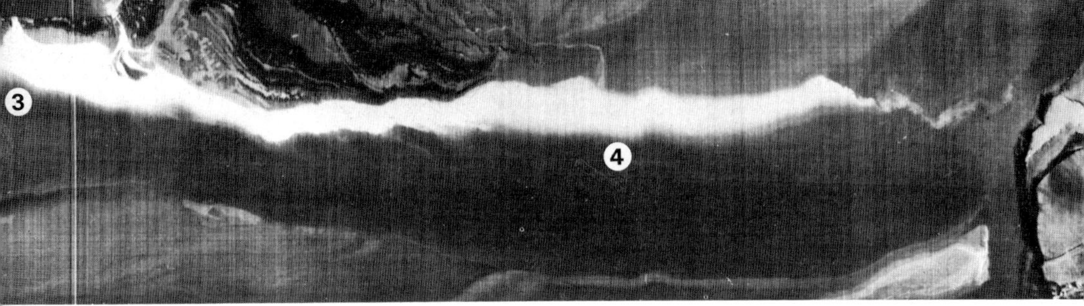

„Wärmebild" eines Flusses (Infrarotaufnahme)

Ist Umweltschutz zu teuer?

Diese Frage stellt sich im Jahr 1973 beispielsweise die Papierfabrik Baienfurt bei Ravensburg (Württemberg). Sie gilt als ein Hauptverschmutzer des Flusses Schussen und des Bodensees. Von Amts wegen ist angeordnet worden, daß sie nach Ablauf des Jahres keine schädlichen Abwässer mehr in den Fluß einleiten darf. Bis zu diesem Zeitpunkt muß die Fabrik also entweder eine dritte (teurere) Klärstufe bauen oder ihre Produktion (80 t Zellulose täglich) einstellen. Die Firmenleitung macht geltend, daß a) sie sich streng an die noch gültigen Wasserschutzgesetze des Jahres 1951 halte; b) sie für die Reinigung der Fabrikabwässer schon 3 Mio. DM aufgewendet habe; c) in einer ersten (mechanischen) Klärstufe bereits 98% der schädlichen Sulfit-Ablauge entfernt, in einer zweiten (biologischen) Klärstufe mehr als die Hälfte der anderen organischen Reststoffe abgebaut würden; d) der Bau der geforderten dritten (chemischen) Klärstufe ungefähr 12 Mio. DM kosten würde. Diesen Betrag könne die Fabrik aber nicht mehr aufbringen.

Für die Entwicklung von vorbildlichen Klärmethoden verlangt die Betriebsleitung eine Kostenbeteiligung der Bundesregierung, also der Allgemeinheit. Die Reinigung der Schussen ist also nicht so sehr ein technisches, sondern ein finanzielles Problem. Muß das der einzelne Betrieb bewältigen? Die Werksleitung stellt die Frage, ob gesicherte Produktionsstätten für die Allgemeinheit nicht ebenso wichtig seien wie Umweltschutz. Ob die 12 Mio. DM zum Bau einer dritten Klärstufe ausreichen, sei noch offen. Werden der Fabrik aus dem neuen Umweltschutzgesetz noch weitere Kosten entstehen, die die Wirtschaftlichkeit des Werkes in Frage stellen?

1 Um diese Kosten aufzufangen, gäbe es mehrere Möglichkeiten: niedrigere Löhne – kleinere Gewinne – Verzicht auf Investitionen (z. B. Neuanschaffung von Maschinen) – verteuerte Produkte. Diskutiert sie.

2 Es gibt Leute, die der Fabrikleitung fehlende Einsicht oder rücksichtloses Gewinnstreben vorwerfen. Fremdenverkehrsorte am Bodensee klagen über Strand- und Bäderverschmutzung. Sie drohen dem Land eine Schadensersatzklage an, wenn es nicht einschreitet. Stellt die Argumente der Papierfabrik und die der Abwassergeschädigten einander gegenüber.

3 Wird die Papierfabrik geschlossen, verlieren mehr als 100 Menschen ihre Arbeitsplätze. Ist der Umweltschutz das wert?

Einmündung der Schussen in den Bodensee

Großkläranlage am Rhein bei Dormagen

① Die aus allen Werksteilen zusammengeführten Abwässer werden mit Säure und Lauge neutralisiert.
② In fünf Meter tiefen Becken werden aus den Abwässern die letzten Reste von Feststoffen abgeschöpft.
③ In diesem Becken leben Bakterien. Sie sollen den Schmutz „fressen“, dazu brauchen sie Sauerstoff . . .
④ . . . den sie aus Unterwasserdüsen und Oberflächenbelüftern zugeführt bekommen – 85 Tonnen pro Tag.
⑤ Die „Freßarbeit“ der Bakterien ist getan. In sechzehn Meter tiefen „Dortmundbrunnen“ wird nachgeklärt.
⑥ Reineres Wasser: Die Abwässer sind bis zu 95 Prozent gereinigt und werden direkt in den Rhein gepumpt.

Die drei Stufen einer vollwirksamen Kläranlage

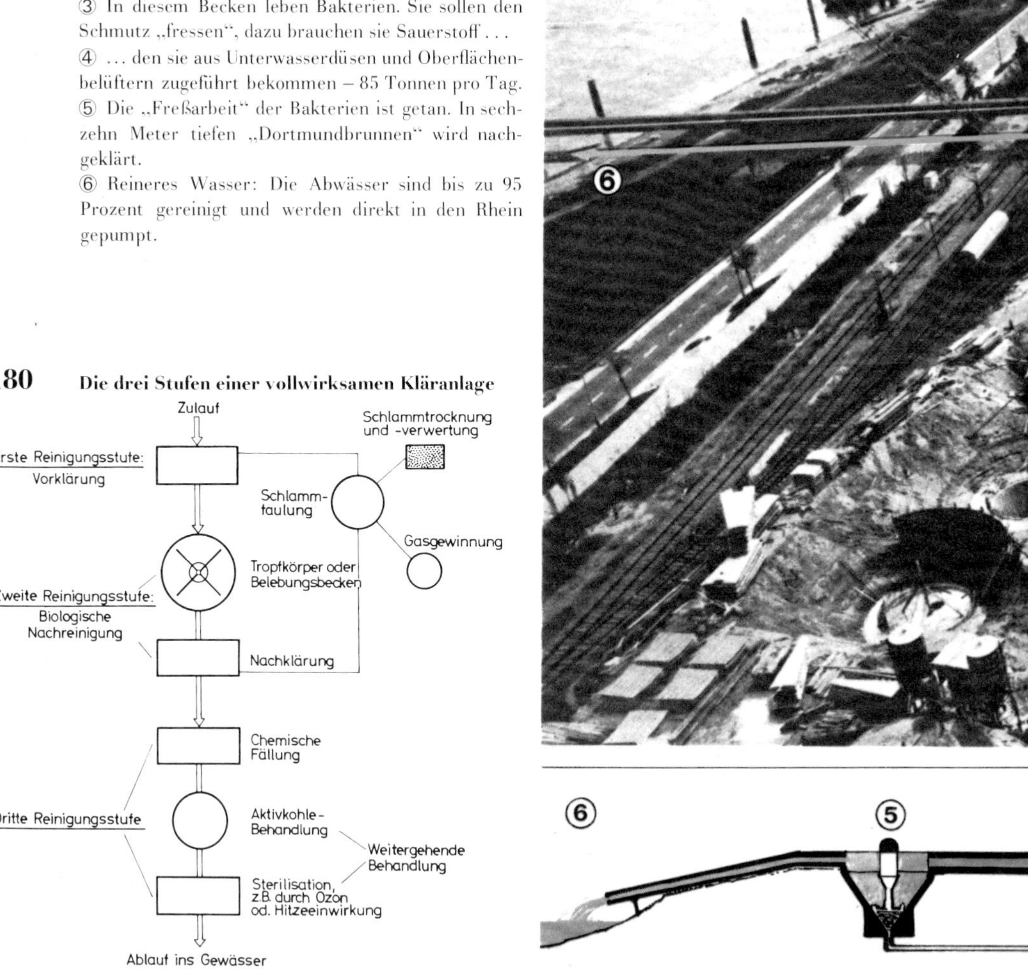

□ Einige große Industriewerke bauen Großkläranlagen: z. B. die Bayer-Farbwerke bei Dormagen für 34 Mio., bei Leverkusen für 200 Mio. DM; die BASF in Ludwigshafen baut ähnlich

4 Suche die Standorte der genannten Kläranlagen auf der Verschmutzungskarte des Rheins S. 176. Welchen Zusammenhang zeigen Verschmutzungsgrad des jeweiligen Flußabschnittes und die Standorte der genannten Kläranlagen?

5 Die Abbildung auf dieser Doppelseite zeigt die Großkläranlage bei Dormagen. Sie könnte die Abwässer einer 1,3-Mio.-Stadt reinigen. Suche die in der Erklärung beschriebenen

Stellen im Bild auf. – Beschreibe mit eigenen Worten die Zeichnung darunter und bestimme die einzelnen Klärstufen.

6 Wasserwissenschaftler erklärten, daß eine weitere Verschmutzung unserer Gewässer nur durch die chemische Reinigung zu verhindern sei. Studiere auf der Schema-Zeichnung links die drei Hauptstufen einer vollwirksamen Kläranlage. Schreibe auf, welche davon auf dem Bild „Dormagen“ zu finden sind.

7 Verfolge auf dem Foto den Weg der Abwässer.

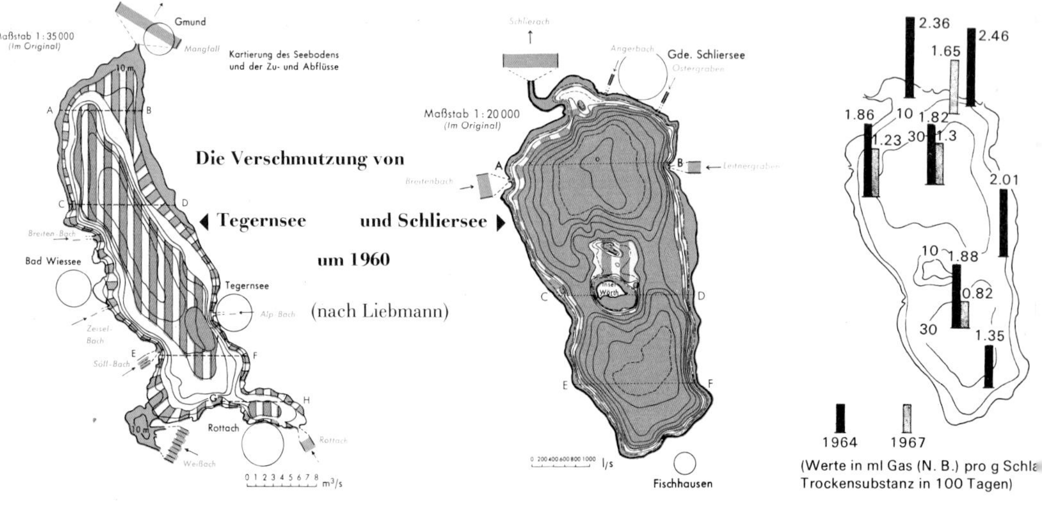

□ Die Bauern am Tegernsee wollten es 1962 nicht glauben, als ihnen Professor Liebmann von der Universität München erklärte, daß ihr schöner See in nächster Zeit eine stinkende Kloake werde, falls nicht schnell und gründlich eingegriffen würde. Dazu zeigte er Karten mit Meßwerten von oberbayerischen Seen.

8 Studiere die von Prof. Liebmann erarbeiteten „Gütebilder" von Tegernsee und Schliersee. Benutze dazu die Tabelle unten. Stelle fest und notiere getrennt für beide Seen: Welche Wassergüteklassen sind nachgewiesen? Welche fehlen ganz? Wo befinden sich die Zonen größter Verschmutzung? Vergleiche den Anteil der Güteklasse IV bei beiden Seen.

Stehende Gewässer (Seen) haben eine geringere Selbstreinigungskraft als fließende. Prof. Liebmann hält es deshalb für notwendig, Seen von Abwässern gänzlich freizuhalten. Dazu eignen sich nicht dreistufige Kläranlagen, sondern nur Ring- oder Gabelleitungen, die alle Abwässer auffangen, die einem See zufließen. Sie müssen dann einer großen Kläranlage zugeführt werden. 1963 wurde aufgrund dieser Untersuchungen für 40 Mio. DM eine 22 km lange Ringleitung – die erste der Welt – um den Tegernsee herum gebaut, 1964 eine 10 km lange Gabelleitung für 20 Mio. DM um den Schliersee. Solche Kosten können nicht von einer einzelnen Gemeinde, sondern nur als Gemeinschaftsprojekt von allen getragen werden.

9 Stelle anhand des Kartogramms oben rechts fest, wie sich der Bau der Leitung um den Schliersee ausgewirkt hat.

10 „Rohabwässer" können höchstens auf eine Entfernung von 25 km zur Kläranlage geführt werden, ehe sie zu faulen beginnen. Wie ist die Situation am Bodensee?

Ringleitung Tegernsee

Mangfall
Gmund a. T.
0 500 1000 1500 m
○ Pump- bzw. Hebewerke
□ Kläranlage
Freispiegelkanal
Druckleitung
Tegernsee
Bad Wiessee
Tegernsee
Rottach-Egern
Anschluß von Kreuth

Wassergüte-klassen		Beurteilung/ Qualität	Sauerstoff-Gehalt in mg/l	%	Selbstreinigung
I	(1,0)	normal für Binnenseen, frei von Abwasser-Einleitungen	8,4–8,8	95–100	100%
I–II	(1,5)	Gewässer, die durch Einleitungen gering verschmutzt sind	7,5–8,4	85–95	100%
II	(2,0)	mäßige Verschmutzung durch Abwässer	6,2–7,5	70–85	100%
II–III	(2,5)	deutliche Verschmutzung durch Abwässer	4,4–6,2	50–70	90%
III	(3,0)	starke Verschmutzung durch Abwässer, gesundheitsgefährdend	2,2–4,4	25–50	70–90%
III–IV	(3,5)	Leben der Wassertiere ist gefährdet	0,9–2,2	10–25	30–70
IV	(4,0)	Wassertiere sterben Faulschlammbildung	0,0–0,9 evtl. H_2S	10	30%

Geschätzte Luftverunreinigung
in Großbritannien in Mio. t/Jahr (1959)

		Brennstoff-verbrauch	Rauch	SO_2
Kohle:	Hausbrand	34	1,2	0,9
	Elektrizitätswerke	46	gering	1,3
	Eisenbahnen	10	0,2	0,3
	Industrie usw.	52	0,5	1,5
	Verkokungsanlagen	26	gering	0,1
	Gaswerke	22	gering	0,2
Koks,	ausgenommen Gaswerke und Hochöfen	12	–	0,4
Öl:	Diesel- und Gasöl	5	gering	0,05
	Heizöl, Elektrizitätswerke	4	gering	0,2
	Heizöl, weitere Verbraucher	10	gering	0,6
Summe			1,9	5,55

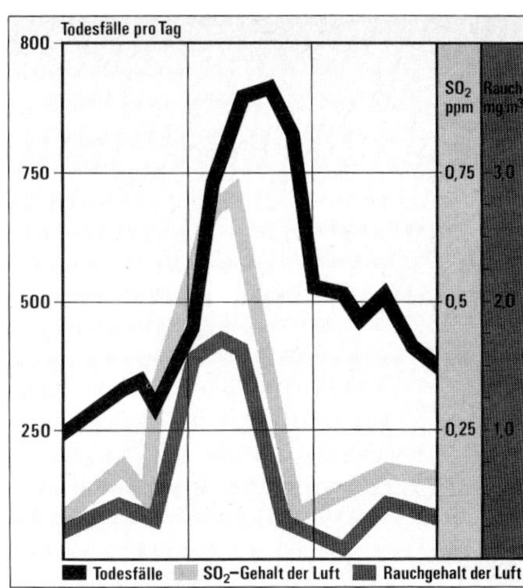

Vom 5.–8. Dezember 1952 starben in London 4000 Menschen mehr als gewöhnlich. Die Ursache dafür war Luftverschmutzung. Man sprach von einer „Smog-Katastrophe". Smog entsteht, wenn sich Rauch (engl. smoke) und Nebel (engl. fog) vermischen. Atmen die Menschen mit dem Feinstaub Schwefeldioxyd (SO_2) ein, besteht die Gefahr gesundheitlicher Schäden, die zum Tode führen können. In der genannten Smogperiode lag die Rauchkonzentration $7\frac{1}{2}$mal höher als die Schädlichkeitsgrenze.

11 Untersuche und berechne anhand der Aufstellung aus dem Jahre 1959, wer zu welchen Teilen für die Rauchentwicklung bzw. für den SO_2-Gehalt vor allem verantwortlich war.

12 Diskutiert folgenden Tatbestand und schlagt Gegenmaßnahmen vor: In England ist Kohle Brennstoff Nummer 1. Die teerhaltige, aber billige „Seekohle" (sie kam früher über See von Newcastle nach London) verbrennt nur unvollständig und erzeugt Rauchfahnen aus Asche und unverbrannten Kohleteilchen. Es gibt rund 18 Mio. Haushalte. 6 Mio. werden kohlebeheizt. Fast jeder beheizte Raum hat einen eigenen Schornstein. Die geringe Schornsteinhöhe der meist zweistöckigen Häuser ermöglicht keine ausreichende Verdünnung des Rauches über den Häusern.

13 Vergleicht eure Vorschläge mit den tatsächlichen Maßnahmen der britischen Regierung. Sie erließ in den Jahren 1956 und 1968 „Clean Air Acts", die folgende Dinge vorschreiben: Schaffen von „raucharmen Zonen", die im ganzen Land immer weiter ausgebaut werden sollen – Verbot der Verwendung der rußenden „Seekohle" – Umstellung der Heizungen auf Elektrizität, Gas, Öl, Koks oder Anthrazit.

Die Stadt Sheffield zahlte bis 1962 bereits mehr als 60 Mio. DM Beihilfen, London mehr als das fünffache. Bis 1978 soll das Gesamtgebiet Groß-London mit 7,5 Mio. Menschen „raucharme Zone" sein. Das Problem, die Millionen von Feuerungsstellen umzustellen, lösten die Engländer auf folgende Weise: Anreiz durch staatliche und kommunale Beihilfen von rund 50%, viel Öffentlichkeitsarbeit, Überzeugung und nahezu keine Anzeigen und Bestrafungen, höchstens Verwarnungen.

Der Erfolg dieser Maßnahmen ist offensichtlich. Statt Nebel, schmutziger Luft und rauchgeschwärztem, düsterem Stadtbild gibt es in der Londoner City wieder klare Luft und nicht selten auch im Herbst Sonnenschein. Gebäude und Denkmäler wurden von einer bis zu 5 mm dicken Schmutzschicht befreit und leuchten wieder in ihren natürlichen Farben. London ist auf dem besten Wege, „zu einer der ersten menschlichen Großstädte der modernen Welt zu werden."

Atomkraftwerke – PRO und CONTRA

□ Atomkraftwerke sind Wärmekraftwerke: Dampf treibt Turbinen an, Generatoren erzeugen Strom. Statt Kohle oder Öl werden als Brennstoff Uranstäbe (Uran 235) verwendet. Gegenwärtig werden zwei Typen gebaut. Das Bild unten zeigt einen Schnitt durch das Atomkraftwerk Stade bei Hamburg. Dieses Werk arbeitet mit Wasserdurchlaufkühlung: Das erwärmte Kühlwasser aus der Elbe wird direkt wieder in den Fluß zurückgeleitet. Das Bild rechts oben zeigt „Calder Hall“ in Großbritannien, das erste Atomkraftwerk in Westeuropa. Es arbeitet mit Kühltürmen: das erwärmte Kühlwasser wird vor der Rückleitung abgekühlt, damit der Fluß nicht mehr so stark erwärmt wird.

1 Orientiere dich anhand des Schnittbildes über die Anlage des Atomkraftwerkes Stade. Verrät dir die Skizze, wie das Werk funktioniert? Versuche zu erklären, weshalb man ein Druckgefäß, eine äußere Betonabschirmung, eine biologische Abschirmung, ein Lager für radioaktive Abfälle braucht.

2 Die Zeichnung auf der rechten Seite zeigt die verschiedenen Kreisläufe im Atomkraftwerk Stade. Ordne die drei Kreisläufe dem Schnittbild zu.

3 Bestimme auf dem Foto „Calder Hall“ die Aufgaben der einzelnen Gebäude. Wodurch unterscheidet sich dieses Kraftwerk vom Kraftwerk Stade? Schreibe diese Merkmale auf.

4 Beschreibe am Atomkraftwerk Stade den Kühlwasserkreislauf.

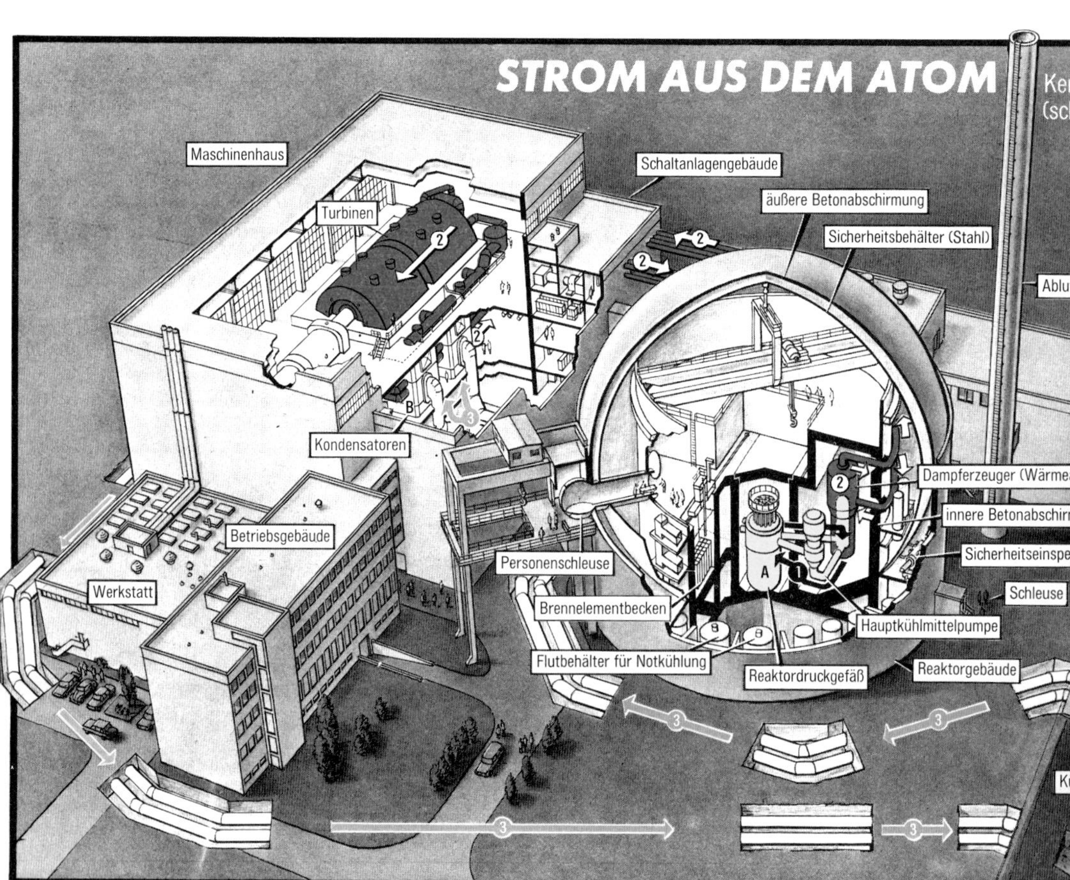

Das Atomkraftwerk von Calder Hall in England, Cumberland

Arbeitsweise eines Atomkraftwerks
Die im Reaktorkern (A) ablaufende atomare Kettenreaktion erhitzt das unter hohem Druck in den Reaktordruckbehälter einströmende Wasser des Primärkreislaufs ⟹1⟹. In Wärmeaustauschern gibt das (radioaktiv verseuchte) Wasser aus dem Primärkreislauf die Hitze an den (nicht radioaktiven) Speisewasser-Dampfkreislauf ⟹2⟹ weiter, der die Kraftwerksturbinen antreibt. Vor der Rückführung in den Reaktor wird der Dampf mit Hilfe des Kühlkreislaufs ⟹3⟹, der sein Wasser der Elbe entnimmt, wieder zu Wasser kondensiert (B). Kommt es im radioaktiven Primärkreislauf zu einem Rohrbruch, sollen die Pumpen der Notkühlung innerhalb von Sekunden so viel Wasser aus den Flutbehältern in den Druckbehälter pumpen, daß der Reaktorkern nicht schmelzen („durchgehen") kann.

Primärkreislauf
1 Reaktordruckbehälter
2 Umwälzpumpe
3 Wärmetauscher
4 Druckhalter

Sekundärkreislauf
5 Turbine Hochdruckteil
6 Turbine Niederdruckteil
7 Generator
8 Erregereinrichtung
9 Wasserabscheider
10 Zwischenüberhitzer
11 Kondensator
12 Hauptkondensatpumpe
13 Niederdruckvorwärmer
14 Speisewasserbehälter und Entgaser
15 Hauptspeisewasserpumpe
16 Hochdruckvorwärmer

Kühlwasserkreislauf
17 Hauptkühlwasserpumpe

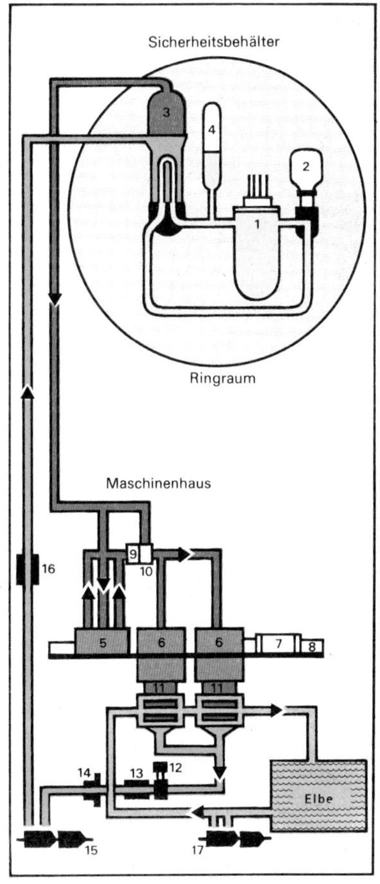

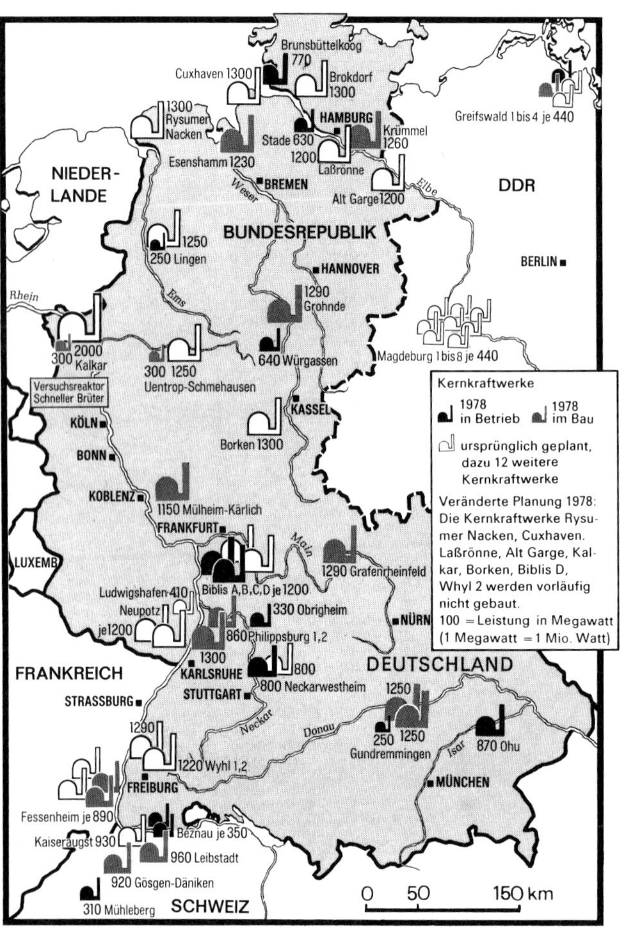

5 Die Standortkarte der vorhandenen ur geplanten Atomkraftwerke in der Bunde republik Deutschland läßt im Zusamme hang mit dem Kühlproblem eine intere sante Feststellung zu.

□ Zwei süddeutsche Energiewerke hab bei den staatlichen Behörden den Bau ein Atomkraftwerkes mit Standort Breisach a Oberrhein beantragt. Die Leistung soll z nächst bei 2 × 1800 Megawatt (MW) lieg (1 MW = 1 Million Watt). Später soll noch vier Atomreaktorblöcke mit 5000 M dazukommen. Die gesamte Energieleistu dieses Werkes wäre dann etwa 8 800 MV Frankreich baut bereits ein Atomkraftwe mit 2 × 1600 MW bei Fessenheim, 20 k südlich von Breisach. Insgesamt betrü dann die Leistung beider Kernkraftwer mehr als 10 000 MW. Zum Vergleich: D Stadt Freiburg hat zur Zeit einen Energi bedarf von etwa 200 MW.

∞ **6** Auf den folgenden Seiten sind Arg mente für und gegen den Bau dieses Ato kraftwerks zusammengestellt. Lest und d kutiert das Pro und Contra der Reihe nach.

◀ Kernkraftwerke in der Bundesrepublik Deutschland und in angrenzenden Gebieten

▼ Die Kühltürme des Atomkraftwerks Breisach

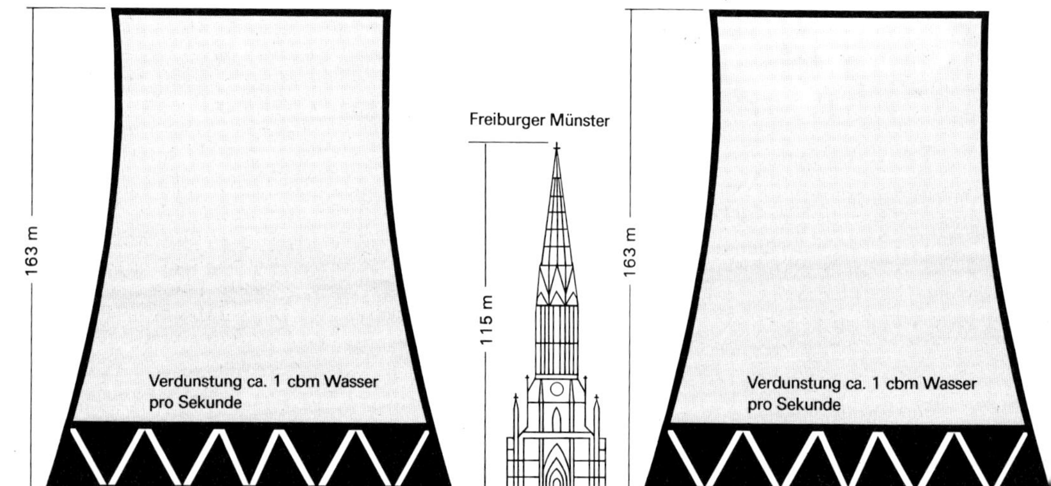

PRO	CONTRA
Standort	
Die Errichtung solcher Atomkraftwerke macht es möglich, das Rheintal zu einem „Industrieband“ auszubauen. Für die ganze Region würde das einen industriellwirtschaftlichen Aufschwung bedeuten. Viele neue Arbeitsplätze würden geschaffen.	Die schöne, biologisch und klimatisch intakte Region des Oberrheins wird sich – geplant oder ungeplant – in eine schmutzige Industrielandschaft verwandeln.
Der Bau von Atomkraftwerken ist besonders in dieser Region erforderlich. Bisher steht südlich von Karlsruhe noch kein einziges Wärmekraftwerk. Der elektrische Strombedarf dieses Gebietes wird zur Zeit ausschließlich durch Wasserkraft gedeckt, was zu keiner Belastung der Natur geführt hat.	Die Notwendigkeit der Errichtung von Atomkraftwerken ist so lange zu bezweifeln, als nicht alle herkömmlichen Energiearten voll ausgeschöpft sind. Der Vorrat von Steinkohle wird auf noch 300 Jahre geschätzt. Würde man mit dem Bau von Atomkraftwerken noch warten, könnten viele weitere Meßwerte gewonnen und Konstruktionsverbesserungen entwickelt werden.
Atomstrom ist billig. Verschiedene Industriezweige, vor allem die Aluminium- und die Steinkohlenchemische Industrie, sind auf billigen Strom in großer Menge angewiesen.	Eine wirtschaftlich günstige Energiebeschaffung darf nicht die Gesundheit des Bürgers oder das Leben der Landschaft gefährden.
Bei den in Betrieb genommenen Atomkraftwerken ist eine Belastung oder Gefährdung der Landschaft bisher nicht erkennbar. Angst vor Atomkraftwerken ist unbegründet.	Schon bei der Entscheidung für den Standort müssen alle Folgeprobleme bedacht sein: Denn wenn sich erst nach dem Bau herausstellt, daß Schäden entstehen, kann das Kraftwerk wegen seiner einzigartigen Schlüsselstellung in der gesamten Wirtschaft nicht mehr einfach abgestellt werden.
Verunstaltung der Landschaft	
Unsachliche Naturschutzvorstellungen und übersteigerte Umweltschutz-Propaganda dürfen das Vorhaben nicht verhindern. Wo immer möglich, wird auf die Landschaft Rücksicht genommen.	Mehr als 70 m hohe Überlandleitungsmasten werden in den Himmel ragen, dazu 100 m hohe Schornsteine, die radioaktive Stoffe in die Luft abgeben sollen. Kühltürme von 160 m Höhe werden wie Riesenklötze in der Landschaft stehen.
Rheinwasser-Erwärmung und Kühlwasser-Verdunstung	
Kernkraftwerke haben einen elektrischen Wirkungsgrad von zur Zeit 33%, d. h. daß je 1000 MW gewonnener Elektrizität 2000 MW in Wärme umgewandelt nutzlos an die Umwelt abgegeben werden müssen. Bei Flußwasser-Durchlaufkühlung (die zunächst für Fessenheim vorgesehen war) würde sich der Rhein (je nach Wasserstand bis zu 10 °C erwärmen (z. B. von 15 °C auf 25 °C.)	Der Rhein ist jetzt schon durch Abwässer bis an die Grenze seiner biologischen Selbstreinigungskraft mit Schmutzstoffen belastet. Wird er dazu noch erwärmt, besteht die Gefahr, daß er „umkippt“. Fische und viele Pflanzen würden absterben. Giftige Blaualgen, Cholera- und Typhuserreger und andere Krankheitserreger erhielten dagegen beste Lebensbedingungen.
Beim Atomkraftwerk Breisach soll nicht mit Durchlaufkühlung, sondern mittels „nasser Kühltürme“ gekühlt werden. Auf diese Weise wäre das dem Rhein wieder zurückgeführte Wasser kaum wärmer als das entnommene. Lediglich Wasserdampf wird an die Atmosphäre abgegeben. „Trockene Kühltürme“ sind von der Industrie noch nicht entwickelt.	Bei der Kühlung mit „nassen Kühltürmen“ wird in der Sekunde etwa 1 m^3 Wasser verdunstet. Bei den angenommenen 10000 MW würden innerhalb von 24 Stunden 864000 m^3 Wasser in die Atmosphäre abgegeben werden. In Freiburg und im Oberrheingraben beträgt die Luftfeuchtigkeit im Durchschnitt der Monate September bis März ohnehin zwischen 79% und 90%. Der Wasserdampf kondensiert: in weitem Umkreis würden mehr Wolken und mehr Nebel auftreten.

Bergrücken und stetige Windrichtung bilden einen Kessel, auf dessen Boden die Stadt liegt.

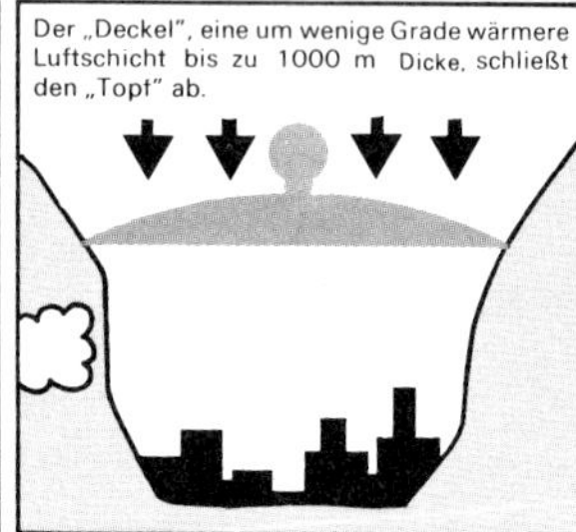

Der „Deckel", eine um wenige Grade wärmere Luftschicht bis zu 1000 m Dicke, schließt den „Topf" ab.

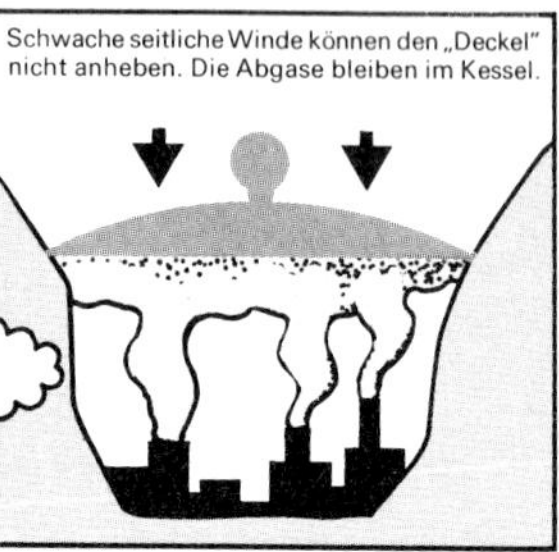

Schwache seitliche Winde können den „Deckel" nicht anheben. Die Abgase bleiben im Kessel.

Zum Klima im Oberrheinischen Tiefland und am Kaiserstuhl: Besonders häufig treten langdauernde Inversionswetterlagen auf, d. h. zwischen Vogesen und Schwarzwald bildet sich ein Kaltluftsee, der nach oben durch wärmere Luft wie mit einem Deckel abgesperrt ist (Temperaturumkehr). Das sind Wetterlagen mit geringer Bewölkung und keinem oder schwachem Wind. Ist dann die Luftfeuchtigkeit hoch, bildet sich Nebel. Die Bauern vom Kaiserstuhl befürchten deshalb vor allem eine Verschlechterung des Klimas, die Sonnenscheindauer würde geringer und damit die Qualität der Weine schlechter.

PRO

„An kühlen Tagen mit hoher relativer Luftfeuchte würden zwar Schwaden am Kühlturmaustritt sichtbar sein, ihre Länge wäre etwa 50–800 m, sie würden einen Winkel von 20° überstreichen. Auch innerhalb dieses kleinen Sektors gebe es aber keine geschlossene Wolkendecke. Die Entfernung vom geplanten Kraftwerkstandort zum Kaiserstuhl sei in jedem Fall größer als 800 m, so daß mit einer Abschattung der Reben nicht zu rechnen sei. Eine Änderung der Luftfeuchte außerhalb der zu beobachtenden Schwaden würde nicht spürbar sein. Bei der angenommenen verdampften Kühlwassermenge von 3 m³/Sek. betrage die Erhöhung der relativen Luftfeuchtigkeit 2–3 % bei einer Lufttemperatur von 2 °C. ..." Nebel hält sich aber in der Regel nur bei Windstärken um 0 bis 1,5, d. h. bis zu einer mittleren Windgeschwindigkeit von 0,5 m/Sek. oder 43 km pro Tag.

CONTRA

Modellrechnung: „Bei einer mittleren Tagestemperatur von 10 °C und 79–90 % relativer Luftfeuchtigkeit genügen im Mittel 0,5 bis 1 g Wasser, um 1 m³ Luft in Nebel zu verwandeln. Nehmen wir an, bei der Kühlung würden pro Tag 311 000 m³ verdunstet, so würden täglich bis 400 km³ Nebel entstehen.
Bei Inversion in 600 m über dem Rhein bedecken 400 km³ Nebel eine Fläche von 625 km², d. h. eine Kreisfläche mit dem Durchmesser des Oberrheingrabens in einer Höhe von 600 m. Dieser Nebel wird pro Tag etwa 50 km in Windrichtung Nord-Süd verschoben, während diese Nebelmasse durch die Kühlung der Kraftwerke in Breisach in 24 Stunden nachgebildet wurde." Da in diesem Gebiet die mittlere Tagestemperatur etwa 200 Tage im Jahr unter 10 °C liegt, sind die Auswirkungen auf das Klima als sehr schwerwiegend anzusehen.

Die Gründe und Gegengründe sind am Rhein viel diskutiert worden. Die Bauern dort haben immer noch keine Klarheit darüber gewonnen, wer recht hat. Deshalb demonstrieren und protestieren sie gegen den Bau. In einer Besprechung sagte ein Gutachter: „Wir stehen vor der etwas verzweifelten Tatsache, daß wir Aussagen machen sollen über Dinge, über die wir sehr wenig wissen." Darf man in dieser Situation mit dem Bau des Kraftwerkes beginnen? Müßte man warten, bis alle Auswirkungen bekannt sind? Kann man so lange warten?

Standortsuche für ein Kernkraftwerk am Rhein bei Karlsruhe

Mit Hilfe von Fotomontagen versucht man schon während der Planung festzustellen, wie sich das Kraftwerk in die Landschaft einfügt

DDT – angeklagt und verurteilt

1939 wurde das „DDT“ von dem Schweizer Chemiker P. Müller entwickelt. Als Wundermittel verhalf es ihm zu Weltruhm. 1948 erhielt er den Nobelpreis für Medizin. Inzwischen ist DDT in vielen Staaten der Welt verboten, in der Bundesrepublik Deutschland seit 16. 5. 1971. Es gilt als eines der gefährlichsten Langzeitgifte.

Seit dem Zweiten Weltkrieg wurden etwa 20 Mio. t DDT auf der ganzen Erde versprüht. Als erfolgreichstes Schädlingsbekämpfungsmittel aller Zeiten befreite es Feldfrüchte vom Schädlingsbefall und steigerte dadurch die Ernteerträge. Seine Verwendung rettete wahrscheinlich viele Millionen Menschen in den Entwicklungsländern vor dem Verhungern. Bei einer Flecktyphusepidemie in Neapel wurde es erfolgreich zur Seuchenbekämpfung eingesetzt. Die Amerikaner verwandten es im Zweiten Weltkrieg als „Läusepulver“. Man glaubte, mit Sicherheit zu wissen, daß es unschädlich sei.

Wissenschaftler aus vielen Ländern forderten in den letzten Jahren die Industrie auf, sofort weltweit die Produktion von DDT einzustellen. Man hatte erkannt: Durch DDT sterben Bienen, dann Vögel, dann Säugetiere. DDT fand sich überall auf der Erde, in Meeresfischen, bei den Pinguinen der Antarktis – und bei Menschen. Über die Nahrungskette hatte bereits jeder Europäer durchschnittlich zwei Milligramm je kg Körpergewicht in seinem Fettgewebe gespeichert. Es kann vom Organismus nicht abgebaut werden, und Mütter geben es an ihre Kinder weiter. Es greift vor allem das Nervensystem an.

1 Das Schaubild zeigt den DDT-Gehalt bei Menschen verschiedener Länder. Es ermöglicht einen Vergleich der unterschiedlichen Gefährdung. Kommentiere diese Darstellung.

2 Erläutere den Begriff „Nahrungskette“. Man kennt drei Arten solcher Ketten: Plankton – Fisch – Raubfisch – Mensch, Alge – Insekt – Vogel – Mensch, Feldfrucht – Rind – Mensch.

3 Viele Entwicklungsländer sind heute noch auf DDT angewiesen, sagen manche Fachleute. Zur Diskussion stehen verschiedene Meinungen. Nimm Stellung: „Wer Hunger hat, sieht im DDT allein das Mittel zur Steigerung der Nahrungsmittelproduktion; die längerfristigen Auswirkungen auf das Gleichgewicht der Natur interessieren nicht.“

„Die rasch wachsende Menschheit kann auf chemische Pflanzenschutzmittel wohl nie ganz verzichten, wenn ihr Tisch gedeckt bleiben soll.“

„In den Entwicklungsländern sterben viele Menschen, wenn es kein DDT gibt; doch werden in diesen Ländern – auf lange Sicht – noch viel mehr Menschen sterben, wenn DDT auch künftig verwendet wird.“

Die Wissenschaft kennt mehr als 2000 Pflanzenarten, die eine gewisse Giftwirkung gegen Insekten haben. Man müßte Pflanzengifte finden, die genau so wirksam wie DDT gegen Schädlinge sind, aber nicht die gefährlichen Nebenwirkungen haben.

Durchschnittlicher DDT-Gehalt (mg/kg Fettgehalt) im menschlichen Körper

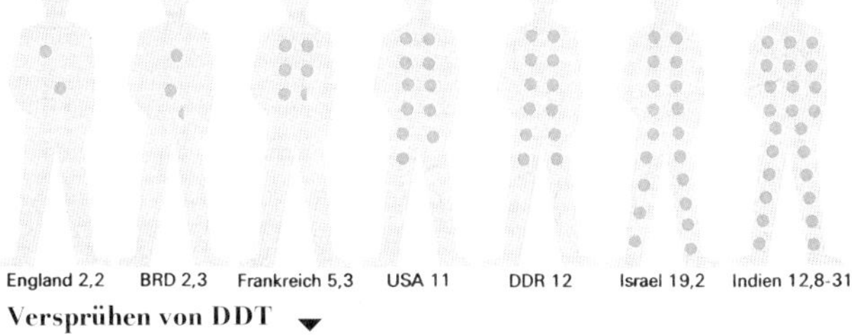

Versprühen von DDT ▼

Rhein-Main-Flughafen, Frankfurt

Das Bewußtsein für Umwelt-probleme wächst

□ Am 14. Mai 1972 wurde der neue Frankfurter Rhein-Main-Großflughafen „Terminal Mitte" (600 Starts und Landungen täglich) eröffnet. Von Befürwortern des Ausbaus wurde er als „Flughafen der Zukunft" gelobt, von den Gegnern als eine „gigantische Fehlplanung" getadelt.
Durch ein Urteil des Verwaltungsgerichtshofs in Kassel vom 24. 4. 1973 wird der weitere Ausbau vorläufig blockiert. Das Urteil wurde durch eine Klage der Stadt Offenbach, des Landkreises Groß-Gerau, 12 umliegender Gemeinden und 14 Privatpersonen herbeigeführt. Ihre Begründung lautete: Verringerung des Waldbestandes, Luftverschmutzung, Lärmbelästigung und Gefährdung der 100000 Bürger im Einflußbereich des Super-Terminals, Verstoß gegen die Menschenrechte. Der Vorsitzende der Bundesvereinigung gegen Fluglärm: „Die Zeit arbeitet für die Lärmgegner, das öffentliche Bewußtsein nimmt die Umweltschäden durch Flugverkehr immer ernster." (20)

190 **1** Was die Planer wollten: a) Durch eine dritte Startbahn sollte der Flughafen erweitert werden. Man rechnete mit folgender Leistungssteigerung: 1973 = 220000, 1975 = 287000, 1980 = 327000 Starts und Landungen.
b) Gleichzeitig sollte der Start- und Landeverkehr um mehrere hundert Meter nach Westen verlegt werden. Den Grund dafür kannst du aus dem Foto (Blickrichtung West) erschließen.

∞ **2** Erstens: Für die Erweiterung des Flughafens müßten viele Hektar Wald abgeholzt werden. Zweitens: Beim Start einer Boeing 707 wird so viel Sauerstoff verbraucht, wie ein Wald von 17000 ha an einem Tag erzeugt. Wie paßt das zusammen?

∞ **3** Diskutiert das Argument: „Ohne dritte Startbahn müssen wir jede Steigerung der Leistungsfähigkeit aufgeben. Bleibt das Urteil bestehen, werden wir Provinzflughafen."
In der Bundesrepublik sind gegenwärtig Bau oder Ausbau der Flughäfen München-Erding, Hamburg-Kaltenkirchen und eines dritten Flughafens bei Köln-Bonn-Düsseldorf durch Proteste der Öffentlichkeit blockiert.

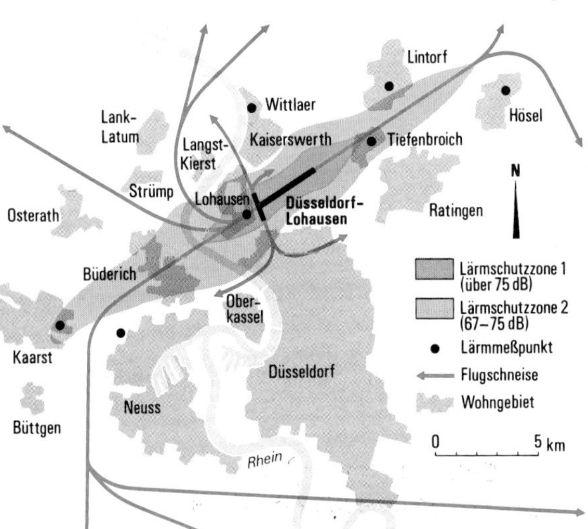

Lärmmindernde Abflugwege und Lärmschutzbereich für den Flughafen Düsseldorf

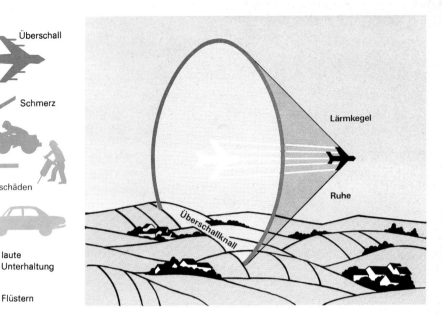

170 dB — Überschall
160
150
140
130 — Schmerz
120
110
100
90 — Gehörschäden
80
70
60
50 — laute Unterhaltung
40
30 — Flüstern

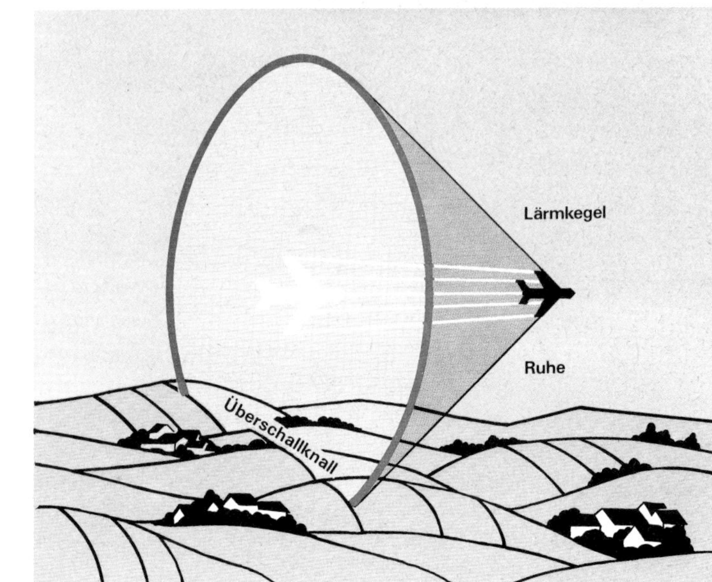

In den 60er Jahren wurden die ersten Verkehrsflugzeuge mit Überschallgeschwindigkeit konstruiert: von der UdSSR die „TU 144“, von England/Frankreich die „Concorde“, von den USA die „SST Boeing 2707“. Die „SST Boeing 2707“ sollte mit dreifacher Schallgeschwindigkeit in etwas mehr als zwei Stunden den Atlantik überqueren können. Im November wurde vom US-Senat mit 52 gegen 41 Stimmen die weitere Entwicklung aufgehalten. Das Hauptargument: Der technische und wirtschaftliche Nutzen dieses Flugzeuges stehe in keinem vertretbaren Verhältnis zu den möglicherweise verheerenden Folgen für die Umwelt. US-Senator Proxmire nannte das Flugzeug ein „lärmendes und stinkendes Spielzeug für den Jet-Set“, das nur einer Handvoll Leuten einen zweifelhaften Vorteil biete, aber Millionen Menschen darunter werde leiden lassen.

Gründe der SST-Gegner: Die 50 km breite Lärm- und Luftdruckschleppe, die das Flugzeug hinter sich herziehe, gefährde die Gesundheit von Millionen Menschen. – Da es in 20 km Höhe fliegen soll, würde es in der Stratosphäre Wasser und Kohlendioxyd zurücklassen, die Erde würde allmählich in Zirruswolken eingehüllt. Die klimatischen Bedingungen auf der Erde könnten dadurch entscheidend verändert werden. – Die Mammut-Triebwerke des Flugzeuges könnten die Ozonschicht in der Stratosphäre zerstören. Sie hält einen Teil der gefährlichen ultravioletten Strahlung der Sonne zurück.

Gründe der SST-Befürworter: 150000 Amerikaner würden durch das Projekt Arbeitsplätze erhalten. – Bei 500 verkauften Flugzeugen würden die Deviseneinnahmen des Staates bei 37 Mrd. Mark liegen. – Die USA würden durch den Baustopp die technologische Führungsrolle in der Welt verlieren.

4 Der US-Senat hatte die Gründe für und gegen den Bau des Überschallflugzeuges zu prüfen. Schreibe diese Gründe in einer Tabelle heraus.

5 Die Dezibel-Tabelle (dB) zeigt verschiedene Lautstärken und Verursacher auf. Bestimme einige dB-Zahlen: eines fahrenden Pkw, die Grenze des Entstehens von Gehörschäden, die Schmerzgrenze durch Lärm, die dB-Zahl in Flughafen-Randgemeinden und die dB-Stärke der Schallschleppe bei Überschallflug.

6 Erkläre mit eigenen Worten die Zeichnung von der Entstehung des Überschallknalls und der Schallschleppe.

☐ 1967/68: Amerikanische Erdölgesellschaften hatten in der Tundra an der Prudhoe-Bucht in Alaska eines der größten Erdölfelder der Erde (Schätzung: 1,4 bis 4 Mrd. t) angebohrt. In Tag- und Nachtschichten arbeiteten mehr als 3000 Arbeiter in den Bohrcamps unter härtesten Bedingungen. Die Erschließungskosten der Erdölgesellschaften waren sehr hoch: mehr als 2 Mrd. US-Dollar für die Bodenrechte. Nahezu 80 Bohrungen wurden niedergebracht, einige davon kosteten 2 bis 4 Mio. US $. Das große Alaskageschäft schien gesichert. Optimisten erwarteten, daß bis spätestens 1972 täglich 2 Mio. Barrel (1 Barrel = 159 Liter) Alaska-Öl gefördert würden.

1973: „Die Bohrtürme ... stehen reihenweise verödet da ... und keine 300 Mann mehr, meist Wartungspersonal, sind in den eisigen, wie ausgestorbenen Camps zurückgeblieben, um riesige Röhrenstapel und stumme Pulks von Planierraupen und Lastwagen zu bewachen. Die Leute von den Ölgesellschaften haben alles zugeschlossen ... und bankrotte Luftverkehrsgesellschaften und Lieferfirmen für Bohrmaterial zurückgelassen, wodurch die Zahl der Fürsorgeempfänger erheblich gestiegen ist. ‚Bereits jetzt', sagt Alaskas Gouverneur William Egan, ‚wird der Staat wegen des verzögerten Leitungsbaues 1,2 Milliarden Dollar an erwarteten Einkünften einbüßen' ..." (21)

Die Experten hatten sich schon während der Erschließung gefragt, wie das Öl in den Süden gebracht werden könnte. Computer der Ölgesellschaften hatten errechnet, daß der Öltransport durch die Nordwestpassage billiger wäre, weil diese Route nach New York oder London viermal kürzer ist als die Strecke vom Persischen Golf. Um diese Route zu erkunden, wurde der Tanker „Manhattan" zu einem Eisbrecher umgebaut. Die Durchfahrt gelang. Die Route ist aber mit großen Risiken verbunden.

7 Suche auf der Karte die Prudhoe-Bucht und erkläre, welche Transportschwierigkeiten sich aus der Lage der Erdölfelder ergeben.

8 a) Verfolge auf der Karte den Weg der „Manhattan" von New York bis Valdez und notiere die einzelnen Stationen der Fahrt. b) Die großen Raffinerien stehen an der Ostküste der USA. Begründe, warum die Ölgesellschaften an einer Schiffahrtsroute New York–Prudhoe-Bucht mehr interessiert sind als an der Route San Francisco–Prudhoe-Bucht.

9 Orientiere dich in „Geographie" Band 2 über Tundra (S. 56) und Erdbeben (S. 14–18).

10 Außer über die Tanker-Eisbrecher-Route sollte das Öl von der Prudhoe-Bucht über eine 1440 km lange Pipeline zum eisfreien Hafen Valdez geleitet werden. Von dort sollten

Erdöl aus Alaska – das Problem des Transports

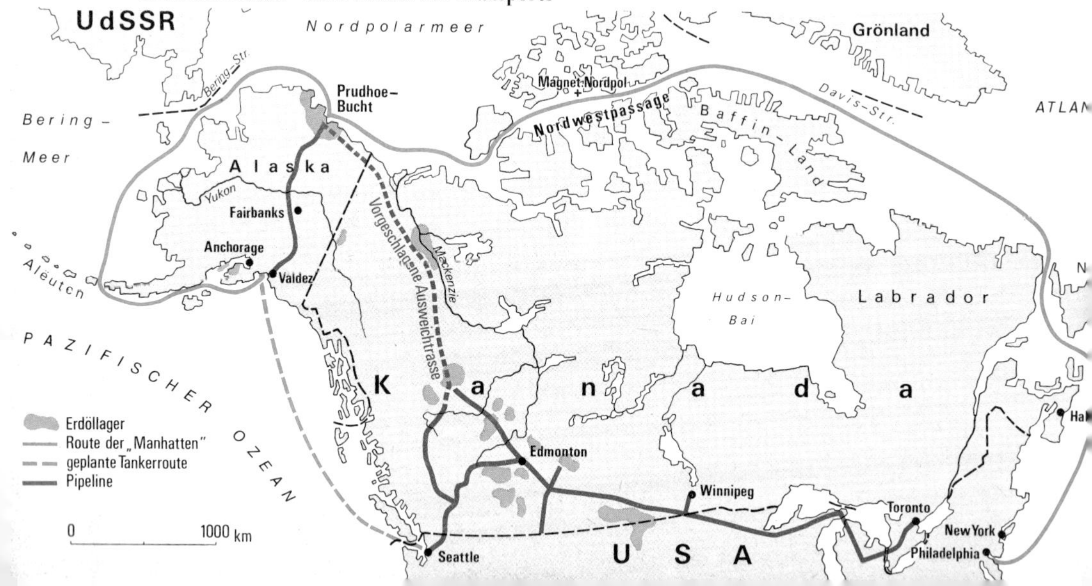

Tanker von 350000 tdw das Rohöl zu den verschiedenen Häfen an der US-amerikanischen Westküste bringen. Suche auch den Verlauf dieser geplanten Ölleitungen auf der Karte.

1969 hatten Naturschutzverbände der USA eine unbefristete richterliche Verfügung erwirkt, die dem Innenminister untersagte, die Baugenehmigung für die Ölleitungen zu erteilen. Gründe für den Einspruch: Erdbeben und Tankerunfälle würden möglicherweise Ölüberschwemmungen und dadurch nicht wieder gutzumachende Schäden in einem erheblichen Teil der letzten großen Wildnis der Vereinigten Staaten verursachen. Mehr als 70 Flüsse und drei Bergketten müßten überquert werden; die gefrorene Tundra würde durch das 60 °C warme Öl aufgetaut; die Tier- und Pflanzenwelt der Tundra würde gestört.

Um den Forderungen der Naturschutzverbände zu entsprechen, wurde ein Großteil der Trasse neu geplant: Etwa die Hälfte der Leitung soll isoliert und auf Stahlpfeilern oder Kiesbettungen ruhen, damit der Dauerfrostboden nicht aufgetaut werden kann. Ein paar unterirdisch verlegte Kilometer Rohrleitung sollen besonders gekühlt werden, damit der Boden gefroren bleibt. Die andere Hälfte soll unterirdisch in Kies oder gröberem Gestein verlegt werden, damit sich kein Schlammbett bildet. – Wo die Leitung Flüsse und Überschwemmungsgebiete durchquert, soll sie einen Betonmantel erhalten und versenkt werden. – Wegen der Erdbebengefahr haben die Ingenieure die Pipeline so konstruiert, daß sie horizontal eine Verschiebung von 6 m und vertikal von 1 m aushalten könnte. Diese Änderungen haben die Baukosten von zunächst 1 auf 3 Mrd. US $ steigen lassen.

11 Die Naturschutzverbände schlugen statt der Alaska-Pipeline eine neue „Trasse 3" vor: Suche auf der Karte den Verlauf der „Trasse 3". Erkennst du Vorteile? Stelle fest, wo sie Anschluß an das bereits bestehende Pipeline-Netz der USA erhielte.

12 Ölgesellschaften und Regierung wenden gegen die „Trasse 3" ein: a) Die größere Länge von 3500 km bringe zusätzliche Umweltgefahren mit sich, b) sie würde die Kosten auf 4–8 Mrd. $ steigern, c) mindestens drei bis fünf Jahre mehr Bauzeit erfordern, d) Alaskas Geldnot andauern lassen. Diskutiert die Stellungnahmen zur geplanten Öl-Pipeline.

13 Die USA gehören zu den Industriestaaten, die mehr Erdöl (34% des Weltkonsums) verbrauchen, als ihr Anteil an der Weltförderung (25%) beträgt. Begründe daraus die Forderung: „Die Pipeline muß gebaut werden. Sie liegt im nationalen Interesse der USA."

Erdölbohrung in Alaska – Zerstörung einer der letzten Wildnisse?

Pressemeldung vom 15. 11. 1973:

Alaska-Pipeline genehmigt

WASHINGTON (Reuter). Mit nur einer Stimme Mehrheit hat der amerikanische Senat in Washington die Genehmigung für den sofortigen Bau der 1440 Kilometer langen Alaska-Pipeline erteilt, der von den Vorschriften des amerikanischen Umweltschutzgesetzes befreit sein soll. Die mit 49 gegen 48 Stimmen durchgesetzte Entscheidung schließt auch eine juristische Ueberprüfung der Genehmigung aus ...

Zollgrenzen

□ **1** Was wird bei den Grenzkontrollen auf den Bildern unten kontrolliert?

2 Das gibt es fast an jeder Staatsgrenze: Waren, die auf einer Seite des Schlagbaumes billiger sind als auf der anderen. Vielleicht habt ihr eigene Erfahrungen. Berichtet.

3 Lohnt es sich, im Ausland zu kaufen?

a) Die Familie A mit Kindern im Alter von 17, 15 und 12 Jahren kauft vor der Rückreise aus dem Urlaub in Frankreich, von den rechts oben angeführten Waren (Tabelle) genausoviel, wie sie zollfrei mitbringen darf. Beim Einkauf in der Bundesrepublik sähe die Rechnung für die Familie anders aus.

b) Die Familie B plant einen Tagesausflug von ihrem Wohnort nach Frankreich. 1 km Fahrt mit dem Pkw kostet 0,25 DM. Bis zu welcher Entfernung würde die Zollersparnis die Fahrtkosten aufwiegen, d. h. der Tagesausflug „kostenlos" sein?

In der Bundesrepublik Deutschland lasten auf Genußmitteln wie Tabak, Alkohol und Tee hohe Steuern. Deshalb sind auch die Zollvorschriften für den Reiseverkehr besonders streng. Die Freimengen für diese Waren sind bei der Einreise unterschiedlich hoch, je nachdem aus welchem Land die Reisenden in die Bundesrepublik kommen.

Für Personen, die im Zollgrenzbezirk wohnen, gelten strengere Bestimmungen: Bei der Rückkehr von Frankreich dürfen z. B. nur 40 Zigaretten zollfrei mitgenommen werden. (Die Familien von Aufgabe 3 wohnen außerhalb des Zollgrenzbezirks.)

□ Werden Waren in größerem Umfang vom Ausland eingeführt, kosten sie Zoll. Doch nur selten wird der Zoll direkt an der Grenze bezahlt. Der Zolldienst an der Grenze ist vor allem Kontrolldienst. Für die Berechnung und Einziehung des Zolls sind die Zollämter in den Städten zuständig.

Warum müssen überhaupt Zölle erhoben werden, wenn Waren über eine Grenze von einem Land in ein anderes gebracht werden? Die Gründe:

Grenzkontrollen: So . . . ▼

Was Frankreichreisende wissen sollten (Beispiele):

Ware	Gewicht, Menge	Preis in Frankreich, Landeswährung	Preis in der Bundesrepublik Deutschland, DM	Freimengen (je Person über 15 Jahre)
Zigaretten	20 Stück	2,60	3,00	200 Stück
Rauchtabak	100 g	7,50	12,50	250 g
Weinbrand (obere Preisklasse)	1 l	23,00	29,75	1,0 l

100 französische Francs ≙ 44,00 DM (Frühjahr 1979)

1. Zölle sind Finanzquellen des Staates.
2. Zölle sind Wirtschaftsinstrumente des Staates.
- Hohe Zölle erschweren die Einfuhr und schützen vor Auslandskonkurrenz (Schutzzoll).
- Niedrige oder ausgesetzte Zölle regen zur Einfuhr an und fördern bestimmte Wirtschaftszweige.
3. Zölle sind Mittel der Außenpolitik.
- Zollerleichterungen gegenüber befreundeten Staaten erleichtern die gemeinsame Politik.
- Zollfreiheit zwischen Staaten fördert die wirtschaftliche Zusammenarbeit und einen möglichen politischen Zusammenschluß.

4 Die Bundesrepublik Deutschland ist ein Industrieland. Ihr Außenhandel ist typisch für Industriestaaten:

Einfuhr — 100%

Ernährungsgüter 24%	Rohstoffe und Halbwaren 33%	Fertigwaren 43%

Ausfuhr — 100%

2%	20%	78%

a) Erläutere das Diagramm.
b) Wie würdet ihr die Einfuhrzölle für Ernährungsgüter, Rohstoffe/Halbwaren und für Fertigwaren festsetzen (hoch, niedrig)? Begründet eure Meinung.

. . . und so ▼

Die Europäische Gemeinschaft – Abbau von Grenzen

☐ Am 25. März 1957 begann die Geschichte der Europäischen Gemeinschaft (EG): Sechs Partnerländer unterschrieben den Vertrag über die Europäische Wirtschaftsgemeinschaft
196 (EWG). Am Abend dieses Tages verbrannten Jugendliche an den Grenzen zwischen den Mitgliedsländern Schlagbäume. So groß war die Freude und so groß war die Hoffnung auf ein geeintes Europa. Und wo stehen wir heute?

1 Vergleiche die beiden Darstellungen unten. Beschreibe die Unterschiede. Äußere dich besonders zu den kleinen Ringen und dem großen Ring. Lies dazu auch den Ausschnitt des EWG-Vertragstextes auf der nächsten Seite.

2 Erläutere das Diagramm rechts oben. Stelle fest, seit wann die Zölle im EWG-Binnen-

Zollgrenzen und die EWG

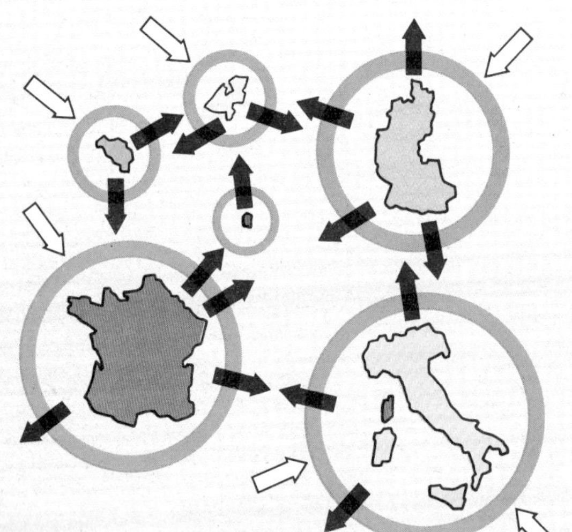

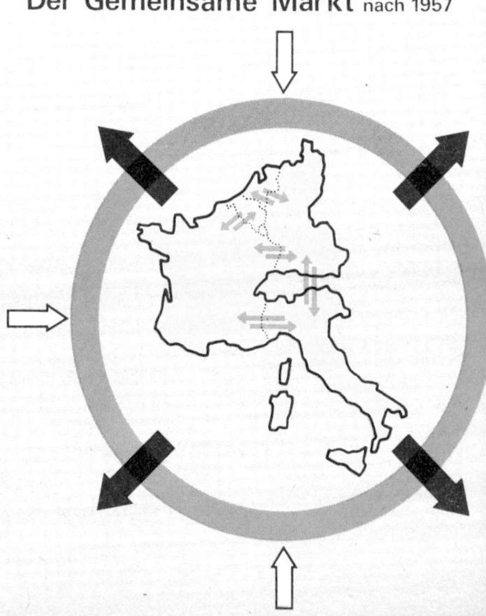

Artikel 3 des EWG-Vertrages:

„Die Tätigkeit der Gemeinschaft umfaßt nach Maßgabe dieses Vertrags und der darin vorgesehenen Zeitfolge
a) die Abschaffung der Zölle und mengenmäßigen Beschränkung bei der Einfuhr und Ausfuhr von Waren,
b) die Einführung eines gemeinsamen Zolltarifs und einer gemeinsamen Handelspolitik gegenüber dritten Ländern ..."

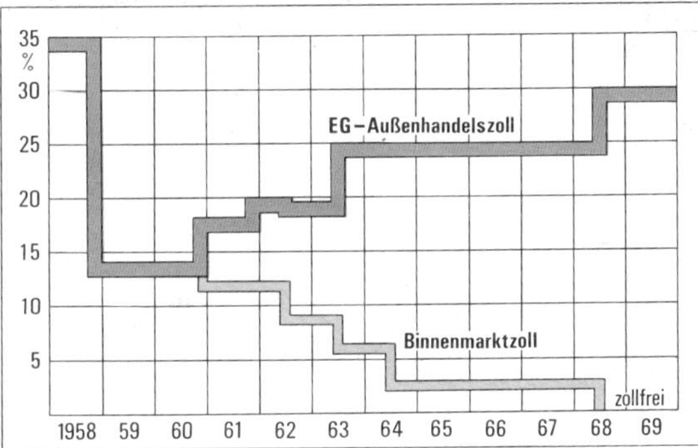

Zolltarife in % des Güterwertes

markt und im EWG-Außenhandel sich getrennt entwickeln. Vergleiche mit dem EWG-Vertragstext.

3 Berechnet, wieviel DM Zoll 1960 und 1969 für einen amerikanischen Wagen bezahlt werden mußten, der ohne Zoll einen Wert von 10000 DM hatte. Was kostete in den beiden Jahren ein gleichwertiger französischer Wagen an Zollgebühr?

4 a) Kommentiere die beiden Säulendiagramme unten. Sie verdeutlichen die Entwicklung der Ein- und Ausfuhr zwischen den EWG-Mitgliedsländern und anderen Handelspartnern in der Zeit von 1958 bis 1971.
b) Inwieweit läßt sich aus den Diagrammen ablesen, daß der Zollabbau zu einem verstärkten Handel innerhalb der EWG geführt hat?

„Geteilte Wirtschaftsräume und geteilte Märkte sind gleichbedeutend mit geringer Leistung ... Der Gedanke eines einzigen großen Binnenmarktes ist deshalb der Wesenskern der Bewegung für eine wirtschaftliche Integration (Vereinigung)." (Walter Hallstein, Präsident der Kommission der EWG 1958–1967.)

5 Stelle eine Liste der Vorteile eines großen Binnenmarktes auf. Denke sowohl an die Verbraucher als auch an die Hersteller der Waren.

Außenhandel der EG-Länder

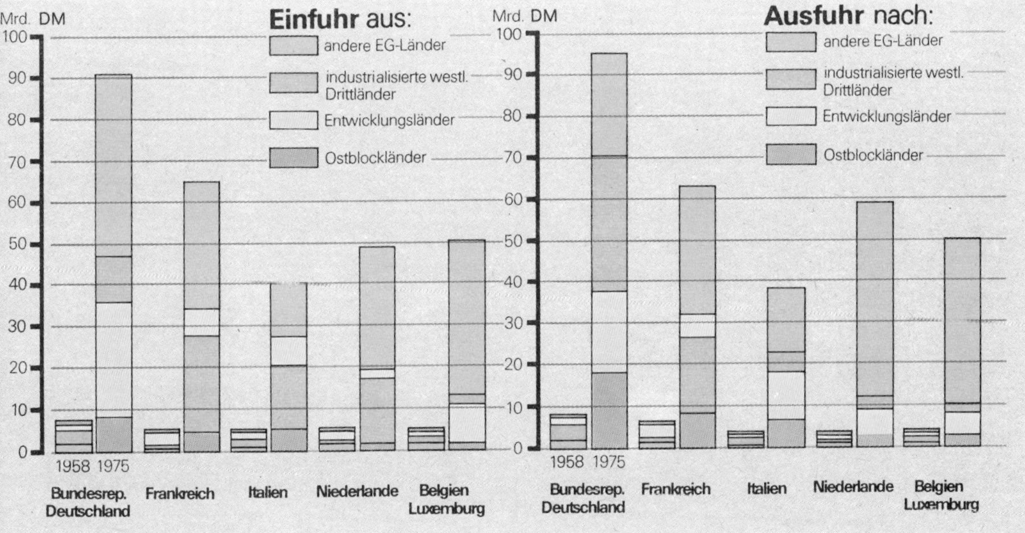

∞ **6** Die wirtschaftliche Leistung eines Staates oder einer Staatengemeinschaft wird als Bruttosozialprodukt bezeichnet. (Wie das Bruttosozialprodukt errechnet wird, lernst du im Kapitel „Weltmächte USA und Sowjetunion“ auf S. 202). Stützt die Darstellung unten auf dieser Seite die Aussagen von Walter Hallstein?

□ **7** Erläutere die Tabelle.

Die Inlandserzeugung von Agrarprodukten in Prozent des Eigenverbrauchs in den Ländern der EG der Sechs (1975/76)

	Bundesrep. Deutschland	Frankreich	Italien	Niederlande	Belgien/ Luxemburg	Großbritannien	Irland	Dänemark	EG
Getreide	86	168	73	25	43	72	70	113	95
Kartoffeln	96	101	92	124	97	99	103	103	101
Zucker	100	147	60	119	155	22	91	156	87
Gemüse	37	95	113	181	119	76	107	78	94
Geflügelfleisch	50	111	98	339	103	97	103	231	101
Rindfleisch	93	117	58	130	95	80	627	306	101
Schweinefleisch	87	86	74	205	174	63	120	380	99
Käse	89	116	78	230	42	68	564	300	104
Butter	125	112	58	343	100	11	222	317	100

8 Einige Länder produzieren mehr, als sie für den Eigenverbrauch benötigen (großes Angebot), andere sind auf die Einfuhr von Agrarerzeugnissen angewiesen (große Nachfrage). Beschreibe die Handelsströme, wie sie in einem großen Markt der einzelnen Länder fließen könnten.

9 Wirtschaftlicher Zusammenschluß fördert die Spezialisierung und Arbeitsteilung unter den einzelnen Mitgliedsländern. Belege die Aussage für die EG anhand der Tabelle der Agrarprodukte.

Es war nicht immer einfach, die Zölle abzubauen, besonders die Schutzzölle bei Agrarprodukten. Die Bauern in der Bundesrepublik, aber auch in Frankreich und anderen Mitgliedsländern, protestierten und demonstrierten gegen viele der gemeinsamen EWG-Beschlüsse.

Die EG und die Weltmächte USA und Sowjetunion: Bruttosozialprodukt (1974 in Mrd. Dollar)

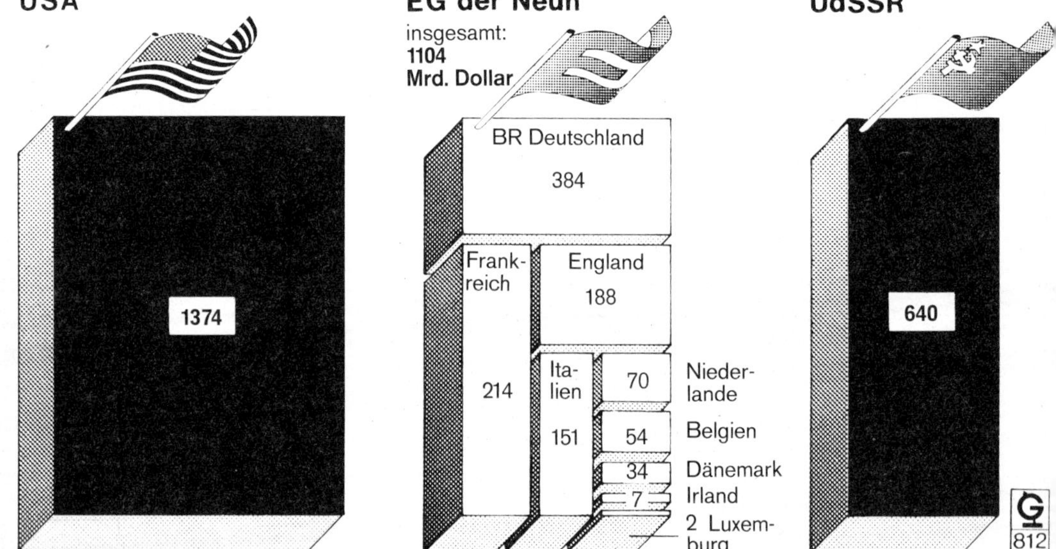

Weizenpreise in DM je dz

	BR Deutschland	Frankreich	Italien	Niederlande
1959	42,1	28,8	42,5	31,9
1969	39,0	34,8	40,3	38,8
1976	52,9	46,5	39,9	48,7

Hektarerträge in der Bundesrepublik in dz

	1959	1969	1976
Weizen	31,6	40,1	38,9
Roggen	25,8	32,4	28,6
Runkelrüben	483,1	968,9	821,2
Mineraldüngerverbrauch i. d. Bundesrepublik (kg/ha)			
Stickstoff	40,4	67,3	92,3
Phosphat	44,6	57,3	58,6

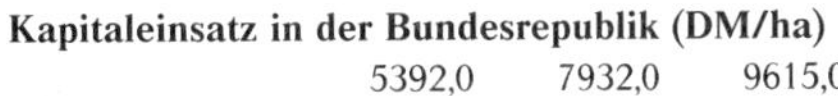

Kapitaleinsatz in der Bundesrepublik (DM/ha)

	1959	1969	1976
	5392,0	7932,0	9615,0

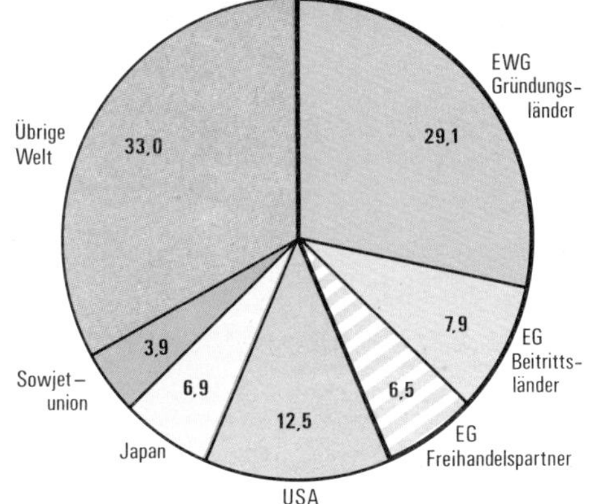

Anteile an der Weltausfuhr in %

10 Diskutiert anhand der Preistabelle oben über die Proteste der Bauern. In welchen Ländern werden die stärksten Widerstände gegen einen freien Austausch aufgetreten sein? In welchen Ländern haben die Bauern wohl dem Gedanken des freien Austausches zugestimmt? Begründet eure Auffassung.

Gleiche oder wenigstens ähnliche Preise bilden eine wichtige Voraussetzung für einen gemeinsamen Markt mit freiem Warenaustausch. Die großen Preisunterschiede zwischen den Hochpreis- und den Niedrigpreisländern verhinderten im Jahr 1959 noch den freien Austausch. Es gab drei Möglichkeiten:

– die Anpassung der Preise für den Gemeinsamen Markt an die Hochpreisländer,
– die Anpassung der Preise für den Gemeinsamen Markt an die Niedrigpreisländer,
– die Einigung auf einen mittleren Preis.

11 Welche von den drei Lösungsmöglichkeiten wurde für die Weizenpreise durchgesetzt?

Situation im Hochpreisland
Ein Landwirt in der Bundesrepublik bekam 1976 für einen dz Weizen 10,80 DM mehr als 1959. Er mußte aber für Dünger, Reparaturen und seinen Lebensunterhalt 1976 sehr viel mehr bezahlen als 1959.

Situation im Niedrigpreisland
In Frankreich bekam ein Landwirt 1976 17,70 DM mehr als 1959. Der Hektarertrag bei Weizen beträgt rund 46 dz. Baute ein Landwirt Weizen an, so bekam er 1976 also pro ha 814 DM mehr.

12 Überlegt: a) Was muß ein Landwirt im Hochpreisland tun, um sein Einkommen zu halten oder zu steigern?
b) Wie wird sich der Weizenanbau im Niedrigpreisland entwickeln, wenn die Landwirte mehr Geld für den dz bekommen?

Das Erstaunliche ist, daß nicht nur in den Niedrigpreisländern, sondern auch in den Hochpreisländern die Landwirte zur Mehrproduktion angeregt werden.
Was du an den Weizenpreisen gelernt hast, gilt auch für alle anderen Agrarprodukte. Du mußt aber berücksichtigen, daß es für jedes landwirtschaftliche Erzeugnis andere Hoch- und Niedrigpreisländer geben kann.
Die Mehrproduktion führte bei einigen landwirtschaftlichen Produkten, besonders bei den Molkereiprodukten, zu einer Überproduktion innerhalb der EG. Das ist das neue Problem: es gibt Überschüsse (z. B. „Butterberg"), die sich auch außerhalb der EG nicht absetzen lassen, jedenfalls nicht zu EG-Preisen.

13 Die EG ist der wichtigste Handelspartner für die meisten Länder der Dritten Welt (Karte S. 200 unten). Sie ist auf den Export ihrer Waren und den Import von Rohstoffen angewiesen. Sprecht über die Bedeutung des Handels für die EG (Kreisdiagramm oben).

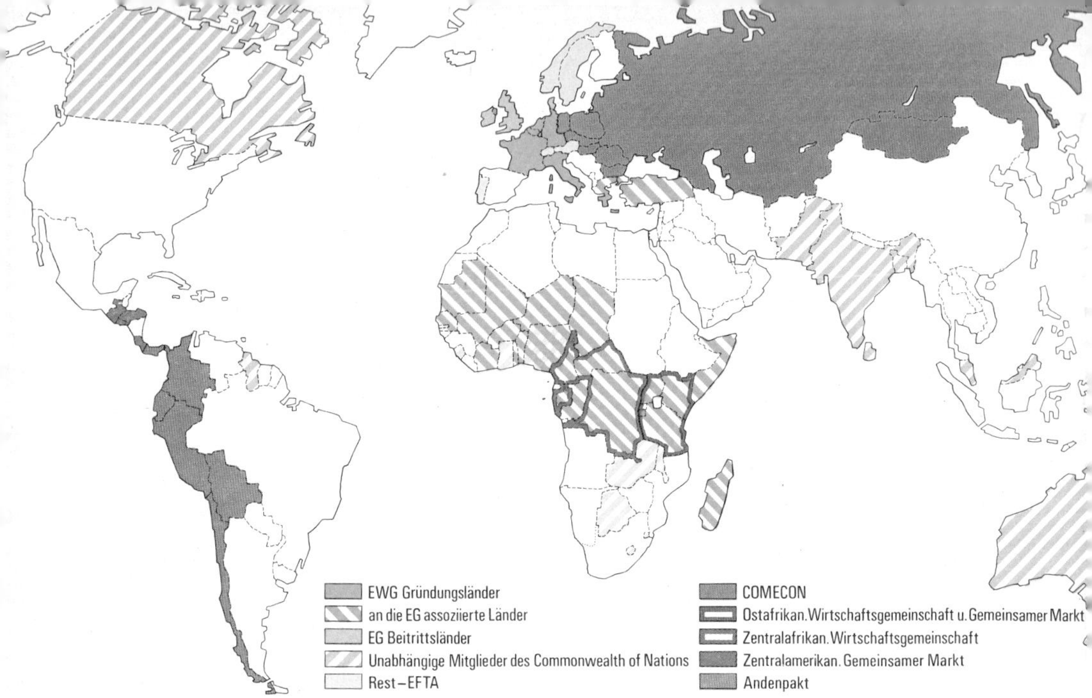

Die wichtigsten Wirtschaftsgemeinschaften der Erde

□ Die bedeutendste Wirtschaftsgemeinschaft neben der EG ist der Rat für Gegenseitige Wirtschaftshilfe (COMECON = **C**ouncil **o**f **M**utual **Econ**omic Aid). Er wurde schon 1949 gegründet. Von Anfang an hatte im COMECON die Sowjetunion die politische und wirtschaftliche Führung. Ziel war eine Arbeitsteilung zwischen den Mitgliedsländern: Die einzelnen Länder sollten ihre Produktion spezialisieren und die Wirtschaft der Sowjetunion ergänzen.

Die großen Handelsmächte auf dem Weltmarkt

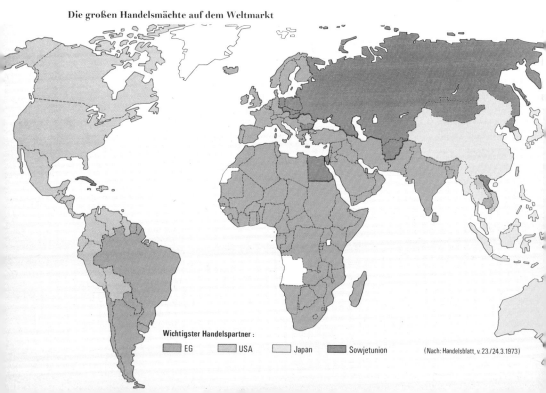

Staat	Fläche (km²)	Bevölkerung 1974 in Mio.
Argentinien	2 777 000	24
Australien	7 687 000	13
Bangladesh	143 000	71
Brasilien	8 512 000	105
Bundesrep. Deutschland	249 000	62
China	9 561 000	812
EG	1 528 000	258
Frankreich	547 000	53
Großbritannien	244 000	56
Indien	3 268 000	586
Indonesien	1 492 000	128
Japan	370 000	110
Kanada	9 976 000	22
Pakistan	804 000	67
Sowjetunion	22 402 000	250
Sudan	2 506 000	17
USA	9 363 000	212

Weltmächte USA und Sowjetunion

Auf die Frage nach den größten Wirtschaftsmächten der Erde werden die meisten Menschen ohne Zögern antworten: die USA und die Sowjetunion. Welcher der beiden Staaten nimmt jedoch den ersten Platz ein? Und wer steht an dritter Stelle? China, Japan oder die EG?

Es ist nicht leicht, eine genaue Reihenfolge aufzustellen. Man muß sich überlegen, wie und woran die Macht eines Staates gemessen werden kann.

1 Man könnte z. B. nach Flächengröße oder Bevölkerungszahl messen. Wir versuchen es mit beiden zusammen. Gehe dabei so vor: Notiere für jeden Staat der Tabelle den Ranglistenplatz für die Größe und den Ranglistenplatz für die Bevölkerungszahl. Zähle dann für jeden Staat die beiden Ranglistenplätze zusammen. Der Staat mit der kleinsten Summe kommt auf Platz eins der neuen Liste.

2 Beurteilt die so gefundene Rangliste. a) Stimmt sie mit euren Vorstellungen über die Rangfolge der mächtigsten Staaten der Erde überein?

b) Überlegt: Geben Flächengrößen und Bevölkerungszahlen hinreichende Auskunft über die Wirtschaftsmacht eines Staates? Vergleicht an Beispielländern wie Kanada, Indien, Brasilien.

Flächengröße, Bevölkerungszahl und auch natürlicher Reichtum sind wichtige Voraussetzungen für die Macht eines Staates. Aber sie sind nur Voraussetzungen. Anderes muß hinzukommen: die günstige Lage, die wirtschaftliche Leistung der Einwohner, die politische Führung ...

3 Was wirtschaftliche Leistung ist und wie sie bestimmt werden kann, wird dir an dem untenstehenden Diagramm verständlich: a) Was stellen die Linien dar?

b) Addiere für jedes Jahr von 1960 bis 1972 die Werte der einzelnen Wirtschaftsbereiche. Fertige im gleichen Maßstab ein neues Diagramm. Was sagt dein Diagramm aus?

Die Wirtschaftsbereiche in der BR Deutschland: Der Wert der erarbeiteten Waren oder Leistungen

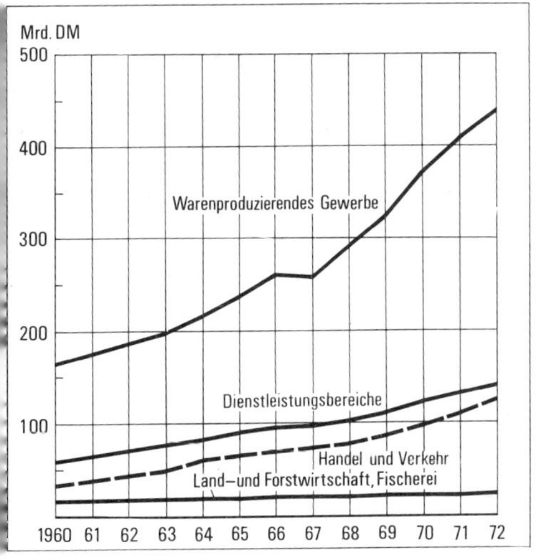

Wirtschaftsleistung und Arbeitsproduktivität ausgewählter Staaten 1974

Staat	Sozialprodukt in Mrd. Dollar	Sozialprodukt je Einwohner in Dollar
Argentinien	39,6	1 650
Australien	71,2	5 480
Bangladesh	5	70
Brasilien	90,3	860
BR Deutschland	384,4	6 200
China	182,7	225
EG	1 104	4 280
Frankreich	214	5 170
Großbritannien	188,2	3 360
Indien	87,9	150
Indonesien	16,6	130
Japan	480,7	4 370
Kanada	138,2	6 280
Pakistan	10,1	150
Sowjetunion	640	2 560
Sudan	2,1	160
USA	1 373,8	6 480

4 Du hast für die Bundesrepublik Deutschland die wirtschaftliche Gesamtleistung von 1960 bis 1972 aufgezeichnet. Diesen Wert nennt man das „Sozialprodukt" oder das „Bruttoinlandsprodukt". Damit ist also der Wert aller wirtschaftlichen Güter und Handlungen angegeben, der in einem Staat innerhalb eines Jahres von allen erwerbstätigen Menschen erarbeitet worden ist. Teilt man den Wert des Sozialprodukts durch die Anzahl der Einwohner, dann hat man einen guten Maßstab für die wirtschaftliche Leistung der Menschen eines Staates. Kommentiere die Tabelle auf S. 201 unten rechts.

∞ **5** Stellt eine neue Rangliste der Staaten aus der Verbindung von Staatengröße, Bevölkerungszahl und Sozialprodukt auf. Überlegt vorher, ob ihr allen drei Angaben einen gleichen Wert geben wollt. Probiert, wie sich die Rangliste ändert, wenn ihr das Sozialprodukt zweifach wertet.

∞ **6** Das Sozialprodukt ändert sich fortwährend. Ein Staat kann z. B. neue Industrien aufbauen. Welche Chancen seht ihr in diesem Zusammenhang für Indien und China?

Die wichtigsten Industrienationen

um 1870	1913	1976
Großbritannien	USA	USA
USA	Deutsches Reich	Sowjetunion
Frankreich	Großbritannien	Japan
Deutsches Reich	Frankreich	Bundesrepublik Deutschland
Rußland	Rußland	Frankreich
		China
		Großbritannien

□ Die Sowjetunion hat sich als Ziel gesetzt, die USA vom ersten Platz der führenden Wirtschaftsmächte zu verdrängen. „Im nächsten Jahrzehnt (1961–1970) wird die Sowjetunion beim Aufbau der materiell-technischen Basis des Kommunismus die USA – das mächtigste und reichste Land des Kapitalismus – in der Produktion überflügeln." (Aus dem Programm der Kommunistischen Partei der Sowjetunion, angenommen auf dem XXII. Parteikongreß 1961.)

7 Untersuche anhand der Diagramme ① bis ⑥, inwieweit die Sowjetunion ihre Absicht verwirklichen konnte.

a) Vergleiche den industriellen Entwicklungsstand der USA und der Sowjetunion für 1913, 1950 und 1971.

b) Vergleiche die Wachstumsraten für Erdölförderung, Elektroenergieproduktion und Industrieproduktion.

∞ **8** 1913 war Rußland – verglichen mit den USA – ein Entwicklungsland (Diagramm ⑤). Über 80% der Bevölkerung arbeiteten in der Landwirtschaft. In den USA arbeiteten vor dem Ersten Weltkrieg nur 35% der Erwerbstätigen in der Landwirtschaft. Seit 1928 bemüht sich die Sowjetunion mit Hilfe von Fünfjahresplänen um einen schnellen Aufbau der Industrie. Die Diagramme ① bis ⑥ informieren über die Industrieproduktion der beiden großen Mächte. a) Versucht sie zu kommentieren. b) Wie werden diese Entwicklungen weitergehen? c) Vergleicht besonders die Diagramme ⑤ und ⑥. Steckt darin nicht ein Widerspruch?

Jährliche Zuwachsraten der Industrie in der Sowjetunion

Planperiode	Gesamt	Schwerindustrie (Eisen u. Stahl)	Verbrauchsgüterindustrie
1. Fünfjahresplan (1928–32)	19,3%	28,5%	12,0%
2. Fünfjahresplan (1933–37)	17,1%	19,5%	14,8%
4. Fünfjahresplan (1945–50)	13,5%	12,8%	15,7%
5. Fünfjahresplan (1951–55)	13,0%	13,8%	12,0%
Siebenjahresplan (1958–65)	7,2%	9,3%	7,3%

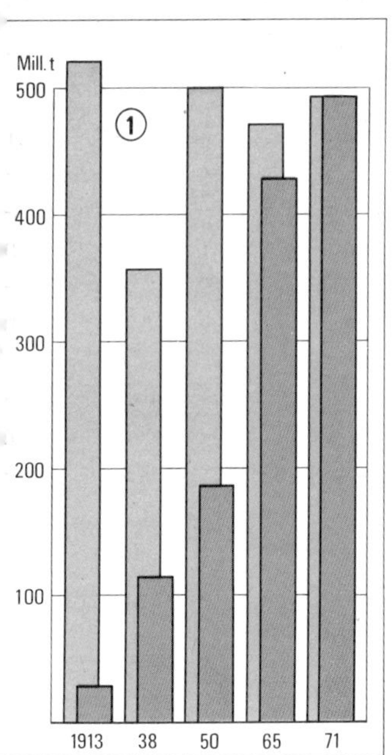

Steinkohle

(1974: USA 542 Mill. t; UdSSR 473 Mill. t)

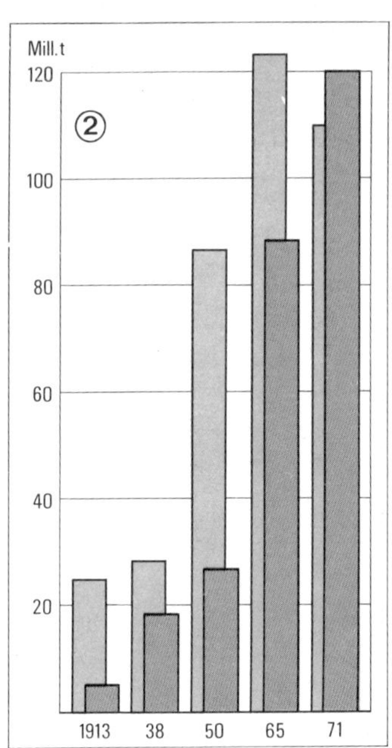

Rohstahl

(1974: USA 135 Mill. t; UdSSR 135 Mill. t)

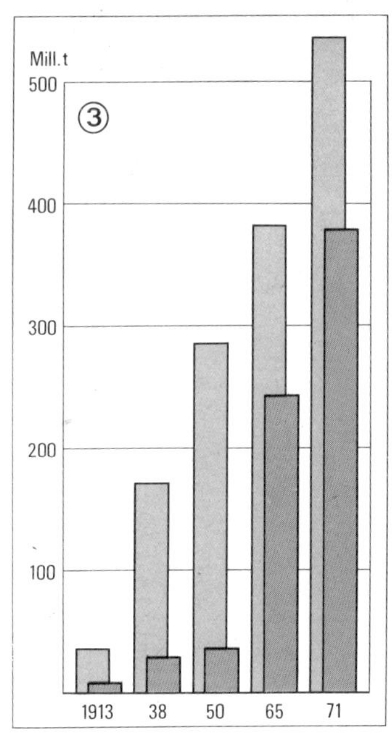

Erdöl

(1974: USA 495 Mill. t; UdSSR 457 Mill. t)

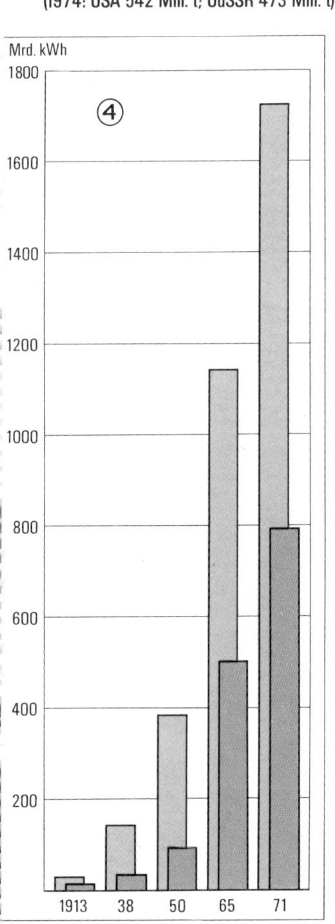

Stromerzeugung

(1974: USA 1941 Mrd. kWh; UdSSR 975 Mrd. kWh)

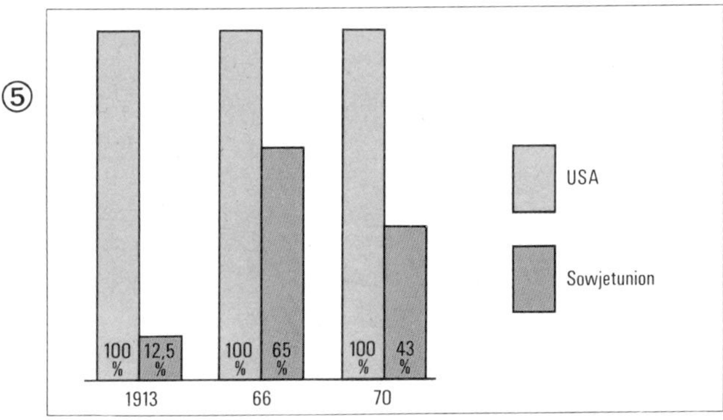

Verhältnis der Industrieproduktion (USA = 100 %)

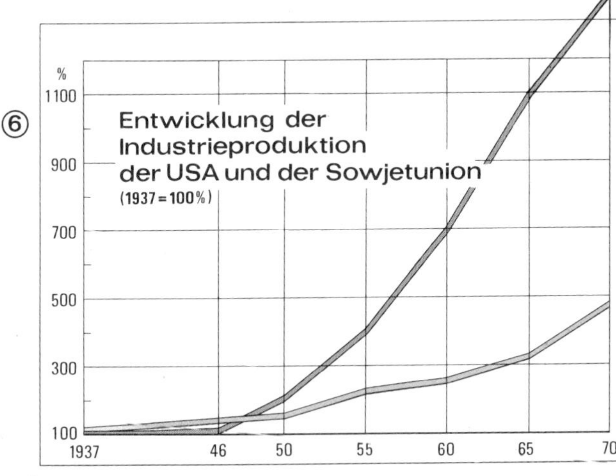

Transportleistung der sowjetischen Eisenbahn

Ausgewählte Güter	Mittlere Transportentfernung (km)		Frachtmenge (Mio. t)	
	1940	1968	1940	1968
Kohle, Koks[1]	701	679	152	575
Erdöl	1234	1210	30	276
Eisen	966	1375	27	134
Erze aller Art	612	634	35	222
Schnittholz	1019	1563	43	173
Getreide	736	1075	45	99
Baumaterial	253	419	4	651
gesamte Güter	700	841	593	2706

[1]) für 1968 nur Kohle

Anteile der Verkehrsträger am Frachtverkehr (1976)

	USA	Sowjetunion
Eisenbahn	41 %	83 %
Schiff	16 %	2 %
Pipeline	22 %	9 %
Straße	21 %	6 %

□ Reichhaltige Bodenschätze und riesige Wasserkraftreserven sind die wichtigste Grundlage der Wirtschaftsmacht **Sowjetunion.** Auf ihrem Territorium gibt es alle wichtigen Rohstoffe.

9 In welchen Teilen der Sowjetunion befinden sich große Rohstoffreserven? Beurteile Lage und Entfernung der Rohstoffreserven zu den Gebieten dichter Bevölkerung. Arbeite an Atlaskarten, ziehe die Tabelle der mittleren Transportentfernung hinzu.

10 Die Transportentfernung wirkt sich auf die Wahl der Verkehrsträger aus. Erkläre die geringe Bedeutung des Straßenverkehrs in der Sowjetunion im Vergleich zu den USA.

11 Beschreibe die räumliche Verteilung der Eisenerz- und Kohlelagerstätten. Welche Probleme ergeben sich daraus für die Stahlerzeugung? Wo würdest du die Stahlherstellung und die Stahlweiterverarbeitung ansiedeln?

Drei „Kohle-Eisen-Basen“ sind die Zentren der sowjetischen Industrieproduktion:

① Das Donbas (Ukraine) ist das älteste und wichtigste Schwerindustriegebiet. Es besteht aus drei Zentren: dem Donez-Steinkohlenrevier, den energie- und verkehrsorientierten Industriestädten am Dnjeprbogen und dem Eisenerzgebiet von Kriwoi Rog.

② Der Ural mit seinen wertvollen Bodenschätzen wurde nach 1930 schwerpunktmäßig als Industrierevier ausgebaut. Damals wurde die Verbindung der 2000 km voneinander entfernt lagernden Bodenschätze Kohle und Eisenerz geplant: Es entstand das Ural-Kusnezker Kombinat. Im Pendelverkehr gelangte Erz aus dem Ural nach Kusnezk und umgekehrt Kohle aus Kusnezk in den Ural. Das Ural-Kusnezker Kombinat produzierte 1940 30% des Stahls und 20% des Roheisens der Sowjetunion. Der Aufbau der „Zweiten Kohle-Eisen-Basis“ war trotz der großen Entfernungen ein Erfolg.

③ Im Gebiet um Kusnezk entsteht seit 1960 die „Dritte Kohle-Eisen-Basis“, das Kuzbas. Der Irkutzker Industrieraum versorgt das Kuzbas mit der notwendigen Elektroenergie.

12 Kommentiere das folgende Diagramm. – Ungünstig oder günstig für die Sowjetunion?

Anteil der Sowjetunion an den Weltvorräten und an der Welterzeugung

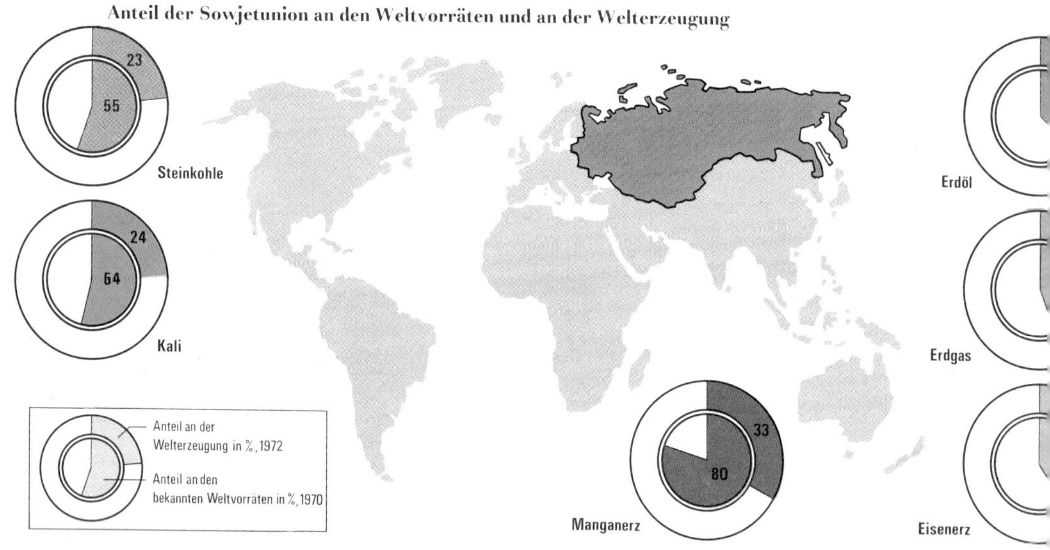

Die **USA** sind gegenwärtig die größte Industriemacht der Welt. Fast 40 % der gesamten Weltindustrieproduktion stammen aus amerikanischen Fabriken.

13 Studiere im Atlas die wichtigsten Industrieräume in den USA. Wo kannst du eine besondere Konzentration von Bodenschätzen, Industrie und Bevölkerungsdichte feststellen? Wie liegen die Bodenschätze, die Industriezentren und die Räume mit großer Bevölkerungsdichte zueinander?

Vergleiche diese Verhältnisse mit denen in der Sowjetunion.

Produktion ausgewählter Verbrauchsgüter

in 1 000 t (1976)	USA	UdSSR	Japan	BR Deutschland
Zellwolle	385	612	359	143
Synthetische Fasern	2 745	405	1 204	771
Kunststoffe	9 951	3 216	4 952	6 498
Zellstoff	32 418	7 400	6 211	806
Papier/Pappe	54 459	8 916	15 394	6 837
in 1 000 St. (1976)				
Kraftwagen	8 498	1 239	5 030	3 548
Lastkraftwagen	3 000	786	2 814	329
Rundfunkgeräte	12 807	8 443	16 770	5 443
Fernsehgeräte	7 820	7 060	16 545	3 727

14 Stelle die wichtigsten Eisenerz- und Kohleabbaugebiete in den USA fest. Erläutere die Lage der amerikanischen Schwerindustrie. Vergleiche Entfernungen und Transportmöglichkeiten mit dem Kohle- und Eisenerztransport in der Sowjetunion.

Schwerindustrie und andere Industrie konzentrieren sich in den USA südlich der Großen Seen im „Manufacturing Belt" (Industriegürtel). Hier entstanden die größten Industriebetriebe der Welt, und hier wurde zum ersten Mal das Fließband verwendet: 1870 in den großen Schlachthäusern von Chicago und ab 1913 in den Autowerken von Henry Ford in Detroit. Das Fließband führte zur Serienherstellung. In der Autoindustrie z. B. betrug 1976 die Welt-Automobilproduktion 29 138 000 Pkw und Kombiwagen. Die USA allein produzierten 8 498 000 Stück. Auf 1000 Einwohner kamen 1976 in den USA 500 Autos; dies war der höchste Pkw-Bestand der Welt. Vergleich: Sowjetunion 18, Europäische Gemeinschaft 273, Bundesrepublik Deutschland 312.

15 Im Gegensatz zur Sowjetunion werden in den USA überwiegend Verbrauchsgüter hergestellt. Vergleiche die Produktionsziffern ausgewählter Verbrauchsgüter. Beurteile danach den Bedarf an Rohstoffen und Energie in den USA und in der Sowjetunion.

16 Kommentiere das folgende Diagramm. – Ungünstig oder günstig für die USA?

Kritische Beobachter warnen vor allem vor Schwierigkeiten in der Energieversorgung. Die Vereinigten Staaten, in denen 6 % der Erdbevölkerung leben, benötigen ⅓ des gesamten Energieverbrauchs der Welt. Die Erdöleinfuhr der USA: 1950 8,4 %; 1960 16,3 %; 1970 21,5 %; 1976 42,5 % des Gesamtverbrauchs in den USA.

Anteil der USA an den Weltvorräten und an der Welterzeugung

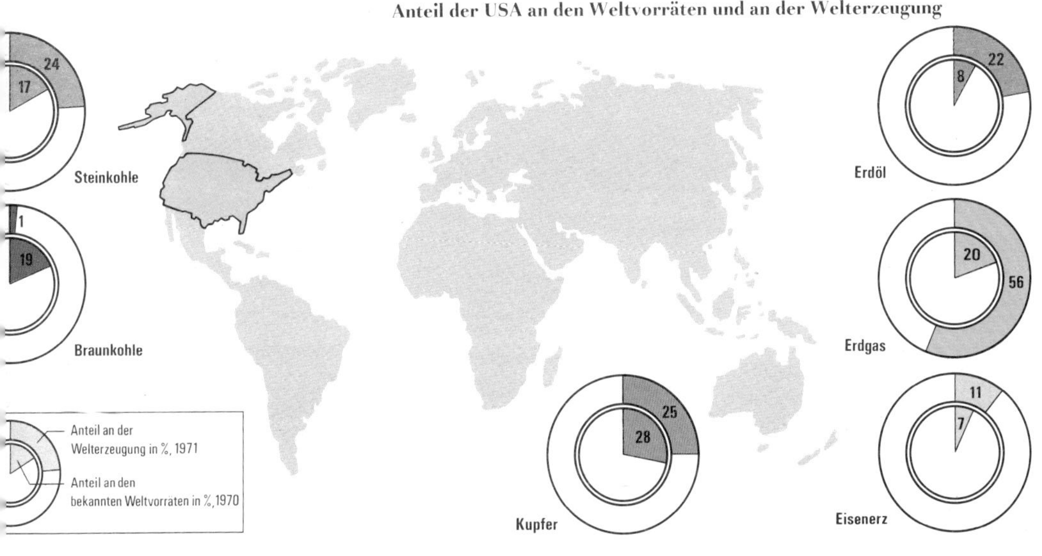

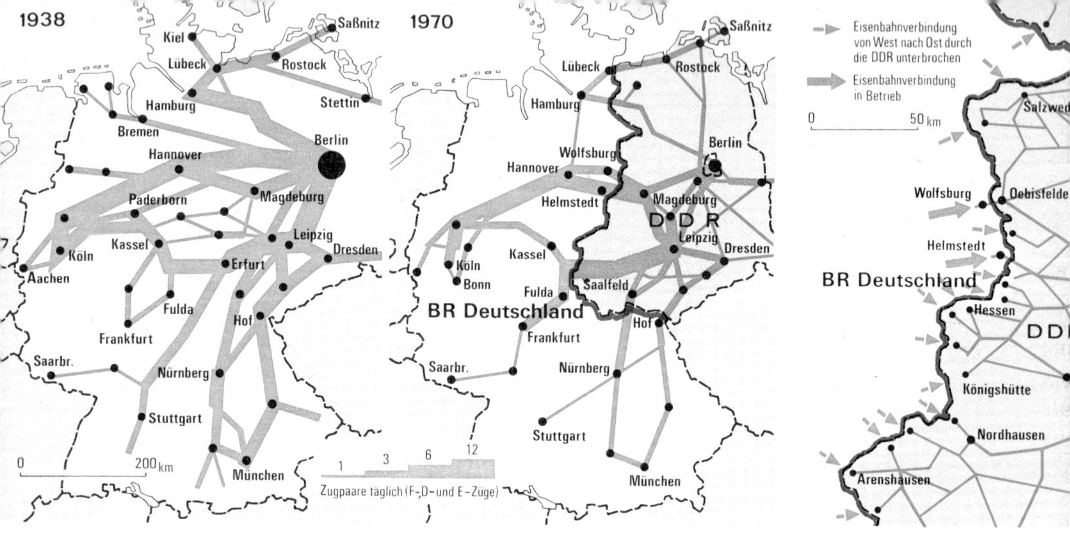

Eisenbahnnetz der durchgehenden Verbindungen über die heutige Grenze

Geteilte Staaten

☐ Seit dem Ende des Zweiten Weltkrieges im Jahre 1945 ist Deutschland geteilt. Die Gebiete östlich der Oder und Neiße wurden abgetrennt; Mittel- und Westdeutschland wurden in zwei Staaten, Berlin in West- und Ostberlin geteilt. Diese Doppelseite zeigt einige Auswirkungen der neu aufgebauten Grenzen.

1 Kommentiert die drei Karten oben.

2 a) Erläutere anhand des Säulendiagramms rechts die Bevölkerungsentwicklung seit der Teilung.

b) Erläutere die Tabelle „Wohnbevölkerung nach Altersgruppen". Vergleiche besonders den Anteil der Menschen unter 18 Jahren mit dem Anteil der Menschen über 60 Jahre. Versuche, eine Erklärung für die unterschiedlichen Anteile in der Bundesrepublik Deutschland und der Deutschen Demokratischen Republik zu geben.

∞ c) Welche Folgen hat dieser Altersaufbau für die Wirtschaft der DDR?

3 Nicht nur aus der DDR, sondern auch aus den ehemaligen deutschen Ostgebieten sind Menschen in die Bundesrepublik Deutschland gekommen. Studiere die Karte „Umsiedlung der Vertriebenen". In welchen Bundesländern ließen sich die Menschen nach der Flucht zuerst nieder? Suche nach Gründen für die Umsiedlung nach 1949. Warum fand die Umsiedlung vor allem nach Nordrhein-Westfalen und Baden-Württemberg statt?

Durch die aus dem Osten gekommenen Menschen ergaben sich für die Bundesrepublik Deutschland nicht nur Belastungen. Ihr Wissen und Können kam dem wirtschaftlichen Wiederaufbau sehr zugute. Beispiele dafür sind die „Flüchtlingsindustrien" der Firma Zeiss (optische Geräte) und die Modeschmuckfabriken in Neugablonz.

☐ **4** Warum wurde die Wirtschaft der heutigen DDR durch die Teilung besonders hart getroffen? Benutze das Material der rechten Seite.

5 Können die Auswirkungen der „Zerreißgrenze" abgebaut werden? Informiert euch, welche Möglichkeiten der Grundvertrag zwischen der Deutschen Demokratischen Republik und der Bundesrepublik Deutschland bietet.

6 Deutschland ist nicht das einzige Land auf der Erde, das durch eine „Zerreißgrenze" in zwei Staaten geteilt wurde. Nennt mindestens drei andere Beispiele.

Zunahme in Mill. 1 2 3 4 5 6
1950–70 1950–65 1950–60 1950–55
1950–55 1950–60 1950–65 1950–70
Abnahme in Mill. 1 2 3 4 5 6
BR Deutschland DDR

…eränderung der Bevölkerungszahl in der …R Deutschland und der DDR seit 1950

…Vohnbevölkerung nach Altersgruppen …975

…lter	DDR	%	BR Deutschland	%
…Jnter 15	3591000	21	13084000	21
…5–30	3614000	22	12912000	21
…0–45	3491000	21	13131000	21
…5–65	3383000	20	13513000	22
…ber 65	2741000	16	9005000	15
	16820000	100	61645000	100

…andelsverflechtungen Mitteldeutschlands (1936)

…ieferungen in % der eigenen Produktion gingen
…) in andere deutsche Gebiete 49%
…) in das Ausland 15%
…ezüge in % des eigenen Verbrauchs kamen
…) aus anderen deutschen Gebieten 55%
…) aus dem Auslande 6%

…ie Verteilung der Industrie 1945

…rad der Zerstörung in Prozent:

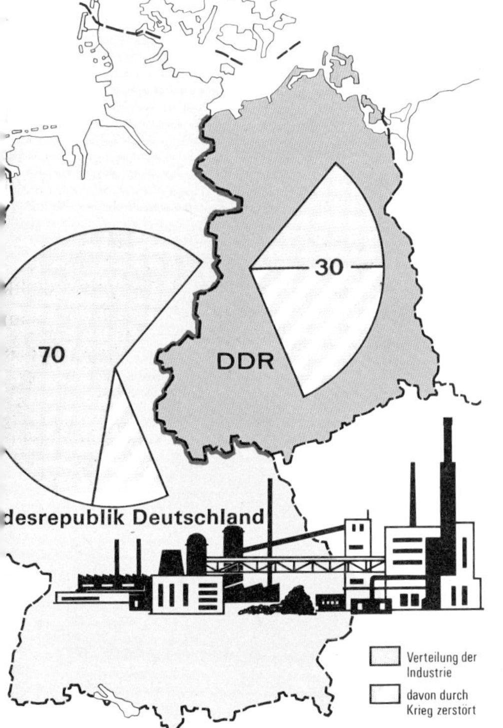

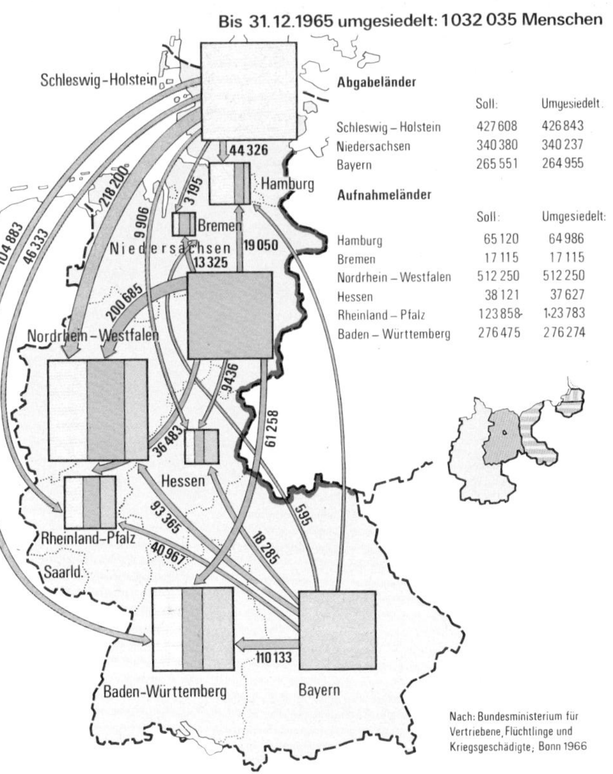

Umsiedlung der Vertriebenen 1949–1965

Ausgewählte Industrien 1936, verteilt auf die Gebiete der heutigen BR Deutschland und der DDR

Industriezweige in Prozent:

Industriezweig	Bundesrepublik Deutschland	DDR
Eisenschaffende Industrie	92,7	7,3
Eisen-, Temper- und Stahlgießereien	78,3	21,7
Metallgießereien	69,6	30,4
Kupfer-, Blei- und Silberhütten	73,7	26,3
Metallschmelzereien	79,7	20,3
Werkzeugmaschinen	50,3	49,7
Textilmaschinen	44,5	55,5
Armaturenindustrie	54,6	45,4
Elektroindustrie	38,4	61,6
Papierverarbeitende Industrie	48,1	51,9
Druck- und polygraphisches Gewerbe	49,2	50,8
Kunstseide- und Zellwollerzeugung	34,6	65,4
Wirk- und Strickwaren	35,3	64,7
Bekleidungsindustrie	43,2	56,8
Feinmechanik und Optik	42,5	57,5

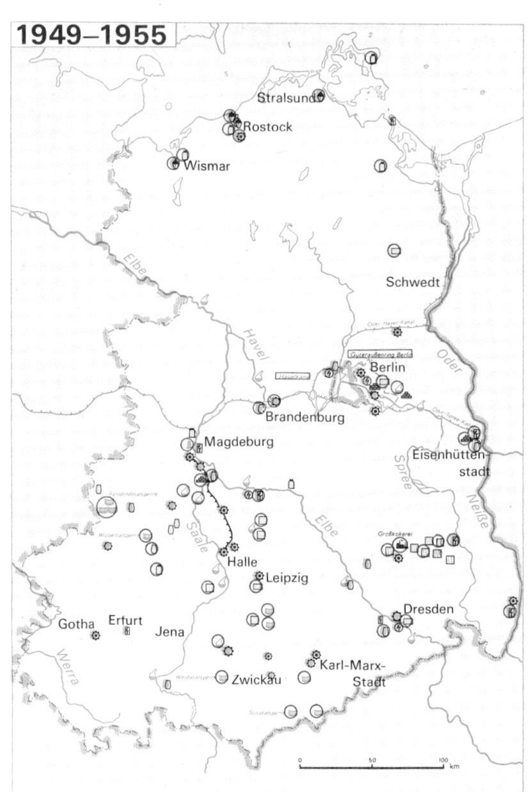

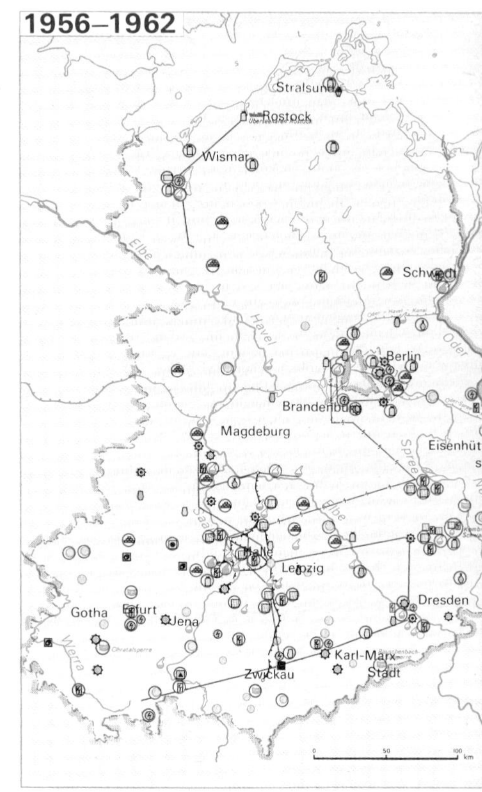

Der Aufbau der DDR-Industrie in drei Schritten

☐ Die DDR-Wirtschaft war durch den Zweiten Weltkrieg und durch die sehr hohen Reparationsleistungen an die Sowjetunion stark geschwächt. Nur Braunkohle war und ist in der DDR in ausreichendem Maße vorhanden.

7 Betrachte die drei Karten. Bestimme für die einzelnen Zeitabschnitte die Schwerpunkte des Ausbaus. Einige davon kannst du als Folge der Zerreißgrenze erklären. Versuche diese Entwicklung zu begründen. Benutze auch die Tabelle zur Roh- und Walzstahlproduktion und die Tabelle der Handelsflotte der DDR.

∞ **8** Erklärt den Standort und den starken Aufbau der chemischen Industrie in der DDR.

9 Für die DDR hat Rostock die Funktion von Hamburg übernommen. Du kannst das aus dem Diagramm „Güterumschlag in den Seehäfen der DDR" entnehmen. Wie beurteilst du die Verbindung des Rostocker Hafens mit seinem Hinterland im Vergleich zu Hamburg?

∞ **10** Die Wirtschaft Mitteldeutschlands war früher nach Westen orientiert (Tabelle 1936 S. 207). Die Wirtschaft der DDR ist dagegen überwiegend nach Osten hin ausgerichtet (Tabelle 1971, S. 209). Erläutert diese Feststellungen anhand der Statistik „Handelsverflechtungen der DDR". Hat sich diese Umkehr der Handelsbeziehungen auch auf die Industriestandorte ausgewirkt?

11 Der Aufbau der DDR-Wirtschaft war verbunden mit der Errichtung einer strengen Planwirtschaft (im Gegensatz zur „sozialen Marktwirtschaft" in der Bundesrepublik). Alle Bereiche der Wirtschaft werden durch zentrale staatliche Planung gesteuert. Das zeigt sich bereits in der Liste Ministerien (siehe rechts). – Bestimme diejenigen Ministerien der DDR, die es in der Bundesrepublik Deutschland nicht gibt. Stelle einen Zusammenhang her zwischen dem Aufbau einer sozialistischen Planwirtschaft und den von dir bezeichneten Ministerien.

–1970

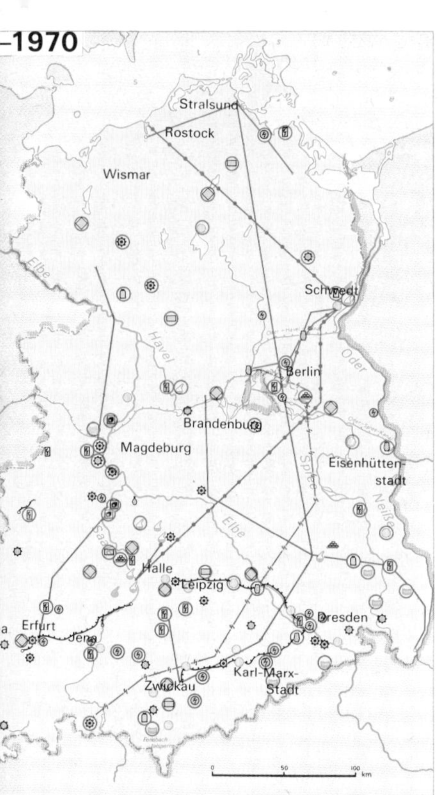

- Wärme- und Heizkraftwerk
- Kernkraftwerk
- Pumpspeicherwerk
- Gaswerk
- Steinkohlenindustrie
- Braunkohlenindustrie
- Chemische Industrie
- Erdölverarbeitung und Petrolchemie
- Eisenerztagebau
- Eisenmetallurgie
- Feuerfest-Industrie
- Kupfererzbergbau
- Nichteisenmetallurgie
- Kaliindustrie
- Steinsalzwerk
- Baumaterialienindustrie
- Schwermaschinenbau
- Allgemeiner Maschinenbau
- Schiffbau
- Elektrotechnik/Elektronik und wissenschaftlicher Gerätebau
- Leichtindustrie
- Nahrungs- und Genußmittelindustrie
- Kraftfuttermischwerk
- Kühlhaus
- Talsperre bzw. Rückhaltebecken
- Elektrifizierte Eisenbahnlinie
- Erdöl- bzw. Produktenleitung
- Gasverbundleitung
- 380-kV-Leitung

Signaturen ohne roten Kreis: Wiederaufbau oder bedeutende Erweiterung

Signaturen mit rotem Kreis: Neubau oder Neuaufschluß

In die Karten sind jeweils die Objekte eingezeichnet, deren Baubeginn in den angegebenen Zeitraum fiel

Entwicklung der Roh- und Walzstahlproduktion (in 1000 t)

	Rohstahl	Walzstahl
1936	1 197	898
1950	999	781
1955	2 508	1 906
1960	1 995	3 750
1965	4 313	2 986
1970	5 053	3 407
1976	6 732	4 593

Handelsverflechtungen der DDR (1976) in % des Ein- und Ausfuhrwertes

	Einfuhr	Ausfuhr
COMECON	64,8 %	73,4 %
Sowjetunion	35,2 %	26,6 %
andere Länder	35,0 %	40,2 %
BR Deutschland	11,5 %	9,2 %

Schiffe der Handelsflotte der DDR

	Anzahl	Wasserverdrängung (BRT)	Tragfähigkeit (tdw)
1950	–	–	–
1955	9	10 316	13 345
1960	47	196 898	277 424
1965	127	569 602	794 715
1970	175	940 060	1 339 953
1976	198	1 211 398	1 795 565

Güterumschlag in den Seehäfen der DDR

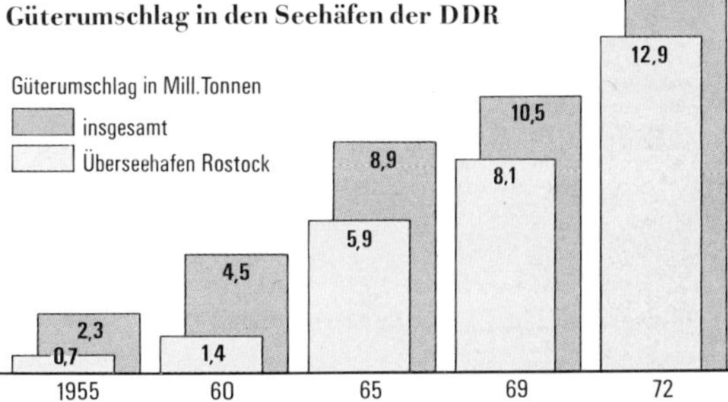

Min. f. Verteidigung
Min. d. Inneren
Min. f. Erzbergbau, Kali und Metallurgie
Min. f. Chem. Industrie
Min. f. Schwermaschinenbau
Min. f. Fahrzeugbau
Min. f. Elektrotechnik und Elektronik
Min. f. Leichtindustrie
Min. f. Bezirksgeleitete u. Lebensmittelindustrie
Min. f. Bauwesen
Min. f. Verkehrswesen
Min. f. Post- und Fernmeldewesen
Min. f. Forstwirtschaft, Nahrungsgüter u. Landwirtschaft
Min. f. Außenwirtschaft
Min. f. Handel und Versorgung
Min. f. Materialwirtschaft
Min. f. Kultur
Min. f. Gesundheitswesen
Min. f. Volksbildung
Min. f. Fach- u. Hochschulwesen
Min. f. Auswärtige Angelegenheiten
Min. f. Wissenschaft
Min. f. Justiz
Min. f. Umweltschutz u. Wasserwirtschaft
Min. f. Glas- u. Keramikindustrie
Min. f. Staatssicherheit
Min. f. Wissenschaft und Technik
Min. f. Kohle u. Energie

Reiche und arme Länder in der Entwicklung

2000 Millionen Menschen hungern

So wie diese Mutter (Foto), die mit ihren Kindern in der Straße eines indischen Dorfes au eine Handvoll Reis oder ein Stück Brot wartet, hungern in Asien, Afrika und Lateinamerik unzählige Menschen. Wenn die Ernte gut ausgefallen ist, hat man dort ein paar Monate lang genug zu essen. Danach wird die Ernährung immer eintöniger und schließlich knapp. Wenn die Ernte schlecht ausfällt ...

Bei normaler körperlicher Arbeit müssen dem erwachsenen Menschen mit der Nahrung täg lich 2800 bis 3000 Kalorien zugeführt werden. Bei weniger als 2000 Kalorien am Tage trit Unterernährung ein. Nach einer Schätzung der Weltgesundheitsorganisation WHO (**W**orl **H**ealth **O**rganisation) ist heute jeder fünfte Mensch unterernährt.

1 Orientiere dich über die Maßeinheit Kalorie (Lexikon, Physikbuch).

2 Ernährungstabellen (Apotheke), Gesundheitsbücher und Chemiebücher geben den Kalo riengehalt unserer wichtigsten Nahrungsmittel an. Stelle eine Kalorientabelle zusammen und berechne möglichst genau die Kalorienmenge, die du an einem Tag zu dir nimmst.

3 Kommentiere die Karte. Notiere die Kontinente, in denen die Nahrung ausreicht/nich ausreicht. (Nimm die UdSSR zu Europa.) Wo in Europa wird gehungert?

4 Schreibe fünf der Länder auf, die besonders vom Hunger bedroht sind.

Ebenso wichtig wie die Menge ist die Zusammensetzung der Nahrung. Höchstens 60% de Kalorienmenge sollen durch Kohlehydrate gedeckt werden, 25% der Kalorienmenge soll de Mensch in der Form von Fett zu sich nehmen. Besonders wichtig sind die Eiweißstoffe, di etwa 15% der Kalorienmenge ausmachen sollen. Fehlen sie, so kommt es zu Fehlernährung (**PCM** = **P**rotein **C**alorie **M**alnutrition), die man auch den „weißen Hunger" nennt. Er ha ähnliche Folgen wie die Unterernährung: „Der geschwächte Körper meidet von sich aus all Anstrengungen. Die Leistungskurve fällt schnell ab. Die Kleinkinder, die nicht mehr wi

Hunger

Säuglinge die nötigen Nahrungsbestandteile mit der Muttermilch erhalten, sterben in großer Zahl an Proteinhunger, selbst wenn sie nach Kalorien bemessen ausreichend versorgt sind.“ Die meisten Überlebenden tragen unheilbare Gehirnschäden davon.

„Dreht euch doch mal um!“

5 In den Hungergebieten sind Mais, Jams, Maniok und Hirse die Haupt-Nahrungsmittel. Orientiere dich über die Zusammensetzung dieser Nahrungsmittel. Sind sie geeignet, den „weißen Hunger“ abzuwenden?

6 **Zusammensetzung der durchschnittlichen Tagesnahrung:**

	Getreide u. Kartoffeln	Milch und Milchprod.	Fleisch, Eier, Fisch	Gemüse	Zucker	Fett
in der BR Deutschland	550 g	380 g	223 g	156 g	85 g	69 g
in Indien	400 g	14 g	5 g	62 g	46 g	11 g

a) Fertige zwei Diagramme; auf dem einen soll die Gesamt-Nahrungsmenge und auf dem anderen die Menge der einzelnen Nahrungsmittelgruppen durch Säulen dargestellt sein (Millimeterpapier, 10 g = 1 mm Säulenhöhe). Vergleiche.

b) Ermittle den prozentualen Anteil der Nahrungsmittelgruppen. Fertige Diagramme von der prozentualen Verteilung. Vergleiche mit den Angaben im Text über die richtige Zusammensetzung der Nahrung. (Milch, Fleisch, Eier und Fisch enthalten viel wertvolles Eiweiß.)

7 Sechs von zehn Menschen auf der Erde sind fehl- oder unterernährt. Berechne die Gesamtzahl. Vergleiche mit der Überschrift dieses Kapitels.

8 Kommentiere die Zeichnung oben.

Weltkarte des Hungers: verfügbare Kalorienmengen

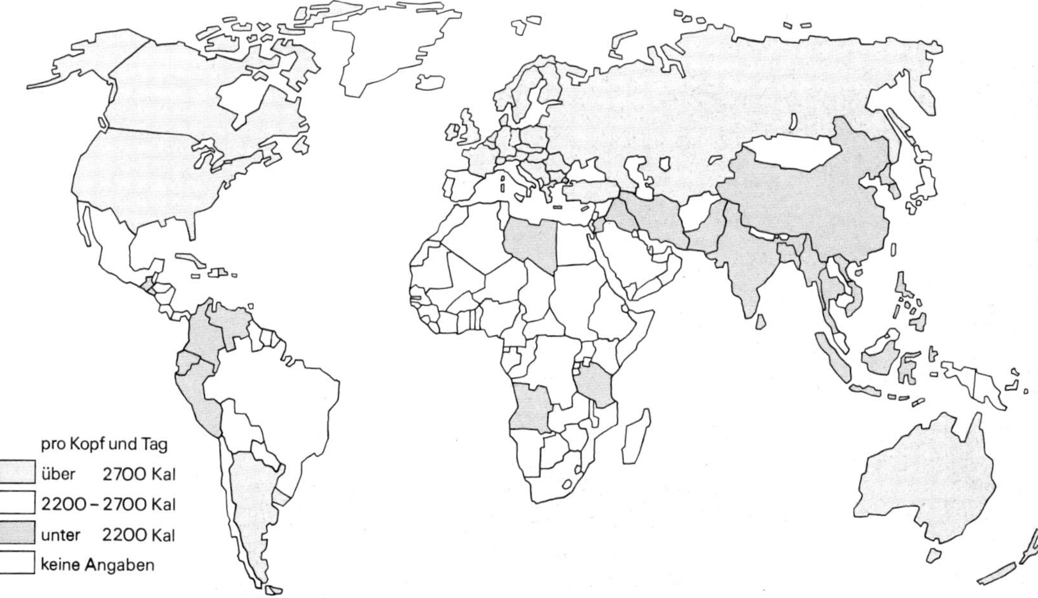

Feldarbeit mit dem Hakenpflug, Marokko

9 **Auf 1 ha Ackerland erntet man jährlich**

	in Indien	Brasilien	Japan	BR Deutschland
Weizen	8 dz	9 dz	22 dz	40 dz
Reis	10 dz	–	30 dz	–

Hier findest du einen der Gründe für den Hunger in den „armen Ländern“. Erkläre.

10 Beschreibe die Form des Pfluges im Bild links. Wie ist seine Wirkungsweise? Orientiere dich über den bei uns gebräuchlichen Scharpflug und seine Wirkungsweise.

11 Das Bild gibt auch Auskunft über den Feuchtigkeitsgrad der Ackerkrume. Wie beurteilst du die Erntechancen?

12 1963 liefen in Europa fast 4,5 Mio. Traktoren, in Afrika 237000. Vergleiche.

Der Mandi-Distrikt in Indien war bis vor kurzem ein Gebiet äußerster Armut. Dann wurden dort innerhalb weniger Jahre die Erträge der Landwirtschaft um 70% gesteigert. Man hatte fünf Dinge getan:

- Mechanisierung der Landwirtschaft, vor allem mit einfachen Kleintraktoren;
- Bewässerung der trockenen Felder und Entwässerung versumpfter Gebiete;
- Düngung;
- Bereitstellung von hochwertigem Saatgut;
- Unkrautvernichtung und Schädlingsbekämpfung.

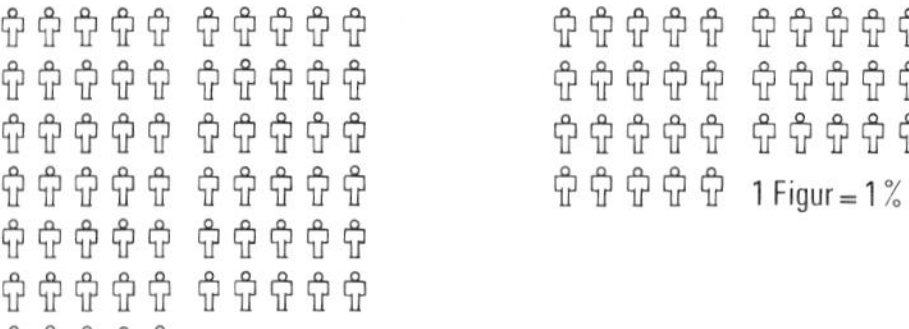

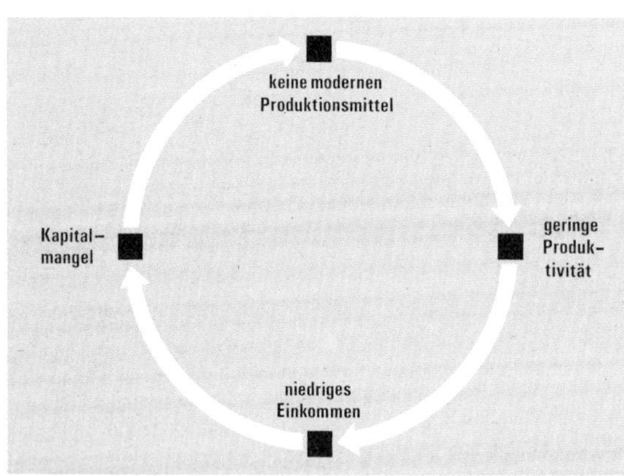

13 Mit solchen Maßnahmen könnte man den Hunger in vielen armen Ländern bekämpfen. Aber riesige Geldsummen wären nötig. Kommentiere das Diagramm links.

14 Rechne: Wieviel Prozent des Welt-Einkommens entfallen auf je 1 Prozent der lebenden Weltbevölkerung
a) in den Industrieländern,
b) in den „armen Ländern“?

15 Der nebenstehende Ursachenkreis stellt dar, warum Hungergebiete nicht aus eigener Kraft in der Lage sind, ihre Landwirtschaft grundlegend zu verbessern und damit der Not ein Ende zu machen. Erkläre, wie eines aus dem anderen hervorgeht. Wo müßte man ansetzen, um Abhilfe zu schaffen?

16 Viele sagen: Die Länder mit Nahrungsmittelüberschuß sollten den Hungergebieten ihre überschüssigen Nahrungsmittel schenken. Andere behaupten, das wäre – außer in Katastrophenfällen – keine wirkliche Abhilfe. a) Nimm dazu Stellung. b) Erläutere das chinesische Sprichwort: Gib dem Hungernden einen Fisch, und er hat für einen Tag zu essen; gib ihm eine Angel, und er wird immer satt sein.

Die Bezeichnung „arme Länder“ ist ungenau. Die Landwirtschaft vieler Hungergebiete könnte reiche Erträge bringen. Brasilien, ein „armes Land“, ist eines der rohstoffreichsten Länder der Erde. Die „armen Länder“ besitzen also häufig natürlichen Reichtum. Arm sind sie, weil ihre Wirtschaft nicht genügend entwickelt ist. (Was das im einzelnen bedeutet, untersuchen die folgenden Kapitel ab S. 216.) Wir sprechen deshalb besser von „Entwicklungsländern“. Ihnen werden gewöhnlich die „Industrieländer“ gegenübergestellt. Man hat sich (bei der Weltbank) darauf geeinigt, alle Länder als Entwicklungsländer zu bezeichnen, in denen das Pro-Kopf-Jahreseinkommen unter 600 US-Dollar liegt. Das Pro-Kopf-Jahreseinkommen ergibt sich, wenn alle in einem Land gezahlten Löhne und Gehälter, die Gewinne der Unternehmen und alle sonstigen Einkommen eines Jahres zusammengezählt und durch die Einwohnerzahl geteilt werden. Das Pro-Kopf-Jahreseinkommen ist kein idealer Maßstab, denn das Geld hat nicht überall die gleiche Kaufkraft. Die Durchschnittszahl des Pro-Kopf-Einkommens kann auch darüber hinwegtäuschen, daß es in einem Land wenige sehr Reiche und viele Arme gibt. Trotzdem zeigt das Pro-Kopf-Einkommen deutlich den Unterschied zwischen Industrieländern und Entwicklungsländern.

17 Studiere die Karte. Vergleiche sie eingehend mit der Karte der Hungergebiete. Was ist festzustellen?

18 Stelle in einer Tabelle 10 Länder mit einem Pro-Kopf-Einkommen über 1200 $ und mehr als 2700 Tageskalorien zusammen, daneben solche mit einem Pro-Kopf-Einkommen unter 100 $ und weniger als 2200 Tageskalorien. $ = US-Dollar.

19 Welche europäischen Länder sind nach dem Sprachgebrauch der Weltbank Entwicklungsländer? Italien nimmt eine Sonderstellung ein: Das durchschnittliche Pro-Kopf-Einkommen beträgt 1050 $, die Bewohner der südlichen Provinzen verdienen aber im Durchschnitt noch nicht einmal 500 $ im Jahr.

20 Berechne das Pro-Kopf-Jahreseinkommen in deiner Familie. Berücksichtige alle Einkommensquellen.

Weltkarte des Einkommens: Pro-Kopf-Einkommen und Bevölkerung

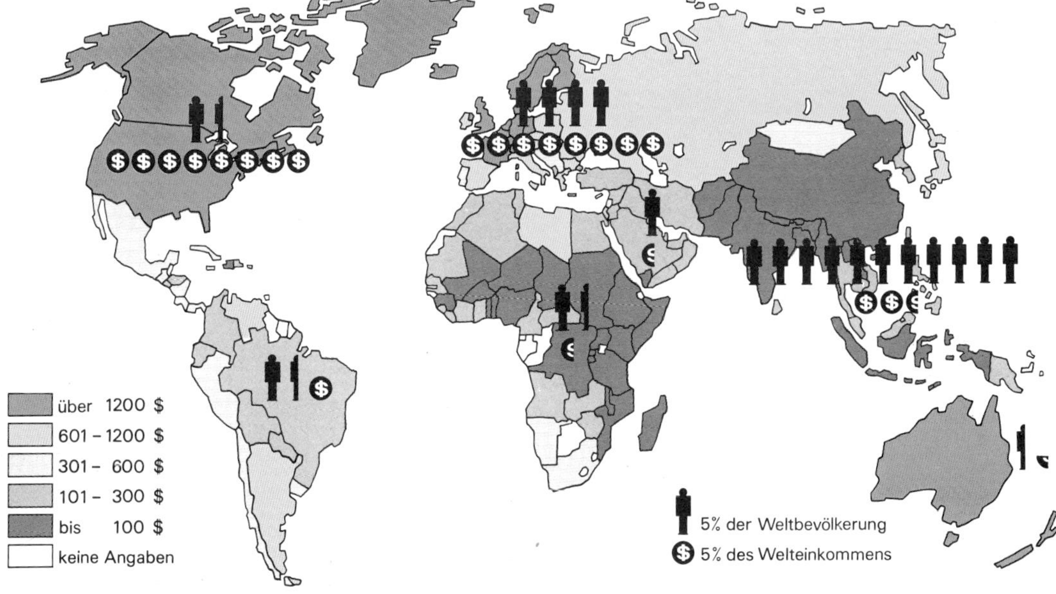

Kapitalhilfe allein genügt nicht

□ Nach dem Zweiten Weltkrieg hungerte Europa. Die Landwirtschaft erzeugte nicht genügend Nahrungsmittel. Die Rohstofflager und die Kassen der Industriebetriebe waren leer. Europa war zu einem Entwicklungsgebiet geworden, das sich aus eigener Kraft nicht mehr helfen konnte. Am 5. Juni 1947 sagte der damalige US-Außenminister MARSHALL über diesen Zustand: „In Wahrheit liegt die Sache so, daß Europas Bedarf an ... wichtigen Gütern während der nächsten drei oder vier Jahre sehr viel höher ist als seine gegenwärtige Zahlungsfähigkeit, so daß beträchtliche zusätzliche Hilfeleistungen nötig sind, wenn es nicht in einen ... Verfall ernster Art geraten soll. Die Lösung liegt in einer Durchbrechung des circulus vitiosus (= Teufelskreis).“ (22)
MARSHALL setzte seine Auffassung durch. Die westeuropäischen Länder erhielten von den USA 14,7 Mrd. Dollar Kapitalhilfe. Das Aufblühen der europäischen Wirtschaft und das deutsche „Wirtschaftswunder“ sind großenteils den Marshallplangeldern zu verdanken.
Heute geben die Industrieländer den Entwicklungsländern in ähnlicher Weise Kapitalhilfe. Die offiziellen Zuwendungen beliefen sich von 1960 bis 1968 auf 52 Mrd. Dollar. Allein die Bundesrepublik zahlte bisher 17 Mrd. DM Kapitalhilfe. Über den „Erfolg“ dieser Maßnahmen geben die folgenden Schaubilder einige Hinweise:

214 **Anteil an der Welt-Nahrungsmittelproduktion**

1 Sack = 1%

Entwicklungsländer

Industrieländer

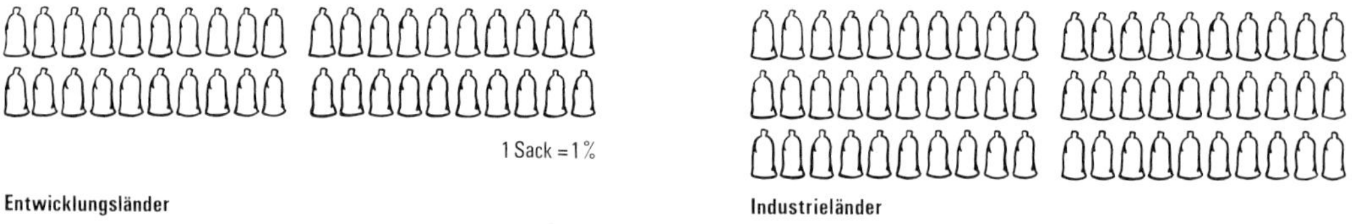

Anteil an der Weltproduktion der verarbeitenden Industrie

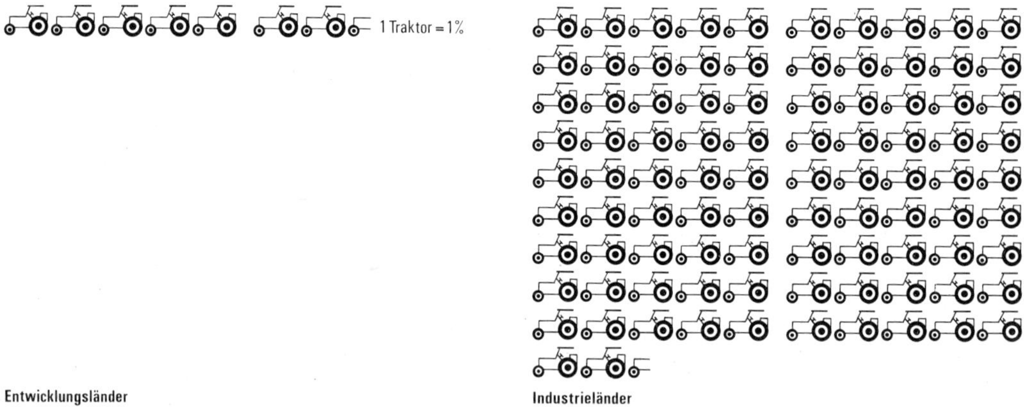

1 Traktor = 1%

Entwicklungsländer

Industrieländer

1 Vergleiche die Verteilung der Nahrungsmittelproduktion mit der Verteilung der Erdbevölkerung auf die Industrieländer und die Entwicklungsländer. Kommentiere.

∞ **2** Vergleiche ebenso die Verteilung der Industrieproduktion mit der Verteilung der Erdbevölkerung.

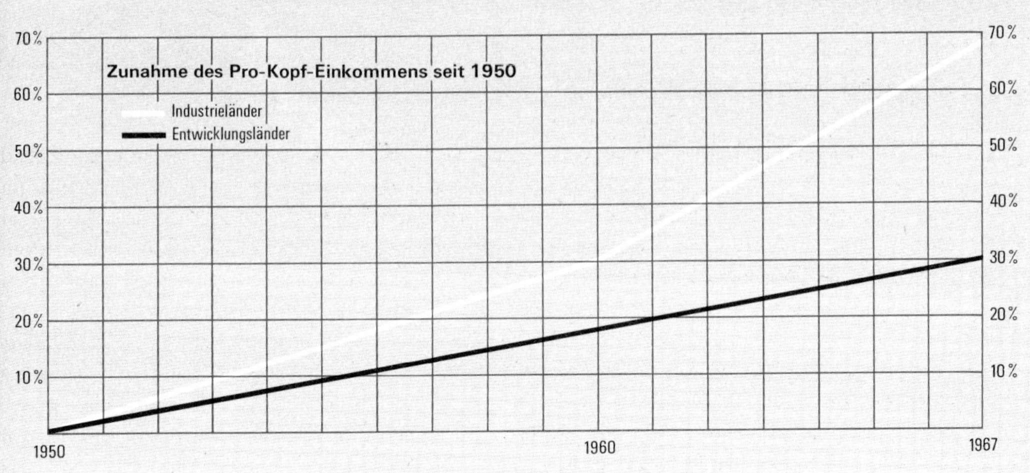

Zunahme des Pro-Kopf-Einkommens in Prozent pro Jahr:

	1950–1960	1960–1967
Afrika	1,7	1,6
Südasien	1,7	1,7
Südamerika	2,1	1,6
Industrieländer	2,8	3,6

3 Kommentiere die Kurve des Pro-Kopf-Einkommens.

4 Beachte, wie sich nach 1960 die Einkommensentwicklung gegenüber dem vorhergehenden Zeitabschnitt verändert hat
a) in Afrika und Südamerika,
b) in den Industrieländern.
Was ist für die Zukunft zu befürchten?

5 Bei der Kapitalhilfe für die Entwicklungsländer ist zu unterscheiden zwischen Krediten und nicht rückzahlbaren Zuwendungen. Der größte Teil der Kredite der Bundesrepublik Deutschland wird zu folgenden Bedingungen vergeben: Laufzeit 30 Jahre, Zinssatz 2%, die ersten 10 Jahre sind tilgungsfrei. Vergleiche mit den Bedingungen, unter denen man von der Bank ein Darlehen für den Bau eines Hauses bekommt.

6 Die Schulden der Entwicklungsländer an die Regierungen der Industrieländer betragen umgerechnet 200 Mrd. DM. Die Schulden der Entwicklungsländer wachsen mehr als doppelt so schnell wie ihre Einnahmen aus Exporten. Nimm dazu Stellung.

Außenminister MARSHALL sprach von einem „circulus vitiosus“, einem Teufelskreis, dem niemand aus eigener Kraft entrinnen kann. Der „Ursachenkreis“ auf Seite 212 ist ein solcher Teufelskreis. Der Marshallplanhilfe gelang es, den Teufelskreis im Europa der Nachkriegsjahre aufzubrechen. Bei den Entwicklungsländern ist dies durch Kapitalhilfe bisher nicht gelungen. Es ist auch keine Hoffnung, allein auf diesem Weg Besserung zu schaffen. Der Teufelskreis der Armut und des Elends, in dem die Entwicklungsländer gefangen sind, ist viel komplizierter, als es die Darstellung auf Seite 212 ahnen läßt. Deshalb kann ihn auch eine Art Marshallplan nicht aufreißen. Nur wenn es gelingt, die weiteren Faktoren, die in ihm wirken, zu entschärfen, ist vielleicht Abhilfe möglich. Wir werden sie in den folgenden Kapiteln untersuchen.

Teufelskreis der Armut (1): Bevölkerungsvermehrung

□ Der Distrikt X eines Entwicklungslandes hat 120000 Bewohner. Seine Landwirtschaft ernährt nur 80000 Menschen. Ein Entwicklungsprogramm wird eingeleitet. Ziel: Erhöhung der landwirtschaftlichen Produktion um 50% in 10 Jahren. Am Ende dieses Zeitabschnitts sollen also alle Menschen des Distrikts genug zu essen haben. – Das Programm wird fristgerecht und mit dem erwarteten Ergebnis abgeschlossen: Für 120000 Menschen wird Nahrung erzeugt. Doch inzwischen zählt der Distrikt 153000 Menschen! Die Bevölkerungsentwicklung ist dem Plan „davongelaufen". Immer noch hungern 33000 Menschen. Diese Geschichte ist zwar am „grünen Tisch" ausgedacht. Sie kann sich jedoch heute in jedem Entwicklungsland ereignen. Von 1950 bis 1960 hat die Bevölkerung der Entwicklungsländer jährlich um etwa 2,5% zugenommen. Es gibt Schätzungen, nach denen sie künftig sogar bis zu 3,5% im Jahr anwachsen soll.

1 Für den „Distrikt X" ist eine jährliche Zuwachsrate von 2,5% zugrunde gelegt. Berechne, wie bei einer Rate von 3% die Bevölkerung in 10 Jahren anwachsen würde. (Du mußt in Jahresschritten rechnen!) Wie viele Menschen müßten hungern?

2 Kommentiere das Diagramm und seine Überschrift „Bevölkerungsexplosion".

3 Vergleiche die Bevölkerungsentwicklung in den Industrieländern mit der Entwicklung in den Entwicklungsländern.

4 Fertige eine Tabelle, die angibt, um wieviel Prozent die Bevölkerung der Entwicklungsländer seit 1920 jeweils in 20 Jahren zugenommen hat. Kommentiere.

Die Bevölkerungsexplosion

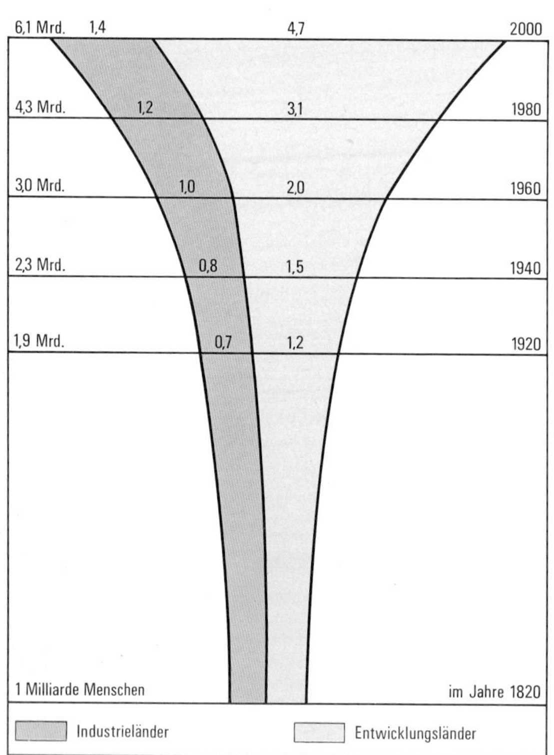

□ Die unterschiedliche Zunahme der Bevölkerung in den Industrieländern und in den Entwicklungsländern ist nicht ohne weiteres zu erklären. Wir müssen zurückschauen, wie es zu der heutigen Bevölkerungsentwicklung in den Industrieländern kam: Für die Entwicklung bis zum 18. Jahrhundert ist eine Erinnerung von Johann Wolfgang von Goethe kennzeichnend. Er berichtet über einen jüngeren Bruder, der früh verstarb, und fährt dann fort: „Unter mehreren nachgeborenen Geschwistern, die gleichfalls nicht lange am Leben blieben, erinnere ich mich nur eines ... Mädchens, das aber auch bald verschwand." Schließlich stellt er fest, daß nur er und eine Schwester übrig blieben.

Wir sehen: Die Zahl der Geburten war hoch, aber es starben auch viele Menschen, meist schon in früher Kindheit. Die Gesamtbevölkerung nahm nur langsam zu.

Eine neue Phase der Bevölkerungsentwicklung begann im 19. Jahrhundert. Die Fortschritte der ärztlichen Kunst, der Hygiene

I

II

1 = 1 Geburt auf 1000 Einwohner im Jahr

III 1 = 1 Todesfall auf 1000 Einwohner im Jahr

Geburtenüberschuß

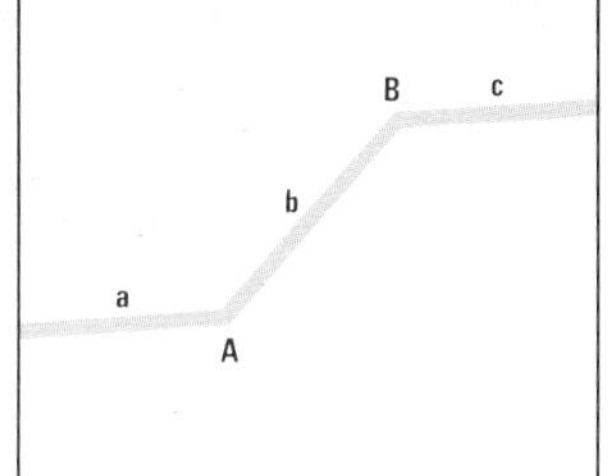

und der Zivilisation allgemein ließen die Lebenserwartung des Menschen stark ansteigen. Es gab weniger Todesfälle – die Zahl der Geburten blieb gleich. Jetzt wuchsen in einer Familie 5 bis 10 Kinder heran. Die Bevölkerung wuchs rasch.

Seit der Mitte dieses Jahrhunderts befinden sich die Industrieländer in einer dritten Phase: Als Folge der Familienplanung haben viele Eltern nur noch ein bis zwei Kinder. Die Zahl der Geburten und der Sterbefälle ist wieder nahezu gleich.

5 Erläutere das Diagramm auf Grund des Textes.

6 Ordne die Abschnitte der Kurve den Phasen des Diagramms zu. Gib für die Punkte A und B ungefähre Jahreszahlen an.

Die Entwicklungsländer stehen noch in der zweiten Phase der Bevölkerungsentwicklung: hohe Geburtenzahl, wenig Todesfälle. Die Regierungen einiger Länder sehen, daß die wirtschaftliche Lage nicht besser werden kann, solange dieser Zustand andauert. Deshalb versuchen sie, die Bevölkerung von der Notwendigkeit der Familienplanung zu überzeugen. Aber das ist schwierig, wenn die Menschen Kindersegen als ein besonderes Geschenk Gottes ansehen, wenn viele Familien Kinder als mithelfende Arbeitskräfte brauchen, wenn man viele Kinder haben möchte, um im Alter versorgt zu werden. Die meisten Erwachsenen in den Entwicklungsländern kennen außerdem die Methoden der Familienplanung überhaupt nicht. In der Mehrzahl dieser Länder wird deshalb die Kurve der Bevölkerungsentwicklung nicht flacher.

7 Das Bild zeigt ein Plakat der pakistanischen Regierung. Du kannst die Schriftzeichen nicht lesen, trotzdem läßt sich vermuten, was das Bild dieser Familie mit nur zwei Kindern sagen will. Beachte die Kleidung, den Ausdruck der Gesichter! Vergleiche mit dem Bild der indischen Mutter auf Seite 210.

8 Erläutere die Zeichnung.

Eine böswillige Zeichnung?

Werbung für Familienplanung

Weltkarte des Bildungsstandes: Analphabeten

Teufelskreis der Armut (2): Bildungsnotstand

□ **1** Arbeite an der Karte. Stelle Beziehungen her zwischen a) Bildungsstand und Einkommen (benutze dazu auch die Karte auf Seite 213), b) Bildungsstand und Ernährungslage (benutze dazu auch die Karte auf Seite 211).

Zeitungen auf 1000 Einwohner

Gabun	0
Kamerun	4
Haiti	5
Iran	7
Philippinen	17
Brasilien	32
Bundesrepublik Deutschland	326

Jährliche Zunahme der aufgenommenen Schüler (1950–1965)

	Grundschule	Mittelschule	Hochschule
Argentinien	2,4%	5,8%	7,5%
Brasilien	17,8%	10,0%	7,7%
Marokko	10,3%	17,9%	14,5%
Ghana	10,1%	30,0%	22,0%
Indien	7,5%	7,5%	8,2%

Erwachsene Analphabeten in den Entwicklungsländern

	1950	1970
% aller Erwachsenen	45	33
Gesamtzahl	700 Mio.	810 Mio.

2 Wie können Analphabeten im Wirtschaftsleben zurechtkommen? Sie können z. B. keine Bewerbung schreiben, keinen Arbeitsvertrag lesen, die Gebrauchsanweisung eines neuen Geräts nützt ihnen nichts ... Berücksichtigt auch, daß sie nur in beschränktem Umfang rechnen können.

3 a) In Ländern mit vielen Analphabeten ist es nicht möglich, wichtige Nachrichten schriftlich zu verbreiten. In den meisten Entwicklungsländern gibt es deshalb nur wenige Zeitungen. Kommentiere die Tabelle.

b) Was bedeutet es für den Informationsstand der „breiten Massen" dieser Länder, wenn nur wenige Menschen Radiogeräte oder Fernseher besitzen?

4 a) Welches Land macht die größten Fortschritte beim Abbau des Analphabetentums? Vergleiche in der Tabelle links. In welchem Land wird die Zahl der Lehrer, Ärzte, Ingenieure am schnellsten zunehmen? (Es ist allerdings zu berücksichtigen, daß die Ausgangslage in den einzelnen Ländern verschieden ist. Betrachte dazu die Karte.)

b) Berechne überschlägig, um wieviel Prozent jeweils die Zahl der Schüler in 10 Jahren ansteigt. Du ahnst, was das für den Schulhausbau, für die Anschaffung von Lehrmitteln, für die Ausbildung von Lehrern bedeutet.

Das größte Problem bleibt auch hier das Anwachsen der Bevölkerung. Die Zahl der Kinder, die eingeschult werden müßten, wächst schneller als die Zahl der Lehrer und der Schulhäuser. Das Bildungsproblem wird also trotz großer Anstrengungen nicht kleiner, sondern größer. Das zeigt z. B. die unterste Tabelle links. Vielleicht erreichen es die Entwicklungsländer eines Tages, keine Analphabeten mehr zu haben. Dann bleibt immer noch die Frage, ob es den Menschen dort gelingt, in der Welt der technischen Zivilisation heimisch zu werden.

Dafür zwei Beispiele:

Ein Entwicklungshelfer erzählt: „Im Hafen spreche ich mit einem Kuli, der mit umwickeltem Kopf eine überladene Karre mit Getreide voranstößt. Der Mann hat ein überraschend umfassendes Weltbild, und ich frage, warum er hier im Hafen nicht Vorarbeiter oder Verwalter ist. ‚Warum soll ich etwas wollen, was mir nicht zugemessen ist?' fragte der Kuli zurück. ‚In meinem vorigen Leben war ich vielleicht ein Brahmane und war böse, darum bin ich jetzt Kuli. Wenn ich auch als Kuli noch Unziemliches will und mich nicht bescheiden kann, dann komme ich in meinem nächsten Leben vielleicht als räudiger Hund oder als Schwein zur Welt. Darum bin ich mit meiner Stellung zufrieden.'" (23)

Aus Indien wird berichtet: Tagesration für Kinder 112 g Weizen. Tagesration für Ratten 120 Pfund Weizen. Soviel schüttet der Tempeldiener den heiligen Ratten von Deshnoke in silberne Schalen. Etwa hunderttausend Ratten leben im prachtvollen marmornen Tempelbezirk. Anhänger der Rattengöttin Karni-Mata, die selbst nichts zu essen haben, verehren in den Ratten die Seelen ihrer Ahnen. Ihr sehnlichster Wunsch: im nächsten Leben Ratte zu sein.

5 Sicher hast du auch schon die Äußerung gehört: „Solange die Inder ihre Lebensmittel an Ratten und heilige Kühe verschwenden, spende ich nicht für die Entwicklungshilfe."

a) Hältst du den Ausdruck „verschwenden" für gerechtfertigt?

b) Wie beurteilst du die ganze Äußerung?

c) Was müßte man tun?

6 Sage mit eigenen Worten, was das Gedicht des schwarzen Schriftstellers M. F. Dei-Anang (oben) ausdrückt.

Wohin?
Zurück?
Zu den Tagen der Trommeln
und festlichen Gesänge
im Schatten
sonnengeküßter Palmen –
Zurück?
Zu den ungebildeten Tagen
zu dunkeln
strohgedeckten Hütten,
wo Güte herrschte
und Trost wohnte –
zurück zum Aberglauben?
Oder vorwärts?
Vorwärts? – Wohin?
In die Slums, wo Mensch auf Mensch
gepfercht ist,
wo Armut und Elend
ihre Buden aufschlugen
und alles dunkel und traurig ist.
Vorwärts! – Wohin?

M. F. Dei-Anang

Die heiligen Ratten von Deshnoke

Menschen pro Krankenbett

2500 Äthiopien

2000

Indien

1500 Indonesien

1000 Togo

Dahomey
Ghana

Jordanien
Lesotho
500

Chile

100
BR Deutschland

Teufelskreis der Armut (3): Viele Kranke – zu wenige Ärzte

☐ Ein Arzt der Missionsstation Dessie nördlich von Addis Abeba befährt mit seinem Kleinbus regelmäßig die Allwetterstraße nach Asmara, um die Leprakranken in den Dörfern am Weg zu betreuen. Ihm fällt die große Zahl von Augenkranken auf, die zu ihm drängen. Er behandelt sie. „Es dauerte gar nicht lange bis in jeder unserer Ambulanzen täglich bis zu 50 Tuben Augensalbe an trachomerkrankte Augenpatienten ausgegeben wurden. Bald behandelten wir in den auswärtigen Lepra-Kontrollstationen neben 2400 Aussätzigen annähernd 400 neue Patienten im Monat, die alle wegen eines Augenleidens Hilfe bei uns suchten. Doch was waren schon 400 neue Augenpatienten pro Monat, die alle nur mehr oder weniger zufällig den Weg in unsere Ambulanzen zur Behandlung gefunden hatten. Was bedeutete diese Zahl schon im Blick auf die augenleidende Gesamtbevölkerung in einer Provinz mit 3 Millionen Einwohnern, von denen bis zu 90% von Trachom befallen sind? Fanden wir doch selbst in entlegenen und ganz dünn besiedelten Gegenden bei einem einzigen kurzen Besuch neben vielen anderen Augenleidenden allein 146 trachomerkrankte Schüler völlig ohne Hilfe." (24)

Der Erreger des Trachoms (ägyptische Körnerkrankheit) ist ein Virus. Er wird besonders durch Fliegen übertragen. Auf der Innenseite der Augenlider des Erkrankten bilden sich körnige Knötchen. Es entsteht eine Bindehautentzündung. Schließlich kommt es zur Verkürzung und Einwärtsstellung der Lider, die sich dann nicht mehr voll schließen lassen. Die nach innen gekehrten Wimpern reiben auf der Hornhaut. Diese entzündet sich und wird schließlich so trübe, daß kein Licht mehr ins Auge dringt. Unhygienische Verhältnisse begünstigen die Ausbreitung der Krankheit: In den Orten Äthiopiens mit guter Wasserversorgung sind 42% der Bevölkerung an Trachom erkrankt. In den Dörfern ohne Wasserversorgung sind es bis über 90%.

Die „typischen" Tropenkrankheiten, Malaria und Schlafkrankheit, sind heute fast bedeutungslos. Dagegen haben sich die weniger auffälligen Krankheiten, die durch Würmer und andere Parasiten verursacht sind, weit ausgebreitet. Sie schwächen den Menschen und können zum Tode führen.

∞ **1** „Das Trachom kann glücklicherweise schon mit den einfachsten Mitteln behandelt und geheilt werden. Doch wer von den Bedürftigen kann sich schon privat die teure Terramycin-Augensalbe kaufen, von der hier eine Tube fast 3 Mark kostet." – Wie hängen also Krankheitsverlauf und soziale Lage des Betroffenen zusammen?

Ohne ärztliche Hilfe würde dieses Kind erblinden.

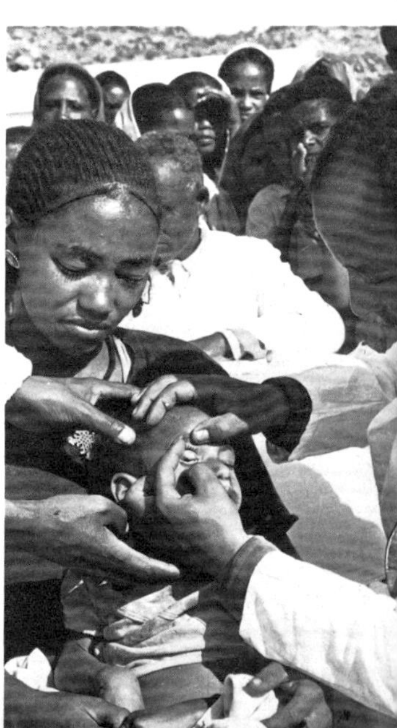

2 In einem indischen Krankenhaus litten 32% der im Lauf eines Jahres eingelieferten Kinder an TBC oder PCM. (Siehe Seite 210.) Erkennst du auch bei diesen Krankheiten einen Zusammenhang mit der wirtschaftlichen Situation?

Über die ärztliche Versorgung in den Entwicklungsländern geben folgende Berichte ein Bild:

Ein Arzt aus Nowrangapur, Indien: „Bei unserem Raummangel wissen wir gelegentlich nicht mehr, wohin mit den Neugeborenen. Sämtliche 12 Babykörbchen sind besetzt. Es gibt dann wirklich nur einen Ausweg: Die Babys kommen in eine Schublade der Wickelkommode. Unter den Betten findet man die Vorräte der Patienten und ihrer Angehörigen; Töpfe, Feuerholz und – die Großmutter oder ein spielendes Kind. Kinder liegen auch oft mit den Kranken im Bett." (25)

Eine Ärztin aus Bumbuli, Tansania, über ein aufgenommenes Kind: „Es wog mit zwei Jahren nur 11 Pfund und hatte Keuchhusten. In einem Jahr ist es um 20 cm gewachsen, hat 15 Pfund zugenommen und lernt Deutsch und Suaheli sprechen."

3 Studiere die „Maßstäbe ärztlicher Versorgung" an den Rändern dieser beiden Seiten und erkläre sie.

4 **Kindersterblichkeit im ersten Lebensjahr pro 1000 Lebendgeburten.** Vergleiche.

Schweden	11	Italien	29	Chile	100	Pakistan	130
BR Deutschland	23	Bolivien	89	Ägypten	116	Sierra Leone	147

5 In Imesi, Westnigeria, starben bei der Geburt oder im ersten Lebensjahr auf je 1000 Überlebende im Jahr 1957 noch 373 Kinder. 1962, nachdem eine Klinik gebaut worden war, waren es noch 92 Sterbefälle auf je 1000 Überlebende. Vergleiche. Was bedeutet die Verbesserung der Säuglingsmedizin für die Bevölkerungsentwicklung? Diskutiert die Folgen.

Kranke warten vor der Klinik

Menschen pro Arzt

Äthiopien

60000

50000

40000

30000
Dahomey
Indonesien

Lesotho

20000
Togo

Ghana

10000

Indien
Jordanien
Chile

1000
BR Deutschland

Teufelskreis der Armut (4): Ungerechte Besitzverteilung

In dem Dorf Rancho Lara in Venezuela leben 660 Familien ohne jeden Landbesitz. Daneben gibt es eine Anzahl von Conucos, Besitzer kleiner Parzellen, die sich kümmerlich vom Ertrag ihrer winzigen Äcker ernähren. In unmittelbarer Nähe des Dorfes liegen drei Haciendas mit je 1200 bis 3000 ha Nutzland.

Fast überall in Südamerika herrscht dieser Gegensatz: hier reiche Grundbesitzer, dort ärmste Kleinbauern oder Landarbeiter. Dem Peon, das ist der Dorfbewohner ohne Landbesitz, fehlt nicht nur das Geld für den Erwerb von Grund und Boden. Er kann in der Regel auch nicht lesen und schreiben. So bleibt er hilflos. An einen besseren Schulabschluß, der ihm erlauben würde, etwas anderes zu werden als wieder nur Landarbeiter wie sein Vater, darf er normalerweise nicht denken. So „bestimmt in den meisten Ländern Latein-Amerikas der Grundbesitz . . . den sozialen Status auf dem Lande und spaltet die Landbevölkerung in zwei scharf voneinander getrennte Schichten."

Die ungleiche Verteilung von Besitz und Lebenschancen charakterisiert die meisten Entwicklungsländer. Das wirtschaftliche Geschehen wird von der dünnen Schicht der Besitzenden bestimmt. Das kulturelle Leben spielt sich im wesentlichen ohne die Armen ab. Auch an den politischen Entscheidungen haben die großen Massen der Unbegüterten kaum Anteil, selbst dort, wo demokratische Regierungsformen ihnen die Teilnahme an Wahlen ermöglichen. Die Armen stehen am Rande der Gesellschaft. Sie bestimmen nicht mit – es wird über sie bestimmt.

1 „Hacienda" ist in Latein-Amerika die Bezeichnung für eine Großfarm. Nimm an, die Flur einer 2500 ha großen Hacienda habe einen quadratischen Grundriß. Berechne die Seitenlänge. Vergleiche mit der Größe eines deutschen Bauernhofes.

2 Nenne die zwei Schichten der lateinamerikanischen Landbevölkerung. Aus welcher Schicht kommen normalerweise die Politiker, Generale, Geschäftsleute, Künstler, Wissenschaftler, Techniker?

3 Kommentiere die Aufteilung des landwirtschaftlichen Grundbesitzes (Diagramm).

4 Rechne: Wieviel Prozent aller landwirtschaftlichen Betriebe sind weniger als 20 ha groß? Wieviel Prozent der Bodenfläche wird von ihnen bearbeitet? Welchen Prozentsatz machen die Großbetriebe aus? Wieviel Prozent der Nutzfläche bearbeiten sie? (Die Zahlen, die dem Diagramm zugrundeliegen, stammen aus dem Jahr 1960. Seither hat sich an der Grundbesitzverteilung in vielen Ländern Lateinamerikas kaum etwas geändert.)

Der landwirtschaftliche Grundbesitz in Lateinamerika

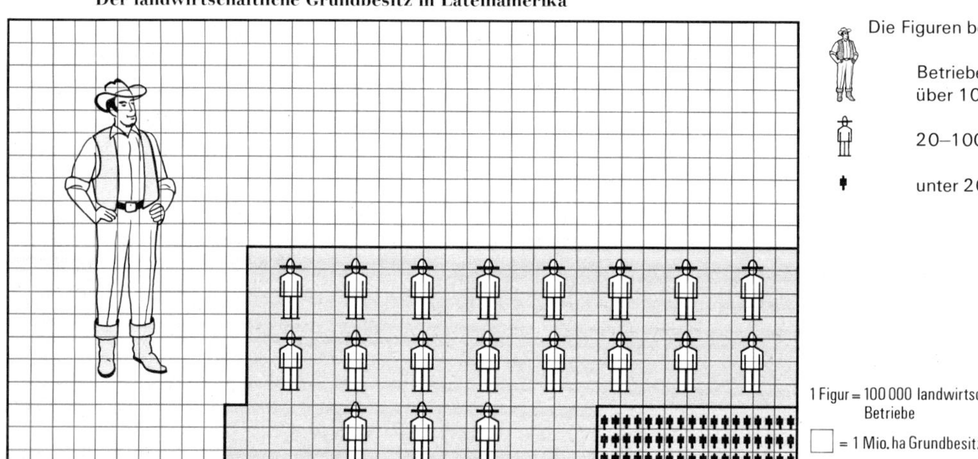

Das Herrenhaus einer Hacienda

Man erzählt vom Herrscher eines Entwicklungslandes, er habe von Entwicklungshilfe-Geldern, die für sein hungerndes Volk bestimmt waren, eine goldene Badewanne gekauft. Ob die Geschichte stimmt, mag offenbleiben. Eines zeigt sie deutlich: Wenn es nicht gelingt, die Verteilung von Rechten und Pflichten, von Annehmlichkeiten und Lasten in den Entwicklungsländern gerechter zu machen, wenn die Entwicklungshilfe nicht die Lage des „kleinen Mannes" zu bessern vermag, bleiben alle Versuche, die Entwicklung dieser Länder zu fördern, letztlich ergebnislos.

Über den Weg zu einer gerechten sozialen Ordnung in den Entwicklungsländern gibt es verschiedene Auffassungen. CARLOS FUENTES, ein südamerikanischer Sozialrevolutionär, sagt: „200 Millionen Menschen leben praktisch als Sklaven. Ihr fragt nun: Ist eine Revolution notwendig? Die Antwort ist einfach: Alle unsere bisherigen Bemühungen den reichen Herren gegenüber haben gezeigt, daß sie zur Beseitigung der ungerechten Zustände nicht taugen. Fragt den Bauern von Guatemala, wer die Hungerlöhne zahlt, wer die Bergwerke und die Erdölquellen besitzt. Fragt die Leute, die in den Elendsvierteln von Buenos Aires leben, in den Slums von Rio, in den Abfallgruben von Santiago, ob sie Angst vor der Revolution haben. Diese Bettler, diese Ausgestoßenen werden euch antworten, daß sie nur Angst haben vor ihren jetzigen Unterdrückern. Aber Lateinamerika kennt jetzt seinen Weg. Niemand wird diese 200 Millionen Menschen aufhalten." (26) Dagegen sagt PAPST PAUL VI. in seiner Entwicklungsenzyklika „Über den Fortschritt der Völker" (POPULORUM PROGRESSIO) im Jahr 1967: „Es gibt gewiß Situationen, deren Ungerechtigkeit zum Himmel schreit ... Trotzdem: Jeder revolutionäre Aufstand – ausgenommen im Fall der eindeutigen und lange dauernden Gewaltherrschaft, die die Grundrechte der Person schwer verletzt und dem Gemeinwohl des Landes schwer schadet – zeugt neues Unrecht, bringt neue Störungen des Gleichgewichts mit sich, ruft neue Zerrüttung hervor. Man darf ein Übel nicht mit einem noch größeren Übel vertreiben." (27)

5 Diskutiert die beiden Auffassungen. Gibt es außer dem bloßen Apell an die Verantwortung der Besitzenden und außer der Revolution noch andere Wege zur größeren sozialen Gerechtigkeit?

Der Teufelskreis der Armut hat viele Glieder

□ **1** Das Bild faßt zusammen, was die Menschen in den Entwicklungsländern brauchen, um menschenwürdig leben zu können. Vergleiche die Forderungen mit dem, was in den vorhergehenden Abschnitten über die Lage in den Entwicklungsländern gesagt worden ist.

2 Man könnte noch weitere Forderungen für das Kind stellen. Sieh in den vorhergehenden Abschnitten nach.

∞ **3** Das Bild enthält den Spendenaufruf einer Hilfsorganisation. Man hört immer wieder die Meinung, solche Spenden seien sinnlos, solange in den Entwicklungsländern nicht eine gerechte Besitzverteilung gewährleistet sei. Diskutiert diesen Standpunkt.

Der „Ursachenkreis" auf Seite 212 zeigt einen sehr einfachen Zusammenhang von vier Gliedern. Hier ist der Teufelskreis noch einmal gezeichnet, und zwar vollständig. Die Linien innerhalb des Kreises sollen andeuten, daß zusätzliche Einflüsse eine Rolle spielen. Jeder wirtschaftliche und soziale Fortschritt in den Entwicklungsländern wird von diesen „Zusatzfaktoren" gebremst. Ihr habt sie in den vorhergehenden vier Doppelseiten kennengelernt. Ganz leicht ist der Teufelskreis nun nicht mehr zu lesen.

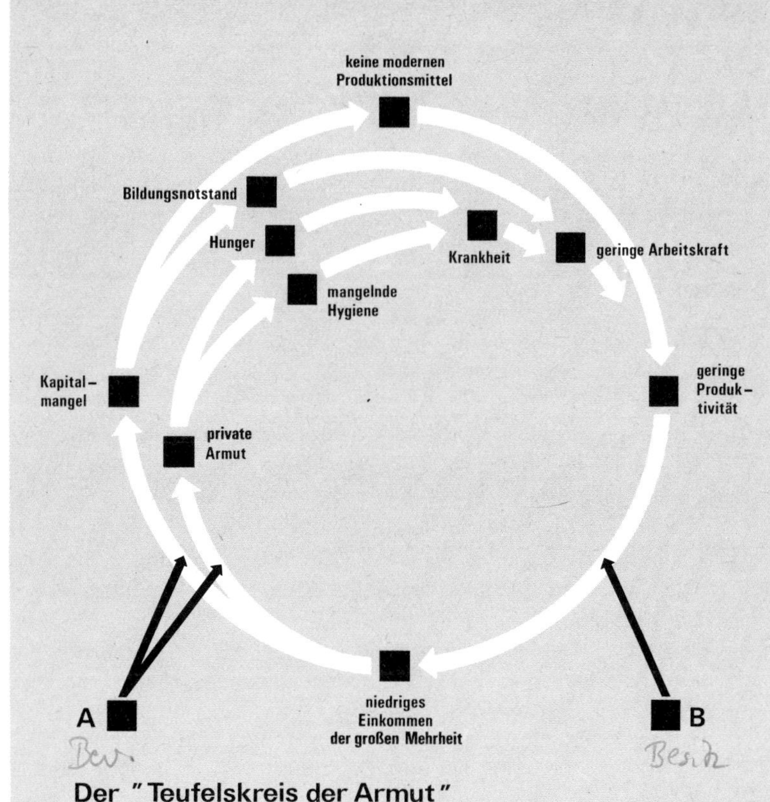

Der "Teufelskreis der Armut"

4 Studiere die Darstellung oben und erkläre die Zusammenhänge.

5 Außerhalb des Kreises stehen zwei mit den Buchstaben A und B gekennzeichnete Kästchen. Sie bedeuten Faktoren, die den Teufelskreis verstärken, die aber selbst nicht von anderen Ursachen innerhalb des Kreises abhängen. Diese Faktoren sind
– ungerechte Besitzverteilung
– Bevölkerungswachstum.
Versuche, sie den beiden Kästchen zuzuordnen.

6 Überlege, ob das schnelle Bevölkerungswachstum in den Entwicklungsländern nicht doch durch einen der Faktoren innerhalb des Kreises mitbedingt ist.

7 Denke dir andere Darstellungsformen des Teufelskreises aus.

Entwicklungshilfe, die nur an einem Glied des Teufelskreises ansetzt, ohne die anderen Faktoren zu berücksichtigen, führt meist nicht weiter. Im Gegenteil: Die Entwicklungsländer fallen aus hohen Erwartungen in tiefe Enttäuschung, wenn sie sehen, daß solche „Hilfe" nicht nützt. Das kommt in den Worten des tansanischen Ministers JAMAL zum Ausdruck, der über die bisherige Hilfe der Industrieländer sagte: „Ich wäre unaufrichtig, wenn ich nicht auf das wachsende Gefühl von Zynismus und Verzweiflung hinweisen würde, das viele afrikanische Länder ergreift." (28)

Einige Entwicklungsländer haben damit begonnen, durch umfassende „Regionalprogramme" die Landwirtschaft, das Handwerk, die Industrie, den Verkehr, das Gesundheits- und das Bildungswesen umfassend zu fördern.

Zwei Entwicklungsprojekte

□ **Technisches Institut Butwal.** An der Grenze zwischen Indien und Nepal sind die indischen Händler, die Zucker und andere Nahrungsmittel, Baumwolle und Jute, Maschinen und Geräte aus dem Tiefland bringen, alltägliche Gäste. Bis vor wenigen Jahren war die nahegelegene nepalesische Stadt Butwal ihr Reiseziel. Dort übernahmen nepalesische Träger die Waren und transportierten sie weiter, hinauf in die Berge. Seit auch in Nepal Straßen gebaut wurden, fahren die Lkws aus Indien direkt hinauf ins Bergland. Die Folge für Butwal: Die Träger und Spediteure wurden arbeitslos. Auch die Einnahmen der Wirte und der Händler gehen zurück. Butwal droht zu verarmen.

In dieser Lage beschloß ein norwegischer Ingenieur, zusammen mit einer nepalesischen Missionszentrale ein technisches Institut aufzubauen. Es sollte junge Männer in verschiedenen Berufen ausbilden und die Wirtschaft des ganzen Gebietes wieder beleben.

Heute hat das Technische Institut Butwal eine Tischlerei, eine Metallverarbeitungswerkstatt, eine Kfz- und eine Elektrowerkstatt, in denen Europäer mit Nepalesen zusammenarbeiten. Eine Sperrholzfabrik und ein Wasserkraftwerk sind angeschlossen. Das Institut beliefert Butwal und die Umgebung. Es repariert Maschinen und Geräte. Außerdem

- gibt es den Reis- und Ölmühlen, den Tischlereien und Sägewerken der Umgebung technische und kaufmännische Beratung,
- untersucht es, welche Erzeugnisse am dringendsten benötigt werden,
- hilft es Arbeitern, die einen eigenen Betrieb eröffnen wollen,
- berät es Dörfer beim Straßen- und Brückenbau,
- baut es ein Stromverteilungsnetz für Betriebe und Wohnungen,
- beliefert und fördert es das holzverarbeitende Gewerbe und den Wohnungsbau.

Einen deutschen Arbeiter würde die Einrichtung des Instituts auf den ersten Blick nicht sehr überzeugen. Fast alle Maschinen sind gebraucht, manche sind 30 bis 40 Jahre alt. Die Nepalesen begrüßen das. Die Maschinen sind unkompliziert, anspruchslos, leicht zu handhaben und zu reparieren.

Der Kompressor muß zur Baustelle des Kraftwerks über Pässe und gefährliche Schluchten transportiert werden.

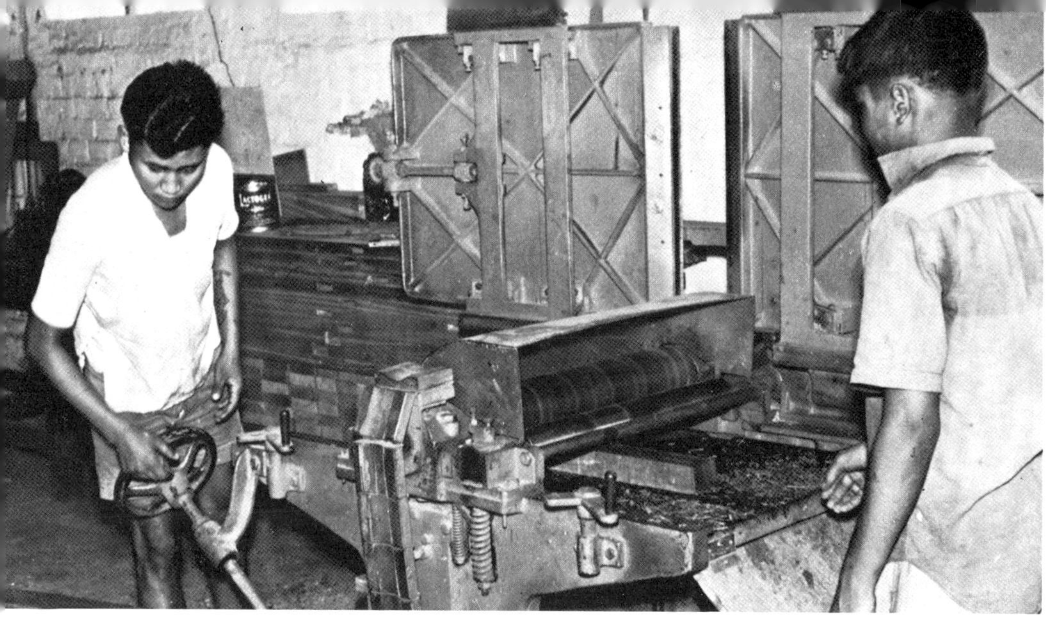

Ausbildung in der Tischlerei, vorwiegend an Gebrauchtmaschinen

Die Lehrlinge, die am Institut ausgebildet werden, kommen aus ganz Westnepal. Die Nachfrage ist so groß, daß nur etwa jeder zehnte Bewerber einen Ausbildungsplatz bekommt. Zum Institut gehört ein Wohnbereich, in dem die Lehrlinge zusammen mit den europäischen Familien leben. Die Frauen der Europäer helfen ihnen beim Waschen und Kochen. Sie führen die Jungen in den Haushalt und in die Gesundheitspflege ein. Im Zusammenleben mit den europäischen Familien lernen die jungen Menschen neue Sitten und Gebräuche kennen und sind gezwungen, über ihre Traditionen nachzudenken. Zwanzig Prozent der Lehrlingsvergütung werden als Sparbetrag bis zum Abschluß der Ausbildung einbehalten. Nach ihren vier Lehrlingsjahren haben die jungen Gesellen Gehaltsansprüche, die um 100 bis 150% über denen der nicht ausgebildeten Arbeiter liegen, dazu ein Startkapital für die Gründung eines eigenen Betriebes.

Organisationsschema

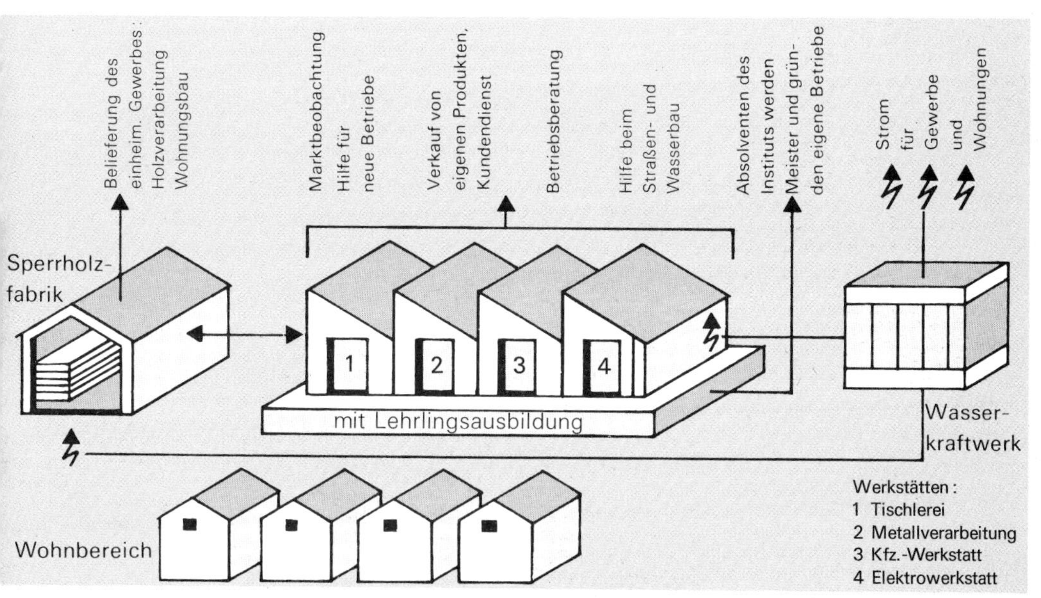

Die Bilanz des Instituts sieht heute so aus: Die Grundstücke sind von der nepalesischen Regierung pachtfrei zur Verfügung gestellt. Startbeträge von 445000DM und 120000DM stellten „Brot für die Welt“ und die norwegische Regierung zur Verfügung. Viele Maschinen sind geschenkt. Die Gehälter der europäischen Mitarbeiter werden von europäischen Hilfsorganisationen bezahlt. Aus dem Verkauf seiner Erzeugnisse und aus Reparaturarbeiten erzielt das Institut heute schon einen Gewinn, der es ihm ermöglicht, sein Stromverteilungsnetz weiter auszubauen und die Beratungstätigkeit auszudehnen.

1 Suche im Atlas die nepalesische Hauptstadt Katmandu. Butwal liegt südlich davon.

2 Erläutere, wie die Notlage Butwals mit dem modernen Verkehr zusammenhängt. Du erkennst hier ein allgemeines Prinzip: Häufig brachten die moderne Technik und die abendländische Zivilisation den Entwicklungsländern nicht nur Lebenshilfen, sondern auch neue Probleme.

3 Kommentiere die Organisationsskizze auf S. 227. Wie fördert das Institut die Wirtschaft des Gebietes?

4 Überlege: Was machen die Absolventen des Instituts, wenn sie in ihre Dörfer zurückkehren? Wie beeinflussen sie die wirtschaftliche, soziale und kulturelle Entwicklung des Gebiets?

Centro Gumilla. Die Bewohner des Dorfes Rancho Lara in Südamerika sind arm (vgl. S. 222). Schuld daran sind nicht nur die Grundbesitzverhältnisse, sondern auch die unerträglichen Marktbedingungen. Die Zwischenhändler – die Leute nennen sie „Schrauben“ oder „Polypen“ – bezahlen niedrigste Preise für die landwirtschaftlichen Produkte, verkaufen sie in der Stadt aber mit 100 bis 300% Gewinn. Für Darlehen zahlt der Peon beim Geldverleiher bis zu 80% Zinsen im Monat. Das alles erscheint so ausweglos, daß sehr viele Landbewohner in Südamerika die Hoffnung auf ein besseres Leben aufgegeben haben. Alle Anstrengung, aus dieser Verkettung der Armut herauszukommen, scheint ihnen vergeblich. Sie haben es aufgegeben, sich anzustrengen, und lassen sich treiben. Anders die Bewohner von Rancho Lara. Sie haben sich der „Cooperationsbewegung Centro Gumilla“ angeschlossen. Dieses Entwicklungsprojekt wird aus Mitteln der Caritas, aus nordamerikanischen Spenden und vom Staat Venezuela finanziert. Amerikanische Peace-Corps-Helfer (Friedens-Korps) haben einen wesentlichen Anteil. Hauptziel des Projektleiters ist es, die Peones aus der Untätigkeit zu reißen, sie zur Selbsthilfe und zu wirtschaftlicher Zusammenarbeit zu befähigen. Die Peones wissen, daß sie ohne Darlehen nicht zu ordentlichen Wohnungen kommen, kein gutes Saatgut und keine Düngemittel kaufen, keine Krankheit überstehen können. Ihnen ist auch klar, daß sie von einer Bank kein Geld bekommen würden. Sie haben ja keine Sicherheit anzubieten. Der Projektleiter versucht, sie zu überzeugen, daß nur ein einziger Weg bleibt, wenn sie sich nicht den ausbeuterischen Geldverleihern ausliefern wollen: Sie müssen sich zusammenschließen zu Spar- und Darlehensgenossenschaften.

Der Versuch scheint zu gelingen. Fast alle Peones von Rancho Lara sind Mitglieder der Genossenschaft. Im Umkreis von Barquisimeto (eine Stadt 100 km westlich von Caracas) gibt es im Rahmen des Projekts Centro Gumilla schon 80 solcher Genossenschaften. Sonntags von 9.30 bis 11.30Uhr zahlen die Genossenschaftsmitglieder in kleinen und kleinsten Beträgen ihre Spargroschen ein. Donnerstags werden die Kreditanträge geprüft. Im ersten Jahr der Mitgliedschaft gibt es noch keine Darlehen. Im zweiten Jahr kann man einen Kleinkredit bis zu doppelter Höhe der Spareinlage bekommen. Die Spareinlage wird mit 6% verzinst, für

In Hütten aus Wellblech- und Kanisterresten, ohne jede sanitäre Einrichtung, hausen Menschen am Rande der Städte.

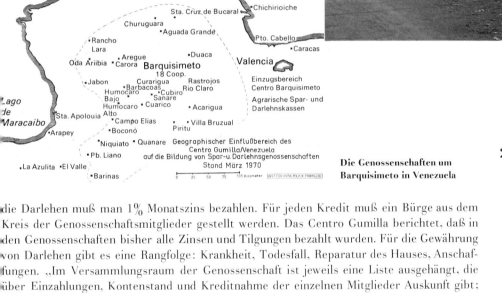

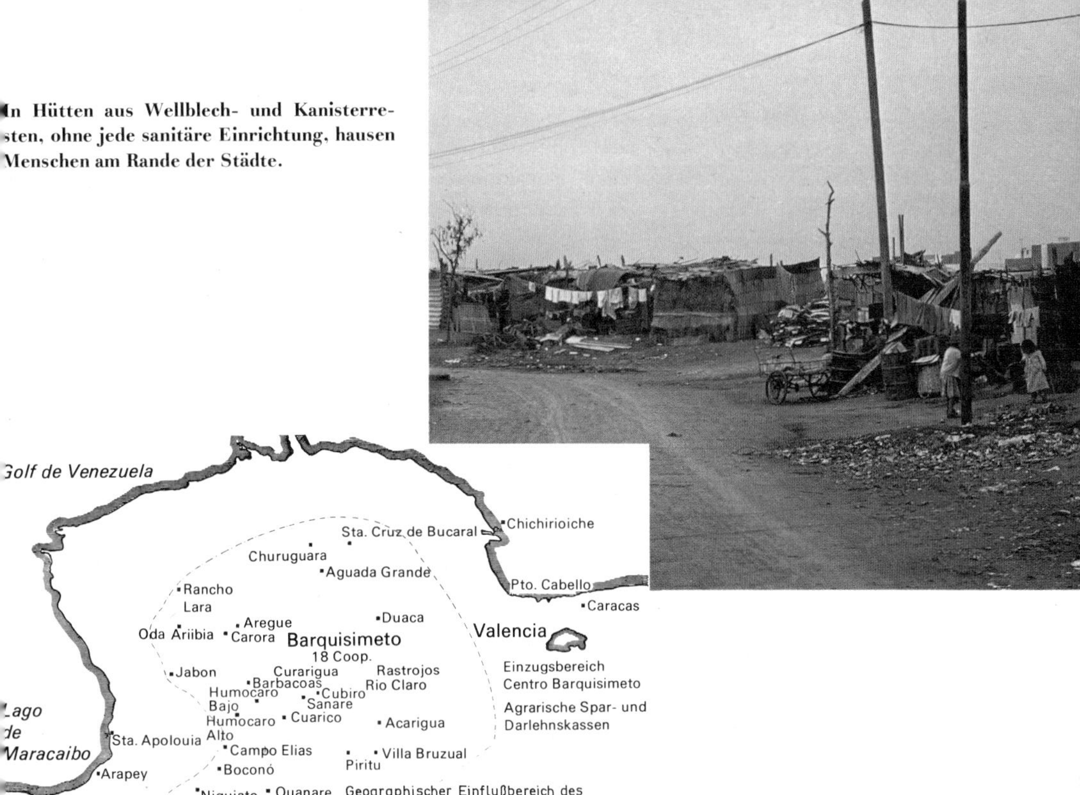

Die Genossenschaften um Barquisimeto in Venezuela

die Darlehen muß man 1% Monatszins bezahlen. Für jeden Kredit muß ein Bürge aus dem Kreis der Genossenschaftsmitglieder gestellt werden. Das Centro Gumilla berichtet, daß in den Genossenschaften bisher alle Zinsen und Tilgungen bezahlt wurden. Für die Gewährung von Darlehen gibt es eine Rangfolge: Krankheit, Todesfall, Reparatur des Hauses, Anschaffungen. „Im Versammlungsraum der Genossenschaft ist jeweils eine Liste ausgehängt, die über Einzahlungen, Kontenstand und Kreditnahme der einzelnen Mitglieder Auskunft gibt; auch die Bürgen sind vermerkt. Es herrscht damit volle Transparenz (= Durchsichtigkeit) über die finanzielle Lage, die getroffenen Entscheidungen und das Verhalten von Einzelmitgliedern hinsichtlich der Übernahme von Bürgschaften.“ (29)

Die Genossenschaft gibt auch der Gemeinde Kredit für den Bau oder die Reparatur des Schulhauses und für die Bezahlung des Lehrers. Sie kauft Schulbücher ein und verkauft sie ihren Mitgliedern zum Selbstkostenpreis.

Der Anfang wirkt weiter: Viele Peones lernen jetzt lesen und schreiben, damit sie sich vom Gang der Dinge in der Genossenschaft überzeugen können. Sie nehmen auch an den Kursen für Buchführung teil. Das alles kommt ihrer eigenen Landwirtschaft zugute.

Einige Genossenschaften sind dazu übergegangen, die Dinge des täglichen Bedarfs im Großhandel zu kaufen und in einem Genossenschaftsladen ihren Mitgliedern ohne jeglichen Preisaufschlag anzubieten. Jede Familie zahlt zur Deckung der Unkosten 2 Bolivar wöchentlich. (1 venezolanischer Bolivar entspricht etwa 0,60 DM.)

Einige Dörfer beginnen jetzt, die Erzeugnisse der eigenen Landwirtschaft zu sammeln und durch die Genossenschaft auf den Markt zu bringen. So wird beim Verkauf der Zwischenhändler ausgeschaltet. Es gibt Schwierigkeiten, denn das Geld für die Transportmittel fehlt. Eine zum Centro Gumilla gehörende kleine Insel hat ein vom Zoll aufgebrachtes Schmugglerschiff geliehen bekommen. Mit diesem Boot bringen die Genossenschaftsangehörigen Langusten auf den Markt nach Caracas. Erlös: 20–21 Bolivar pro Kilogramm. Der Zwischenhändler bezahlte für die gleiche Menge bisher 5–6 Bolivar.

Der Gesundheitszustand der Landbevölkerung ist schlecht, weil das Geld für die viel zu teuren Arzneimittel fehlt. Deshalb gründete das Centro jetzt einige Pharmazie-Genossenschaften, die – ähnlich wie Krankenkassen – die Beschaffung von Heilmitteln ermöglichen. Andere Genossenschaften (z. B. eine Bestattungsgenossenschaft) schließen sich an.

Die Landbewohner im Bereich des Centro Gumilla sind nach wie vor arm. Aber sie sehen eine Möglichkeit, ihr Leben zu verbessern. Das gibt ihnen Hoffnung und die Kraft, an einem Projekt für eine bessere Zukunft mitzuarbeiten.

5 a) Studiere das Organisationsmodell der Genossenschaften im Centro Gumilla. Erläutere, welche Vorteile eine Genossenschaft zum gemeinsamen Aufkauf von Gütern (Konsumgenossenschaft), welche Vorteile eine Absatzgenossenschaft bietet. b) Stelle denkbare Statuten (Grundsätze, Regeln) einer Pharmazie-Genossenschaft zusammen.

6 Du hast gesehen, daß der „Teufelskreis der Armut" viele Glieder hat. Untersuche bei den Projekten Technisches Institut Butwal und Centro Gumilla, ob sie nur an einem oder gleichzeitig an mehreren Gliedern des Teufelskreises ansetzen. An welchen?

∞ **7** Wie beurteilst du Entwicklungsvorhaben, die versuchen, auf möglichst vielen Ebenen der Not gleichzeitig anzusetzen, gegenüber solchen, die sich auf die Behebung nur eines Notstandes beschränken? Begründe deine Meinung.

∞ **8** Wie beurteilst du die Chancen, durch Entwicklungsprojekte wie das von Butwal und Centro Gumilla die Bevölkerung der Entwicklungsländer stärker an den wirtschaftlichen und gesellschaftlichen Entscheidungen in ihren Ländern teilhaben zu lassen?

Genossenschaften im Centro Gumilla, Venezuela

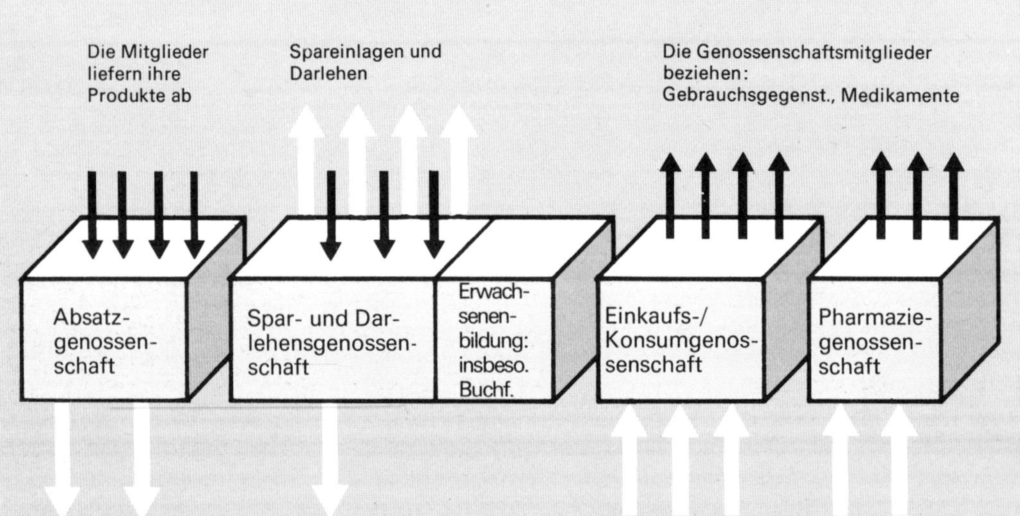

Aufbau von Industriebetrieben in Entwicklungsländern – Hilfe oder Ausbeutung?

Am 23. Januar 1973 berichtete die „Frankfurter Rundschau": „Die Zivilkammer 30 des Landgerichts Hamburg hat am Montag eine am 5. Januar dieses Jahres verhängte Beschlagnahme von 3500 t chilenischen Kupfers wieder aufgehoben. Die Erze, die Anfang des Jahres den Hamburger Hafen erreichten und für die Norddeutsche Affinerie, einen Verarbeitungsbetrieb, bestimmt sind, waren auf Antrag des US-amerikanischen Unternehmens ‚Kennecott Copper Corp.' beschlagnahmt worden." (30) Eine merkwürdige Geschichte: Eine nordamerikanische Firma will chilenisches Kupfer in einem deutschen Hafen beschlagnahmen lassen! Wie hängt das zusammen?

Ohne Kupfer ist die moderne Technik nicht denkbar. Keinem der Industrieländer (ausgenommen USA und Kanada) reichen die eigenen Kupfervorräte. Also bedeutet Kupferbesitz für ein Land Reichtum. Wenn das so ist, dürfte Chile nicht zu den armen Ländern auf unserer Erde gehören. Denn:

- etwa ein Drittel der Welt-Kupfervorräte liegt in Chile,
- die Mine in Chuquicamata baut das größte Kupferlager der Erde ab,
- die Abbaubedingungen sind günstig (siehe Bild),
- der Abtransport bereitet kaum Schwierigkeiten,
- die Preise sind gut: Der Weltmarktpreis für 1 lb Kupfer betrug in den 60er Jahren 61 US-Cents, Erzeugungskosten in Chile 30 US-Cents (lb = engl. Pfund, 453 g).

In den 60er Jahren kamen etwa drei Viertel der chilenischen Exporterlöse aus dem Kupferbergbau. Doch für die Chilenen war das noch zu wenig. Etwa vier Fünftel des chilenischen Kupfers wurden von den US-Gesellschaften „Anaconda Copper Mining Co" und „Kennecott Copper Corp." gefördert – dorthin floß auch ein großer Teil der Gewinne.

Seit 1964 versucht Chile auf unterschiedliche Weise, diese Verhältnisse zu ändern:

① Im Programm der „Chilenisierung" sollte Chile die Aktienmehrheit der wichtigsten Kupfergesellschaften erwerben. Ziel:

- eine erhebliche Steigerung der Kupferproduktion,
- gewinnbringende Weiterverarbeitung des Kupfers im eigenen Land,
- eine gewaltige Steigerung der chilenischen Staatseinnahmen.

Unter großen finanziellen Opfern kaufte Chile Aktien der beiden US-Gesellschaften. Die erwarteten Erfolge blieben aus.

② 1968 wurde in neuen Verhandlungen mit „Kennecott" und „Anaconda" festgelegt: Chile übernimmt sofort 51% der Aktien. Bis 1972 kann es – zu einem sehr hohen Preis – die restlichen Aktien erwerben. Die chilenische Wirtschaft soll Schritt für Schritt und in gutem Einvernehmen mit den Nordamerikanern die Minenbetriebe übernehmen.

Erzabbau in Chuquicamata

Diese Einigung kam zu spät. Die Enttäuschung im chilenischen Volk über den bisherigen Fehlschlag der Chilenisierung war so heftig, daß die Regierung abgewählt wurde.

③ Am 15. 7. 1971 verkündete der neue Präsident der chilenischen Republik das Gesetz zur Nationalisierung des Großen Kupferbergbaus. Es bestimmt:
- alle Bodenschätze gehören dem Staat,
- alle Minenbetriebe gehen sofort in Staatsbesitz über,
- die bisherigen Besitzer werden entschädigt,
- die Entschädigungssumme wird vom Staat festgesetzt,
- „übergroße Gewinne", welche die US-Gesellschaften in den vergangenen Jahren erzielt haben, werden von der Entschädigungssumme abgezogen; in Streitfällen entscheidet ein chilenisches Gericht.

∞ **1** Argumente der Chilenen:

Die Ausländer haben zwar Betriebe in unserem Land aufgebaut, aber nicht wir profitieren davon, sondern sie. Sie bereichern sich an unseren Bodenschätzen mit Hilfe unserer billigen Arbeitskraft. Wenn wir also hören, daß ausländische Unternehmer als „Entwicklungshilfe" eine Fabrik bei uns aufbauen wollen, laßt uns vorsichtig sein: Sie helfen uns nicht – sie beuten uns aus.

Argumente der Nordamerikaner:

Wir haben viel Geld in die Minen gesteckt. Das muß sich verzinsen. Ohne Gewinn kann kein Industrieunternehmen leben.
Auch die Chilenen profitieren: Die Arbeitslosigkeit geht zurück. Minenarbeiter verdienen gut. Die Kaufkraft, die wir ins Land bringen, belebt die ganze Wirtschaft.
Ohne unser Geld und ohne unsere Ingenieure hätten die Chilenen diese Werke nie aufbauen können.

Diskutiert die beiden Standpunkte.

∞ **2** Die „Anaconda" hat 16% ihrer Investitionsausgaben (Bau von Fabrikhallen, Kauf von Maschinen, Geräten usw.) in Chile angelegt. Etwa 80% ihrer Gesamt-Gewinne kamen aus dem chilenischen Kupferbergbau. Das Zahlenverhältnis sagt etwas zur Frage der „überhöhten Gewinne". Nimm Stellung.

∞ **3** Nach chilenischer Rechnung habe die „Kennecott Copper Corp." von 1955 bis 1970 am chilenischen Kupfer 747 Mio. Dollar verdient. Das sei so viel Geld, daß Kennecott nicht nur auf jede Entschädigung für die Verstaatlichung der Mine verzichten, sondern sogar noch einen erheblichen Betrag an Chile zurückzahlen müsse.
Wie werden die Manager von Kennecott auf diese Rechnung reagieren?

∞ **4** Vertreter der Kupfergesellschaften sagen: „Über Gewinnanteile kann man reden. Aber so, wie Allende es macht, führt es nicht weiter. Zwangsenteignung und Verstaatlichung lösen die Probleme nicht. Kein Unternehmen wird es künftig riskieren, eine Fabrik in einem Land zu bauen, in dem es ständig fürchten muß, enteignet zu werden. Wenn aber das Ausland nicht mehr investiert, bleiben die Entwicklungsländer arm. So hat letztlich Chile mit der Verstaatlichung der Minen sich selbst am meisten geschadet." – Diskutiert auch diesen Standpunkt. Welcher der drei Wege Chiles wird eurer Ansicht nach den Interessen aller Beteiligten am ehesten gerecht?

□ **Anfang 1973:** Die Kupfergesellschaften haben die Enteignung nicht tatenlos hingenommen. Überall in der Welt versuchen sie, chilenisches Kupfer zu beschlagnahmen und als ihr rechtmäßiges Eigentum erklären zu lassen. In Frankreich hatten sie Erfolg. Bundesdeutsche Gerichte entschieden anders (siehe vorne).
„Kennecott" und „Anaconda" versuchen, ihre Gegner mit weiteren Maßnahmen zu treffen:
– Im ersten Halbjahr 1971 haben sie 300 Kupfer-Fachleute aus Chile abgezogen. Die Produktion ging zurück. Die Chilenen bemühen sich, den Betrieb mit eigenen Leuten in Gang zu

halten. Es wird noch Jahre dauern, bis sie genügend Ingenieure und Kaufleute haben, um den Ausfall wettzumachen.

– Chile wird vom Absatznetz getrennt: Bisher verkauften die Nordamerikaner das Kupfer. Jetzt müssen die Chilenen selbst ein Verkaufssystem in den Industrieländern aufbauen. Werden Käufer kommen? Oder werden sie nordamerikanisches Kupfer vorziehen, das sie, wie bisher, von den Vertretern der „Kennecott" und der „Anaconda" beziehen können?

– In den chilenischen Minen werden viele nordamerikanische Maschinen benutzt, Erzeugnisse von Tochterfirmen der „Kennecott" und der „Anaconda". Niemand weiß, ob diese Firmen weiterhin Ersatzteile nach Chile liefern.

– US-Banken und das US-State Department haben erklärt, die Entscheidung über chilenische Kreditgesuche müsse zurückgestellt werden . . .

5 Am 11. 9. 1973 wurde der Präsident gestürzt. Informiert euch, wie sich die Kupferfrage bis heute weiterentwickelt hat.

6 Man könnte sagen: Die Industrieländer sollen den Entwicklungsländern Kapital zur Verfügung stellen, damit diese selbständig Industrien aufbauen können. Dann ist die Gefahr der Ausbeutung beseitigt. Ein Beispiel zur Diskussion: Für ein Automobilwerk in Zentralafrika wird eine Spende gegeben. Ist es mit der Geldgabe allein schon getan? (Denkt an Ingenieure, Kaufleute, Kundendienstnetz . . .)

7 Arbeite am Schaubild unten. Fertige eine Tabelle, die alle dort gegebenen Zahlen enthält. Vergleiche, wie sich Investition, Gewinn und erneute Investition (Re-Investition) in Europa/Kanada und in den Entwicklungsländern zueinander verhalten. Die Gegenüberstellung sagt dir etwas über die „Wirtschaftsstrategie" der nordamerikanischen Unternehmen.

8 Überall, wo Unternehmer aus Industrieländern in den Entwicklungsländern Produktionsstätten aufbauen, kann es zu solchen Konflikten wie zwischen Chile und den nordamerikanischen Kupfergesellschaften kommen.

a) Überlege, was der Unternehmer erwarten muß, damit es für ihn sinnvoll bleibt, sein Geld in einem Entwicklungsland anzulegen.

b) Überlege, was das Empfängerland fordern muß, um zu verhindern, daß es durch die ausländischen Firmen ausgebeutet wird.

c) Diskutiert: Hängt die Antwort auf die Frage „Aufbau von Firmen – Hilfe oder Ausbeutung", etwa vom Standpunkt des Antwortenden ab? Vielleicht ist die Frage „Hilfe oder Ausbeutung" schon im Ansatz falsch?

Investitionen, Gewinne und Re-Investitionen nordamerikanischer Unternehmen in anderen Industrieländern und in Entwicklungsländern (in Mrd. US-$)

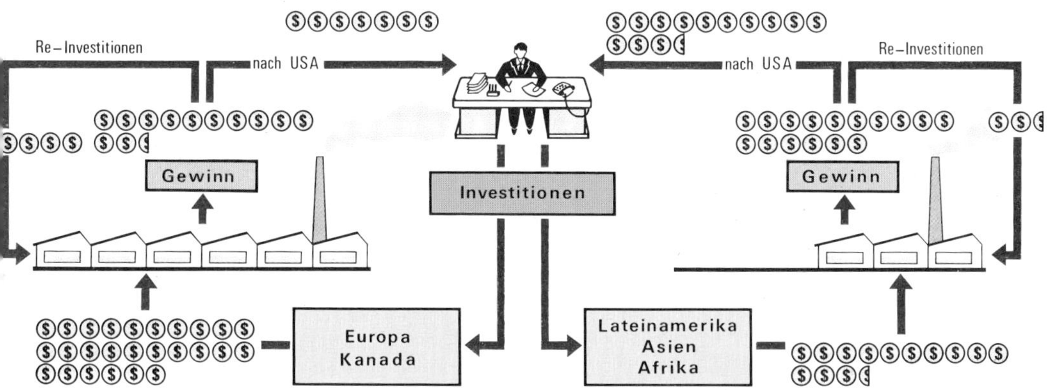

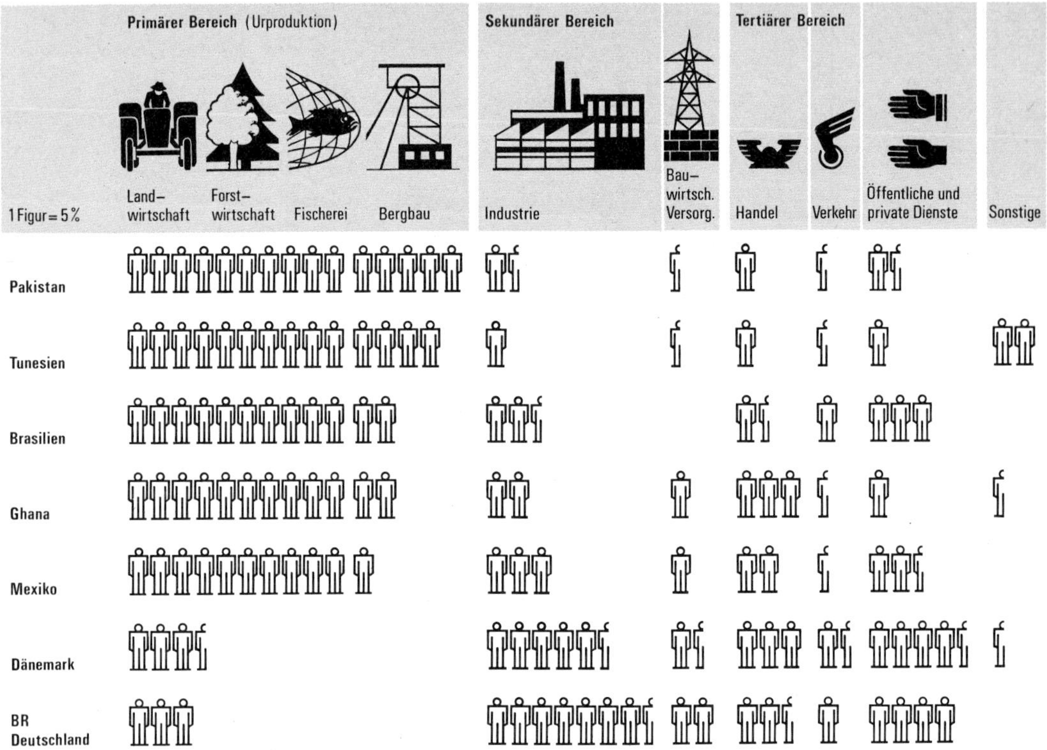

Primärer Bereich (Urproduktion) | Sekundärer Bereich | Tertiärer Bereich

1 Figur = 5 %

Landwirtschaft | Forstwirtschaft | Fischerei | Bergbau | Industrie | Bauwirtsch. Versorg. | Handel | Verkehr | Öffentliche und private Dienste | Sonstige

Pakistan

Tunesien

Brasilien

Ghana

Mexiko

Dänemark

BR Deutschland

234 **Verteilung der Berufstätigen nach Erwerbszweigen**

Macht „Urproduktion" niemals reich?

☐ **1** Arbeite an den Diagrammen. Vergleiche jeweils die Industrieländer mit den Entwicklungsländern. (Im ersten Diagramm stehen Dänemark und die Bundesrepublik Deutschland für alle Industrieländer.)

2 Die erste Spalte im obenstehenden Diagramm sagt dir, welche Wirtschaftszweige man zum Bereich der Urproduktion zählt. Erkläre die Bezeichnung „Urproduktion".

3 Die Bezeichnungen „primärer Bereich", „sekundärer Bereich" ... liefern ein wichtiges Einteilungsprinzip, nach dem du die Berufsfelder ordnen kannst.

a) Versuche, die Bezeichnungen primärer, sekundärer, tertiärer Bereich zu erklären.

b) Gib an, in welchem Bereich die erwerbstätigen Angehörigen deiner Familie arbeiten.

c) Fertigt eine Tabelle, in der alle erwerbstätigen Familienmitglieder der Schüler in eurer Klasse den obengenannten Bereichen zugeordnet sind.

d) Berechnet die Prozentanteile der Spalten. Vergleicht mit den Werten des Diagramms.

Anteil an der Industrieproduktion der Erde

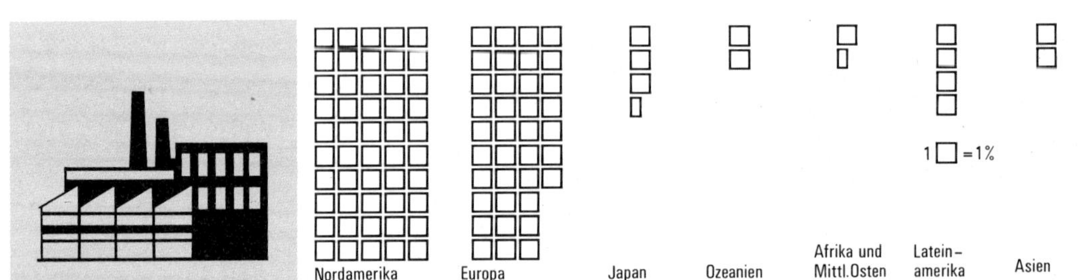

Auf den ersten Blick erscheint die Verteilung der Arbeit vernünftig: Die Entwicklungsländer treiben Landwirtschaft und bauen ihre reichen Rohstoffvorräte ab – die Industrieländer übernehmen die technische Produktion. Aber abgesehen davon, daß auch in den Industrieländern viele Menschen in der Landwirtschaft und in der Rohstoffgewinnung arbeiten, zeigt sich bei näherem Hinsehen, daß bei einer solchen Aufteilung die Entwicklungsländer immer die Benachteiligten bleiben würden.

Die Entwicklungsländer können auf Traktoren und Lokomotiven, auf Kraftwerke und moderne medizinische Apparaturen und auf viele andere technische Produkte nicht verzichten. Als Gegenwert für solche lebenswichtigen Güter haben sie nur ihre Baumwolle, ihren Kaffee, ihre Pflanzenfette oder ihre Erze anzubieten. Auf vieles davon sind die Industrieländer nicht angewiesen. Pflanzenfett braucht man nicht unbedingt einzukaufen, wenn man selbst genug Butter hat. Bei anderen Produkten haben die Industrieländer die Auswahl, bei welchem der produzierenden Entwicklungsländer sie einkaufen wollen. Sie werden dort kaufen, wo die Ware am besten und auch am billigsten ist. Das alles führt dazu, daß die Entwicklungsländer ihre Produkte vergleichsweise billig anbieten müssen, die Industrieländer aber ihre Ware vergleichsweise teuer verkaufen können. Die Preise für fast alle Industrieprodukte sind in den letzten 20 Jahren gestiegen, für viele Rohstoffe und landwirtschaftliche Erzeugnisse aus den Entwicklungsländern gingen sie zurück. Von 1959 bis 1962 sank der Preis für Pflanzenfette und Öle um 13%, für Naturkautschuk um 18%, für Naturfasern um 37%. Die große Ausnahme allerdings ist das Erdöl, jedenfalls heute!

4 Werte die Gegenüberstellung Kaffee–Jeep aus. Sie ist ein besonders krasses Beispiel für den Kaufkraftschwund der Waren aus den Entwicklungsländern.

Wie teuer ist ein Jeep?

1954

1 = 1 Sack Kaffee

1962

Viele Entwicklungsländer sind einseitig auf wenige Produkte oder ein einziges Erzeugnis ausgerichtet. Sie gleichen einem Kaufmann, der nur eine Ware anzubieten hat. Der Nachteil dieser Wirtschaftsweise: Wenn der Preis für ihre Ware sinkt oder wenn eine Mißernte eintritt, ist die Wirtschaft des ganzen Landes gefährdet.

5 Arbeite mit dem Diagramm auf der nächsten Seite. Was geschieht
a) in Ghana, wenn ein Schädling die Kakao-Ernte vernichtet,
b) in Kuba, wenn der Zuckerpreis auf dem Weltmarkt sinkt,
c) in Kolumbien, wenn Brasilien eine Rekord-Kaffee-Ernte einbringt?

6 Synthetische Produkte der großen Chemiewerke verdrängen manche Erzeugnisse der Entwicklungsländer vom Markt.
Welches der im Diagramm genannten Länder würde z. B. durch die Ausweitung der Kunstfaserproduktion betroffen?

7 Ist die landwirtschaftliche Produktion auf ein einziges Erzeugnis ausgerichtet, dann spricht man von Monokultur.
Fasse die Nachteile einer Monokultur-Wirtschaft zusammen.

Land	Produkt	Anteil
Kolumbien	Kaffee	71%
Kolumbien	Erdöl	24%
Indien	Tee	53%
Ecuador	Bananen	52%
Burma	Reis	74%
Ägypten	Baumwolle	72%
Ghana	Kakao	62%
Kuba	Zucker	59%

1 □ = 1% der Einnahmen aus Exporten

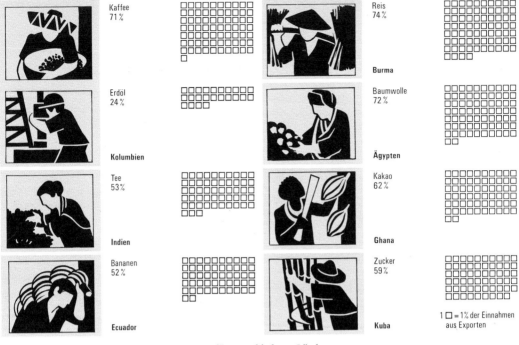

Anteil einzelner Produkte am Exporterlös verschiedener Länder

236 □ Im Dezember 1972 beschloß die Bundesrepublik Deutschland, dem Internationalen Kakaoabkommen beizutreten. In diesem Vertrag verpflichten sich die Abnehmerländer, in den kommenden Jahren einen Mindestpreis von 23 US-Cents für 1 lb (lb: brit. Pfund = 453 g) zu zahlen. Die Abnehmerländer garantieren ferner, mindestens 1 580 000 t Kakao zu kaufen. Diese „Grundquote" wird auf die verschiedenen Erzeugerländer aufgeteilt. Allein den drei afrikanischen „Großen" (Ghana, Nigeria und Elfenbeinküste) ist damit die Abnahme von 1 100 000 t Kakao gesichert. In Jahren mit reicher Ernte – und deshalb niedrigem Preis – soll ein internationaler Kakaorat Vorräte aufkaufen. Wenn die Ernte schlecht ist oder der Kakaopreis stark angestiegen ist (meistens fällt beides zusammen), werden diese Vorräte verkauft.

Verträge dieser Art gibt es auch für andere Produkte aus Entwicklungsländern. Sie sind Hilfen, um schlimme Krisen zu verhindern. In den letzten Jahren haben sie auch dazu geführt, daß die Preise für die Erzeugnisse aus Entwicklungsländern im allgemeinen nicht weiter gesunken sind. Aber insgesamt bleiben sie für die Wirtschaft der Entwicklungsländer „Stützen an baufälligen Häusern".

8 Orientiere dich über die Wirtschaft der afrikanischen Länder Ghana, Nigeria und Elfenbeinküste.

9 Wo liegen die Vorteile des Kakaoabkommens für die Erzeugerländer? Denke an Mißernten, Rekordernten, Schwankungen der Nachfrage. Vergiß auch nicht den bisherigen Kampf der Produzenten untereinander um einen möglichst großen Anteil am Markt.

10 Ein Politiker sagte über die Wirtschaft der Entwicklungsländer: „Die Entwicklungsländer haben den falschen Beruf gewählt." Erkläre die Äußerung. (Es ist übrigens falsch zu sagen, die Entwicklungsländer hätten sich ihre Produktionsrichtung selbst ausgesucht. In den meisten Fällen wurde ihnen ihr „Beruf" während der Kolonialzeit von den Kolonialmächten zugewiesen.)

Gibt es eine sinnvolle weltweite Arbeitsteilung?

„Die Entwicklungländer müssen ihre Kräfte in die Entwicklung jener Wirtschaftszweige lenken, in denen vergleichsweise ihre Vorteile liegen." Das ist der erste Satz eines „Rezepts" zur gerechten Verteilung der Entwicklungschancen der Länder dieser Erde. Wo liegen die „vergleichsweisen Vorteile" der Entwicklungsländer?

Überlegung 1: Viele Entwicklungsländer können auf Grund der Klimagunst Nahrungs- und Genußmittel erzeugen, die es in den Industrieländern nicht gibt. Viele Entwicklungsländer haben reiche Rohstoffvorkommen. Aber wir haben gesehen, daß Landwirtschaft und Rohstoffgewinnung allein nicht ausreichen. Also müssen die Entwicklungsländer Industrien aufbauen, in denen sie ihre Urprodukte weiterverarbeiten: Der Verkauf von Kupferblech brächte Chile weit mehr Einnahmen als der Export von Rohkupfer. Daß Baumwolländer wie Indien, Ägypten oder Peru Baumwolle billig exportieren und die daraus gefertigte Kleidung teuer wieder einführen, ist unsinnig. Diese Länder müssen Textilbetriebe nicht nur für den eigenen Bedarf, sondern auch für den eigenen Export bauen.

1 Nenne einige landwirtschaftliche Produkte, die aus Entwicklungsländern zu uns kommen. (Früher nannte man sie „Kolonialwaren".) Vergiß neben den Nahrungsmitteln nicht die Genußmittel und die Textilfasern. Welche Weiterverarbeitung im Erzeugerland ist denkbar?

Holzverarbeitung im eigenen Land

Überlegung 2: Wir gehen, um die „vergleichsweisen Vorteile" der Entwicklungsländer zu finden, einmal den umgekehrten Weg: Wir scheiden jene Industriezweige aus, die sich für die Entwicklungsländer mit Sicherheit weniger gut eignen als für die seitherigen Industrieländer.

2 Da du dich schon mit Raffineriestandorten beschäftigt hast (S. 24–27), kannst du beurteilen, ob der Bau einer Erdölraffinierie in Libyen für den Export wirtschaftlich viel einbringen würde.

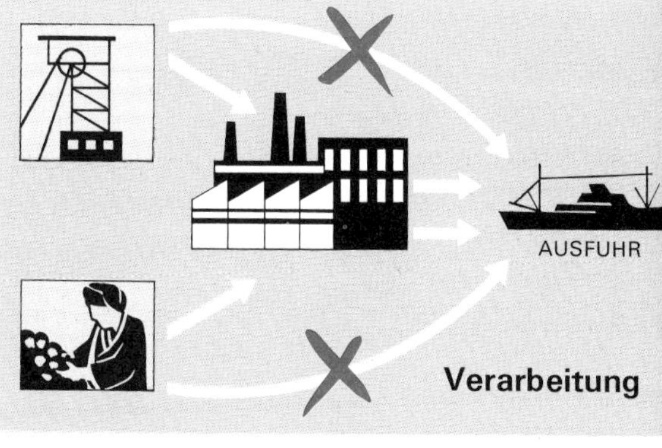

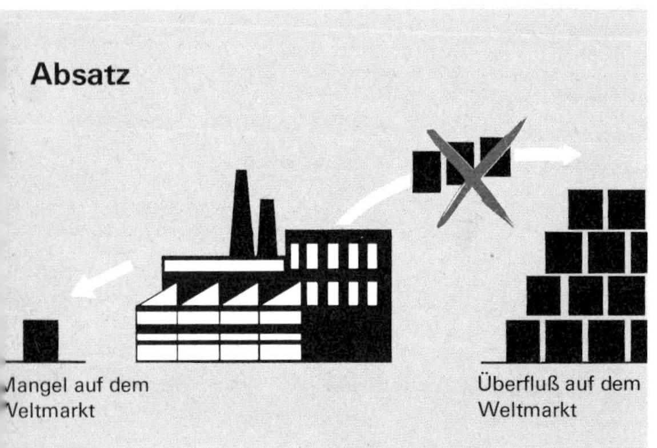

Kapitalaufwand

Herstellung von Baumwolldecken in Äthiopien

∞ **3** Diskutiert:
Handeln Entwicklungsländer vorteilhaft, wenn sie für den Export Kaffeeröstereien, Fabriken zur Weiterverarbeitung von Palmkernöl zu Margarine, von Kakao zu Schokolade aufbauen? Bedenkt nicht nur die Schwierigkeiten des Transports, sondern auch die Verbrauchergewohnheiten und -ansprüche. (Erkundigt euch in diesem Zusammenhang, woher die Sorten einer normalen Kaffeemischung kommen.)
Ihr seht, daß einige der bei Aufgabe 1 genannten Weiterverarbeitungsmöglichkeiten ausscheiden müssen.

4 Zum Aufbau von Industrien mit hochkomplizierten Fertigungsanlagen (chemische Industrie, Flugzeugbau, Präzisionsmaschinenbau ...) braucht man viel Kapital. Man nennt solche Industrien „kapitalintensiv".
Ist es bei diesem Sachverhalt richtig, wenn Entwicklungsländer versuchen wollten, solche Industrien aufzubauen, jetzt oder überhaupt?

Überlegung 3: Jede Industrie braucht nicht nur Rohstoffe und Kapital, sondern auch Arbeitskräfte. In den meisten Entwicklungsländern herrscht Arbeitslosigkeit, d. h. Arbeitskräfte sind im Überfluß vorhanden. Also liegen die „vergleichsweisen Vorteile" bei den „arbeitsintensiven" Industrien. Allerdings, Arbeitskraft ist nicht gleich Arbeitskraft.

5 a) Auch wenn dir genaue Angaben fehlen, kannst du vergleichen zwischen dem Ingenieur in einer Computerfabrik und dem Arbeiter, der Bleche ausstanzt (Ausbildungszeit, Einkommen).
b) Bittet verschiedene Industriebetriebe um Angaben über den Anteil an Ingenieuren, an Kaufleuten, an Meistern und Facharbeitern, ungelernten Arbeitern usw.
Vergleicht.
c) Vermutet: Welche Art von Arbeitern steht in den Entwicklungsländern reichlich, welche kaum zur Verfügung?

Kosten eines Arbeitsplatzes in der Bundesrepublik Deutschland (Stand 1969)

Industriezweig	Sachaufwand	Ausbildungskosten
Mineralölverarbeitung	257466 DM	77140 DM
Lederverarbeitung	10598 DM	17180 DM
Fahrzeugbau	44143 DM	49700 DM
Schuhindustrie	14391 DM	29020 DM
Nahrungs- und Genußmittelindustrie	71124 DM	24370 DM
Holzverarbeitung	21449 DM	26540 DM
Chemische Industrie	78742 DM	55730 DM
Bekleidungsindustrie	10387 DM	7930 DM
Musikinstrumentenbau	13942 DM	15900 DM
Schiffbau	36466 DM	51670 DM

6 Es gibt also einige wichtige Planungsgrundsätze für die Entwicklungsländer, wenn zu entscheiden ist, welche Industrien zu bauen oder zu fördern sind. So sind z. B. Industrien zu fördern, die einheimische Produkte weiterverarbeiten. Formuliere mit Hilfe der Zeichnungen dieses Kapitels vier weitere Grundsätze.

7 a) Stelle nach der Tabelle oben eine Rangliste für den Sachaufwand und eine für die Ausbildungskosten je Arbeitsplatz auf. (Ausbildungskosten sind die Beträge, die der einzelne und der Betrieb für die Ausbildung in Schule, Berufslehre und Hochschule auszugeben haben.)

b) Berechne die Gesamtkosten je Arbeitsplatz. Stelle auch dafür eine Rangliste auf.

c) Nenne drei Wirtschaftszweige, die sich dieser Aufstellung zufolge für Entwicklungsländer eignen. Nenne drei, die sich nicht eignen.

8 Wirtschaftsfachleute sagen: Die Produktionsvorteile der Entwicklungsländer liegen bei der Bekleidungsindustrie, bei der Leder- und Schuhindustrie, bei der holzverarbeitenden Industrie, bei der Musikinstrumenten- und Spielwarenindustrie sowie bei der Glas- und Keramikherstellung. Vergleiche diese Feststellung mit deinen eigenen Ergebnissen.

Seit einigen Jahren sind Fortschritte in der Industrialisierung der Entwicklungsländer zu erkennen. Es zeichnet sich auch ganz allmählich ein Vorrang jener Wirtschaftszweige ab, in denen (nach der gegenwärtigen Lage) die „vergleichsweisen Vorteile" der Entwicklungsländer liegen. Noch 1960 betrug bei den Entwicklungsländern der Anteil der Industrieprodukte an ihrer Ausfuhr 14,9%. 1969 waren es 22,1%. Von diesen Industrie-Exporten entfielen auf Textilwaren und Bekleidung 24,4%, auf Glas, Keramik und ähnliches 4,6%, auf verarbeitete Nahrungsmittel 13,4%, auf Lederwaren und Schuhe 4,6%, auf Holz- und Korkwaren, Möbel 3,1%.

Auf der anderen Seite zeigen sich aber neue Schwierigkeiten: Die chinesische Näherin, die in Hongkong Oberhemden schneidert, erhält für ein Hemd umgerechnet 12 Pfennig. Die deutschen Textilhersteller klagen, daß sie angesichts der Löhne, die sie zahlen müssen, nicht gegen die Hemden-Importe aus Hongkong konkurrieren können. Ähnlich ist es in anderen Wirtschaftszweigen; Landarbeiter in Mittelamerika zum Beispiel haben Stundenlöhne von 9 bis 20 Pfennig. Auch in Afrika bekommen die Landarbeiter, gemessen an den Verhältnissen der Industrieländer, nur winzige Löhne. Unsere Bauern fragen, wie sie jemals ihren „Butterberg" abbauen sollen, solange aus den Entwicklungsländern billiges Speisefett in die Bundesrepublik strömt. Die neu aufgekommene Konkurrenz ist in manchen Wirtschaftszweigen so ernsthaft geworden, daß die Betroffenen sich zu wehren beginnen. Sie können darauf hinweisen, daß die Waren aus den Entwicklungsländern teilweise (noch?) nicht unseren Qualitätsansprüchen und Verbrauchergewohnheiten entsprechen. In der Hauptsache aber fordern sie Schutzzölle auf die billigen Einfuhren aus den Entwicklungsländern. Damit könnte die bedrohliche Konkurrenz „in Schranken gehalten" werden.

Wir nennen natürlich keine Namen
aber es gibt eine Reihe von Entwicklungsländern, die selbst angefangen haben, Leder zu gerben und zu färben. Ehrlich gesagt: Es kommt dabei noch kein gutes Stück heraus. Trotzdem wird die ganze Produktion irgendwo verkauft. Aber auf keinen Fall bei uns. Wir gehen von unserem Qualitätsniveau nicht einen Millimeter herunter. Es lohnt sich, beim Spezialisten zu kaufen, im größten Fachgeschäft für Ledermoden.

9 Werte die Angaben über die Ausfuhr der Entwicklungsländer von Seite 236 aus.

∞ **10** Die nebenstehende Anzeige erschien am 15. März 1973 in einer deutschen Tageszeitung. Lies sie aufmerksam durch. Welche Befürchtung der deutschen Lederindustrie kommt zum Ausdruck? Was ist die Absicht der Anzeige? Wie denkst du über die Art und Weise, in der sich hier ein Wirtschaftszweig gegen Konkurrenz wehrt? (Was denkt ein Afrikaner, der diese Anzeige liest?)

∞ **11** Argumente der Entwicklungsländer:
Wenn wir in den ganz wenigen Bereichen, in denen wir den Industrieländern ebenbürtig oder überlegen sind, durch Diffamierung oder durch künstliche Lenkungsmaßnahmen am freien Wettbewerb gehindert werden, kommen wir nie aus der Ecke des Benachteiligten heraus.

Argumente der Industrieländer:
Millionen von Erwerbstätigen verlieren ihre Arbeit, wenn die Entwicklungsländer uns aus unseren angestammten Wirtschaftszweigen hinausdrängen. Deshalb bleibt uns keine andere Wahl, als uns gegen die andrängende Flut von Billigst-Angeboten zu wehren.

Diskutiert die Standpunkte.

12 Überlegt: Welche Möglichkeiten bleiben der Textilindustrie in der Bundesrepublik, wenn die billigen Textileinfuhren aus den Entwicklungsländern ständig weiter zunehmen? Eine Hilfe: Hongkong-Hemden werden vorwiegend in Kaufhäusern angeboten, in exklusiven Modegeschäften findest du dagegen deutsche, französische, italienische oder englische Erzeugnisse.

☐ Eine Patentlösung gibt es noch nicht. Der Kompromiß heißt: Die Industrieländer gewähren den Entwicklungsländern für bestimmte Produkte und in einem vereinbarten Umfang Zollfreiheit oder Zollermäßigung. Dieses System der „Zollpräferenzen" (Präferenz = Vorrang, Vorzugsbehandlung) wird zwischen den Entwicklungsländern und den Industrieländern ausgehandelt. Eine der Kommissionen, in denen dies geschieht, ist die UNCTAD (**U**nited **N**ations **C**ommission on **T**rade **A**nd **D**evelopment). Dort wird im Prinzip von allen Beteiligten anerkannt, daß ein System der „gerechten Begünstigung" der Entwicklungsländer gefunden werden muß. Anläßlich der Sitzung der UNCTAD im April 1973 wurde zur Frage der Zollpräferenzen festgestellt, daß

- 9% der Gesamteinfuhr der Industrieländer aus den Entwicklungsländern durch Präferenzen begünstigt sind,
- von den landwirtschaftlichen Importen der Industrieländer aus den Entwicklungsländern 2% in den Genuß von Präferenzen kommen,
- Kupfer, Erdölprodukte und Textilien (!) im wesentlichen aus dem Präferenzsystem ausgeschlossen sind,
- USA und Kanada das Präferenzsystem bisher nicht anwenden,
- die Ostblockstaaten den Präferenzabkommen noch nicht beigetreten sind, obwohl die UdSSR, Bulgarien, die CSSR, Polen und Ungarn Präferenzen gewähren.

13 Beurteile, ob das Präferenzverfahren, wie es heute angewendet wird, die Forderungen der Entwicklungsländer nach „gerechter Begünstigung" im Welthandel schon erfüllt. Begründe deine Auffassung im einzelnen.

14 Überlege, was im folgenden Fall geschieht: Einem Entwicklungsland, das bereits über eine gutgehende Textilindustrie verfügt, werden die gleichen Präferenzen eingeräumt wie einem Land, das gerade erst dabei ist, eine Textilindustrie aufzubauen. Was ergibt sich daraus für das Präferenzsystem, wenn es wirklich ausgewogen sein soll?

15 Im Aktionsprogramm der Entwicklungsländer zur III. UNCTAD-Konferenz 1972 stehen folgende Sätze: „Auf die am wenigsten entwickelten Länder sollte besondere Rücksicht genommen werden." „Alle Schritte und Maßnahmen zugunsten der am wenigsten entwickelten Länder dürfen auf keinen Fall die Handelsinteressen anderer Länder auf irgendeine Weise verletzen oder benachteiligen."

a) Hältst du es – bei gleicher Produktionsrichtung – für möglich, daß die Wirtschaft des einen (besonders wenig entwickelten) Landes bevorzugt gefördert wird, ohne daß dies die Wirtschaft des anderen (weiter entwickelten) Landes berührt? Vertragen sich also die beiden Forderungen der UNCTAD miteinander? (Greife zur Begründung auf das Beispiel von Aufgabe 14 zurück.)

b) Die Äußerungen der UNCTAD zeigen, daß man eigentlich zu pauschal verfährt, wenn man allgemein von „den Entwicklungsländern" spricht. Welche Handelskonflikte unter den Entwicklungsländern sind denkbar?

Das Aktionsprogramm der Entwicklungsländer zur III. UNCTAD-Konferenz schließt mit einem Appell, der als oberster Grundsatz das Verhalten der Menschen in den verschiedenen Teilen der Erde zueinander bestimmen sollte: „Wir sind der festen Überzeugung, daß die Welt heute einem größeren Problem und einer größeren Krisengefahr durch den wachsenden Abstand zwischen den Reichen und den Armen der Erde gegenübersteht als jemals zuvor in der Geschichte. – Wir appellieren daher an alle Menschen, wo immer sie leben, mit uns die Ziele zu verfolgen und die Bedürfnisse zu erfüllen, die wir angedeutet haben, um so eine bessere Welt zu schaffen."

Behörden, Organisationen, Zusammenschlüsse

1. Raumordnung – Städtebau

Staatliche Stellen und Verbände

- Bundesminister für Raumordnung, Bauwesen und Städtebau, 53 Bonn-Bad Godesberg, Deichmannsaue
- Landesplanungsämter bei den Regierungen aller Bundesländer und Bezirke
- Bundesforschungsanstalt für Landeskunde und Raumordnung, 53 Bonn-Bad Godesberg, Michaelshof
- Siedlungsverband Ruhrkohlenbezirk, 43 Essen, Kronprinzenstraße 35
- Verband Großraum Hannover, 3 Hannover, Am Klagesmarkt 30/31
- Raumordnungsverband Rhein-Neckar, 68 Mannheim 1, Am Oberen Luisenpark 29
- Regionalverband Nordschwarzwald, Habermehlstraße 20, 7530 Pforzheim
  und andere regionale Planungsverbände

Akademien und Hochschulinstitute

- Akademie für Raumforschung und Landesplanung, 3 Hannover, Hohenzollernstraße 11
- Deutsche Akademie für Städtebau und Landesplanung e.V., 8 München 22, Karl-Scharnagl-Ring 60
- Institut für Städtebau und Raumordnung, 7 Stuttgart, Kronenstraße 20
- Institut für Städtebau und Landesplanung der Technischen Hochschule Aachen, 51 Aachen, Templergraben 55
- Zentralinstitut für Städtebau der Technischen Universität Berlin, 1 Berlin 10, Straße des 17. Juni 152
- Institut für Städtebau, Siedlungswesen und Kulturtechnik der Universität Bonn, 53 Bonn, Nußallee 1
- Institut für Städtebau, Wohnungswesen und Landesplanung der Technischen Universität Braunschweig, 33 Braunschweig, Pockelsstraße 4
- Institut für Städtebau und Siedlungswesen der Technischen Hochschule Darmstadt, 61 Darmstadt-Lichtwiese, Petersenstraße
- Institut für Städtebau, Wohnungswesen und Landesplanung der Technischen Universität Hannover, 3 Hannover, Schloßwender Straße 1
- Institut für Städtebau und Landesplanung der Universität Karlsruhe, 75 Karlsruhe, Kaiserstraße 12
- Institut für Städtebau, Landesplanung und Raumordnung der Technischen Universität München, 8 München, Arcisstraße 21
- Institut für Siedlungs- und Wohnungswesen der Universität Münster, 44 Münster/Westf., Am Stadtgraben 9
- Städtebauliches Institut der Universität Stuttgart, 7 Stuttgart 1, Keplerstraße 11
- Institut für Raumordnung und Landesplanung der Universität Stuttgart, 7 Stuttgart 1, Keplerstraße 11

Internationale Institute

- Institut für regionalpolitische Zusammenarbeit in gemeinschaftlichen Grenzräumen, Luxemburg
- Europäisches Forschungsinstitut für Regional- und Stadtplanung, Den Haag

2. Entwicklungshilfe

Staatliche und halbamtliche Stellen

- Bundesminister für wirtschaftliche Zusammenarbeit, 53 Bonn, Friedrich-Ebert-Allee 114–116
- **DED** = Deutscher Entwicklungsdienst. 53 Bonn-Bad Godesberg, Friesdorfer Straße 151
- **DSE** = Deutsche Stiftung für Internationale Entwicklung. 1 Berlin 30, Rauchstraße 22.
  Bonner Büro: 53 Bonn, Endenicher Straße 41
- Deutsche Welthungerhilfe, 53 Bonn, Adenauer-Allee 49

Kirchliche und private Organisationen

- Evangelische Zentralstelle für Entwicklungshilfe, 53 Bonn, Hartsteinstraße 10
- „Brot für die Welt", 7 Stuttgart 1, Stafflenbergstraße 76 (evangelisch)
- „Misereor", 51 Aachen, Mozartstraße 9 (katholisch)
- „Dienste in Übersee", Arbeitsgemeinschaft evangelischer Kirchen in Deutschland, 7 Stuttgart 1, Gerokstraße 17
- Kübel-Stiftung zur Hilfe für Selbsthilfe, 614 Bensheim-Auerbach, Im Tiefen Weg 27
- Carl-Duisberg-Gesellschaft (CDG), 5 Köln 1, Hohenstaufenring 30–32
- Terre des Hommes Deutschland e.V., 45 Osnabrück, Barfüßerkloster 1

Internationale Organisationen

- FAO, IBRD, OECD, UNCTAD, WHO und andere (siehe „Internationale Zusammenschlüsse und Organisationen")

3. Internationale Zusammenschlüsse und Organisationen

- **COMECON** = Council of Mutual Aid = Rat für gegenseitige Wirtschaftshilfe (RGW), Moskau G-205, Kalinin-Prospekt 56
- **EG** = Europäische Gemeinschaft. Sitz der Gemeinsamen Kommission: Brüssel, 200 Rue de la Loit

Glieder der EG:

- **EWG** = Europäische Wirtschaftsgemeinschaft, Brüssel
- **EGKS** = Europäische Gemeinschaft für Kohle und Stahl, Luxemburg
- **EURATOM** = Europäische Atomgemeinschaft, Brüssel
- **GATT** = General Agreement on Tariffs and Trade = Allgemeines Zoll- und Handelsabkommen. Genf, Villa le Bocage, Palais des Nations
- **IOK** (oder IOC) = Internationales Olympisches Komitee
- **OECD** = Organization for Economic Cooperation and Development = Organisation für wirtschaftliche Zusammenarbeit und Entwicklung. Paris 16e, Château de la Muette, 2 Rue André Pascal
- **UNO** (oder UN) = United Nations Organization = Vereinte Nationen. New York, T. Plaza 4

Einige Glieder der UNO:

- **FAO** = Food and Agricultural Organization of the United Nations = Organisation der Vereinten Nationen für Ernährung und Landwirtschaft. Rom, Viale delle Terme di Caracalla
- **IBRD** = International Bank for Reconstruction and Development = Internationale Bank für Wiederaufbau und Entwicklung = Weltbank (Sonderorganisation der Vereinten Nationen, die für Anleihen und Finanzierung zuständig ist). Washington D.C., 20431, USA
- **ILO** = International Labour Organization = Internationale Arbeitsorganisation (Sonderorganisation der Vereinten Nationen). Genf
- **UNCTAD** = United Nations Conference for Trade and Development = Welthandelskonferenz
- **UNESCO** = United Nations Educational, Scientific and Cultural Organization = Organisation der Vereinten Nationen für Erziehung, Wissenschaft und Kultur. Paris 7e, Place de Fontenoy
- **UNICEF** = United Nations Children's Emergency Fund = Weltkinderhilfswerk
- **WHO** = World Health Organization = Weltgesundheitsorganisation (Sonderorganisation der Vereinten Nationen). Genf
- **ZKR** = Zentralkommission für die Rheinschiffahrt. Straßburg, Place de la République, Palais du Rhin

Sachverzeichnis

Orte und Staaten:

Quellennachweis

1 Landeszeitung für die Lüneburger Heide, Nr. 209, 1973.

2 Süddeutsche Zeitung Nr. 172. München 1973.

3 Der Spiegel 1960

4 Der Spiegel 1959

5 Der Spiegel 1960

6 Der Spiegel 1969

7 Der Spiegel 1969

8 Buhmann, C.: Auf einer argentinischen Estancia. In: Geogr. Rundschau, 1968. S. 245 f. Braunschweig: G. Westermann 1968.

9 Von Erdteil zu Erdteil. S. 42. Wiesbaden: Diesterweg 1966.

10 Schewe, H.: in „Die Welt" vom 28. 9. 1966.

11 Manuskript Bayerischer Rundfunk

12 Frankfurter Allgemeine Zeitung, Sept. 1970.

13 Petzold, V.: Modelle für morgen – Probleme von Städtebau und Umweltplanung. S. 126 f. Reinbek bei Hamburg: Rowohlt Taschenbuch Verlag 1972.

14 Schinz, A.: Berlin, Stadtschicksal und Städtebau. S. 237 f. Braunschweig 1964.

15 Hartog, R.: Stadterweiterungen im 19. Jahrhundert. Stuttgart: Kohlhammer Verlag 1962.

16 Schulz, T.: Zum Beispiel Eppsteiner Straße 47. Wohnungskampf, Hausbesetzung, Wohnkollektiv. Kursbuch 27, Planen Bauen Wohnen. Berlin: Kursbuch Verlag/Wagenbach 1972. S. 85–97.

17 Alle Zitate dieser Doppelseite aus Der Spiegel. Versch. Hefte 1969–1972.

18 Dieses Kapitel stützt sich auf die Fallstudie von Kaiser, F. J., und Knapp, R.: „Der Hof des Landwirts T. ist unrentabel". Stuttgart: Ernst Klett Verlag 1972.

19 Der Kehricht der Wegwerfgesellschaft. In: Planet in der Krise. Bonn-Bad Godesberg: Aktion Gemeinsinn e.V. 1972.

20 Kein Platz für Flughäfen. In: Das Beste aus Reader's Digest. Stuttgart: Verlag Das Beste 7/1973. S. 143

21 Friggens, P.: Der Streit um die Alaska-Pipeline. In: Das Beste aus Reader's Digest. Das Beste 1/1973. S. 110.

22 Binder, G.: Deutschland seit 1945. Stuttgart: Seewald-Verlag 1969. S. 214.

23 Reding, J.: Weltmarkt Hunger. Baden-Baden 1969. S. 198.

24 Schmoll, D.: Augenbetreuungsdienst für Äthiopiens Landbevölkerung. In: Blindheitsverhütung in Äthiopien. Bericht der Christoffel-Blindenmission o. J. S. 3.

25 ‚Brot für die Welt' hilft Kranke heilen. Stuttgart: Hauptgeschäftsstelle des Diakonischen Werkes 1971. S. 22

26 Rund um die Projekte. Bonn: Deutscher Entwicklungsdienst o. J.

27 Über den Fortschritt der Völker. Die Entwicklungsenzyklika Papst Pauls VI. Freiburg: Herder Verlag 1967. S. 162 f.

28 Tansania – Unterrichtsmodell zur Entwicklungsproblematik. In: Schule und Dritte Welt. Bonn: Bundesministerium für wirtschaftliche Zusammenarbeit 1971.

29 Dams, T.: Centro Gumilla, im Einzugsbereich von Barquisimeto. In: Bensheimer Preis für Internationale Zusammenarbeit 1970. Bensheim-Auerbach: Kübel-Stiftung 1970.

30 Frankfurter Rundschau vom 23. 1. 1973.